실력의
배신

왜 우리는 열심히 노력해도
여전히 불행한가?

실력의 배신

/ 박남기 지음

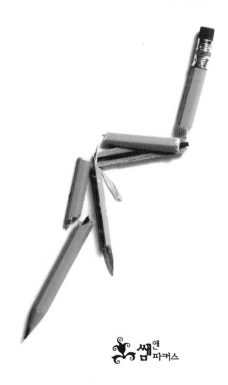

쌤앤파커스

우리 사회는 그동안 대입전쟁과 교육 대물림 심화, 중·고등학교의 입시 위주 교육, 이와 관련된 사교육비 과다 지출, 학생들의 행복도 저하, 학교 폭력 증가 등 교육과 관련된 문제를 해결하기 위해 노력해왔지만 나아지지 않고 있다. 오히려 더 심화되는 것도 있다. 대입전쟁 때문에 우리 교육이 4차 산업혁명 시대에 적합한 인재를 길러내기 어렵다며 교육 내용과 방법 개혁을 시도하지만, 대입이라는 높은 벽에 부딪혀 앞으로 나아가지 못하고 있다. 교육 관련 문제만이 아니라 사회의 빈부 격차, 계층 간 갈등, 자살률 증가 등의 다양한 사회 문제도 갈수록 심화되고 있다. 이를 완화하기 위한 백약이 무효다. 왜 그럴까?

우리가 갖은 노력을 기울여도 문제가 악화된다면 이유는 둘 중 하나다. 원래 해결할 수 없는 문제이거나, 아니면 잘못된 진단에 따른 잘못된 처방에 의존하고 있기 때문이다. 이 책은 국가와 사회의 다양한 노력에도 불구하고 왜 교육 관련 문제와 사회 문제가 악화되는지, 문제를 완화하기 위해서는 무엇을 어떻게 해야 하는지에 대한 답을 함께 찾아가는 여정으로 이루어져 있다.

이는 내가 학생 때부터 가져온 의문들이다. 이 의문을 풀기 위한 첫 번째 시도의 결과물은《교육전쟁론》(2003)이었다. 그 책을 통해 우리 사회가 풀려고 하는 해법으로는 대입 제도 문제 해결이 불가능하다는 것을 밝히고, 우리 사회가 시도한 방향과는 다른 대입 제도 방향과 과열 과외의 해소 방안을 제시했다. 오랜 세월이 흐른 지금, 우리 사회가 드디어 그 방향으로 가고 있는 것 같아 이 책에서 좀 더 혁신적인 방향을 제시하고자 했다.

이 책《실력의 배신》에는《교육전쟁론》에서 밝히지 못한 부분, 찾지 못한 답을 찾기 위한 15년간의 노력이 맺은 결실의 일부가 담겨 있다. 결론부터 이야기하자면, 앞서 열거한 우리 사회의 문제와 교육 문제의 상당 부분은 그 뿌리가 실력(능력)주의에 닿아 있다는 것이다. 우리 사회는 실력주의 사회가 좋은 사회라고 착각하며 보다 완벽한 실력주의 사회를 만들고자 노력하고 있다. 그런데 많은 문제의 뿌리가 실력주의에 닿아 있기 때문에 그러한 노력이 사회와 교육 문제를 더욱 악화시키는 것이다. 무슨 말도 안 되는 소리인가 하는 생각이 들 것이다. 그렇다면 우리가 꿈꾸는 실력주의 사회가 아니라 현실 속 실력주의 앞에 숨겨져 있는 수식어를 찾아보라. 그 수식어는 바로 '무한경쟁 승자독식'이다. 극한으로 치닫는 무한경쟁 승자독식의 실력주의 사회는 결코 좋은 사회가 될 수 없으며, 2020년을 향해 가고 있는 대한민국이 직면한 제반 문제의 원인이 되고 있다.

이 책은 크게 3부로 나뉘어 있다. 1부는 실력주의 사회에 대한 환상과 그림자, 2부는 신실력주의 사회와 교육개혁 새 패러다임, 3부는 다음 세대를 위한 교육이다. 1~3부는 각각 3개 장으로 이루어져 있다.

1부는 사람들이 실력주의 사회를 좋은 사회로 착각하는 이유를 분석하고, 이를 토대로 실력주의 사회가 좋은 사회라는 허상을 하나씩 깨뜨려간다. 나아가 실력주의 사회의 그림자에 대해 그 실체를 밝힌다. 1장(실력주의 사회는 공정한가?)은 실력주의 사회에 대한 잘못된 믿음에는 어떠한 것들이 있는지, 사회적 보상을 결정하는 '실력'이라는 것이 무엇인지 알아본다. 《능력주의는 허구다》를 비롯한 기존의 책과 논문들은 실력주의 사회가 좋은 사회라는 전제 아래 쓰였다. 이러한 글들은 우리 사회가 실력주의 사회가 아니면서도 실력주의 사회라는 환상을 갖고 있다고 주장한다. 이들의 주장과 달리 1장은 실력주의 사회가 좋은 사회라는 '환상'을 깨뜨리기 위해 먼저 실력주의 사회에 대한 환상(신화)과 실상(실제)을 비교해 보여준다. 그러면서 그들의 주장과 달리 실제로 우리 사회는 실력주의 사회, 그것도 극단적인 실력주의 사회임을 밝힌다. 실력주의 사회가 아닌 것처럼 보이는 이유는 오히려 실력주의 사회가 만들어놓은 그림자 때문이라는 것이 이 책의 주장이다. 이러한 논의를 위해 실력주의 사회에서 말하는 실력의 의미를 규명하고, 그 측정에 대해 살펴본다.

2장('노오력' 무한가능론 해체)은 우리의 믿음과 달리 실력주의 사회가 극단으로 치달으면 어떤 문제(그림자)를 가져오는지 밝힌다. 나아가 실력주의 사회가 진행될수록 문제가 악화될 수밖에 없는 이유를 탐색한다. 특히 실력주의 사회에서의 극심한 빈부 격차에 초점을 맞춰 실력주의와 빈부 격차의 심화가 어떤 관계에 있는지를 살핀다. 이 과정에서 우리가 왜 실력주의 사회에 대한 환상을 갖게 되었는지도 함께 밝힌다. 요컨대 돈이나 능력은 둘 다 부모에게서 우연히 물려받는 것인데, 왜 돈을 타고난 사람은 금수저라는 비판을 받고 능력을 타고난 사람은 존경을 받을까? 돈과 달리 능력은 개인의 노력이 더해진 실력을 통해 보상을 받으므로 존경받아 마땅하다고 생각하는 것이다. 그렇다면 사회의 상위 10퍼센트에 속한 사람들의 실력과 성공을 결정한 핵심 요인이 정말 노력일까? 이 책은 이러한 질문에 답하며 우리의 믿음이 오류일 수 있음을 밝혀간다. 실력 공식을 통해 실력이 능력과 노력만으로 만들어지는 것이 아니라 상당 부분 부모의 배경을 포함한 우연(운)의 영향을 받고 있다는 점을 밝힌다. 아울러 성공 공식을 제시하여 성공이 실력에만 좌우되는 것이 아님도 밝힌다.

사람들은 학벌을 타파하면 실력주의 사회가 된다고 믿는다. 3장(학벌 타파는 왜 실패했나?)은 이러한 우리의 믿음과는 정반대로 오히려 실력주의가 학벌사회를 만든 원인이었음을 밝힌다. 그리고 왜 실력주의가 타파되어야 학벌사회가 타파되는가를 보여준다. 이를 위해 학벌의 개념을 새롭게 밝히고, 학벌 타파를 위한 바른 정책 방향을 탐색한다.

2부에서는 실력주의 사회의 근본을 살리면서도 문제점을 완화할 신실력주의 사회 모델을 제시한다. 또한 신실력주의 사회를 구축하기 위한 교육의 역할과 그러한 교육을 만들기 위한 교육개혁 새 패러다임을 제시한다. 4장(신실력주의 사회란 무엇인가?)은 우리 사회와 교육이 안고 있는 문제들의 뿌리인 실력주의 사회를 넘어서는 새로운 사회 모형을 탐색한다. 실력주의 사회를 타파하는 것이 아니라, 실력주의 사회의 강점을 살리면서도 그 그림자는 엷게 할 수 있는 신실력주의 사회 모델을 탐색한다. 실력주의는 인간 사회, 특히 자본주의 사회를 움직여가는 나름 합리적인 에너지원이기 때문에 새로운 에너지원을 찾기 전까지는 버릴 수가 없다. 다만 그 연료가 너무 많은 오염을 발생시켜 오히려 삶의 질을 떨어뜨리고 있으므로, 오염을 줄일 수 있는 방안을 찾고 혹시라도 오염을 덜 일으키게 하는 첨가제는 없는지 찾아보고자 한다. 이를 위해 먼저 신실력주의 사회가 추구하는 이념을 제시한다. 이어서 그 이념에 부합하는 정치·경제 체제를 개략적으로 제시하고, 그러한 사회를 만들기 위한 교육의 방향과 역할을 밝힌다.

5장(교육개혁을 위한 올바른 질문)은 왜 교육 문제는 해결되는 것이 아니라 갈수록 악화되는지, 실력주의 사회 구현이라는 정책 방향은 과연 타당한지, 4차 산업혁명 시대로 대변되는 미래 사회를 위한 교육개혁 방향은 무엇인지, 저출산 시대 교육의 바른 방향은 무엇인지, 그리고 우리나라 학생들의 낮은 학습 효율성의 원인과 대책은 무엇인지 등을 탐색한다. 이러한 질문을 바탕으로 다음 장에서 신실력주의 사회 구축을 위한 교육개혁 새 패러다임을 제시한다. 교육개혁의 방향을 탐

색하기 위해 필요한 것 중 하나는 미래 사회 변화가 교육에 미칠 영향
을 분석하는 일이다. 교육개혁은 미래 세대가 다가오는 미래에 적응하
고 나아가 적극적으로 대응할 수 있도록 길러내는 것을 목적으로 하기
때문이다. 미래 사회 변화는 사회·경제적 흐름, 정치적 흐름, 기술 및
과학의 흐름으로 나누어 분석하고 이 각각의 흐름이 교육에 미칠 시사
점을 도출한다.

6장(교육개혁의 새로운 패러다임)은 신실력주의 사회 구현을 위한 교
육개혁 새 패러다임을 제시한다. 먼저 화두가 되고 있는 하그리브스
Hargreaves와 셜리Shirley의 저서《학교교육 제4의 길》을 토대로 우리나라
교육개혁의 현주소를 분석하면서 시사점을 찾아본다. 패러다임에서는
먼저 '교육개혁 목표'를 제시하고, 이어 그러한 개혁 목표에 부합하는
교육 내용, 개혁 추진 조직과 절차, 교육개혁을 위한 한국적 조화점, 교
육개혁 접근 기본 전략으로 나누어 탐색한다. 마지막으로 마이클 풀란
Michael Fullan의 관점을 토대로 교육개혁의 성공 조건을 살핀다. 이 장에
서 제시한 교육개혁 목표인 '학습열學習悅과 교육열敎育悅 부흥을 통한
홍익인간(세계시민) 되기'가 경제 발전 시기 동안 암흑기를 거쳐온 우
리 교육에 새로운 빛을 주는 한국 교육 르네상스의 서막 역할을 했으
면 한다.

3부에서는 먼저 교육계의 화두가 되고 있는 창의 인재 육성 교육 패
러다임이 타당한지를 분석한다. 이어서 대입 제도의 방향을 검토하고,
마지막으로 행복 교육의 방향을 분석한다. 7장(창의 인재 육성)은 먼저

창의 인재 육성 교육에 대해 우리 사회가 가지고 있는 오해와 창의 인재 육성을 위한 방안으로 시행되고 있는 교사 주도 수업에 대한 오해를 밝힌다. 그리고 창의 인재 육성 패러다임에 대한 재검토를 바탕으로 창의 인재 육성 교육의 방향을 제시한다. 또한 기초 기본 교육을 충실히 하지 않고서 창의력을 육성하겠다는 것은 사상누각과 같음을 밝히고 있다.

8장(대입 정책이 가야 할 길)은 교육계의 가장 큰 화두이자 아무리 노력해도 해결되지 않는 대입 제도를 재검토한다. 부유층 자녀들에게 불리한 대입 제도가 있을까? 실력을 보다 완벽히 측정하기 위해 입학사정관제와 학생부종합전형까지 다양한 제도 개선의 노력을 기울여왔음에도 불구하고 명문대의 부유층 자녀 비율이 갈수록 높아지는 이유는 무엇일까? 이러한 문제의 답을 찾기 위해 일제강점기부터 시작해 최근까지의 대입전쟁을 간략히 분석하고, 외국(미국과 프랑스)의 사례도 찾아본다. 이어서 사회적 약자 우대형 학생 선발 제도를 따르고 있는 인도와 브라질 사례도 소개한다. 결론을 간단히 제시하자면, 학생들이 갈고닦은 실력만을 기준으로 하는 한 부유층 자녀에게 불리한 대입 제도는 없다. 수능, 학생부, 본고사, 블라인드 면접 등 그 무엇을 위주로 하든 결국 부유층 자녀들은 새로운 전형에 적응하여 좋은 성적을 거두게 될 것이기 때문이다. 그럼 대안은 없는 것일까? 있다. 그 대안으로 '범위형 대입 제도'를 제안한다.

9장(아이들이 행복한 교육)은 '세상에서 가장 행복한 아이들'로 키우기 위해 우리 사회와 교육계가 추구하는 방향이 타당한지를 네덜란드 사례를 통해 살펴본다. 이 분석을 토대로 우리 아이들이 행복해지는 방안을 제시한다.

　극단의 자본주의 체제인 미국이 가진 문제를 잘 알고 있기에 우리 사회는 유럽형 복지국가를 꿈꾸기도 한다. 하지만 일부 복지국가는 국민의 노동 의욕 상실 때문에 앞으로 나아가는 데 어려움을 겪고 있다. 그럼 우리 사회는 어디로 가야 할까? 그러한 사회를 만들기 위해 교육은 무엇을 어떻게 해야 할까? 이 책을 통해 독자와 함께 새로운 세상, 새로운 교육개혁 패러다임을 찾아가고자 한다.

　이 책이 나오기까지 도움을 준 임수진 박사, 윤상현 교장, 강세진 선생, 김소연 선생, 김지은 선생, 박준선 선생, 배수나 대위, 배현정 선생, 서정하 선생, 신진양 선생, 안지혜 선생, 오애령 선생, 이수정 선생, 이은주 선생, 임도화 선생, 임인 선생, 진주현 선생, 황유미 선생, 그리고 박효원 박사에게 고마움을 전한다. 또한 가족을 위해 헌신해온 아내 성숙, 아빠와 떨어져 지내면서도 열심히 미래를 향해 나아가고 있는 두 딸 효진과 효산에게도 고마움을 전한다.

2018년 11월
무등산 자락에서
박남기

머리말 4

제1부

실력의 배신

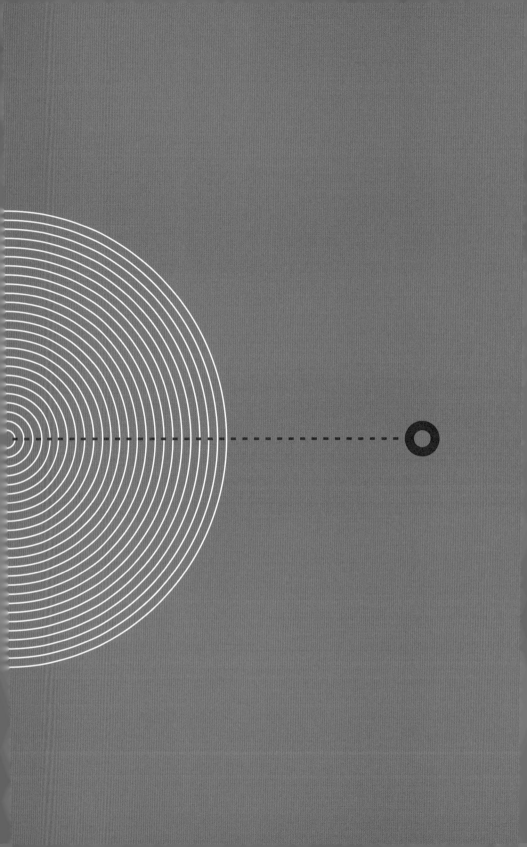

1 실력주의 사회는 공정한가?

      실력주의 사회는 개인의 실력에 따라 사회적 재화를 배분하는 사회다. 지금까지 우리 사회와 대부분 연구자는 실력주의 사회가 공정한 이상적 사회이며, 구현 가능하다고 믿어왔다. 또한 소득 격차 심화, 갈등 심화, 교육전쟁 심화, 공교육 파행 등의 제반 사회적·교육적 문제는 실력주의 사회가 제대로 구현되지 않은 데 따른 결과라고 생각하면서 보다 완벽한 실력주의 사회 구현을 위해 노력해왔다. 이러한 관점을 나는 '관념적 실력주의'라고 부른다. 맥나미McNamee와 밀러 주니어Miller Jr.는 《능력주의는 허구다》라는 책에서, 우리가 사는 세상이 능력주의(실력주의) 사회라고 믿는 것이 신화(근거 없는 믿음)라는 주장을 전개한다.[1] 하지만 실력주의 사회가 좋은 사회라는 믿음에는 변화가 없다. 이들은 "실력주의라는 이상에서는 가족과 계층 같은 요인들이 모두 사라져야만 실력에 따라 재화와 지위가 분배될 수 있다"라고 하면서, 완벽한 실력주의 사회 구현은 현실적으로 불가능함을 인식하고 있다. 그러면서도 "정부는 좀 더 철저하게 실력이 중심이 되는 사회를 만드는 데 도움이 되는 방식으로 지출을 할 수 있다"라고 주장함으로써, 실력주의 사회 구현의 가능성과 꿈을 포기하지 않는다. 우리 정부는 이러한 환상을 바탕으로 보다 완벽한 실력주의 사회를 구현하려고 노력해왔지만 빈부 격차와 사회적 갈등, 그리고 교육전쟁 등 많은 문제가 갈수록 심각해지고 있다.

오찬호는《우리는 차별에 찬성합니다》에서, 실력주의 지탱의 근간이 기회(출발)와 과정의 공정성이므로 현실에서 많은 차별을 받은 사람들에게 '결과의 차별'을 통해서라도 충분히 보상을 해줘야 한다고 주장한다.[2] 실력에 따라 보상을 하는 것이 아니라 실력과 무관하게 보상을 해야 한다는 이 주장은 실력주의 사회를 구현하기 위해 실력주의(실력에 따른 배분)를 깨야 한다는 모순을 안고 있다.

이러한 모순적 주장을 하는 이유는 실력주의 사회가 좋은 사회라는 환상에 사로잡혀 이를 차마 깨지 못하기 때문으로 해석된다. 현실 속의 실력주의는 (가능하면 법의 테두리 안에서) 수단과 방법을 가리지 않고 실력을 쌓은 사람들이 결과를 독식하는 체제다. 약육강식의 실력주의 사회는 기회와 과정이 균등하다는 환상을 받아들이도록 사람들을 세뇌하는 데 일정 부분 성공했을 뿐이다. 오찬호는 그의 책을 통해 대한민국의 20대들이 이러한 환상을 받아들이도록 어떻게 세뇌되었는지를 잘 보여주고 있다.

이들과 달리 현재 나타나는 교육 및 우리 사회 제반 문제의 뿌리가 상당 부분 실력주의에 닿아 있다고 주장하는 사람들이 있다. 이들을 나는 '현실적 실력주의자'라고 부른다. 실력주의meritocracy라는 용어를 만든 마이클 영Michael Young은 1958년 처음 출판한 그의 책《실력주의 사회 도래The Rise of the Meritocracy》에서, 실력주의 사회의 끝은 사회 붕괴라고 예언하면서 실력주의에 대한 환상을 깨라고 경고하고 있다.[3] 정부는 실력주의를 완벽히 구현하는 것이 아니라 실력주의 사회의 그림자(문제)를 옅게 하는 데 모든 노력을 집중해야 한다는 것이 그의 주장이다.

이 장에서는 먼저 실력주의 사회가 좋은(공정한) 사회라는 믿음, 대한민국이 실력주의 사회가 아니라는 믿음 등을 포함하여 실력주의 사회와 관련된 여러 믿음이 신화(근거 없는 잘못된 믿음)임을 밝히고자 한다. 이어서 실력주의 사회가 되면 경제적으로 더욱 공평해지고 학벌도 타파될 것이라는 믿음이 신화임을 밝히기 위해, 빈부 격차 심화와 학벌사회 또한 실력주의의 그림자임을 보여주고자 한다. 이러한 시도를 하는 이유는 실력주의 사회가 교육 및 사회 전반에 나타나고 있는 상당한 문제의 뿌리임에도 불구하고 우리 사회가 아직도 실력주의 사회를 보다 완벽히 구현하기 위해 노력하고 있고, 결과적으로 관련 문제를 더욱 심화시키고 있기 때문이다.

실력주의 사회와 관련하여 우리 사회가 가지고 있는 신화에는 네 가지가 있다. 첫째, 실력주의 사회는 공정하고 바람직한 사회라는 믿음이다. 둘째, 우리 사회는 실력주의 사회가 아니라는 믿음이다. 셋째, 학벌을 타파하면 실력주의 사회가 구현될 것이라는 믿음이다. 넷째, 실력주의사회가 구현되면 우리가 꿈꾸는 공평한 세상이 되고, 사교육 문제와 과도한 경쟁 등 교육관련 문제가 해결되어 학교교육도 정상화될 것이라는 믿음이다. 그런데 우리 사회가 보다 완벽한 실력주의 사회를 구현하기 위해 애써왔지만 사회 갈등과 빈부 격차, 교육전쟁, 사교육비 증가 등의 제반 문제는 더욱 악화되고 있다.

최근 들어 우리 사회에서도 실력주의 사회의 환상에 대한 비판이 대두되고 있다. 강준만은 "모든 능력(실력)을 세습되지 않은 재능과 노력의 산물로 보고 그로 말미암아 벌어지는 격차를 정당화하는 견해, 곧 능력주의(실력주의)"를 강하게 비판하고 있다. 그는 "누가 이기고 누가 지는지의 차이가 점차 우연과 예상하지 못한 선택에 좌우되고 있는 것이 분명함에도, 그런 우연을 필연인 것처럼 가장하는 게 시대의 유행이 되고 있다"라고 주장한다.[4]

요소	신화	실제
실력주의 사회 여부	실력주의 사회로부터 멀어지고 있음	실력주의 사회가 심화되어감
실력주의 사회의 공정성 여부	공정한 이상적 사회	승자독식의 경쟁 사회
실력 형성의 주요인 및 근간	개인 노력(노력무한가능설), 공정한 기회와 과정이 근간	타고난 능력+개인 노력+학교+α(부모 배경, 운, 출생지, 생년 등등), 약육강식 합리화
학교의 역할	실력이 아닌 학벌 조장, 경쟁 조장	사회가 요구하는 실력 배양, 사회의 경쟁 투영
학벌사회와 실력주의 사회 관계	학벌 타파하면 실력주의 사회 도래	학벌은 실력주의 사회의 그림자
실력주의 사회 구현 노력의 결과	이상적 사회가 올 것임(공정성 증가, 계층 이동 원활, 학벌 없는 사회, 학교교육 정상화, 사교육 완화, 교육전쟁 소멸, 인성교육 성공)	실력주의 사회의 그림자가 더욱 짙어짐(빈부 격차 심화, 갈등 심화, 사회 계층 단계적 고착, 교육전쟁, 학교교육 파행, 사교육 심화, 인성교육 실패)

[표 1-1] 실력주의 사회에 대한 신화

우리 사회와 세계가 실력주의 사회 신화를 신봉하는 바탕에는 '실력 형성 요인'에 대한 오해가 놓여 있다. 실력이란 부모나 다른 요인과 무관하게 개인의 노력으로 얻어진 결과이고, 또한 그럴 수 있다는 착각이 바로 그것이다. 이러한 착각 때문에 실력을 기준으로 사회적 지위와 재화를 배분하는 것은 공평하다는 등의 제반 신화가 별다른 의심 없이 받아들여지게 되었다.

실력에 따라 사회적 재화를 배분하는 실력주의 사회에서, 실력을 기르는 수단이자 실력 측정의 잣대가 되는 '좋은 교육(설령 불공정하다고 할지라도)'을 향한 부모와 학생의 전쟁을 멈추게 하는 것은 거의 불가능하다. 교육을 향한 전쟁을 없애려고 실력을 기르는 수단과 실력 측정 잣대를 바꾼다면 그것을 향한 전쟁이 다시 시작될 것이다. 실력주의를 지탱하는 첫 번째 조건은 '기회의 균등'이고 두 번째 조건은 '과정의 공정성'이지만[5] 실력주의 사회가 진행될수록 둘 다 취약해지게 마련이다. 실력주의를 통해 부와 사회적 지위를 획득한 부모가 수단과 방법을 가리지 않고 이를 자녀에게 직간접적으로 전달하려고 할 것이기 때문이다. 부모가 자녀에게 미치는 영향을 막는 것은 어려서부터 유치원에 맡겨 국가가 획일적으로 기르는 극단적 사회주의 사회에서나 가능한 일이다. 자본주의 사회에서는 가능하지 않을 뿐만 아니라 이미 쿠바를 비롯한 사회주의 국가에서 실험을 통해 보여준 것처럼 바람직하지도 않다. 실력주의 사회는 시간이 흐름에 따라 실력주의를 지탱하는 두 가지 조건을 스스로 약화시키는 '실력주의 패러독스' 현상을 초래한다. 일례로 실력주의에 따라 많은 부를 축적한 부모는 이를

자녀에게 물려주게 되고, 그 결과로 기회 균등과 과정 공정성이 취약
해진다.

실력이란 무엇이며 어떻게 측정되는가

실력의 의미

실력이 뛰어난 사람이라고 말할 때 실력이란 무슨 의미일까? '최광의
(가장 넓은 의미)의 실력'은 우리가 세상을 살아가는 데 필요한 지식과
기능 및 태도를 포함하는 제반 역량을 가리킨다. '광의(넓은 의미)의 실
력'은 개인적·사회적 재화(개인 및 사회의 변화와 행복 증진에 기여할 수
있는 재화)를 창출하는 데 기여할 수 있는 개인의 제반 역량(지식, 기능,
태도 포함)이다. 이보다 더 '협의(좁은 의미)의 실력'은 합법적으로 거래
가능하고 수요가 존재하는 제반 역량이라고 정의할 수 있다. 개인이
가진 역량 중에서 비록 사회적 재화 창출에 기여하지만 타인이나 조직
이 구매(거래)를 원하지 않는 것은 좁은 의미의 실력 범주에 들어가지
못한다. 다른 사람들을 늘 배려하고 편안하게 해주는 역량은 아주 중
요하지만, 실제로 이를 구매하려 하지는 않기 때문에 좁은 의미의 실
력으로 간주되지 않는다. 다만 이 역량은 다른 실력의 가치를 높이는
부수적 역할을 할 수 있다. 이처럼 실력주의 사회에서 말하는 실력이
란 거래 가능하고 수요가 존재하여 부를 창출하는 데 기여하는 협의의
실력을 의미한다.

거래 대상이 되는 실력의 가치는 그 역량이 생산할 수 있는 경제적·사회적 가치, 수요와 공급, 문화, 제도 등에 의해 결정된다. 많은 재화(높은 가치)를 생산할 수 있는 역량은 그에 상응하는 높은 보상을 받는다. 하지만 특정 역량을 갖춘 사람이 증가하여 생산되는 재화가 늘어나면 시장에서 그 재화의 값은 떨어지고, 해당 역량을 갖춘 사람이 받는 보상도 줄어들게 된다. 그러므로 공급 과잉인 분야의 실력을 길러 진출하면 생계비를 벌기도 어려울 수 있다. 2016년 우리나라 연예인 열에 아홉은 한 달에 60만 원도 못 버는 이유 중 하나도 과잉 공급과 관련이 있다.[6]

사회에 기여하는 바가 큰 역량이라도 많은 사람들이 갖추고 있다면 그 가치가 낮게 매겨진다. 예컨대 우리나라 사람들이 우리말을 자유롭게 구사하더라도 이를 가지고 높은 급여를 받지는 못한다. 중세 교회에서 성경을 라틴어로만 공급함으로써 일반인은 읽을 수 없게 하여 성직자의 역량 값을 높게 유지한 것은 그 반대 사례에 해당한다. 의사나 변호사처럼 자격증으로 특정 역량을 갖춘 사람들의 공급을 제한함으로써 그 가치를 높이거나 유지하는 경우도 있다.

실력의 범주와 가치는 시간과 장소에 따라 달라진다. 광의의 실력이었던 것이 시대의 흐름에서 협의의 실력으로 전환되거나, 그 반대의 경우가 되기도 한다. 가령 개인이나 집단 취미 생활에만 기여하던 어떤 역량이 사회적 관심을 받으면서 사회적 부를 창출하게 되면 협의의 실력으로 전환된다. 개인이 취미로 하는 운동이 정식 경기가 되고 프로 팀이 만들어지면서 해당 운동 역량이 좁은 의미의 실력으로 전환

구분	의미	비고
최광의	세상을 살아가는 데 필요한 제반 역량(지식, 기능, 태도)	
광의	개인적·사회적 재화 창출에 기여할 수 있는 개인의 제반 역량	거래 대상이 아닌 역량도 포함
협의	합법적으로 거래 가능하고 수요가 존재하는 제반 역량	'실력주의 사회'에서의 실력

[표 1-2] 실력의 의미 : 범주별

되는 경우인데, 프로 게이머의 게임 역량도 그러한 사례다. 다가올 4차 산업혁명 시대에는 기계가 갖지 못한 인성적 특성이 취업을 위한 중요한 실력으로 간주될 수 있다. 앞에서 이야기한 것처럼, 일부 사람만 갖춘 역량이어서 높은 값에 거래되었다가 많은 사람들이 그 역량을 갖추면서 수요 공급의 법칙에 따라 그 가치가 크게 떨어지는 경우도 있다.

실력과 자본의 관계

자본은 생산을 위한 수단인 동시에 생산의 결과물이다. 실력은 자본을 통해 형성되고, 형성된 실력은 다시 사회경제적 재화 생산을 위한 자본의 역할을 한다. 자본주의 사회에서는 거래 대상이 되거나 재화 생산의 바탕이 되는 모든 것을 통틀어 자본이라고 일컫는다. 부르디외 Bourdieu는 자본을 그 존재 형태에 따라 세 종류로 나눈다. 경제자본, 사회자본, 그리고 문화자본이다.[7] 여기에 인적자본론가가 주장한 인적자본을 추가할 수 있다.

경제자본은 물질(비물질) 형태로 인간의 밖에 존재하고, 인적자본은 비물질 형태로 인간 안에 존재한다. 문화자본은 가족 혹은 가족의 개

구분	경제자본	인적자본	문화자본	사회자본
이론적 의의	화폐가 아닌 생산수단의 형태로 존재하는 자본	자본가에 의해서만 배타적으로 소유될 수 있는 자본에 대한 개념 수정	경제적 자본과 문화적 자본의 불일치	개인이 아닌 사회적 관계 속에서 파생되는 자본
분석 수준	구조(계급)	개인	가족	개인/집단
자본의 소유자	개인(자본가)	개인(노동자)	가족 전체 또는 가족의 개별 구성원	집단(사회집단)
자본 소유자에게 주는 이익	타인의 노동력에 근거한 경제적 이익	노동시장에서의 협상력 증대, 높은 임금	다른 계급과의 구별 짓기와 계급의 문화적 재생산	정보의 획득, 사회적 연대와 결속의 창출
자본의 존재 형태	물질적 대상 (토지 및 기계 같은 생산수단)	교육 및 직무 훈련을 통해 개별 노동자에게 체화된 기술과 지식	가족 구성원들에 의해 공유되는 문화적 취향	개별 행위자가 아닌 사회적 관계 속에서 존재하는 신뢰와 결속 관계
연구의 초점	자본가와 노동자 사이의 관계	교육과정과 임금 사이의 연관성	문화자본을 통한 세대 간 계급 재생산	개인 혹은 집단 사이의 관계 유형

* 유석춘·장미혜, 〈사회자본과 한국사회〉(2002)를 토대로 재구성.

[표 1-3] 경제자본, 인적자본, 문화자본과 사회자본의 차이점

별 구성원 안에 존재한다. 사회자본은 사회집단의 관계 속에서 파생되는 자본이다. 자본 소유자의 측면에서 볼 때 앞의 세 가지는 소유자가 개인(가족 포함)이지만 사회자본은 소유자가 사회집단이라는 점에서 차이를 보인다.[8]

군이 자본의 유형에 따라 분류하자면, 개인이 갖춘 실력은 인적자본에 속한다. 그러나 인적자본론에서 말하는, 개인이 취득한 기술과 지식만을 의미하는 것이 아니다. 거기에 개인이 갖고 있는 가치관, 태도, 습관, 건강까지 모두 포함하는 넓은 의미의 인적자본이라고 보는 것이 타당하다. 학교와 가정, 그리고 사회는 교육을 통해 학생에게 넓은 의미의 인적자본까지 습득하게 한다. 대학과 학과마다 전통과 문화가 있

어서 어느 대학의 어느 학과를 졸업하면 그 학과의 색깔을 가진 사람으로 변모해가는 것이 그 예다. 동아리 활동, 학과 선후배와의 만남, 교육과정 이외의 잠재 교육과정을 통해 인적자본이 형성된다. 온라인 교육으로 지식이나 기술은 습득할 수 있지만 이러한 의미의 인적자본은 축적할 수가 없다.

하나 더 유념해야 할 것이 있다. 재화 생산 역할을 하는 자본으로서의 개인 실력은 개인 안에 인적자본 형태로만 존재하는 것이 아니라 관계망 속에도 존재한다는 사실이다. 그래서 기업은 신입사원을 채용할 때 졸업장이라는 문화자본을 중시한다. 쉽게 말해 인맥도 개인이 갖춘 실력의 중요한 일부다. 우리가 학벌을 사회문제로 규정하면서도 개인은 학벌을 쌓으려 노력하고 기업은 학벌이 좋은 사람을 채용하려고 하는 이유는, 학벌이라는 인맥이 재화 생산에 그만큼 큰 영향을 미치기 때문이다.

하나은행이 SKY 출신을 합격시키기 위해 신입 공채에서 면접 점수를 조작한 것이 사회적 이슈가 되었다.[9] 만일 사적인 관계의 특정인이 아니라 단순히 SKY 출신을 합격시키려는 행위였다면, 이는 학벌이 가진 인맥의 가치를 고려한 시도로 해석할 수 있다. 세계적인 갑부 빌 게이츠가 크게 성공할 수 있었던 배경에도, 비록 중퇴하기는 했지만 하버드대학에서 쌓은 인맥이 큰 몫을 했다. 그는 하버드대학 시절에 포커 게임을 통해 많은 친구를 사귀었는데, 영업의 귀재 스티브 발머도 그와 함께 기숙사에서 포커 게임을 즐기던 친구였다고 한다.[10]

대학 신입생 선발 기준으로서의 실력

대학 신입생을 선발할 때 학생 개인이 가진 실력을 기준으로 해야 한다는 것에 대해서는 누구나 공감한다. 문제는 무엇을 실력으로 보아야 할 것인가이다.

이해찬 장관 시절[11]에는 한 과목만 잘해도 원하는 대학을 갈 수 있게 하겠다는 말이 있었다. 특별히 잘하는 한 과목에 대한 역량을 실력으로 간주하겠다는 의미였다. 최근에는 4차 산업혁명 시대에 요구되는 창의력, 소통력, 문제 해결력, 협동력, 공감력 등의 역량을 기준으로 대학 신입생을 선발하자는 주장이 힘을 얻고 있다.

대학 신입생 선발 기준인 실력을 무엇으로 볼 것인가 하는 문제는, 이를 누가 어떻게 측정하고 평가할 것인가 하는 문제와 직결된다. 학생부종합전형, 내신교과전형, 수능 위주의 정시전형, 논술전형 등은 실력의 기준과 측정 방법을 내포하고 있다. 학생 선발 기준은 시간(시대)과 공간(국가)에 따라 달라진다. 카라벨Karabel은 미국 하버드, 예일, 프린스턴대학의 학생 선발 기준을 분석한 뒤, 학생 선발 기준 변천은 계층 간 지속적인 투쟁의 산물이라고 결론짓는다.[12]

우리나라 대입 제도가 자주 바뀌고 혼선을 겪는 이유 중 하나는 대입 선발 기준으로서의 실력의 의미와 그 측정 및 평가 방식에 대한 사회적 합의가 이루어지지 않은 데 있다. 문재인 정부 들어 교육부는 신입생 선발 기준과 측정 방법을 포함한 제반 대입 정책 결정 과정이 정치적 과정임을 인정하고, 이를 공론화 과정을 통해 결정하겠다고 발표했다.[13] 이로써 그동안 선한 관료, 선한 전문가, 선한 언론이 나서서 공

정하고 타당하며 이상적인 대입 정책을 제안하고 만들어왔다는 믿음
이 깨지며 사회가 혼란에 빠지고 있다.

한 줄 세우기 vs. 여러 줄 세우기

우리 교육의 문제라고 지적되는 것 중 하나는 '한 줄 세우기'이다. 실
력의 종류가 다양한데 하나의 잣대로 줄을 세운 후 합격 여부를 결정
하는 것은 부당하다는 생각이 깔려 있다. 한 줄 세우기를 하는 대입 전
형 제도 때문에 중고등학교의 교육이 모두 대학 입시에 맞춰지고 그
결과로 창의적 교육이 안 된다는 비판도 뒤따른다.[14] 그래서 제시된 것
이 '여러 줄 세우기'이다. 여러 줄 세우기를 하면 다양한 실력을 보다
정확히 반영하여 보다 실력 있는 학생을 선발할 수 있다는 생각이 깔
려 있다. 한 줄 세우기에 대한 비판과 대안은 타당한 것일까?

2018년 교육부가 대입 공론화 결과를 바탕으로 정시 모집을 30퍼센
트 이상으로 늘리라는 방침을 정하자 포스텍(포항공과대학)이 '수용 불
가' 입장을 밝혔다.[15] 줄 세우기의 관점에서 보면, 포스텍은 한 줄 세우
기(수시 학생부종합전형)를 통해 전체 학생을 선발했다. 그런데 교육부
가 여러 줄 세우기를 하라고 하자 수용할 수 없다고 반기를 든 것이다.

《실력주의 사회 도래》의 저자 마이클 영에 따르면, 실력주의 사회는
본질적으로 한 줄 세우기 사회다. 실력주의 사회가 제대로 작동하려면
실력 측정을 위해 사회적으로 합의된 하나의 잣대가 존재해야 하고,

평가자는 그 잣대로 실력을 정확히 평가해야 한다. 사회가 공감하는 하나의 잣대에 의해 실력을 평가하는 한 줄 세우기가 가능하지 않다면 실력주의 사회는 혼란에 빠지게 된다.

그런데 우리 사회는 실력주의 사회를 표방하면서도 여러 줄 세우기가 더 바람직하다는 패러다임을 받아들이다 보니 대학에 들어가는 문을 여러 개 만들 수밖에 없었다. 하지만 이제 와서는 그동안 추가해온 별도의 문들이 타당한지, 각각의 문에 할당된 입장 인원의 비율이 합당한지, 그리고 이 모든 것은 공정한지 등 혼란과 갈등이 점차 커지고 있다.

아래에서는 먼저 한 줄 세우기와 여러 줄 세우기의 의미를 규정하여 논의의 혼란을 줄이고자 한다. 이어서 여러 줄 세우기를 합리화하기 위해 널리 인용되는 우화와 비유를 재분석하여 그 논리적 한계를 밝히고, 여러 줄 세우기에 따른 문제점을 살펴본다. 마지막으로 대입에서 제대로 된 한 줄 세우기를 하려고 할 때 유의할 점을 제시한다.

한 줄 세우기와 여러 줄 세우기의 의미

한 줄 세우기와 여러 줄 세우기의 타당성 논쟁을 하려면 먼저 대입에서의 한 줄 세우기와 여러 줄 세우기의 의미를 명확히 해야 한다. 결론부터 이야기하자면, 한 줄 세우기란 '실력'을 기준으로 하여 학생을 선발하는 전형이 하나만 존재하는 것이다. 한 대학의 한 학과(모집단위) 신입생을 하나의 전형으로 선발하는 것은 '개별 대학 차원'의 한 줄 세우기이고, 여러 대학의 유사 모집단위 신입생 선발도 하나의 전형으로 이루어지는 것은 '대학 시스템 차원'의 한 줄 세우기이다.

한 줄 세우기 여부를 판단하는 것은 '실력'을 기준으로 하는 전형의 종류이다. 사회적약자배려전형(사배자전형), 지역인재전형 등 실력이 아닌 다른 요인을 우선적으로 배려하는 전형들이 존재한다고 하여 이를 여러 줄 세우기라고 하는 것은 타당하지 않다. 대입에서 사배자전형은 실력이 아닌 다른 것을 우선적으로 고려하는 '별도의 줄 세우기'이다.[16]

하나의 전형에서 여러 요소를 함께 반영하더라도 이는 한 줄 세우기이다. 따라서 한 학과가 학생부, 수능, 면접 등 다양한 요소를 모두 합산한 총점을 기준으로 당락을 결정하는 것은 한 줄 세우기이다. 학생부종합전형(학종전형)으로만 특정 학과 학생을 모두(단, 사배자전형 제외) 뽑는 것도 당연히 한 줄 세우기이다. 그리고 학종 성적, 수능 성적, 면접 성적을 단계별로 적용하여 최종 합격자를 결정하는 것도 한 줄 세우기이다. 이는 대학이라는 경기장에 들어가는 문은 하나이지만 관문이 여러 개 있어서 순차적으로 모두 통과해야 최종 입장이 가능하게 하는 것과 같다.

구분	핵심 요소	의미	비고
기준	실력	'실력'을 기준으로 하여 학생을 선발하는 전형이 하나만 존재하는 것	비실력 기준 전형(예: 사배자전형)이 별도로 존재해도 한 줄 세우기임
전형 요소	실력 하위 요소	사회가 실력으로 인정하는 (다양한) 요소 반영	한 전형에서 여러 요소를 반영하더라도 한 줄 세우기임
판단 범위	모집 단위	모든 대학의 유사 모집단위에서는 하나의 전형만 활용	대학 간 유사 모집단위 전형이 서로 다르면 여러 줄 세우기임

[표 1-4] 대입에서의 '한 줄 세우기' 개념 핵심 요소

실력주의에서 말하는 한 줄 세우기는 전공(모집단위)을 기준으로 한다. 가령 체육과와 음악과가 학생을 선발하면서 각 전공별로 자신의 특성에 맞는 하나의 전형을 사용한다고 하여 이를 여러 줄 세우기라고 하지 않는다. 유사한 모집단위일 경우에는 대학들이 하나의 전형을 사용할 때 한 줄 세우기라고 한다. 한 대학의 한 모집단위가 하나의 전형으로 학생을 선발한다고 해도 다른 대학의 유사 학과에서 다른 전형으로 학생을 선발한다면 이는 여러 줄 세우기이다. 설령 전형 유형은 동일하다고 해도 대학마다 반영 과목이나 과목별 반영 비율 등이 서로 다르다면 이 또한 여러 줄 세우기이다.

이해를 돕기 위해 한 줄 세우기의 예를 들어보자. 엄격한 의미에서의 한 줄 세우기가 되려면 모든 의과대학이 하나의 동일한 전형으로 학생을 선발해야 한다. 사배자전형이 별도로 존재하더라도 한 줄 세우기의 원칙에는 어긋나지 않는다. 학종, 교과, 수능, 면접을 합산하여 반영하거나 순차적으로 반영하더라도 하나의 전형만 사용하면 한 줄 세우기이다.

여러 줄 세우기란 한 의대의 신입생 선발만이 아니라 전국의 의대 신입생 선발 전형이 여러 가지인 것을 의미한다. 의대들이 유사한 전형 방법을 사용하더라도(예: 수능전형), 반영 과목(요소)과 과목(요소)별 반영 비율 등이 서로 다르다면 이것도 여러 줄 세우기이다. 여러 줄 세우기는 대학이라는 경기장에 들어가는 문을 여러 개 만들고 각 문마다 입장 허가 기준을 서로 다르게 하는 것을 의미한다.

여러 줄 세우기의 논리적 한계

우리나라 대입 제도는 그동안 여러 줄 세우기를 향해 나아갔다. 그 결과 박근혜 정부 시절에는 대입 전형이 수천 가지나 된다는 비판이 쏟아졌고, 이에 대통령이 나서서 대입 전형 제도를 단순화하라는 지시를 내리기도 했다. 그동안 여러 줄 세우기의 근거로 제시되어온 동물학교 우화와 동물경주 비유를 재분석하여 여러 줄 세우기의 논리적 한계를 밝혀보고자 한다.

비유(우화 포함)란 모르는 세계와 아는 세계를 연결해주는 다리와 같아서 모르는 세계에 있던 사람들에게 비유의 다리를 놓아주면 앎의 세계로 쉽게 건너올 수 있다. 그래서 불경도 성경도 비유로 가득 차 있다. 하지만 잘못된 비유는 그 다리를 건너는 사람을 깨달음의 세계가 아니라 오류의 늪에 빠뜨릴 수도 있다.

학교교육의 문제를 드러내기 위한 우화 중 하나로 19세기 미국에서 회자되던 동물학교 우화를 들 수 있다. 이 우화는 물리학자이며 발명가였던 아모스 돌베어Amos E. Dolbear가 이솝 주니어Aesop, Jr.라는 필명으로 《교육저널》에 '교육 우화'라는 글을 기고하면서 널리 알려졌다. 이 내용을 상세히 소개하면 다음과 같다.[17]

> 먼 옛날, 동물이 수영, 등산, 비행, 달리기 등을 잘하는 존재로 구분 창조되자 이 동물들을 훈련시키기 위한 학교가 만들어졌다. 이 학교는 최고의 동물이란 하나를 잘할 뿐만 아니라 다른 것도 잘하는 동물이라는 이론을 가지고 있었다. 그래서 어느

하나를 잘하도록 타고난 동물이 있으면 그것 대신 다른 기능을 훈련시키는 데 시간과 노력을 투자하도록 하였다.

가령 한 동물이 짧은 다리와 훌륭한 날개를 가지고 있으면 나는 것만큼 달리기도 잘할 수 있도록 하는 데 초점을 맞추었다. 그래서 오리에게 헤엄 대신 뒤뚱거리며 걷는 연습을 시켰고, 펠리컨에게 잘 날 수 있도록 짧은 날개를 움직이는 훈련을 시켰다. 독수리는 달리기 연습을 시키고, 날기는 놀이로만 허용했다. 하지만 자라고 있는 올챙이는 어느 것도 할 수 없게 단단히 묶어두었다.

이 모든 것이 교육이라는 이름으로 행해지고 있다.

(…)

자신이 잘하도록 타고난 기능만 개발하려고 하는 동물에게는 편협한 전문가라는 낙인이 찍혔다. 학교의 이론을 무시하려 한 이들은 많은 어려움을 겪어야 했다.

기어오르기, 헤엄치기, 날기를 학교가 정한 수준만큼 하지 못하면 졸업을 할 수 없었다. 달리기 연습에 집중하느라 헤엄칠 시간을 갖지 못한 오리의 수영 실력은 겨우 학교가 정한 수준에 미칠 정도로 줄었다. 오리는 훈련 과정에 꾸중, 협박, 체벌, 학대를 받아 삶에 부담을 느꼈고 결국 굴욕감을 느끼며 학교를 떠났다. 오리너구리가 달리기와 수영에서 오리를 이겨 두 학과 모두에서 상을 받았다. 독수리는 기어오르기 방법을 통해서는 나무 꼭대기에 오를 수 없었다. 날아서 오를 수 있음을 보여주었지만 제시한 방법을 사용하지 않았기 때문에 실패한 것으로 간주되었다. 비정상적으로 큰 가슴지느러미를 가진 뱀 장어가 달리기, 헤엄치기, 기어오르기, 약간 날기 등을 할 수 있어서 수석 졸업을 했다.

동물학교 우화는 서로 다른 강점을 지닌 학생들에게 각자의 강점을 더욱 발전시키게 하는 대신 잘하지 못하는 기능을 어느 정도 잘하게 하려고 애쓰다가 강점마저 살려주지 못하는 당시 학교를 빗대고 있다. 이 우화를 통해 학교는 학생들의 소질을 계발하고 강점을 살리도록 이끌어야 하고, 특정 분야의 역량이 부족하다고 하여 그것으로 모욕감을 느끼게 해서도 안 된다는 것을 깨닫게 된다.

하지만 이 우화는 두 가지 착각을 일으킨다. 첫째, 우리 아이들이 서로 다른 특성을 가진 동물처럼 근본적인 차이가 있는 존재라고 착각하게 한다. 우리 아이들은 뱀장어와 독수리처럼 서로 다른 존재가 아니라 같은 동물에 속하지만 조금씩 차이가 있는 존재로 보는 것이 타당하다. 둘째, 학교에서 기르고자 하는 실력이 완전히 서로 다른 역량인 것처럼 착각하게 한다.

인간 아이들은 조금씩 차이가 있긴 하지만 서로 다른 동물이 아니라 같은 동물(가령 원숭이)이다. 또 학교에서 가르치고자 하는 것은 나무 오르기뿐만 아니라 원숭이가 살아가는 데 필요한 식용 열매 고르는 법, 털 고르는 법, 공동체 생활을 하는 법, 위험 요소 알리는 법 등이다. 학생 원숭이로 하여금 그중에서 하고 싶은 일 하나만 잘하도록 기르는 것은 바람직할까? 한 발 더 나아가 인간의 소질과 직업의 연결 관점에서 볼 때, 혹시 학생이 하고 싶어 하고 잘할 수 있는 일이 나중에 생활을 꾸려가는 데 보탬이 되는 직업으로 연결되기 어려운 경우 학교는 이 학생을 어느 방향으로 안내해야 할까? 요즈음 유행인 융복합 교육과 이 우화는 어떤 관계에 있을까? 전인교육, 민주시민, 행복한 개인이 되는 데 필요한 다양한 실생활 지식과 지혜도 길러주자는 주장과 이 우화는 어떤 관계가 있을까? 이 우화는 간명한 메시지를 던져주지만 학교와 교사는 많은 생각을 하게 된다.

우리나라에서도 이와 비슷한 우화가 회자되고 있다.

돌아가신 애국자 한 분(김구 선생이라고 명기하는 경우도 있다)이 어느 날 대한민국을 내려다보니, 뛰어난 과학자가 없어서 국가가 어려움을 겪고 있었다. 그래서 하느님께 인류 역사상 뛰어난 과학 천재 몇 명을 대한민국에 태어나게 해달라고 부탁했다. 그런데 나중에 보니 대한민국에 태어난 그들이 모두 별볼 일 없는 사람이 되어 있었다. 에디슨은 서류를 잘 꾸미지 못해 골방에서 소주를 마시며 지내고, 뉴턴은 교수들에게 반박하다가 건방지다며 벽촌으로 쫓겨났으며, 퀴리 부인은 외모지상주의 탓에 파출부로 일하고 있었다. 또 아인슈타인은 수학만 잘하고 다른 과목은 못해서 대학에 떨어지고 중국집 철가방을 하며 살고 있었다.

이 우화는 단지 학교교육의 문제뿐 아니라 비효율적인 행정 제도, 위계적 학문 풍토, 외모 지상주의, 그리고 대입 전형 문제 등을 모두 아우르고 있다. 김대중 대통령 시절에 하나만 잘해도 대학에 갈 수 있겠다고 한 이해찬 장관의 발언은 이상의 동물학교와 과학 천재 우화와 맥을 같이한다.

동물경주 비유와 학생 선발의 타당성

동물경주 비유는 동물학교 우화와 비슷하면서도 다르다. 동물학교 우화가 개인의 소질 계발에 초점을 맞추고 있다면, 동물경주 비유는 평가의 공정성이라는 이름으로 잘못 시행되고 있는 평가의 문제점을 드러내는 데 집중한다.

동물경주의 비유는 "인간은 누구나 다 천재다. 그러나 나무 타기 실력으로 물고기를 평가하면 그 물고기는 평생 자신이 멍청하다고 생각하며 살게 될 것이다"라는 아인슈타인의 명언을 근거로 한다(그러나 실제로 아인슈타인의 그렇게 말했다는 명확한 근거는 없다). 우리나라 교육부 최승복은 이 비유를 다음과 같이 인용하고 있다.

> 원숭이, 코끼리, 펭귄, 개, 금붕어, 까마귀, 물개 등을 앞에 두고 말한다. "공정한 선발을 위해서는 모두가 동일한 평가를 치러야만 하는데, 오늘의 시험은 앞에 있는 나무에 빨리 올라가는 것입니다." 누구도 이런 평가가 객관적이고 공정하다고 말하지는 않을 것이다. 원숭이에게 일방적으로 유리하고 금붕어는

뭍에 올라오지도 못한다. 코끼리는 아마 '열 받아' 나무를 코로 감아 뿌리째 뽑아버릴 것 같다. 그러나 현재 우리나라의 시험 대부분이 이런 것 아닐까? 학생마다 재능과 소질, 관심과 특성이 다른데 똑같은 시험을 봐 높은 점수를 받는 아이가 우수 학생으로 평가받는 것 아닌가?[18]

최승복은 동물경주 비유를 토대로 표준화된 객관식 위주 평가로는 걸을 줄도 알고, 수영도 대충 하고, 약간 날 줄도 알지만 어느 것 하나 제대로 하는 게 없는 '집오리형 인재'만 배출한다고 주장한다. 4차 산업혁명 시대를 대비하려면 개인의 특성을 잘 드러낼 수 있는 과정 중심 평가를 해야 한다는 것이 그가 내린 결론 중 하나이다. 그의 주장은 타당한가?

동물경주의 비유는 전공이나 대학의 특성을 감안하지 않고 하나의 잣대로 학생을 평가하여 합격 여부를 결정하는 것은 타당하지 않다는 점을 보여주는 데 적합하다. 즉 100미터 달리기, 수영, 포환던지기 등 분야마다 각각 다른 역량을 필요로 하는데 달리기 실력 하나만으로 여러 분야의 선수를 선발하는 방식을 취한 과거 대입 제도의 문제를 드러내는 데에는 이 비유가 적격이다. 그러나 신입생을 선발할 때 학생들의 특성을 반영해야 한다는 주장을 하기 위해 이 비유를 활용하는 것은 타당하지 않다.

학생들의 특성과 관심사가 각자 다르므로 이를 감안해 평가해야 한다는 것은 평가의 타당성이 아니라 일종의 형평성에 관한 내용이다.

이는 개인의 선천적 혹은 여건상 특성을 고려해 특별한 배려를 하자는 것이다. 이를 위해서는 별도의 배려가 필요한 것이지, 이들의 차이를 고려하기 위해 실력 평가 요소와 반영 비율을 서로 다르게 하자고 주장하는 것은 타당하지 않다. 장애 선수를 위한 패럴림픽을 따로 마련하는 것처럼, 그리고 사회적 약자를 위해 '사배자전형'을 별도로 마련하는 것처럼 사회가 공감할 경우 이들을 위한 보완적 제도를 마련하여 별도로 배려하는 것은 타당하다.

대학교의 다양한 전공은 올림픽 경기의 다양한 종목에 비유할 수 있다. 100미터 달리기 선수를 선발할 때에는 100미터 기록을, 수영 선수를 선발할 때에는 수영 기록을 기준으로 해야 한다. 하지만 올림픽 10종 경기 국가대표를 선발할 때에는 10개 종목의 성적을 종합하여 가장 우수한 선수를 뽑아야 한다. 올림픽 10종 경기는 이른바 '(슈퍼) 집오리형 인재'를 선발하는 경기인데, 선수마다 재능과 특성이 다르다는 점을 감안하여 100미터 달리기, 멀리뛰기, 포환던지기, 높이뛰기 등의 기록 보유자를 고루 대표로 선발하자고 주장하는 것은 타당하지 않다. 서로 다른 역량을 필요로 하는 전공 분야 신입생을 하나의 기준만으로 선발하는 것이 문제이듯이, 동일한 역량을 필요로 하는 분야 신입생을 여러 기준으로 뽑는 것 또한 문제다.

대입에서 여러 줄 세우기의 문제점

여러 줄 세우기와 실력주의 부조화

대학 내 혹은 대학 간 유사 모집단위에서 여러 줄 세우기를 한다는 것은 그 모집단위의 학생을 뽑으면서 학생부종합전형, 내신교과전형, 수능전형, 논술전형 등 다양한 전형을 활용한다는 뜻이다. 비슷한 수준 대학들의 유사 모집단위 간에는 전형 유형뿐만 아니라 전형별 반영 과목, 반영 요소, 반영 비율 등이 서로 다른 경우가 많다. 이는 실력 있는 학생을 선발하려는데 수능을 잘 보는 학생도 있고, 교과 성적이 좋은 학생도 있으며, 논술을 잘하는 학생도 있으니 각각을 일정 비율로 뽑자고 하는 주장에 근거한 것이다. 더구나 잘하는 과목과 못하는 과목이 개인마다 다르니 학종, 교과, 수능 전형에서 포함시키는 과목과 포함 요소 및 반영 비율도 다양하게 하자는 주장까지 받아들여 대학마다 반영 요소와 요소별 비율이 천차만별이다. 이러한 전형 유형, 전형별 반영 요소 및 반영 비율 다양화를 통한 여러 줄 세우기는 무엇이 문제일까?

만일 서울대, 연대, 고대의 의대 신입생 선발 전형이 다르다면, 이는 입학생이 갖춰야 할 실력(자질과 역량)이 서로 다르다고 보기 때문일 것이다. 그런데 이들 세 대학의 의대생 지원자가 갖춰야 할 실력 요건이 크게 차이가 난다면 그에 대해서는 전문가나 사회 일반인도 동의하기는 어려울 것이다. 이들 세 대학 의대의 인재상과 건학 이념이 다르니 선발 기준이 서로 다를 수 있다고 주장할 수는 있다. 하지만 세

대학에서 뽑고자 하는 인재상이 정말 그렇게 다른지, 인재상을 다르게 설정한 것이 타당한지, 설령 타당하다고 해도 대학 간 전형 유형 차이, 동일 전형 내의 반영 요소와 비율 차이가 대학별 인재상과 정말 관계가 있는지를 살펴보면 여러 줄 세우기가 타당하지 않음이 금방 드러난다. 한 전공 분야의 학생을 선발하는데 여러 가지 전형을 사용하는 것은 앞에서 이야기한 대로 올림픽 10종 경기 선수를 선발하겠다면서 각 분야에서 뛰어난 선수를 고루 선발하는 것처럼 타당하지도 합리적이지도 않다.

의대 입학에 요구되는 실력 기준이 한 대학에서도 다르고 대학 간에도 다르면, 준비하는 학생들은 의대 입학을 위해 어떠한 실력을 갖춰야 할지 혼란을 겪게 된다. 이러한 혼란스러운 상황에서는 부모와 학교 배경, 운 등이 합격에 더 큰 영향을 미치고 그 결과 실력이 부족하더라도 정보력과 좋은 배경을 가진 학생이 합격할 가능성이 높아진다. 그러다 보면 실력이 더 좋다고 생각되는 학생들이 탈락하는 사례가 증가하면서 실력주의 사회의 근간이 흔들리게 된다. 고려대학교는 2018학년도 대입부터 논술전형을 없앴다. 고려대 관계자에 따르면 논술전형이 로또전형으로 전락했으며, 학원에서 논술을 준비하여 학생들이 드는 예시까지 비슷해 실력 평가 잣대로서의 타당성이나 신뢰성이 떨어지는 데다 전형 간의 공정성 문제도 제기되어 어쩔 수 없었다고 한다. 여러 줄 세우기는 개인의 특성을 배려한다는 차원에서 얼핏 공정한 접근으로 보이지만, 지금 우리나라와 같은 방식으로 적용하면 타당하지도 합리적이지도 않아 실력주의 사회의 근간을 흔들게 된다.

운의 작용 증가

쉽게 와닿는 비유를 들자면 한 줄 세우기는 공중 화장실 입구에 한 줄로 서게 하는 것이고, 여러 줄 세우기는 입구가 아닌 각각의 문 앞에 가서 한 줄로 서게 하는 것이다. 입구에 한 줄로 서게 하는 것은 도착한 순서를 기준으로 하는 것이고, 문 앞에 서게 하는 것은 순서와 함께 운이 작용하게 하는 것이다. 누구나 한 번쯤은 공중 화장실에서 자신보다 늦게 온 사람이 다른 문 앞에 선 덕에 더 빨리 들어갈 때 불합리하다고 느낀 경험이 있을 것이다. 이처럼 여러 줄 서기를 하면 운의 영향이 커진다. 대입의 경우도 마찬가지다. 여러 줄 세우기를 하면 한 줄로 세울 때와 달리 어느 문 앞에서 줄을 서는 것이 자신에게 유리할지를 잘 따져야 한다. 대입에서는 이러한 판단에 운과 함께 학교와 가정의 지원 역량, 정보력 등 비실력적 요인이 점점 더 영향을 미쳐 실력주의 원칙을 무너뜨리게 된다.

가정과 학교 배경의 영향력 증가

과거에는 실력의 잣대가 명확했으므로 누구나 그 잣대에 맞추어 준비를 하면 되었다. 그러나 이제는 실력의 하위 요소와 이를 측정하는 잣대가 너무 다양해서 학생 혼자서 각 대학이 요구하는 실력과 하위 요소, 거기에서 사용하는 잣대를 모두 조사하고 그에 맞춰 준비하는 것이 거의 불가능해졌다. 부모나 학교가 미리 어느 대학의 무슨 과를 준비하는 것이 타당한지를 조사하고 그에 맞춰 학생을 준비시켜야 하는 상황이 되다 보니 부모와 학교 배경의 영향력이 더욱 커지게 되었다. 이는 학생 개인의 실력을 기준으로 학생을 선발하는 실력주의에 배치된다.

준비 부담 증가

여러 줄 세우기를 할 경우에는 줄(전형)별 합격자 수가 한 줄 세우기를 할 때보다는 크게 줄어들기 때문에 어느 한 줄만을 염두에 두고 준비하는 것은 모험이 된다. 그래서 몇 개의 줄을 염두에 두고 준비할 수밖에 없고, 그 결과 준비 부담은 늘어난다.

무엇이 제대로 된 한 줄 세우기인가

최소 수학능력 확보

대입에서 한 줄 세우기를 할 때 유의할 점이 몇 가지 있다. 그중 하나는 최소 수학능력 확보이다. 대학이라는 기관에서 공부할 학생들을 선발하면서 수학능력은 평가하지 않고 필요한 특정 기능만 보고 뽑는 것이 타당할지에 대해서는 고민이 필요하다. 대학은 개인의 특정 기능만 키우는 곳이 아니라 궁극적으로 지성을 계발하는 곳이므로, 수학능력을 갖추었는지를 평가하는 것은 필수적이다. 이러한 자유주의적 교육이념 때문만이 아니라 학문간 융복합 교육이 이루어져야 하는 4차 산업혁명 시대의 인재를 기르기 위해서도 수학능력은 필수 조건이다.[19] 예체능계 학생을 포함한 대학의 다양한 전공 분야 학생들은 누구나 소통에 필요한 국어와 외국어, 그리고 수학이라는 사유 언어 체계, 나아가 다양한 기초 지식을 갖추고 있어야만 융복합 교육이 가능하다.

만일 특정 기능인을 양성하고자 한다면 굳이 일반 대학에 진학시킬 것이 아니라 특정 유형의 대학(혹은 후기중등교육기관)을 만들어 거기에서 해당 기능을 익히도록 하는 것이 타당하다. 그렇지 않을 경우 이러한 특정 기능인 우대 전형은 자칫 실력주의 사회를 혼란에 빠뜨리는 하나의 원인이 될 수 있다.

중복 측정 최소화

실력에 의한 한 줄 세우기를 할 때 유념할 점은 중복 측정을 줄이는 것이다. 2006년 노무현 정부 때 제시된 대입 전형 제도가 중복 측정의 대표적 예이다. 내신, 수능, 본고사 세 가지를 모두 반영하는 제도가 거론되자 사람들은 이를 '죽음의 트라이앵글'이라고 불렀다.[20] 교과 성적(내신), 수능, 그리고 본고사는 모두 수학능력을 보여주는 잣대이므로, 제대로 측정했다면 셋의 상관관계가 높을 수밖에 없다. 만일 내신은 좋은데 수능 성적이 낮거나 그 반대라면 둘 중 어느 하나 혹은 둘 다 타당성과 신뢰성에 문제가 있다고 봐야 한다. 셋 다 타당하고 신뢰할 수 있는 것이라면 셋 중 하나만 봐도 크게 문제는 없을 것이다. 바닷물 한 방울만 맛을 보아도 전체 바닷물 맛을 알 수 있듯이 말이다. 현실은 교과 성적이 좋지만 수능 성적이 낮은 경우와 그 반대의 경우가 많아서 이를 별도로 측정하는 것을 중복 측정이라고 하기는 어렵다. 제대로 된 한 줄 세우기를 하려면 이 양자를 동시에 반영할 수밖에 없다.

교과 성적 위주의 한 줄 세우기

한 줄 세우기를 할 때 가장 효율적인 방법은 고등학교를 졸업하면 자연스럽게 산출되는 교과 성적을 활용하는 것이다. 단, 교과 성적과 관련된 수행평가를 제대로 실시할 수 있는 담당 학생 수 적정화, 교사의 여타 업무 부담 적정화, 교사의 수행평가 실시 역량, 중간고사와 기말고사에서 고급역량을 측정할 수 있는 문제 출제 역량 등을 갖추고 있어야 한다. 이 같은 여건들이 갖춰지지 않아 대학들이 교과 성적을 신뢰하기 어렵다고 생각할 경우에는 국가 수준의 고등학교 졸업고사에 해당하는 수능 최저등급을 보완 장치로 활용하도록 허용할 필요가 있다. 고등학교 간의 차이가 존재하지 않는다고 우기기는 어렵기 때문이다. 제대로 된 한 줄 세우기가 되려면 유사한 수준의 대학과 유사 모집단위에서는 줄 세우기에 반영한 교과 과목과 수능 과목 그리고 과목별 비율 등이 유사해야 한다. 그렇지 않으면 다시 여러 줄 세우기가 되고, 실력이 아닌 다른 요인의 영향이 증가할 것이다.

학종전형을 중심으로 한 줄 세우기

교과보다는 학종전형을 통한 한 줄 세우기가 학교교육 결과로 산출된 내용을 보다 충실히 반영할 수 있다는 점에서 더 바람직하다. 그러나 학종전형을 통한 한 줄 세우기가 성공하려면 이 제도를 운영하기 위한 고등학교와 대학의 여건 및 역량이 선행되어야 한다. 학교와 교사가 교과 성적만이 아니라 비교과 성적과 관련해서도 제대로 기록하고 관리할 수 있을 정도의 여건과 역량을 갖추고 있어야 한다. 그렇지 못한 상황에서 학종전형으로 한 줄 세우기를 시도하면 학부모와 학생들의 불신이 커져 결국 실패할 것이다.

대학은 제대로 된 학종전형을 운영하는 데 필요한 체제와 인력, 예산, 그리고 경험을 축적하고 있어야 하고, 사회나 개인이 충분한 근거를 가지고 이의를 제기할 경우에는 절차와 기준 등을 공개하도록 하는 보완책도 마련하고 있어야 한다. 이를 위해서는 유사 대학끼리 컨소시엄을 구성하여 경험과 제도를 공유하는 것이 필요하다. 이 과정을 통해 우리나라 지도 계층의 다수를 차지하고 있거나 향후 그러리라 기대하는 대학은 신입생들에게 반드시 지도자로서의 기본 소양 자질을 갖추도록 사전에 알리고 이를 학종전형의 중요한 요소에 포함시키는 것도 가능할 것이다. 대규모 대학의 경우에는 특히 갖춰야 할 조건을 갖추지 않은 상황에서 학종전형에 의한 한 줄 세우기를 하기는 어려울 것이다.

포스텍은 신입생 전원을 수시 학종전형으로 선발하고 있다. 포스텍의 학종전형에 의한 한 줄 세우기는 그동안 성공적인 것으로 나타났고 필요한 여건도 모두 갖추고 있다.[21] 대부분 고등학교의 학종 관리 여건이나 역량이 부족함에도 불구하고 포스텍의 시도가 성공한 이유는 포스텍이 우리나라 최고의 대학이어서 학종을 제대로 관리하고 있는 고등학교 학생들을 받아들이는 비율이 높기 때문일 것이다. 또한 일반고의 뛰어난 학생들도 찾아다니며 발굴할 수 있는 역량을 갖춘 필요 최소한의 사정관과 예산을 확보하고 있기 때문이기도 하다. 만일 포스텍이 사회적 약자를 배려하기 위해 신입생의 출신 고등학교의 다양성,

가정 배경의 다양성, 특정 유형 고등학교나 가정 배경의 신입생이 차지하는 비율의 상한선 하향 조정 등을 동시에 추구한다면 사회적 공감대는 더욱 커질 것이다. 세계적으로 유명한 인도 공대는 정원의 50퍼센트를 사회적 약자를 위한 전형으로 선발하고 있다. 인도는 사립의 경우에도 사회적 약자 전형 비율을 늘리도록 유도하고 있다.

수능을 통한 한 줄 세우기

수능만으로 한 줄 세우기를 하면 어떨까? 이 방법은 비판도 많지만 가장 간편한 방법이다. 비판을 극복하려면 수능이 논술 등을 포함하여 고급 역량을 제대로 측정할 수 있도록 출제되어야 한다. 그리고 학교와 교사가 학생들에게 이를 제대로 준비시킬 수 있는 역량을 갖추도록 지원하고 준비 기간을 충분히 주어야 한다. 성공 여부는 수능을 제대로 준비시키기 어려운 학교와 부모, 즉 사회적 약자를 위한 별도의 줄 세우기를 어느 정도 허용할 것인가에 달려 있다.

2 '노오력' 무한가능론 해체[1]

      2001년 6월 29일, 85세의 나이로 병에 시달리며 죽음을 몇 달 앞둔 시점에서도 마이클 영은 〈실력주의 타도〉라는 짤막한 칼럼을 썼다. 이 글은 자신이 40여 년 전 세상에 내놓았던 실력주의 주장에 관한 마지막 입장 정리였다. 그의 책 《실력주의 사회 도래》는 '1958년부터 실력주의에 반대하는 최종 반란기로 생각되는 2033년 사이에 영국에서 일어날 것으로 생각되는 문제를 경고하기 위한 풍자였음'을 상기시키면서, 이 경고에 귀를 기울이지 않고 '실력주의'라는 말을 사회적·정치적 이상으로 변용하여 사용하고 있는 사람들을 강하게 비판했다. 그는 자신이 두려워했던 것이 대부분 현실로 다가오고 있다는 우려를 나타냈다.

  《실력주의 사회 도래》에서 마이클 영은 교육을 통한 대대적인 선발이 재개되고, 사회가 현재 우리 사회보다도 훨씬 더 극단적인 모습을 하게 될 것임을 예측했다. 그가 주장한 내용의 요지는 다음과 같다. 가난한 사람과 소외된 사람은 지금까지도 그러했지만 더욱 수치를 당할 것이다. 그들은 학교를 통해 포장을 바꾸더라도 나중에 실업자가 될 가능성만 높아진다. 그들은 자수성가한 사람들에 의해 심한 멸시를 받고 사기가 떨어지게 될 것이다. 실력에 의해서 모든 것이 평가되는 사회에서 실력을 갖추지 못한 사람은 어려움을 겪을 수밖에 없다. 역사상 사회 하층이 이렇게 도덕적으로 무방비 상태에 놓인 적은 없었다.

그가 말하는 실력주의 사회의 그림자는 실력을 가진 사람들이 상층으로 몰림에 따라 하층민을 대변할 지도자의 부재 및 이에 따른 하층민의 정치적 무관심과 자포자기 증가, 세습이 아니라 실력으로 지위와 부를 획득함으로써 정당성을 확보한 상층부의 과욕에 대한 사회적 제재 수단 결여, 이에 따른 계층 간의 양극화 심화, 실력 판단 기준인 교육을 향한 극단적 경쟁 등으로 요약할 수 있다. 즉 우리 사회에 나타나고 있는 제반 문제는 실력주의가 제대로 구현되지 않은 결과가 아니라 실력주의 사회의 그림자인 것이다.

실력주의 사회와 달리 귀속주의 사회는 재산과 직업뿐만 아니라 교육권까지도 세습되는 사회다. 최근 들어 우리 사회에도 교육이 점차 세습되는 양상을 보이고 있다. 사회 계층에 따라 교육이 세습되는 결과를 초래하는 이유는 두 가지다. 하나는 '실력'의 의미를 규정할 권한과 통제력을 가진 상층부가 자신의 이익에 부합하게 실력의 의미를 규정함으로써 교육의 세습이 이루어지게 하기 때문이다. 5·31 교육개혁 이후에 '한 줄 세우기'를 비판하면서 수시입학제 도입, 입시 전형 요소 다양화, 입학사정관제 등 대입 제도를 다양화했다. 그 결과로 부모의 배경이 직간접적으로 점차 중요한 역할을 하게 되었다. 마이클 영은 "완벽한 의미에서의 실력주의는 사람들을 한 줄로 세울 수 있는 합의된 가치가 있을 때에만 존재할 수 있다. 그와 상대되는 사회는 '계급이 없는 사회'다"라고 밝히고 있다.[2] 실력주의 사회를 구현하겠다고 하면서 '한 줄 세우기'를 비판하는 것은 앞뒤가 맞지 않는 것이다.

또 다른 이유는 세습사회에서와 달리 실력주의 사회가 지속되면서 '타고난 능력'을 가진 사람들이 점차 상층으로 집약되는 양상이 빚어지기 때문이다. 마이클 영은 인간의 능력이 계급과 무관하게 무작위로 배분되어왔는데 실력주의 사회가 되면서 능력을 가진 사람들이 한 계급으로 몰리는 현상이 빚어지고 있다고 주장한다.[3] 의무교육 실시로 속한 계급과 관계없이 가진 능력을 개발할 수 있게 되었고, 능력과 노력을 통해 실력을 갖춘 사람들이 점차 상층부로 이동함에 따라, 상층부에 실력을 가진 사람들이 집약적으로 모이게 되었다.

과거와 달리 개천에서 용 나는 경우가 드문 이유는 개천 물이 말라 이무기(용의 새끼)가 제대로 크기가 어렵기 때문이기도 하지만, 실력주의 사회가 지속되면서 개천에 새끼를 낳는 용이 점점 줄어가기 때문이기도 하다.[4] 실력주의 사회가 진행될수록 능력을 가진 사람이 상층에 집약되는 것을 피하기 어렵다. 마이클 영은 이를 실력주의 사회의 그림자라고 이야기한다.

실력주의를 포기하지 않는 한 실력주의가 드리우는 그림자를 없앨 수는 없다. 물론 해를 가려 만물의 그림자를 없애는 방법이 있기는 하지만, 이는 결국 만물을 죽게 할 것이므로 대안이 될 수 없다. 우리가 찾을 수 있는 대안은 실력주의의 그림자를 옅게 하는 것이다. 마이클 영의 주장에 따르면 실력주의 사회의 그림자가 짙어진 것이 문제인데, 우리는 개인의 실력을 제대로 평가하지 못한 것이 문제라고 생각하여 보다 정확히 개인의 실력을 평가함으로써 그 문제를 해결하고자 노력했던 것이다. 이러한 노력을 하면 할수록 실력주의 사회의 그림자는 더욱 짙어질 것이다.

실력주의 사회의 그림자

노력만능론과 노력무용론

우리는 보통 실력은 타고난 재능을 토대로 노력을 통해 계발한 결과로 만들어지는 것이라고 생각한다. 모든 사람의 잠재력은 거의 유사하고 노력에 따라 발현 정도가 다를 뿐이라고 가정하는 것은 노력만능론이고 잠재력 자체에 차이가 있어서 같은 노력을 하더라도 개인마다 발현 정도에 차이가 생긴다고 가정하는 것은 노력무용론이다. 우리는 희망이라는 차원에서 그동안 노력무한론을 믿어왔고,[5] 아이들도 이를 믿도록 교육시키고 있으며, 자본주의 사회의 기본적인 분배 제도도 노력무한론을 기반으로 만들어져 있다.

　노력무한론을 주장하는 대표적인 학자로는 우리에게 《마시멜로 테스트》를 통해 널리 알려진 월터 미셸Walter Mischel을 들 수 있다. 그에 따르면 현대 뇌과학은 "우리의 뇌 구조가 DNA에 의해 이미 불변으로 확립되어 있다기보다는, 우리가 상상했던 것보다 훨씬 많은 유연성과 가변성을 갖추고 있음"을 보여주고 있다.

우리는 장차 무엇이 될지를 결정하는 고정적인 자질 보따리를 둘러메고 엄마 배 속을 나오는 게 아니다. 우리는 생물학적 · 사회적 환경과 지속적으로 상호작용하며 성장한다. 이러한 상호작용은 우리에게 동력을 부여하는 기대와 목표, 가치는 물론이고 자극과 경험을 해석하는 방식까지 형성하게 돕는다. 스스로 구축해나가는 인생이야기에 큰 영향을 미친다는 얘기다.[6]

그 덕에 우리는 삶의 방식에 변화를 가함으로써 운명을 형성하는 데 적극적으로 개입할 수 있다고 주장한다. 뇌의 가소성과 행동방식의 가변성을 강조하는 사람들은 대체적으로 노력을 통해 얼마든지 타고난 재능의 한계를 극복할 수 있다고 믿는다. 이러한 노력만능론자들은 성공하지 못한 다른 사람들에 대해 노력이 부족했다고 이야기하는 경향이 있다. 이에 대한 반감이 2015년에 유행한 '노오력'이라는 신조어를 만들어냈다.

〈노오오오오오오력하라〉
'노오력'이 유행한 것은 메르스 사태 이후다. 박근혜 대통령이 청와대에서 열린 어린이날 행사에서 "나라가 발전하고, 국민이 편안하게 살기 위한 노력을 계속 하다가 대통령까지 됐다"

며 "정말 간절하게 원하면 온 우주가 나서서 도와준다"고 말한 것이 계기가 됐다. 누리꾼들은 "내가 힘든 이유는 온 우주가 감동할 만큼 노오력하지 않았기 때문"이라고 응수했다. 구조적 문제를 도외시하고 "노력하면 된다"는 메시지를 전파하는 것에 대한 반감을 드러낸 것이다.

'노오력'과 짝을 이룬 말 중에 압도적으로 많은 단어는 '부족'이었다. "노오력이 부족해"란 문장이 가장 널리 쓰였다. "금수저(좋은 환경에서 태어난 사람)로 태어나려는 노오력이 부족했다"(트위터), "내가 흙수저로 태어난 것은 노오력이 부족해서"(일베)라는 문장이 단적이다. '노력 강조'에 대한 풍자와 한국 사회는 노력으로 극복 불가능한 사회가 됐다는 비판이 담겼다.[7]

그러면 노력과 타고난 재능 중에서 무엇이 더 중요할까? 이 논쟁은 노력만능론과 노력무용론으로 나뉜다. 노력만능론은 노력으로 타고난 재능의 한계를 충분히 뛰어넘을 수 있다고 믿는 관점이고, 노력무용론은 어렵다고 보는 관점이다. 노력만능론은 실력주의 사회를 떠받치는 기본 관점이다.

실력=aXbY

X=타고난 재능, Y=노력, a=재능의 영향력을 결정하는 가중치, b=노력의 영향력을 결정하는 가중치

[표 2-1] 노력만능론과 무용론의 실력 공식

노력만능론은 타고난 재능의 영향력을 결정하는 가중치(a)가 작고 노력의 영향력을 결정하는 가중치(b)는 커서, 노력을 통해 재능의 차이를 충분히 이겨낼 수 있다고 가정한다. 따라서 실력이 낮은 사람은 노력을 하지 않았기 때문이라고 가정한다. 반면 노력무용론은 재능의 영향력을 결정하는 가중치(a)는 크고 노력의 영향력을 결정하는 가중치(b)는 작아서, 노력을 통해 타고난 재능의 한계를 극복할 수 없다고 가정한다.

노력을 통해 성격과 지능까지 모두 변화시킬 수 있다는 주장은 우리에게 큰 희망을 준다. 따라서 사람들은 노력의 가능성을 이야기하고 증거를 제시하는 자기계발서나 공부법[8] 등에 대한 책을 좋아한다. 설령 노력을 통해 성공하지 못했다 해도 노력이라는 단어는 우리에게 희망이라는 단어와 동일하게 받아들여지기 때문에, 대부분의 사람들은 그런 책의 내용을 좋아하고 받아들인다.

물론 노력만능론은 삶을 더 의미 있게 느끼게 하고, 현실의 고통을 이겨내도록 돕는다. 실제로 결정론(노력무용론)에 빠지는 경우, 우리는 조금 시도해보다가 잘 안 되면 스스로 그 분야에 재능이 없다고 판단하여 쉽게 포기하게 된다. 잘 알다시피 물은 100도가 되어야 끓기 시작하는 것처럼, 노력이 쌓여 일정 시점을 넘어서야 실력이 크게 향상된다. 이 변화되는 시점을 임계점이라고 하는데, 노력만능론은 우리가 임계점을 넘어설 때까지 포기하지 않고 나아가도록 이끄는 역할을 한다.[9]

타고난 능력과 성격이 실력 수준을 결정하는 데 더 중요하다면, 우리는 미래에도 희망을 갖기 어렵다. 그래서 우리는 누군가가 노력의 한계를 이야기하면 그를 운명론자 혹은 지능과 성격은 변화시킬 수 없다고 믿는 결정론자라고 몰아붙이고, 심지어 패배주의자 취급을 하기도 한다.

하지만 만능론과 무용론은 사고의 편의를 위해 사람들이 만든 극단론일 뿐, 둘 다 현실과는 거리가 멀다. 아무리 뛰어난 잠재력을 가지고 태어났다고 해도 계발되지 않으면 싹을 틔우지 못하고 말라 죽는다. 좋은 씨앗이라도 길가에 떨어지면 새가 먹어버리고, 자갈밭에 떨어지면 곧 시들어버리며, 가시덤불에 떨어지면 자라지 못한다. 좋은 땅에 떨어져야 백배의 열매를 맺는다.[10] 이처럼 씨앗에 해당하는 타고난 재능은 어떤 상황에 놓이느냐에 따라 성장의 정도가 달라진다. 하지만 노력한다고 하여 거북이가 토끼보다 더 빨리 달릴 수 없음도 우리는 잘 알고 있다. 노력으로 타고난 재능의 한계를 극복할 수 있다는 과학적 근거가 다양하게 나와 있지만, 누구나 노력한다고 하여 그 분야 최고가 될 수 있는 것은 아니라는 근거 또한 많다. 이에 대해 노력만능론자들은 인간의 재능을 성장 정도가 결정되어 있는 씨앗이 아니라 무한 가능성을 가진 만능줄기세포 같은 것으로 생각한다. 인간의 두뇌는 고정된 것이 아니라 가소성을 가지고 있어서 얼마든지 변화된다는 것이다.[11]

우리의 희망과 현실은 차이가 있다. 올림픽에서 금메달을 획득한 선수들은 역경을 딛고 열심히 노력한 결과로 금메달을 땄다면서 누구나 노력하면 자신처럼 꿈을 이룰 수 있을 것이라는 희망의 메시지를 전한다. 하지만 하계 올림픽 금메달은 306개(2016 리우데자네이루 올림픽 기준), 동계 올림픽 금메달은 102개(2018 평창 올림픽 기준)에 불과하다.

지구의 70억 인구가 모두 최선을 다해 노력한다고 해도 하계의 경우 300명 남짓한 사람을 제외하고는 금메달을 딸 수 없다. 금메달을 딴 선수와 따지 못한 선수의 기록 차이가 때로는 0.01초보다 더 작다. 그래서 올림픽 경기 해설자들이 늘 하는 이야기가 있다. "금메달은 하늘이 내리는 것이다." 금메달을 획득하려면 개인의 노력과 다른 요인이 결합되어 형성된 최고의 실력이 필요하지만, 거기에 운도 따라야 한다는 의미다. 실제로 최고의 선수가 순간의 실수로 메달권 밖으로 밀려나는 경우도 있고, 반대로 기대하지 않은 선수가 운 좋게 메달을 따기도 한다. 그런 미미한 차이에도 불구하고 극단의 실력주의 사회는 (금)메달을 획득한 사람에게 모든 영예를 안긴다.

노력만능론(무한가능론)에 따르면 금메달을 따지 못한 것은 상대에 비해 노력이 부족한 탓이다. 노력무한가능론은 실패의 책임을 개인의 노력 탓으로 돌리는 개인무한책임론으로 이어진다. 나도 과거에는 노력무한가능론자였다. 하지만 주위에서 뭔가를 이룬 사람들을 만나보면 그들의 타고난 부분과 운의 역할을 무시하기 어렵다. 같은 형제라도 태어날 때부터 상대적으로 잠이 많은 사람, 집중력이 낮은 사람이 있다. 이런 부분은 학업성취도와 실력 형성에 커다란 영향을 미친다. 그래서 학부모 대상 강연을 할 때 나는 늘 다음의 이야기를 들려준다. 우리나라 아이들 중에 공부 못하고 싶은 아이는 없다. 누구나 다 좋은 성적을 받아서 선생님과 친구들, 그리고 부모님께 인정받고 스스로도 자부심을 느끼고 싶어한다. 만일 내 아이가 집중을 잘 못 하거나 늘 잠이 많아 늦잠을 잔다면 화를 내기보다는 오히려 아이에게 미안한 마음을 가져보라. 그러면 아이와의 관계도 좋아지고, 아이도 부모님의 사랑을 확인하며 나름 최선을 다할 것이다.

또 하나, 이른바 성공은 실력과 어느 정도 상관관계가 있기는 하지만 생각보다 예외가 많다. 공부 잘하는 아이는 시험을 통해 선발하는 안정된 직업을 가질 수는 있을 것이다. 그러나 그것만 가지고 사회적으로 경제적으로 크게 성공한 인물이 된다는 보장은 하기 어렵다. 쌓은 실력과 성공 사이의 상관관계가 높기는 하지만, 그 사이에 운을 포함하여 참으로 많은 변수가 개입된다. 열심히 공부하고 특정 분야에서 뛰어난 실력을 갖추었다고 하여 늘 성공하는 것은 아니다. 운도 상당히 크게 작용한다.

노력만능론을 주장하고 믿는 사람들은 노력을 통해 어려움을 극복하고 자신이 원하는 결과를 이루어낸 사람들, 소위 성공한 사람들이다. 이들은 자신이 이룬 것은 모두 자신이 노력한 결과이므로 자신의 것이고, 따라서 자기 마음대로 할 수 있다고 생각하기 쉽다. 모든 것이 노력의 결실이라고 믿을 경우 수천억대의 자수성가형 거부가 하룻밤 향락을 위해 수억 원을 탕진하더라도 비난하기가 어렵다. 노력하여 번 돈에 많은 세금을 부과하는 것은 노력의 의욕을 꺾는 것이라는 비판에 대해서도 대응 논리를 펴기가 어렵다. 세금을 내야 할 때 내 것을 빼앗기는 생각이 들어 가능하면 편법, 심지어 탈법을 동원해서라도 피하려고 하는 것은 기본적으로 자신이 이룬 것은 오롯이 노력의 결과라는 믿음이 깔려 있기 때문이다.

그러면 노력만능론과 노력무용론의 가정 중 어느 쪽이 더 옳을까?

타고난 재능이 유사한 경우에는 노력을 더 한 사람의 실력이 더 뛰어날 것이다. 반대로 노력의 정도가 같은 경우에는 재능이 나은 사람의 실력이 더 뛰어날 것이다. 결국 노력만능론과 노력무용론 논쟁의 초점은 다음으로 모아진다. 즉 타고난 재능이 부족하지만 노력을 열심히 하는 사람이 타고난 재능이 탁월하면서도 노력까지 열심히 하는 사람을 뛰어넘을 수 있을까, 얼마나 더 노력해야 탁월한 재능을 타고난 사람보다 뛰어날 수 있을까 하는 것이다.

이 장에서 내가 주장하고자 하는 것은 노력무용론이 아니다. 실력은 노력만이 아니라 타고난 재능과 특성, 부모님, 학교 선생님, 우연히 만난 주위 사람, 행운 등 참으로 많은 요인이 작용한 결과로 형성된다. 나는 실력이 개인의 의식적인 노력의 결과이고, 따라서 자신이 쌓은 부(명성, 권력 포함) 또한 자신만의 것이라는 착각에서 사람들이 벗어나도록 돕고자 한다.

그러한 착각에서 벗어날 때 우리는 좀 더 겸손해질 수 있고, 소득 중에서 순수한 노력의 결실이 아닌 부분은 사회에 환원하는 것이 실력주의 사회의 관점에도 더 부합함을 깨닫게 될 것이다. 또한 성공하지 못한 사람들 모두가 노력 부족으로 그리된 것이 아님도 깨닫게 될 것이다. 이러한 깨달음이 이 책이 제안하고자 하는 신실력주의 사회 형성의 출발점이 된다. 이 책을 통해 실력과 노력의 관계, 성공과 노력의 관계를 새롭게 조명함으로써 생각의 폭을 함께 넓혀보자.

노력만으로 성공하는 사람은 없다

실력 공식

여기서는 우선 개인의 실력 형성과 사회적 재화 배분에 영향을 미치는 요인을 밝히고자 한다. 이와 함께 생각해야 할 실력 개념 정의, 실력 측정 잣대, 실력 측정 방법, 실력 측정 주체 등에 관한 것은 1장에서 다루었다.

실력이란 타고난 능력에 개인의 노력이 작용하여 만들어진 결과라는 점에는 누구나 동의한다. 실력 공식에서 보듯이, 실력 형성에서 노력은 가장 중요한 변인이다. 하지만 실력이 개인의 순순한 노력에만 좌우되는 것은 아니다. 실력은 타고난 능력을 바탕으로 개인의 노력과 개인 외적 요인을 더한 것이 상호작용하여 형성된다. 타고난 능력(재능)의 중요성은 무시하기 어렵다. 행복한 삶을 영위하려면 개인의 특기와 소질을 계발해야 한다는 주장도 타고난 재능과 특성이 중요하다는 가정을 전제로 한다. 타고난 재능에 개인의 노력과 그 밖의 요인이 상호작용하여 실력이 만들어진다.

실력 형성에서 가장 중요한 변인이라고 믿는 개인의 노력은 개인의 순수 의지에만 달린 것이 아니라, 상당 부분 타고난 집중력과 의지력에 영향을 받는다.

실력=타고난 능력×{노력+교육(학교교육+사교육)+비실력적 요인(가정 배경+운)}

[표 2-2] 실력 공식

실력 형성에 영향을 미치는 노력 이외의 요인은 교육과 비실력적 요인으로 나눌 수 있다. 실력주의 사회에서 학교는 실력 형성을 담당하는 핵심 기관인 동시에 개인의 실력 정도를 판단하는 핵심 잣대(학력주의 사회) 역할을 한다. 어느 학교에 다니느냐는 개인의 실력에 상당한 영향을 미친다. 부모들이 자녀를 특목고나 자사고 등에 보내려고 애쓰는 이유가 여기에 있다. 교육에는 학교교육뿐 아니라 사교육도 포함된다. 비록 불공정하고 차별적인 교육이긴 해도 교육이 개인의 실력 형성에 미치는 영향 또한 지대하다.

실력 형성에 영향을 미치는 비실력적 요인에는 가정 배경, 운(출생지, 출생연월, 사회적 상황 등 기타 우연적 요소) 등이 포함된다. 따라서 실력 형성 결과를 모두 개인 노력의 결실로 보거나 개인 탓이라고 하는 것은 부당하다. 공식에서 본 것처럼 순수 의지적 노력(개인 책임) 이외의 요인이 차지하는 비중이 크다.

그렇다고 해서 실력 형성에서 노력이 중요하지 않다는 의미는 전혀 아니다. 능력 차이가 아주 크지 않은 대부분 사람들은 부모의 배경이나 다른 요인이 유사할 경우 개인의 노력이 실력 수준을 좌우한다. 하

요인	하위 요소	비고
타고난 능력	다양한 능력	특기와 적성을 발견하고 계발해야 함
개인의 노력	· 타고난 높은 집중력과 강한 동기 · 다양한 경험을 통해 강화된 집중력과 동기	노력 정도도 타고난 특성의 영향을 받음
교육	· 학교교육 · 차별적 교육(사교육)	실력 배양 담당 핵심 기관
비실력적 요인	· 부모 지원을 포함한 가정 배경 · 운(출생지, 출생연월, 기타 우연적 요소)	환경 요인도 실력 형성에 큰 영향을 미침

[표 2-3] 실력 형성에 영향을 미치는 요인

지만 소득이 양극화된 사회에서는 부모 배경이 실력 형성에 미치는 정도가 크게 차이 나므로 부모 배경이 실력의 차이를 좌우하는 중요한 요소가 되고, 따라서 개인의 순수한 노력의 의미가 퇴색된다. 지금 우리 사회에 나타나는 모습이다.

분야별 실력자 상위 5퍼센트와 하위 5퍼센트의 경우, 즉 천재(영재)와 정신적·학습적 장애를 가진 특수교육 대상의 경우 실력 형성에 노력 이외의 요인이 미치는 영향이 나머지 사람들에 비해 훨씬 크다. 각 분야의 최상위 그룹에는 남들보다 훨씬 뛰어난 능력을 타고난 사람들의 비중이 높다. 특히 예체능 분야와 천재성이 요구되는 분야에서는 더욱 그러하다. 타고난 능력에 개인의 노력과 개인 외적 요인이 상호작용하여 그 분야의 최고 실력을 갖추게 된다. 보통 능력을 타고난 사람도 노력하면 그 수준에 이를 수 있으나, 우리의 기대만큼 그 비중이 높지는 않다.

실력 공식을 통해 굳이 실력에서 개인의 노력 이외의 요인이 차지하는 비중을 강조한 이유는 노력이 가지는 의미를 과소평가하기 위함이 아니다. 개인이 좋은 실력을 갖추었을 때 개인의 순수한 노력의 결실이라는 착각에서 벗어나도록 하기 위함이다. 그러한 착각은 성공이 순수한 노력의 결실이라는 착각으로 이어지고, 더 나아가 성공의 결과로 얻는 사회적 부를 독점해도 된다는 착각으로 이어진다.

실력이 개인의 노력으로만 만들어지는 것이 아니라 그 밖의 많은 요인이 작용한 결과임을 알면, 실력을 기준으로 사회적 재화를 배분하는 실력주의 사회는 우리가 생각하는 만큼 정의롭고 공평한 사회가 아닐 수 있음을 깨닫게 된다. 특히 사회의 양극화가 심각한 상황에서는 부모의 배경이 실력 형성에 미치는 영향력이 커져 학벌 세습, 부와 사회적 지위의 세습 경향이 강해진다. 그러므로 양극화된 무한경쟁 승자독식 실력주의 사회에서는 이를 넘어서는 새로운 사회 모델이 요구된다.

성공 공식

실력주의 사회에서 사람들이 관심을 갖는 것은 형성된 실력 수준 자체라기보다 실력에 따른 재화의 배분, 즉 개인의 성공 여부다. 개인의 성공(자아실현, 직장, 배우자, 행복감 등)은 쌓아온 실력(업무 수행 능력)만이 아니라 비실력적 요인이 작용하여 만들어진다. 비실력적 요인은 개인 특성과 기타로 나뉜다. 개인 특성은 1) 외모, 목소리, 성격 등의 타고난 특성, 2) 개인의 노력과 부모의 도움으로 형성된 습관 및 특성, 즉 실용 지식으로 이루어진다. 남성들도 화장뿐 아니라 성형까지 하는 현실은 성공에서 외모 특성이 차지하는 비중을 잘 보여준다. 구직 후 승진에 큰 영향을 미치는 것은 성격적 특성이다. 타고난 성격적 특성뿐만 아니라 후천적으로 길러진 실용 지식(실용 지능)도 큰 영향을 미친다.

기타 요인은 가정과 사회적 배경, 운 등으로 이루어진다. 부모의 배경은 실력 형성만이 아니라 성공(재화 배분)에도 큰 영향을 미친다. 운

성공=실력+비실력적 요인{개인 특성(타고난 특성+길러진 특성)+기타(가정 배경+운)}

[표 2-4] 성공 공식

또한 실력 형성에만 영향을 미치는 것이 아니라 성공을 좌우하는 중요한 요인이 되기도 한다. 개인의 실력 형성과 성공에 영향을 미치는 다양한 비개인적 요인을 감안할 때, 성공으로 얻은 결실을 전적으로 개인의 순수 노력의 결과로 착각하고 독식하고자 하는 것은 논리적으로도 타당하지 않다. 그리고 승자독식을 보장해주는 사회제도 또한 정의롭거나 공정하다고 하기 어렵다.

나는 한 개인이 사회적 성공을 거두었을 때, 그 성공을 오로지 자신의 노력에 따른 결실로 여기고 독차지해야 한다거나 마음대로 사용해도 사회적 정의에 부합한다고 여기는 것은 착각이라고 주장한다. 우리 사회가 승자독식의 실력주의 착각에서 벗어나 보다 정의로운 사회, 미래 발전적인 사회로 나아가도록 노력해야 할 것이다. 이하에서는 이러한 주장을 다양한 사례를 통해 입증하며 발전시켜가고자 한다.

노력개인책임론과 노력무한가능론

사회적 재화 배분과 관련하여 실력주의 사회가 가정한 정의롭고 공평한 모습은 어떤 것일까? 개인의 능력과 노력으로 형성된 실력이 개인의 부와 지위를 결정하는 사회다. 이는 자유주의자들의 주장과 같은 맥락이다.[12] 그래서 실력주의 사회의 병폐는 자유주의 실현 과정에서 나타나는 극단적 개인주의, 극심한 빈부 격차 등의 문제와 유사하다.

그럼 어떤 사회가 불공평한 사회라고 생각할까? 개인의 실력이 아니라 타고난 배경이 개인의 사회적 지위와 부를 좌우하는 사회, 즉 비실력적 요인이 사회적 재화 배분에 영향을 미치는 사회, 신분 그리고 (또는) 부가 세습되는 사회다. 그래서 박근혜 정부는 '학벌 타파를 통한 능력주의 사회 구현'을 기치로 내걸었다. 이러한 믿음에 대한 타당성 여부는 별도로 분석하고 여기서는 비실력적 요인이라는 것의 본질과 비실력적 요인이 실력 형성에 미치는 영향, 비실력적 요인 통제 가능성 등을 살펴보겠다.

만일 어떤 사람이 태어나보니 지적 능력이 떨어지고 집중 능력도 좋지 않아 높은 실력을 갖추기 어려웠지만, 다행히 부모가 경제적 부를 축적하고 있어서 재산은 물려받을 수 있었다고 해보자. 이때 실력주의 사회에서는 능력을 타고난 사람이 능력 덕에 부유하게 살아가는 것은 공평하고, 재산만 타고난 사람이 그 재산으로 여유롭게 살아가는 것은 불공평하다고 생각한다. 능력과 재산 둘 다 부모에게서 물려받았다는 점에서는 같은데, 왜 능력이 바탕이 된 실력을 토대로 한 재화 분배는 공평하고 사회경제적 지위에 의한 재화 대물림은 불공평하다고 생각할까? 이러한 생각에는 두 가지 가정이 내포되어 있다. 하나는 노력이 개인의 순수 의지에 의한 것이므로 실력 형성은 개인 책임이고, 따라서 실력에 따른 차별적 보상 또한 개인 책임(노력개인책임론)이라고 보는 것이다. 다른 하나는 타고난 능력에는 개인 간 큰 차이가 없고, 혹시 차이가 있더라도 노력을 통해 극복이 가능하다고 보는 것(노력무한가능론)이다. 그렇다면 이 두 가지 가정은 타당한가?

우리가 미래를 위해 열심히 노력하는 이유는 "누구나 노력하면 할 수 있다"는 믿음 때문이다. 이처럼 우리는 타고난 능력보다 노력이 더 중요하고, 노력으로 능력 부족을 극복할 수 있다고 믿는다. 완전히 믿는다기보다는 그러하기를 기대한다. 만일 노력으로 타고난 능력의 차이를 극복할 수 없다면 살맛이 나지 않을 것이다.

노력을 중시하는 또 다른 이유는 선택의 여지가 없이 주어지는 능력과 달리 노력은 개인의 자유의지에 달려 있다고 생각하기 때문이다. 그런데 만일 노력하고자 하는 의지(동기)와 집중력 등도 유전적 영향을 강하게 받는다면, 실력은 타고난 부분에 의해 좌우되는 경향이 생각보다 커질 것이다. 나아가 성장 과정에 영향을 미친 여러 우연적 요소(어려서 만난 부모, 멘토, 선생님, 학교교육을 포함한 다양한 경험 등)가 개인 집념의 정도를 좌우한다면 노력 중에서 개인의 순수한 의지 부분은 생각보다 작을 수도 있다. 실력주의를 바람직하게 여기는 생각의 근간에는 노력이 이처럼 개인에게 주어진 것이 아니라 전적으로 개인의 의지적 부분이라는 믿음이 자리한다. 만일 이 믿음이 틀렸다면, 실력에 의한 재화 배분은 우리가 생각한 만큼 타당하지 않을 수도 있다.

이 글을 통해 내가 시도하는 것은 노력에 대한 희망을 깨는 것이 아니다. 무한경쟁 승자독식의 실력주의 사회에서 노력이 갖는 의미와 가능성, 그리고 한계를 새롭게 규명하고자 하는 것이다. 노력을 통해 실력을 향상시킬 수는 있다. 하지만 실력에 비례하여 부가 배분되는 것이 아니라, 전 세계 상위 1퍼센트 부유층의 재산이 전 세계 인구 절반에 해당하는 가난한 35억 명의 재산보다 65배나 많은 극단의 상황이 전개되고 있다. 우리나라 연예인 중 상위 1퍼센트가 전체 소득의 48퍼센트를, 상위 10퍼센트가 전체 소득의 90퍼센트를 독점한다. 이러한 극단의 상황에서는 노력으로 실력을 향상시키더라도 상위 10퍼센트에 진입하지 못하는 한 노력에 상응하는 보상을 받기 어렵다. 이하에서는 상위 10퍼센트에 들지 못하여 행복한 삶을 유지하는 데 필요한 보상을 받지 못했을 때 이를 개인의 탓으로만 돌리는 것이 왜 부당한지를 보여주고자 한다.

집념(그릿)과 유전적 요인의 관계

앤절라 더크워스Angela Duckworth의 《그릿GRIT》(2016)은 능력보다 노력이 더 중요함을 강조하고 이를 입증하기 위해 애쓰는 책이다. '그릿'은 열정과 끈기의 조합을 일컫는 말로, 우리말로는 집념이라고 번역할 수 있다. 더크워스에 따르면, 모든 분야에서 성공을 예측하는 데 가장 중요한 요인은 재능이 아니라 집념이다. 미국 육군사관학교 신입생 중에서 중퇴하지 않고 졸업한 사람들, 영어 단어 맞추기 세계대회Scripps National Spelling Bee, 스펠링비 우승자들, 난독증[13]을 극복하고 세계적인 작가가 된 존 어빙John Irving, 유니버시티 칼리지 런던University College London의 교수 차이, 그래미상을 수상한 음악가이자 오스카상 후보에도 올랐던 윌 스미스Will Smith 등 이 책에서 소개하는 수많은 개인은 원하는 목표를 달성할 때까지 결코 포기하지 않는 강한 집념의 소유자들이다. 타고난 재능이나 운처럼 운명적으로 그리고 우연히 갖게 된 요인에 의해서가 아니라 개인의 노력에 의해 성공이 좌우된다는 사실은 우리에게 희망의 메시지가 되어 다가온다.

〈재능×노력=기술(기량), 기술×노력=성취(결실), 따라서 성취(결실)=재능×노력²)이라는 공식은 재능보다 노력이 훨씬 더 중요함을 보여준다. 기량을 닦기 위해서도 노력이 필요하고 닦은 기량을 가지고 결실을 맺기 위해서도 노력이 필요하므로, 노력이 재능보다 훨씬 더 중요하다는 것이다. 재능의 중요성에만 집착하면 집념을 비롯한 다른 요인들이 실제보다 중요하지 않다는 메시지를 은연중에 보낼 수 있으므로 위험하다는 것이 더크워스의 주장이다.

실제로 영국 거주 10대 쌍둥이 2000쌍을 대상으로 그릿 척도 검사를 실시한 결과, 끈기과 열정의 유전율은 각각 30퍼센트와 20퍼센트로 나타났다. 이는 다른 성격 특성들의 유전율 추정치와 비슷하다. 더크워스에 따르면, 집념의 개인차는 유전적 요인보다 나머지 경험에 의해 훨씬 더 큰 영향을 받는다.

예외적 사례이기는 하지만, 지적·신체적 능력뿐만 아니라 노력 정도와 의지에 영향을 미치는 집중력과 적정 수면 시간 또한 선천적으로 크게 차이 난다는 사실을 밝히는 연구도 있다. 비록 인구의 1~3퍼센트에 불과하지만 하루 네 시간 이하의 짧은 시간만 자도 하루 종일 왕성하게 활동할 수 있는 사람들이 있는데, 이들을 '잠이 없는 사람short sleeper'이라고 한다. 캘리포니아대학교 샌프란시스코 캠퍼스의 인간유전학자 잉후이 푸Ying-Hui Fu 박사는 2009년 연구를 통해, 잠이 없는 사람들은 'DEC2'라는 유전자 변이를 가지고 있음을 밝혀냈다.[14] 변형된 유전자를 가진 사람들의 뇌는 깨어 있는 시간 동안 만들어진 독성을 일반인보다 훨씬 짧은 수면 시간 안에 해독할 능력이 있는 것으로 드러났다.

우리나라 학생들은 대부분 좋은 성적을 받아 부모님과 주위 사람들로부터 인정을 받고 싶어한다. 그런데 자리에 앉아 집중하고자 하지만 집중하기 어려운 학생들이 있다. 주의력결핍 과잉행동장애ADHD다. 이 증후군의 원인에 대해서는 정확히 밝혀진 바가 없다. 유전적 요인과 기질적 요인, 임신기와 출생 시의 요인, 신경생물학적 요인, 심리적 요인 등이 그 원인으로 거론되며, 이들 중 어느 하나가 아니라 복합적 요인이 작용한 것으로 보인다. 제시된 모든 요인은 본인의 의지와 무관하게 주어지는 것들이다.

ADHD 치료약인 리탈린ritaline은 집중력 향상에 도움이 된다고 알려져 있는데, 이는 집중력이 단순한 개인의 자율 의지가 아니라 뇌와 호르몬에 의해 영향을 받고 있음을 시사한다. 리탈린은 그 효능이 알려지면서 미국 대학생의 25퍼센트 정도가 복용한 경험이 있다고 응답할 정도로 미국에서 널리 퍼지고 있다.[15] 우울증 등의 부작용이 수반될 수 있다는 경고에도 불구하고 우리나라 서울 강남에서는 머리 좋아지는 약으로 소개되면서 암암리에 퍼지고 있다고 한다. 몰입력이 단순한 개인의 의지가 아니라 일부는 뇌와 호르몬에 의해 결정됨을 인정하고 있다는 반증이기도 하다.

개인의 노력 정도가 전적으로 유전자에 의해 결정되는 것은 아니지만, 일반적으로 생각하듯 철저하게 개인의 자유의지에 달려 있는 것 또한 아니다. ADHD를 가진 아이가 집중하지 못하는 경우, 우리는 그 책임을 아이에게 물을 수 없다. 이와 마찬가지로 뛰어난 집중을 타고난 아이가 그 집중력을 토대로 실력을 쌓았을 때, 실력에 근거한 과실은 모두 그 아이의 의지적 노력에 의한 것이라고 이야기하는 것도 타당하지 않다.

노력의 배반

더크워스의 책을 읽다 보면 타고난 재능이나 성격 등의 특성보다 개인의 노력이 훨씬 더 중요하다는 생각이 든다. 그런데 문제가 하나 있다. 지속적인 노력을 좌우할 집념의 수준에 영향을 미치는 경험이라는 변수가 개인의 의지와 무관한 것들이라는 점이다. 더크워스는 개인의 집념 수준에 영향을 미치는 중요한 변인으로 부모, 멘토, 선생님, 사회·문화적 환경 등을 꼽는다. 이러한 변인은 개인의 입장에서 볼 때 개인의 의지나 노력과는 무관한 운이나 우연적 요소에 불과하다. 즉 개인이 좌절을 딛고 일어서는 집념의 정도에 유전자가 미치는 영향력은 20~30퍼센트에 불과하지만, 그 나머지의 상당 부분도 개인의 운(경험)에 의해 좌우된다. 이처럼 우리의 믿음과는 달리 노력에서 개인의 순수한 의지가 작용하는 부분은 크지 않다.

널리 알려진 '1만 시간의 법칙'을 주창한 말콤 글래드웰은 성공에 있어서 개인 노력의 중요성을 강조하면서도 주위 환경의 중요성 또한 일깨워주고 있다.[16] 그가 주장하는 1만 시간의 법칙은 심리학자 안데르스 에릭슨Anders Ericsson이 1990년대 초에 수행한 '재능 논쟁의 사례 A'라는 연구를 바탕으로 한다. 에릭슨과 그의 동료들은 베를린 음악 아카데미 학생들을 1) 세계 수준의 솔로 주자가 될 수 있는 학생들(엘리트), 2) 그냥 잘한다는 평가를 받는 학생들, 3) 프로급 연주를 해본적이 없고 공립학교 음악 교사가 꿈인 학생들(미래 음악 교사) 등 세 그룹으로 나누었다. 이들 대부분은 다섯 살 전후에 연주를 시작했고, 초기 몇 년간은 일주일에 두세 시간씩 연습을 하여 연습 시간에서 별다른 차이를 보이지 않았다. 연습 시간 차이는 여덟 살 무렵부터 나타나기 시작했다. 잘하는 아이들은 훨씬 더 열심히 연습하고, 그렇지 않은 학생들은 연습 시간이 상대적으로 적었다. 이들이 스무 살이 되었을 때 연습 시간을 계산해본 결과 엘리트는 1만 시간, 잘하는 학생은 8000시간, 미래 음악 교사는 4000시간 정도인 것으로 나타났다. 에릭슨의 연구는 다른 사람이 시간을 쪼개어 연습하고 있을 때 노력하지 않고 정상에 올라간 연주자는 발견하지 못했음을 밝히고 있다. 신경과학자 다니엘 레비틴Daniel Levitin도 어느 분야에서든 세계 수준의 전문가, 마스터가 되려면 1만 시간의 연습이 필요하다는 연구 결과를 내놓았다.

1만 시간은 실로 엄청난 시간이다. 하루 세 시간, 일주일(7일)에 스무 시간씩 10년간 쉬지 않고 연습해야 1만 시간이 된다. 물론 예외가 있긴 하지만, 대부분의 어린아이가 스스로의 의지에만 기대어 그 정도 시간을 연습하는 것은 거의 불가능하다. 격려하고 지원해주는 부모가 필요하다. 김연아도 어려서부터 많은 연습을 할 수 있도록 계획을 세우고 이끌어간 어머니가 없었더라면 1만 시간의 연습 시간을 확보할 수 없었을 것이다. 가정 형편이 어려운 경우에는 가사를 돕느라 연습 시간을 확보하기 어려운 것 또한 사실이다.

《1만 시간의 재발견》에 따르면, 1만 시간이라는 양보다 더 '결정적 요인'이 필요하다.[17] '올바른 방법'으로 '의식적인 연습'을 해야 하는데,

이를 위해 훌륭한 선생님으로부터 배우는 것이다. 김연아도 세계적인 스승을 찾아가서 배웠다는 사실은 누구나 알고 있다.

따라서 실력이 개인의 순수한 의지적 노력에 의한 결실이라는 우리의 믿음은 상당 부분 과장된 것임을 알 수 있다. 노력이 순수 자유의지에 달렸다고 가정하고 실력을 갖추지 못함을 개인 책임으로만 돌리는 것은 유전학적으로뿐만 아니라 환경이 미치는 영향의 차원에서 볼 때에도 논리적·실제적 타당도가 떨어진다. 이러한 깨달음을 통해 자기가 얻은 것은 자기 노력에 의한 것이므로 모두 자기 것이고, 따라서 어떻게 사용하더라도 실력주의 사회 원칙에 어긋나는 것이 아니라는 착각에서 벗어날 수 있다.

집념이 뛰어난 사람들

더크워스가 《그릿》에서 집념의 중요성을 입증하려고 제시한 예를 자세히 들여다보면, 노력의 중요성이 과장된 부분이 눈에 띈다. 우선 미국 육군사관학교 생도의 예를 들여다보자. 힘들게 입학한 미국 육군사관학교 생도 중에서 5분의 1이 졸업 전에 중퇴한다. 상당수는 첫해 여름 비스트 배럭스Beast Barracks[18]라는 7주간의 집중 훈련을 받는 도중에 그만둔다. 누가 끝까지 통과하는지 예측을 시도해본 결과 SAT 점수, 고등학교 석차, 리더십 경험, 운동 실력, 그 어느 항목도 중요하지 않았다. 심지어 종합전형점수도 중요하지 않았다. 중요한 것은 '집념grit'이었다고 더크워스는 말한다.

그가 집념이라는 주요 요인을 추출한 점은 대단하지만, 이 주장에는 한계가 있다. 이들은 1만 4000명 이상의 지원자 중에서 1차 서류 심사(4000명)와 2차 학업과 체력 심사(2500명)를 통과하고 최종 합격한 1200명이다. 남녀 입학생은 주로 학교 대표팀 선수 출신으로 대부분 주장이었다. 각 분야에서 이미 최고의 점수를 받아, 차이는 있지만 큰 차이가 없었다. 종합전형점수의 하위 요소와 종합 점수 그 어느 것도 누가 고된 훈련을 버텨낼 수 있을지를 예측하는 변인이 되기 어려웠는데, 그 이유는 이러한 변인들이 중요하지 않기 때문이라기보다 입학생 모두가 이미 대학이 기대하는 혹은 그 이상의 점수를 받은 경우이므로 변별력이 떨어진 것이라고 보아야 한다. 그리고 몸으로 하는 혹독한 훈련에서는 당연히 다른 요인보다는 집념이 훈련을 버텨낼지 예측하는 핵심 요인일 것이다.

더크워스는 또한 스펠링비 결선 진출자 273명에게 설문지를 보내 집념 척도를 작성하고, 동시에 철자 연습에 들이는 시간도 보고하도록 했다. 진출자의 나이는 7세에서 15세 사이였다. 결선 진출자 일부를 표집해서 언어지능 검사를 실시한 결과, 대부분 비범한 언어 능력을 보였다. 하지만 이들 간의 점수 차이가 컸고, 심지어 동일 연령대의 평균 점수를 받은 아이도 있었다. 최종 순위까지 결정된 후 데이터를 분석한 결과, 결선 몇 달 전에 측정한 집념 점수가 참가자들의 최종 성적을 예측해주는 변인임이 밝혀졌다. 이들은 다른 아이들보다 더 많은 시간 공부하고 더 많은 스펠링비 대회에 출전했다.

이를 토대로 그는 '재능IQ과 집념은 별개', 즉 '잠재력을 가지고 있는 것과 그 잠재력을 발휘하는 것은 별개'라는 결론을 내린다. 대부분

비범한 언어 능력을 보이는 아이들을 대상으로 한 대회에서 성적의 차이를 가져올 중요한 변인이 집념일 것임은 충분히 예측 가능하다. 그런데 여기에서 유의할 점이 하나 있다. 설령 집념이 중요한 독립 변인이라고 해도 30퍼센트 정도는 타고난 특성이고, 나머지는 부모, 멘토, 선생님, 그리고 우연히 노출된 환경에 의해 길러진(주어진) 것이라는 점이다. 따라서 아이들이 보인 집념은 타고난 재능과 달리 개인의 의지적 노력의 결과라고 은연중에 가정하는 것은 부당하다.

더크워스가 재능에 현혹되지 말라며 예로 든 유니버시티 칼리지 런던의 교수 차이는 하버드대학에서 여러 개의 학위를 취득했을 뿐만 아니라, 피바디 음대에서도 피아노 연주 및 교육학으로 학위를 취득했다. 그는 "이런 경력만 본다면 그녀가 당신이 아는 누구보다 뛰어난 재능이 있는 사람이라는 성급한 결론을 내리"게 될 것이라고 경고하면서, 음악적 성과에 대해 차이에게 물어 얻은 답을 소개하고 있다. "제게 재능도 좀 있었겠죠. 하지만 그보다는 음악을 너무 사랑해서 유년 시절 내내 하루 네 시간에서 여섯 시간 동안 연습한 덕택이에요……. 제가 한 거예요. 제가 하고 싶어서요……. 연주회장을 꽉 채운 청중 앞에서 무대에 오르는 모습을 그리면서 연습했어요."[19] 그렇다. 차이 교수는 누구한테 연습을 강요당한 것이 아니었다. 하기 싫은데도 자신을 채찍질하며 억지로 연습한 것도 아니었다. 음악에 대해 타고난 흥미와 집념이 작용한 것이다. 차이 교수의 예는 유전적 요인, 즉 타고난 흥미와 집념의 중요성을 보여주고 있다.

그래미상을 수상한 음악가이자 오스카상 후보에 올랐던 윌 스미스의 사례도 타고난(혹은 길러진) 근면성을 보여주고 있다. "내가 남보다 나은 점이 있다면 어리석고 지독해 보일 정도의 근면성을 가진 것입니다……. 내가 남들과 확실히 다른 점이 있다면 러닝머신 위에서 죽는 것도 두려워하지 않는 자세뿐입니다……. 나와 함께 러닝머신에 올라간다면 그 사람이 먼저 기권하거나 내가 죽거나 둘 중 하나입니다. 정말로요."[20]

이처럼 더크워스가 제시한 사례는 대부분 타고난 집념에다가 운 좋게 이로운 경험을 통해 집념이 더 길러져 성공한 사람들에 관한 이야기다.

누구나 노력하면 잘할 수 있다?

앞에서는 노력의 '순수 개인 의지 정도', 즉 개인 책임 정도에 대해 문제를 제기했다. 여기서 제기하고자 하는 문제는 노력의 가능성과 한계에 대한 것이다. 많은 사람들은 타고난 능력에서 개인차가 있는 것은 사실이지만 노력하면 그 차이를 극복할 수 있다고 믿는다. 이를 '노력 무한가능론'이라고 한다.

"누구나 노력하면 잘할 수 있다"는 말은 노력을 하면 능력 차이를 극복할 수 있다는 신념을 바탕으로 한다. 조지 W. 부시(전 미국 대통령), 톰 크루즈(영화배우), 존 체임버스(시스코 회장) 등은 심지어 난독증 환자였음에도 불구하고 노력을 통해 각 분야에서 최고가 되었다는 이야기를 하기도 한다.[21] 더크워스 역시 난독증에도 불구하고 세계적인 작가가 된 존 어빙이 노력을 통해 장애를 극복한 사례라고 언급하고 있다. 이러한 예들은 자칫 난독증 환자라도 누구나 노력하면 그렇게 될 수 있다는 착각을 불러일으킬 수 있다. 그리하여 노력무한가능론의 근거로 이용된다.

뇌과학자들의 설득력 있는 가설에 따르면, 난독증은 좌뇌와 우뇌의 균형적 발달이 실패해서 나타나는 현상이다. 보통의 사람들은 우뇌가 창의적 사고를 하려고 할 때 좌뇌가 이를 제어하여 균형을 잡아주는데, 난독증 환자 중 일부(10~20퍼센트)는 좌뇌가 우뇌의 자유로운 사고를 제어하지 못해 결과적으로 창의성과 천재성이 두드러지게 된다. 즉 난독증에도 불구하고 개인이 고난을 이겨내고 노력한 결과로 일반인보다 뛰어난 창의적 천재가 된 것이 아니라, 타고난 결함이 천재성으로 이어진 측면이 강하다.

세계 최대의 인터넷 장비회사 시스코의 회장 존 체임버스는 자기 회사가 주최한 '아이를 직장에 데려오기' 행사에서 한 소녀에게 질문을 했다가 학습 장애로 답변을 제대로 하지 못하는 것을 보고, 그 소녀를 격려하기 위해 실은 자신도 난독증으로 인한 학습 장애가 있다고 공식 석상에서 고백했다.[22] 그는 아직도 보고서를 비서가 읽어주어야 이해할 수 있다. 그는 부족한 독해 능력을 보완하기 위해 부단히 경청했고, 그 결과 1년 전 사석에서 들은 통계 수치를 기억할 정도가 되었다고 한다. 하지만 이것이 전적으로 노력에 의한 결과만은 아니다. 앞에서 이야기했듯, 난독증 증세를 보이는 사람의 뇌가 가진 특성으로 뛰어난 기억력을 갖게 된 측면도 간과할 수 없다. 그는 글로 써서 찾아가도록 하면 찾아갈 수 없지만 지도에 점을 찍어 위치를 표시해주면 그 누구보다도 빨리 찾아갈 능력도 있다고 한다. 그의 뇌는 문자를 해독하는 데 불리한 난독증이라는 특성뿐만 아니라, 다행히 큰 그림을 이해하고 창의적으로 생각하는 특성도 가지고 있었던 것이다.

난독증 환자의 예를 상세히 기술한 이유는 개인의 노력만이 아니라 타고난 능력도 있어야 어려움 극복이 가능하다는 것을 보여주기 위해서였다. 실제로 난독증 환자의 80퍼센트 이상은 난독증만 두드러질 뿐 다른 능력은 나타나지 않아 힘들게 살아가고 있다. 그러한 그들에게, 다른 사람은 비록 난독증 환자이지만 노력을 통해 오히려 더 창의적인 사람이 되었는데 당신들은 노력하지 않아 실력을 갖지 못하게 되었다며 모든 잘못을 그들의 탓으로만 돌리는 것은 부당하다.

노력무한가능론은 수정되어야 한다. 이러한 믿음이 없다면 노력의 의지가 꺾인다는 이유로 사실이 아닌 것을 사실인 듯 호도해서는 안 된다. "누구나 노력하면 잘할 수 있다"는 주장은 "누구나 '자신이 잘할 수 있는 것'을 선택하여 열심히 노력하면 잘할 수 있다"로 바뀌어야 한다. 이러한 단서가 없는 상황에서 "노력하면 잘할 수 있다"는 말의 의미가 "주위의 '보통 사람들에 비해' 잘할 수 있다"는 말이라면 타당하지만, "그 분야에서 최고의 두각을 나타내는 상위 3퍼센트에 들 정도로 잘할 수 있다"는 의미라면 타당하지 않다.

우리 인간은 잘할 수 있으면서 좋아하는 것, 소질과 특기 그리고 취미에서 개인차를 보인다. 잘할 수 있으며 좋아하는 것은, 다시 말하면 내가 타고난 '나다운 것'이고 나의 유전자에 적합한 것이다. 이러한 것을 찾아서 노력을 집중할 때 우리는 그 분야에서 최고가 될 수 있다.

"만일 피카소가 화가가 아니라 성악가가 되기 위해 1만 시간 노력했다면 화가로 성공한 만큼 성공할 수 있었을까?"라는 질문도 타고난 능력의 중요성을 일깨워준다. 타고난 능력은 필요조건이고, 노력은 그 능력이 꽃을 피우게 하는 충분조건이다. 뛰어난 능력을 타고났다고 해도 노력하지 않으면 두각을 드러낼 수 없다. 그러나 아무것이나 무작정 노력한다고 해서 상위 3퍼센트가 될 만큼 잘할 수 있는 것은 아니다. 노력무한가능론은 자신에 맞는 것을 찾아서 계발할 때에만 타당한 원리다.

자기 삶의 주체가 되려는 의지

노력무한가능론과 노력개인책임론을 합리화하는 기본 가정은 노력의 정도가 철저하게 개인의 의지에 달렸다는 것이다. 하지만 집념의 대가인 앤젤라 더크워스가 든 사례들이 대부분 타고난 집념을 가진 사람들임을 고려하면, 우리 일반인은 강한 집념을 발휘하지 못한다고 하여 스스로를 크게 자책할 필요는 없어 보인다. 개인의 집념 수준이 유전자와 경험(운)에 의해 결정된다면, 끈기를 가지고 끝까지 나아가지 못하는 것을 개인의 의지 부족 탓으로 돌리고 크게 비난해서는 안 된다. 반대로 집념을 발휘하여 큰 성취를 이룬 사람들 역시 자신이 자유의지를 가지고 억지로 자신과 싸우며 이룬 것처럼 과장 또는 미화하거나 착각해서도 안 된다.

물론 집념은 타고난 재능과 달리 교육에 의해 변화될 여지가 상대적으로 크다. 그리고 집념은 세상을 살아가는 데 필요한 역량을 기를 때, 나아가 그 역량을 바탕으로 원하는 일을 성취하고자 할 때 필요한 에너지원이 되기 때문에 재능(잠재력)보다 개인의 삶에 더 의미가 있을 수 있다. 하지만 개인의 관점에서 볼 때 타고난 재능이든 어려서 길러진 집념이든 의지적 노력을 통해 획득한 것이 아니라 선천적 혹은 후천적으로 주어진 것이라는 점에서는 유사하다. 부모나 학교가 집념을 길러주고자 해도 본인이 원하지 않거나 받아들이기 어려우면 후천적으로도 길러주기 어려울 것이다. 삶에서 중요한 집념 교육을 아이가 거부하거나 소화시키기 어려워할 때 이를 아이 개인의 의지 탓으로 돌리기는 더욱 어려울 것이다. 어쩌면 집념을 길러주고자 하는 교육의 효과 또한 개인의 선천적 특성에 의해 상당 부분 좌우되는지 모른다.

그렇다면 원하는 것을 얻지 못한 사람들은 모두 선천적 재능과 집념, 그리고 길러진 집념이 부족한 탓이라며 자신을 합리화할 수 있을까? 물론 아니다. 노력한다고 하여 누구나 해당 분야의 최고가 되는 것은 아니라는 의미일 뿐, 노력이 무의미하다는 '노력무용론'을 주장하려는 것은 아니다. 재능과 집념에서 상위 혹은 하위 10~20퍼센트에 속하는 특별한 사람이 아닌 보통의 나머지 사람들은, 우리가 믿듯이 고통을 감내하며 자신과 싸우는 의지적 노력에 의해 실력이 좌우된다고 보는 것이 타당하다.

더크워스의 분석에 따르면 집념은 나이가 들수록 더 커진다. 두뇌가 지속적으로 발전해가듯이 인간의 능력이나 집념의 수준도 고정적인 것이 아니라 끝없이 변화해가는 측면이 있다. 인간 자체가 DNA에 프로그램 된 대로 움직이는 수동적 로봇이 아니라 의지를 가지고 살아가는 자율적 존재로서의 특성을 가지고 있다. 어린 시절이 지나고 개인의 주관이 보다 뚜렷해지는 청소년기부터는 개인의 자율의지가 작용하는 힘이 더욱 커진다. 따라서 타고난 재능이 부족하다거나 어려서 집념을 길러줄 이로운 환경에 놓이지 못했다는 것으로 언제까지나 개인의 처지를 완전히 합리화하기는 어렵다. 사회는 능력과 성장 환경의 차이가 미치는 영향을 받아들여 개인의 처지를 이해하고 배려하는 제도를 만들고, 개인은 역량과 집념을 키우는 데 자율의지가 차지하는 부분이 나이 들수록 커진다는 점을 인식하며 자기 삶을 책임지려는 주체로서 행동할 때 세상은 좀 더 살 만한 곳이 될 것이다.

기본생활비가 보장돼야 하는 이유

연예인 열 명 중 아홉 명은 한 달에 60만 원도 못 번다. 상위 1퍼센트가 전체 소득의 49퍼센트를 독식하고, 상위 10퍼센트가 전체 수입의 80퍼센트를 차지한다.[23] 그런데 학생들에게 꿈이 무엇이냐고 물으면, 주로 연예인이나 스포츠 선수가 되고 싶다고 한다. 청소년들 상당수는 케이팝 댄스 학원이나 케이팝 노래 학원을 다닌 적이 있다. 무한경쟁 승자독식의 실력주의가 극한으로 치닫고 있는 상황에서 예체능 쪽으로 꿈과 끼를 살리고자 노력하는 아이들의 90퍼센트는 사회에 나가 최저생계비도 벌기가 어려운 것이 현실이다. 열정은 있지만 재능이 보통인 아이가 있다면 어떻게 조언해야 할까? 이러한 현실을 뻔히 알면서도 "네가 하고 싶은 것을 해라", "네 꿈을 찾아가라", "열심히 하면 된다"라고 이야기하는 것이 옳을까? 그리하여 상위 10퍼센트에 들지 못해 최저생계비도 못 벌고 좌절할 때, 그것은 열심히 하지 않은 네 탓이라고 이야기하는 것이 옳을까? 그렇다고 하여 "네 꿈과 끼를 살려라. 그러면 최저생계비도 못 버는 내일이 기다릴 것이다"라고 이야기해줘야 하는 걸까?

영국 옥스퍼드대학과 네덜란드 자유대학 연구팀은 창의성을 발현하는 요인이 DNA에 들어 있는지를 확인하는 연구를 수행해《행동유전학Behavior Genetics》에 게재했다.[24] 이 연구는 네덜란드의 쌍둥이 출생 기록부를 토대로 이루어졌는데, 기록부에는 일란성 쌍둥이 1800쌍과 이란성 쌍둥이 1600쌍의 데이터가 있었다. 연구팀은 쌍둥이 중 한 명이 창의성이 필요한 직업군인 예술 분야(춤, 영화, 음악, 연주, 시각예술, 글쓰기 등 직업) 종사자일 때 나머지 한 명도 같은 분야에서 일하고 있는지를 살폈다. 조사 결과 일란성 쌍둥이는 그 상관관계가 0.68, 이란성 쌍둥는 0.40이었다. 연구팀에 따르면, 창조적인 직종의 유전력은 0.70이다. 자유대학교 연구팀은 문학처럼 창의적인 글쓰기는 유전력이 83퍼센트 작용하고, 미술과 연기는 56퍼센트의 유전력이 작용한다고 분석했다.[25] 물론 유전력보다는 노력이 더 중요함을 입증하는 연구들도 있다. 그러함에도 불구하고 유전의 영향을 무시할 수 없음을 상기시키는 이유는 노력무한가능론의 한계를 지적하기 위해서다.

유나이티드스테이츠 마린 밴드United States Marine Band의 맴버였던 마이크 에건Mike Egan은《그릿》에 대한 서평을 보고 다음과 같은 글을 보냈다. "누구나 열심히 노력하면 세계적인 수준에 도달할 수 있다고 아이에게 이야기하는 사람은 아동학대죄로 감옥에 처넣어야 한다."[26] 극단적인 말이지만 잠시 멈추어 생각해볼 필요가 있다. 노력의 중요성을 간과하자는 의미는 아니다. 해당 분야에서 성공할 만한 탁월한 재능을 갖지 못한 아이에게 누구나 열심히만 하면 그 분야에서 최고가 될 수 있다고 이야기하는 것은 자칫 아이를 속이는 일이 될 수도 있다는 의미다. 아이들의 진로 지도를 하는 학부모, 선생님, 그 밖의 담당자들이 직면하는 가장 어려운 대목이다. 아이가 관심을 가지고 열심히 연마하려는 기술이나 역량을 필요로 하는 일자리가 제한적이라면, 너무나 많은 지원자가 그 길을 향해 가고 있어서 최고가 되지 않으면 연예계나 체육계처럼 최저생계비도 벌기 어려운 상황이라면 아이에게 어떻게 조언해야 할까?

상당수 아이들은 스타의 화려함에 이끌려 동경하고, 때로는 그 길을 가고자 시도한다. 열정이 없으면 두어 달 혹은 1년여 해보다가 포기하지만, 그 이후에도 자기가 좋아서 지속적으로 나아가는 아이들이 있다. 이들에게는 열정과 어느 정도의 재능이 있다고 보아야 할 것이다. 그 길을 걸을 때 행복해지는 사람에게는 그 길을 걷도록 도와주는 것이 부모와 우리 사회가 할 수 있는 역할이다. 실제로 스타들만 가지고 세계 수준의 영화나 드라마와 케이팝을 만들 수 있는 것은 아니다. 어려움에도 불구하고 좋아서 그 길을 가고 있는 수많은 사람들이 스타와 함께 쏟은 열정과 노력의 결실로 세계 수준의 영화와 드라마 그리고 음악이 만들어진다. 또한 탄탄한 실력의 저변 인력이 충분할 때 그중에서 최고의 스타도 탄생된다. 그들이 없으면 좋은 영화와 음악이 만들어질 수 없다.

우리가 할 수 있는 일 중 하나는 현실에서 부딪힐 수 있는 생활의 어려움뿐만 아니라 피나는 노력을 지속적으로 해야만 그 길에서 어느 정도라도 인정받을 수 있다는 사실을 직시하면서 가도록 조언하는 것이다. 예술가의 길을 걷고자 하는 사람들에게는 과거부터 지금까지 항상 따라다니던 고통도 깨닫게 해주어야 한다. 〈클래식 연주자의 신체 및 정신건강 문제〉라는 논문에 따르면, 지난 1년간 우울을 경험한 음대생은 47퍼센트로 우리나라 성인(19~29세)의 우울 경험률 11퍼센트보다 네 배 이상 높은 수준인 것으로 나타났다.[27] 반복 연습에 의한 통증이 주원인의 하나라고는 하지만, 내면 깊은 곳에는 미래에 대한 불안이 더 크게 자리 잡고 있을 것이다. 미래가 희망적일 때에는 오늘의 고통이 우울증으로 이어지는 비율이 낮기 때문이다. 힘든 길인 줄을 알면서도 가고자 하는 청소년들을 위해 우리가 할 수 있는 일, 해야 하는 일은 또 없을까?

가장 문제가 되는 것은 극심한 소득 불균형이다. 스타가 아닌 수많은 출연진과 제작진도 필요하고 그들의 역할도 중요한데, 왜 그들에게는 엄청난 대가를 지불하는 스타와 달리 최저생계비에도 못 미치는 대가를 지급하는 것일까? 수요와 공급 차원에서 보면, 조연 인력 공급 과잉이 빚어낸 결과다. 스타만이 아니라 나머지 인력도 공급이 부족하다면 인건비는 당연히 오를 것이다. 또 하나는 최고의 스타에게 의존할 수밖에 없는 이 분야의 속성으로 인해 나타나는 자연스러운 현상이다. 스타에 의해 흥행 여부와 작품 수익률이 거의 결정되는 현실에서, 투자자는 전체 출연진이나 스태프의 인건비를 올려주기보다는 스타를 끌어오는 데 예산을 쏟을 수밖에 없다. 그 결과 스타를 제외한 나머지 사람들은 제작 과정에 미친 기여도에 비해 훨씬 낮은 임금을 받게 된다.

우리 아이들이 미래에 대한 커다란 두려움 없이 자기가 원하는 길을 걸을 수 있도록 돕기 위한 방법 중 하나는 기본생활비 보장이다. 이 제도가 생긴다면 꿈을 찾아 떠나는 자녀의 뒷모습이 불안하게만 다가오지는 않을 것이다. 그리고 꿈을 좇는 청소년들도 생계유지에 대한 불안감을 어느 정도 떨치고 더욱 열심히 나아갈 수 있지 않을까 싶다. 그러려면 근로의욕고취형 복지사회, 즉 신실력주의 사회가 구현되어야 한다.

문제는 필요한 재원을 마련하는 것이다. 고소득에 대한 소득세 인상은 적정한 범위에서 소득을 공유할 수 있도록 국가가 개입하는 제도다. 이러한 관점에서 볼 때 2016년 12월 우리 국회가 5억 원을 초과하는 소득에 대해 소득세율을 기존 38퍼센트에서 40퍼센트로 인상한 것은 바람직하다. 세입이 6000억 정도 늘어날 것으로 전망된다고 한다.[28] 북유럽 복지국가의 소득세율이나 비근로소득세율에 비하면 아직도 상당히 낮은 수준이다. 하지만 소득세 인상에 대한 저항과 부작용도 만만치 않다. 소득세율을 높이기 위해서는 고소득층의 공감대 유도와 세금 사용의 투명성 확보가 관건이다. 현재와 미래 고소득층의 공감대를 이끌어내는 것이 가장 중요하기에, 상위 1퍼센트의 최고 스타와 상위 10퍼센트에 속한 스타의 성공이 개인의 순수한 노력에 의한 결과가 아니라 주로 재능과 부모의 지원, 다양한 운 등이 어우러진 결과라는 점을 강조했다. 순수한 노력에 의한 부분은 자기 마음대로 사용하더라도 타고난 재능과 운에 의한 소득은 사회로 환원하는 데 공감하도록 이끌기 위해 만든 것이 앞에서 제시한 실력 공식과 성공 공식이다.

스타 연예인 가운데 기부를 많이 하는 사람들도 상당수다. 그들이 이룬 성공은 함께한 사람들의 덕분이기도 하므로, 그들로 하여금 일반적인 기부뿐만 아니라 제작 과정에 참여한 다른 사람들의 최저생계비에도 관심을 갖도록 하는 것은 충분히 설득력이 있다. 이러한 기부 활동에 대한 특별 감세 제도를 도입한다면 어느 정도 실현 가능하다. 일부 국가에서 도입하고 있는 최저임금 대비 최고임금 비율 제한, 저소득자를 더 배려하는 작품 성공 사례비 지급 등 해당 업계가 바람직한 방향을 탐색하도록 국가가 지원할 필요도 있다.

일본에서는 최근 중년의 '기생 독신' 문제가 심각한 사회 문제로 떠오르고 있다.[29] 2016년 현재 35~54세의 일본 중년 세대 중에서 부모에 얹혀사는 사람은 450만 명에 이른다. 이들은 젊은 시절 자신이 하고 싶은 것을 즐기며 결혼도 하지 않고 살다가 나이 들어 부모에 기대어 살아가고 있다. 부모가 사망할 경우 아무런 생계 대책이 없는 이들은 사회의 큰 짐이 되고 있다. 우리 사회가 미리 대비하지 않으면, 연예계 종사자 상당수는 머지않아 일본처럼 기생 독신으로 전락할 가능성이 높다.

기본생활비를 보장해주는 사회가 되기 전까지 연예계로 진출하고자 하는 학생들에게 해줄 수 있는 현실적인 조언은 무엇일까? 자신이 좋아하는 스포츠 혹은 연예계 활동은 계속하되, 만일 그 활동이 생계 수단이 되지 못할 경우에는 생계를 위해 무엇을 할지 함께 준비해야 함을 가르쳐주는 것도 한 방법일 것이다. 교직에 종사하면서 자신의 꿈과 끼를 살려 작품 활동을 하던 교사들이 그 예가 될 수 있다.

노력의 가능성과 한계

노력만능론자든 노력무용론자든 노력 없이 실력을 쌓을 수 없다는 데에는 동의한다. 양자는 노력을 통한 타고난 특성의 한계 극복 가능성에 대한 믿음의 정도에서 차이를 보일 뿐이다. 이 믿음의 차이는 삶에 영향을 미친다. "우리의 삶이 DNA 제비뽑기가 아니라 스스로 공들여 만들어나갈 수 있는 무엇이라고 믿는"[30] 사람은 그렇지 못한 사람에 비해 자신의 삶을 주체적으로 바꾸어갈 가능성이 더 높다. 따라서 우리 스스로는 생의 마지막까지 무지개를 잡을 수 있다는 희망을 접지는 말자.

그러나 여기서 하나 짚고 넘어갈 점이 있다. 누가 노력만능론을 선호하는가를 따져보면, 소위 성공한 사람들 혹은 자신이 성공할 가능성이 높다고 생각하는 사람들이다.[31] 이들은 자신의 믿음에 근거하여 타인의 실패마저도 그들의 노력 부족 탓으로 돌리려는 개인무한책임론 경향을 보인다. 이 글을 통해 소위 성공한 사람들에게 하고 싶은 이야기는, 자신이 노력을 통해 쌓았다고 착각하는 실력과 그를 바탕으로 이루었다고 믿는 성공이 의지적 노력만으로 이루어진 것이 아님을 직시하자는 것이다. 마찬가지로 상대의 실패가 개인의 노력 부족 탓만은 아님도 깨닫자는 것이다.

소위 성공이라는 것을 하지 못한 사람들, 성공하기 어려울 것이라고 생각되는 사람들도 이 장의 주장을 토대로 자신을 합리화하지 않기를 바란다. 한계는 있지만 우리 삶에서 노력 이상으로 오늘과 내일의 우리를 변화시킬 수 있는 것은 없다. DNA나 사회구조를 탓하기 전에 스스로를 최선을 다했는지 돌아보자. 그랬음에도 불구하고 현실이 힘들 때에는 자신을 너무 자책하지는 말자. 모든 것을 개인 탓으로 돌리지 않는 사회를 만들기 위해 노력하는 사람들이 여전히 우리 곁에 있음을 잊지 말자.

_____

실력주의의 역설

아이러니하게도 실력 형성에는 비실력적 요인이 큰 영향을 미친다. 이러한 주장은 이전에도 지속적으로 있어왔지만, 특히 맥나미와 밀러 주니어는 부모의 경제적 자원과 가족의 계층 배경, 부의 세습, 특권의 대물림, 우수한 교육, 사회적 자본과 문화적 자본, 행운, 차별적 특혜, 태어난 시기, 시대적·사회적 상황 등을 비실력적 요인nonmerit factor의 예로 들고 있다.[32] 비실력적 요인 중에서 행운, 태어난 시기, 시대적·사회적 상황 등이 개인의 성패에 영향을 미치는 것에 대해서는 억울하다고 생각하긴 하지만 불공평하다며 사회에 이의를 제기하지 않는다. 이는 우리 인간이 인위적으로 조작할 수 있는 통제 범위에서 벗어나는 신(자연)의 영역이라고 여겨 체념하고 받아들인다. 이하에서는 먼저 인간의 통제 범위에서 벗어나 있는 비실력적 요인이 실력과 개인 성공에 어떻게 영향을 미치는지 살펴보겠다.

비실력적 요인 중에서 우리가 불공평하다고 생각하는 부분은 인간의 영역에 해당하는 부모의 사회·경제적 배경, 부의 세습과 특권 대물림, 우수한(불공평한) 교육, 사회적 자본과 문화적 자본, 학벌에 따른 차별적 특혜 등이다. 이들은 제도 변화를 통해 얼마든지 공평하게 바꿀 수 있다고 믿는다. 이러한 믿음은 타당한가? 그리고 통제 가능한 비실력적 요인은 실력에 어떻게 영향을 미치는가?

"운 좋은 사람을 이기기 어렵다"는 말을 들어본 적이 있을 것이다. 과장된 표현이기는 하지만, 운의 중요성은 세상을 살아본 사람이라면 부정하기 어렵다. 기업의 흥망성쇠에도 운이 큰 영향을 미치는 경우가 많다. 미국의 석유 사업가였던 록펠러는 램프용 기름을 염두에 두고 석유 독점을 시작했는데, 전기를 사용하는 전구가 개발되면서 예상과 달리 램프용 석유 수요가 급감하여 거의 파산 지경에 이르게 되었다. 뛰어난 사업가적 수완과 큰 흐름을 읽어내던 그도 전구 개발은 예상하지 못했던 것이다. 하지만 그에게는 운이 따랐다. 파산 직전 유럽에서 중유를 사용하는 엔진이 개발되어 널리 사용되면서 석유 수요가 폭발적으로 증가했고, 그는 세계적인 부자가 되었다.

최근의 재미있는 일화를 하나 더 소개한다. 2015년에 있었던 미국의 석유 재벌 해롤드 햄Harold Hamm의 이혼 소송이다. 햄은 180억 달러의 재산 가운데 이혼의 대가로 부인에게 약 10억 달러를 주었고, 그러자 부인이 소송을 제기하여 금액의 적정성을 다투었다. 햄 측은 석유 회사의 성공은 거의 운에 따른 것이었고, 노력과 능력에 의한 것은 기껏해야 5~10퍼센트밖에 안 된다고 주장했다. 반면 전 부인 측은 회사 성공의 90퍼센트 이상이 햄의 회사 운영 전략과 노력 등에 기인한다고 반박했다. 양측이 이러한 주장을 편 이유는 미국 일부 주의 이혼법이 "결혼 전에 소유한 재산의 가치가 소유주의 노력과 무관하게 '수동적으로' 증식된 부분에 대해서는 재산 분할을 하지 않아도 된다"라고 명시하고 있기 때문이다.[33] 이 이혼 소송에서 햄 측이 승소했다. 판사는 햄이 설립하고 운영한 회사가 번 돈은 햄의 능력과 노력보다 행운 덕분이었다고 판결했다.

말콤 글래드웰 역시《아웃라이어》를 통해 성공에서 실력 이외의 요인이 좌우하는 부분이 클 뿐만 아니라, 비실력적 요인이 실력 형성에 영향을 미쳐 개인 삶의 성공을 좌우함을 보여주고 있다. 실력주의 사회라고 해도 인간의 노력으로 운의 영향을 제거할 수는 없다. 우리가 실력으로 거두었다고 생각하는 결실의 상당 부분은 실력의 결과가 아님을 깨달을 때, 그 결실에 대한 소유욕에서 조금은 자유로워질 수 있다. 자기 노력의 결과라고 착각하며 모든 것을 움켜쥐고 내놓으려 하지 않는 사람에게서는 모래를 움켜쥔 주먹에서 모래가 빠져나가듯이 운이 빠져나갈 수 있음을 깨닫게 하는 것은 교육이 해야 할 역할이다.

태생 조건

말콤 글래드웰은《아웃라이어》에서 태어난 달과 해가 실력 형성과 미래 성공에 어떻게 영향을 미치는지를 예시적으로 보여준다.[34] 캐나다 최고 엘리트 하키 팀 선수들의 구성을 살펴보니, 1~3월생이 약 40퍼센트를 차지하고 10~12월생은 약 10퍼센트에 불과했다. 이는 캐나다가 1월 1일을 기준으로 나이를 헤아리고 그에 맞춰 하키 클래스를 짜기 때문에 빚어진 결과다. 사춘기 이전에는 열두 달이라는 기간이 엄청난 신체 발달의 차이를 가져오므로, 다른 아이들보다 몇 달간 더 숙달될 수 있는 기회를 누린 1~3월생 소년들이 더 크고 재능 있어 보이게 된다. 그러면 주로 생월이 빠른 아이들이 후보군으로 선발되고, 이들은 훌륭한 코치 밑에서 강도 높은 훈련을 받으며 더 많은 경기를 할 기회도 갖게 된다. 출발점에서는 그저 몇 개월 일찍 태어난 것에 불과했지만 훗날 실력에서 큰 차이를 보이게 된다. 9월 1일을 기준으로 하는 영국의 경우에는 1990년 프리미어리그 선수 중에서 288명이 9~11월생이고 136명이 6~8월생인 것으로 나타났다.

출생월은 운동선수만이 아니라 일반 학생들의 성적에도 영향을 미치는 것으로 나타났다. 경제학자인 켈리 베다드Kelly Bedard와 엘리자베스 듀이Elizabeth Dhuey는 TIMSS(수학·과학 성취도 추이 변화 국제비교 연구) 응시자의 출생월과 성적을 분석했고, 4학년 학생들 중 일찍 태어난 학생들이 늦게 태어난 학생들에 비해 4~12퍼센트포인트 더 높은 점수를 받고 있다는 사실을 발견했다. 지적으로 동등한 4학년생을 학년 기준일의 양쪽으로 나눠 세우면, 일찍 태어난 학생들은 상위 18퍼센트에 속하는 반면 늦게 태어난 학생들은 상위 68퍼센트에 머문다. 이러한 경향은 초등학교뿐만 아니라 4년제 대학교에서도 나타났다. 같은 연령대 중 나이가 어린 학생들의 성적이 약 11.6퍼센트 낮게 나왔다. 출발 단계에서의 숙련도 차이가 사라지지 않은 셈이다. 이를 사회학자들은 '누적적 이득'이라고 부른다. 이 결과를 보면 생월이 늦은 아이들을 그다음 해에 초등학교에 입학시키고자 하는 학부모들의 생각도 일리가 있다.[35] 엘리자베스 듀이는 다음과 같은 말을 남겼다. "정말 이해할 수가 없어요. 학년을 나누는 날짜에 따라 아이들을 분류하는 것이 이토록 장기적인 차이를 낳는데 아무도 거기에 신경 쓰지 않잖아요."[36]

태어난 해와 장소(국가)가 중요함을 보여주기 위해 글래드웰은 《포브스》가 선정한 인류 역사상 가장 부유한 75인 명단을 예로 든다. 이들 중 무려 14명이 19세기 중반 미국에서 태어난 사람이다. 그에 따르면 1860~1870년대의 미국 경제가 역사상 가장 큰 변화를 겪었다. 철도 건설, 월스트리트 탄생, 공업 생산으로의 전환 등이 그것이다. 1840년대 후반에 태어난 사람은 시대 변화의 이점을 누리기에 너무 어리고, 1820년대에 태어난 사람은 너무 나이가 많았다. 결국 1830년대에 태어난 14명이 1~3월에 태어난 캐나다 아이스하키 선수가 누리는 것과 같은 특별한 기회를 누렸다는 것이다. 그는 빌 게이츠(1955년 10월 28일생), 스티브 잡스(1955년 2월 24일생) 등이 1975년이라는 개인 컴퓨터 혁명 여명기의 이점을 누릴 수 있는 최적의 시점과 최적의 장소에서 태어난 사람들임을 보여주고 있다. 타고난 능력이 있어도 태어난 연도와 장소가 맞아떨어지지 않으면 잠재력이 개발되기 어렵고, 최고 실력자가 되기 어렵다. 그리고 그 실력을 사회적 보상으로 연결하기도 어렵다.

빌 게이츠를 비롯한 세계적인 갑부가 자신의 실력을 토대로 모은 재산을 사회에 환원하는 데 관대한 이유는 여러 가지일 테지만, 그중 하나는 이른바 실력의 상당 부분이 우연적 요소에 의해 결정되고 성공 또한 상당 부분이 우연적 요소에 의한 것임을 깨달았기 때문일 것이다. 자기가 모은 재산은 실은 자기 것이 아니라 우연히 자기가 관리하게 된 것이라는 깨달음, 학교가 아이들을 이러한 깨달음 쪽으로 이끌어갈 때 실력주의 사회의 그림자는 옅어질 것이다.

가정과 사회 환경

시장에서의 이윤 창출뿐 아니라 개인의 실력 향상을 위해서도 시간과 돈, 개인 에너지 등의 자원을 투자해야 한다. 이윤 창출에서 필요한 자원을 많이 가진 사람이 유리하듯이, 실력 향상에서도 당연히 자원을 많이 가진 사람이 유리하다. 따라서 자원을 충분히 투자할 수 있는 부모나 이웃을 둔 학생들이 실력을 형성하는 데 더 유리한 고지를 차지하는 것은 당연하다. 가정의 영향력이 개인의 실력 차이와 성공에 미치는 영향이 갈수록 커짐에 따라 실력주의meritocracy 대신 부모주의 parentocracy라는 개념도 등장하고 있다.[37]

비유하건대 아이가 타고난 잠재력이 씨앗이라면, 가정과 사회 여건은 이 씨앗이 얼마나 잘 자랄지 결정하는 토양이고, 부모와 마을 사람들은 씨앗을 가꾸는 농부다. 천재성을 타고난 아이라도 불우한 환경에서 자라면 가시덤불에 떨어진 씨앗처럼 제대로 크지 못한 채 스러지게 마련이다. 보통의 능력을 타고난 아이가 좋은 가정에서 성장한다고 하여 엄청난 천재성을 가진 사람이 되기는 어렵지만 타고난 능력을 최대한 계발할 수는 있을 것이다. 어느 경우든 토양의 비옥도에 해당하는 가정과 사회 환경, 그리고 농부에 해당하는 가족과 마을 사람들이 아이의 성장에 미치는 영향은 지대하다. 부르디외는 가정 배경이 학생들의 학업 성취도에 불평등하게 영향을 미치는 현상을 설명하기 위해 문화자본이라는 용어를 만들어냈다(Bourdieu, 1986; 243). 그의 노력을 통해 개인의 타고난 능력과 금전적 투자만이 아니라 가정이 투자하여 만든 문화자본도 학업 성취에 영향을 미치는 중요한 요인임이 드러났다. 학생 간의 문화자본 차이를 줄여주기 위해 학교가 노력한다 해도 그 효과가 금방 나타나기는 어려운데, 문화자본은 금전, 권리, 직함 등과 달리 바로 줄 수 있는 것이 아니며 시간을 필요로 하기 때문이다. 문화자본은 무의식적 또는 의식적 과정을 거치면서 개인의 한 부분을 이루게 된다.

경제학자 브루스 새서도트Bruce Sacerdote가 미국과 영국의 입양된 아이를 대상으로 한 '경제적 성과의 선천성과 후천성'이라는 연구에 따르면, 입양한 부모가 친부모보다 보통 더 머리가 좋고 교육 수준과 수입도 더 높았다. 하지만 입양 부모의 이점은 아이의 학교 성적과 거의 관계가 없었다. 그런데 "입양된 아이가 성인이 되자 이들은 IQ만으로 예정되었던 운명을 급격히 벗어났다. 비슷한 상황에 있으면서 입양되지 않은 아이들과 비교하여 입양된 아이들은 대학에 가서 좋은 직장을 얻고, 안정적으로 20대에 결혼할 확률이 훨씬 더 높았다."[38] 이 연구는 입양 부모의 노력이 아이의 학교 성적 향상에는 큰 영향을 미치지 못하지만 문화자본, 즉 문화 실력으로 인해 더 성공적인 사회 구성원이 될 수 있었음을 보여주고 있다. 성공은 실력만이 아니라 개인의 특성과 외부 환경 요인에 의해 좌우된다.

말콤 글래드웰은 크리스 랭건Christopher Langan과 로버트 오펜하이머 Robert Oppenheimer라는 두 명의 천재를 비교해, 삶의 성공에 문화 실력이 얼마나 큰 영향을 미치는지를 잘 보여주고 있다. 이 둘은 타고난 천재였지만 가난한 집안의 랭건은 끝내 능력을 발휘하지 못한 채 평범한 농부로 삶을 마쳤고, 맨해튼의 부유한 집안에서 태어난 오펜하이머는 핵무기 개발의 주역으로 역사에 남았다. 오펜하이머는 랭건과 달리 성장 과정에서 자연스럽게 세상으로부터 원하는 것을 얻어내는 데 필요한 방법, 즉 '실용 지식 혹은 지능practical knowledge or intelligence'을 갖추었다. 실용 지능이란 사회가 사랑하는 인간의 요건으로서, '자신의 원하는 것을 얻기 위해서는 누구에게, 언제, 어떻게 말해야 최대의 효과를 거둘 수 있을지 등을 아는 것'이다.

로버트 스턴버그Robert Sternberg는 자신을 합리적으로 표현하고 상대를 설득하는 데 쓰는 특정한 기술을 '실용 지능'이라고 명명했다. IQ는 선천적인 능력의 척도인 반면 "실용 지능은 후천적으로 습득해야 하는 지식knowledge"이고, "그 지식을 대부분 가족에게서 배운다."[39] 아이들이 알아서 성장하고 스스로의 재능을 계발하도록 방치할 경우 시간을 창의적으로 사용하고 독립심이 강한 아이로 성장하기도 하지만, '사람에 대한 불신, 거리를 두는 법, 의심하는 법' 등을 배우게 된다. 이는 사소한 부분인 것 같지만 세상을 살아가는 데 커다란 차이를 가져오게 마련이다.

세상에서 실력을 인정받고 실력을 발휘하기 위해서는 천부적 재능이라는 필요조건뿐만 아니라 실용 지능이라는 충분조건을 갖추어야 한다. 최근에 유행하는 "인성이 실력이다"는 말이 와 닿는다. 글래드웰이 '사회가 사랑하는 인간의 요건'이라고 표현한 실용 지능(실용 실력)은 개인의 노력보다 가정을 포함한 성장 환경이 결정하므로, 타고난 능력이 탁월하더라도 '세상에 적합하도록 그들을 준비시켜줄 가족과 공동체가 부족'하면 그 재능이 끝내 빛을 보지 못한다. 부모와 가정, 그리고 지역공동체가 실용 지능에 큰 영향을 미치는 점을 감안할 때 가정과 사회의 교육력 회복에 더욱 큰 관심을 기울여야 할 것으로 보인다.

교육자 또는 후원자로서의 부모

아이 교육에서 부모의 역할이 얼마나 중요한가는 누구나 알고 있다. 학교가 아무리 노력해도 부모와 가정이 제 역할을 하지 못하면 아이 성장에 한계가 있고, 이는 교단에 선 교사들뿐만 아니라 사회 구성원 대부분이 잘 알고 있다. 원래 자녀 교육은 부모의 권리이자 책임이었는데 공교육 제도가 도입되면서 공교육기관이 학부모의 위임을 받아 교육을 실시하고 있을 뿐이다. 그런데 우리는 실력주의 사회 구현에 있어서 부모의 영향력이 문제인 것처럼 이야기한다. 심지어 부모의 영향력을 줄여야 한다는 모순적 주장을 하기도 한다.

그렇다면 부모가 자녀 교육을 직접 수행하거나 지원하는 것은 불공정한 일인가? 누구나 공감하듯이 부모가 자녀 교육의 1차적 책임자이고 부모의 역할이 중요하기 때문에, 교육학자들과 우리 사회는 부모의 교육력 강화가 학생 교육을 위해 무엇보다도 중요하다고 주장한다. 그런데 공정 경쟁이라는 관점에서는 자녀에게 더 나은 교육을 제공하기 위한 부모의 노력을 부당한 것으로 매도하거나, 심지어 과외 금지 조치 등을 통해 그러한 지원이 불법화되기도 했다. 부모 자신이 직접 자녀의 인성이나 지식과 기능적 역량을 길러줄 때의 부모는 '자녀 교육자로서의 부모'다. 직접 교육을 시키기보다 타인(학교 포함)에게 자녀 교육을 의뢰할 때의 부모는 '교육 후원자로서의 부모'라고 명명할 수 있다. 후원자로서의 부모 역할 중에서 사회가 문제시하는 것은 공교육(모두를 위한 교육)이 아닌 우수교육이나 사교육 후원자로서의 역할이다. 교육자와 후원자, 이 두 가지 역할에 대해 우리 사회가 상반된 입장을 취하는 것은 타당한가?

공정성을 강조하는 사람도 교육자로서의 부모 역할을 문제시하기는 어렵다. 물론 부모의 영향력을 배제하기 위해 모든 아이를 공공 탁아소에서 길러야 한다고 주장하는 극단론자들도 없지 않다. 하지만 실용 지능이나 사람에 대한 사랑과 감사 등을 자연스럽게 배우는 데 가정보다 나은 기관이 없고, 이미 사회주의 탁아소 실험 등은 실패한 것으로 판명되었으므로 그런 주장에 호응하는 사람은 거의 없다.

그렇다면 부모가 '직접 교육'을 시키는 것은 괜찮고, 돈(시간과 노동을 들여 획득한 것)으로 자녀 교육을 후원하는 것(간접 교육)은 불공정하고 비도덕적일까? 일부 학부모들이 공동체를 만들어 각자 잘하는 과목이나 기능을 품앗이 형태로 서로의 자녀에게 가르쳐주는 공동체형 품앗이 교육(간접 교육)도 존재한다. 이 경우는 돈을 교환 수단으로 삼는 대신 노동을 직접 교환하는 물물교환의 형태일 뿐 자녀를 학원에 보내는 것과 별반 차이가 없다. 그러함에도 불구하고 품앗이 형태는 교육 공동체라며 권장하고, 학원에 보내는 것은 비교육적인 일로 치부하는 것은 타당한가? 실제로 품앗이 교육을 할 수 있는 사람들은 자녀를 저렴한 학원으로 돌려야 하는 사람들보다 가정 여건이 더 나은 경우가 대부분인데도 말이다.

앞에서 이야기했듯 아이가 타고난 능력은 씨앗이고, 가정환경은 씨앗이 자라는 토양이며, 부모는 씨앗을 기르는 농부이고, 실력이라고 하는 것은 씨앗이 성장하여 이룬 결실이다. 만일 자녀를 위한 부모의 노력과 후원 자체가 비실력적 요인이라고 간주한다면 실력 자체가 본질적으로 비실력적인 것이라는 모순에 빠지게 된다. 부모의 교육자 그리고 후원자로서의 역할을 억제 또는 통제하려는 것은 사회 구성원의 실력을 최대한 길러 자신과 사회 발전에 기여하게 하려는 실력주의 사회의 취지에 부합하지도 않는다. 또한 가족 제도를 유지하려고 하는 한, 그리고 생물학적 유전자^{gene}와 함께 문화유전자^{meme}[40]도 전파하고자 하는 인간의 본능을 제거하지 않는 한 이러한 시도는 성공할 수도 없다. 실력을 기준으로 한 사회적 재화 배분은 우리 믿음과 달리 본질적으로 공평할 수 없다. 실력에 따른 과실의 차이가 너무 커지지 않도록 제도를 보완하는 것, 그것이 사회 영속성을 위해 국가와 사회가 할 수 있는 역할이다.

불공정한 교육

맥나미와 밀러 주니어는 비실력적 요인에 '우수한 교육'을 포함시키고 있다.[41] 그들이 말하는 '우수한 교육'이란 부유층을 위한 별도의 교육, 즉 불공정한 교육을 의미한다. 부유층을 위한 우수한 교육(명문 사립학교 교육), 사교육은 실력의 잣대가 되는 실력을 갖추도록 하기 위해 비실력적인 요인(부모의 재력)을 활용하여 불공정한 경쟁을 꾀한다는 점에서 비판의 대상이 되고 있다. 마이클 영은 영국의 사립학교를 시장질서를 교란시키는 '암시장black market'에 비유하기도 했다.[42]

불공정 교육과 여타의 비실력적 요인은 본질적인 차이가 있다. 다른 비실력적 요인은 실력 형성에 간접적으로 영향을 미치는 반면, 불공정 교육은 직접적으로 영향을 미친다. 실력주의 사회에서 불공정하게 형성된 실력이라도 이를 기준으로 사회적 재화를 배분하는 것 자체를 막기란 거의 불가능하다. 물론 실력 형성 과정의 불공정성을 문제 삼을 수는 있다. 현실의 실력주의 사회에서는 "학교와 교육이 불평등을 대물림하는 잔인한 매개체"로 비춰질 수밖에 없다.[43] 이는 학교(학원 포함)가 실력주의 사회에서 원하는 실력을 키워주는 현존하는 기관 가운데 가장 효과적이고 효율적인 매개체이기 때문이다.

학교가 실력을 쌓아주는 곳이 아니라 졸업장을 통해 계급을 재생산하는 곳이라는 (지위)학벌주의 관점이 있다. 이 관점은 실력과 학교는 거의 관계가 없다는 가정을 전제로 한다. 만일 학벌주의자들이 주장하듯이 학교가 실력 형성에 직접적으로 기여하지 못한다면, 학교는 구성원들로부터 곧바로 외면당하게 될 것이다. 그렇다면 학력주의 사회론자들이 주장하는 것처럼 학교를 없애면 제대로 된 실력주의 사회가 구현될까?

학교 졸업장이 아닌 자격증을 실력의 기준으로 하고자 하면 자격증을 따도록 돕는 기관이 필요하다. 필기시험이 아닌 면접이나 실무 능력을 실력의 기준으로 하고자 해도 이를 길러줄 기관은 필요하다. 그렇다면 어떤 기관 혹은 제도를 통해 실력을 기르게 해야 학교보다 더 공평하게 부모의 영향을 최대한 배제하면서 실력을 쌓도록 할 수 있을까? 실력을 길러줄 학교가 아닌 제2, 제3의 기관이 생겨나더라도 사회경제적 지위가 높은 부모는 자녀를 위해 '우수한 제2의 기관'을 만들거나 그러한 기관에 자녀를 입학시킬 것이다. 마이클 영이 이야기한 것처럼, 실력주의 사회에서는 그 기관이 무엇이 되었든 실력을 길러주는 기관을 향한 경쟁이 더욱 치열해질 수밖에 없다. 따라서 실력주의 사회에서 부모의 영향을 배제할 수 있는 실력 향상 기관은 만들 수 없다. 그리고 앞에서도 이야기했듯 자녀 교육(사회가 필요로 하는 실력을 기르는 활동)은 1차적으로 부모의 책임이자 권리인데, 부모의 직간접적 영향을 배제한다는 것 자체가 자녀 교육의 본질을 무시하는 것이다.

맥나미와 밀러 주니어는 실력주의 사회가 제대로 작동하도록 하기 위해서는 사립학교만큼 좋은 공립학교를 만들고, "입학이나 채용, 승진 절차를 가능한 한 공개적으로 진행"해야 한다고 주장한다.[44] 이는 1970년대 이후 우리나라가 걸어온 길이다. 사립학교를 준공립화하여 공교육의 질을 유사하게 하고, 중요한 실력 잣대가 되는 대학 입학을 공정하고 투명하게 하려고 세상에 존재하는 모든 제도를 총동원하는 등의 다양한 노력을 기울였다. 그렇게 한 결과 우리 사회는 보다 공정한 실력주의 사회가 되었는가?

대입 판단의 잣대(실력)를 보다 공정하고 투명하게, 그리고 타당하게 하려면 실력 판단 잣대를 그만큼 복잡하고 치밀하게 만들어야 한다. 그러면 그 복잡해진 기준을 고등학교가 준비시켜줄 수 없기 때문에 부모의 추가적 지원이 더욱 중요해진다. 다시 말해 보다 치밀한 잣대를 만들어 보다 완벽한 실력주의 사회를 구현하고자 하면 할수록 부모의 영향력은 커질 수밖에 없다. 2016년 6월에 전국입학관련처장협의회가 주최한 '학생부종합전형 발전을 위한 고교·대학 연계 포럼'에서 발표된 자료에 따르면, '학생부종합전형'은 내신만 보는 '교과전형'에 비해 월 소득 상위 30퍼센트(월 소득 500만 원 이상) 집 자녀의 합격자 비율이 그 이하자의 1.5배, 그중에서 월 소득 1000만 원 이상 집 자녀의 합격자 비율은 30퍼센트 이하자에 비해 2배 높았다.[45] 이는 실력주의를 구현하기 위해 실력을 보다 세밀하게 측정하려 할수록 부모의 영향력이 높아진다는 반증이다. 이처럼 우리나라 대학 입시가 실력을 제대로 측정하지 못한다는 비판에 따라 입학 전형 요소를 다양화하고, 이를 측정할 입학사정관제를 도입하면서 부모의 배경이 더욱 중요해져가고 있다. 이 또한 '실력주의 패러독스'다. 실력 측정 잣대를 더욱 치밀하게 만들면 비실력적 요인이 더 큰 영향력을 행사하게 될 뿐만 아니라, 실력 잣대를 향한 경쟁과 그에 따른 사람들의 고통은 더 커진다.

요컨대 실력주의 사회가 지속되는 한 실력 형성 담당 핵심 기관이면서 실력 판단의 잣대가 되는 기관(학교)을 향한 경쟁 과정에 부모의 영향력을 배제하는 것은 불가능하다. 또한 실력주의 사회가 오래 지속될

수록 부모의 영향력은 더욱 커진다. 경쟁이 치열한 사회에서는 불공정한 경쟁을 줄이기 위한 노력 또한 성공할 가능성이 높지 않다. 해방 이후 지금까지 시행해온 사교육 대책이 실패한 것은 이를 잘 보여준다.

부와 소득 양극화의 근본 원인

빈부 격차는 실력주의가 제대로 구현되지 못한 결과가 아니며, 무한경쟁 승자독식의 실력주의가 진행되면서 나타나는 그림자다. 그 그림자를 옅게 하는 장치를 마련하지 않으면 자본주의 사회를 움직이는 에너지원이었던 실력주의가 결국 자본주의의 뿌리를 흔들게 될 것이다.

부의 양극화 실상

빈부 격차 심화는 세계적인 현상이다. 2014년 1월 국제구호단체인 옥스팜이 스위스 다보스에서 개최된 세계경제포럼 제44차 연차총회를 겨냥해 발표한 보고서에 따르면, 세계에서 가장 부유한 85명이 전 세계 70억 인구의 절반가량에 해당하는 가난한 사람들과 맞먹는 부를 소유한 것으로 조사됐다. 또한 세계의 1퍼센트에 속하는 부유층의 재산은 110조 달러(약 11경 7183조 원)로, 전 세계 35억 명에 달하는 가난한 계층보다 65배나 많은 재산을 소유한 것으로 나타났다.[46] 경제 세계화가 빠른 속도로 진행되면서 세계화는 세계 일류화, 즉 세계 최고가 해당 분야를 거의 독식하는 방향으로 나아가고 있고, 그 결과 극

소수 집단으로 부가 편중되는 현상이 더 심해지고 있는 것이다. 이러한 빈부 격차는 1980년대를 넘어서면서 더욱 심화됐다. 전 세계 상위 5퍼센트와 하위 5퍼센트 인구의 평균 소득 간 비율은 1988년 78 대 1이었는데 1993년에는 114 대 1로 그 격차가 크게 벌어졌다. 전 세계의 상하위 계층들을 비교하면 나라 간, 국내 계층 간 모두 악화되고 있음을 알 수 있다.[47]

한국의 빈부 격차도 날이 갈수록 심해지고 있다. 통계청이 발표한 '2012년 가계동향' 조사에 따르면, 5분위(소득 상위 20퍼센트) 소득을 1분위(소득 하위 20퍼센트) 소득으로 나눈 배율은 2003년 5.31배에서 2012년 5.73배로 확대됐다. 두 계층의 소득 격차는 2008년 6.15배까지 벌어졌다가 2009년(6.03배)부터 조금씩 좁혀지고 있기는 하지만 그 속도가 더뎌, 여전히 '빈익빈 부익부'가 심각한 양상이다.[48] 한국의 부자 상위 1퍼센트가 GDP에서 차지하는 몫이 1998년에는 6.97퍼센트였으나 2011년에는 11.5퍼센트로 늘어났다.[49] 우리 사회의 상위 10퍼센트 소득집중도는 외환위기 이전인 1995년만 해도 29.2퍼센트로 미국(40.5퍼센트)은 물론 싱가포르(30.2퍼센트), 일본(34퍼센트), 영국(38.5퍼센트), 프랑스(32.4퍼센트), 뉴질랜드(32.6퍼센트) 등 비교 대상 대부분의 국가보다 낮았다. 그러나 국회입법조사처가 세계 상위 소득 데이터베이스The World Top Income Database, WTID와 국제통화기금IMF 자료를 분석한 결과를 보면, 2012년 기준 우리나라의 상위 10퍼센트 소득집중도는 44.9퍼센트로 미국(47.8퍼센트) 다음으로 높다.[50]

이러다 보니 우리 사회는 더 이상 실력이 성패를 좌우하는 실력주의 사회가 아니라는 목소리가 터져 나오고 있다. 실력주의 사회는 개인이 노력하면 계층 상승이 가능한 사회라는 믿음이 깔려 있는데, 2015년 한국보건사회연구원이 실시한 〈사회통합 실태진단 및 대응방안Ⅱ〉 연구에 따르면, 열심히 노력하면 자신의 사회경제적 지위가 높아질 수 있다고 생각하는 비율이 2009년 37.6퍼센트, 2011년 32.3퍼센트, 2013년 31.2퍼센트로 30퍼센트대를 유지하다가 2015년에는 22.8퍼센트로 급락했다. 물론 이는 계층 이동에 대한 인식을 드러내는 것이므로 실제와는 다르다. 이렇게 계층 상승 가능성에 대한 인식이 갑작스럽게 나빠진 것은 2014년부터 우리 사회에 거세게 몰아친 '흙수저와 금수저' 신드롬의 영향도 컸을 것으로 짐작된다. 잘 알다시피 흙수저와 금수저는 2015년 유행어로, 서양의 "은수저를 입에 물고 태어났다"는 말에서 유래했다. 수저계급론은 수억 이상의 주식과 부동산을 보유한 어린아이가 많다거나, 갑부들이 손주에게 주식 등의 큰 재산을 미리 물려준다는 등의 뉴스가 보도되면서 청소년과 젊은이 사이에 널리 퍼졌다. 최근 들어 고액 상속자도 급증하고 있다. 국세청 통계 자료에 따르면, 2014년 20억 원 이상을 물려받은 피상속인은 1593명이었는데 이듬해인 2015년 1785명으로 12.1퍼센트 증가했다. 같은 기간 100억 원 초과 상속은 39.2퍼센트(167건) 늘었고, 500억 원 초과 상속은 무려 80.0퍼센트(18건)나 급증했다.[51]

김낙년의 〈한국에서의 부와 상속〉 연구에 따르면, 상속·증여가 전체 자산 형성에 기여한 비중은 1980년대 연평균 27.0퍼센트에서 2000년대 42.0퍼센트로 급증했다. 국민소득 대비 연간 상속액 비율도 1980년대 5.0퍼센트에서 2010~2013년 8.2퍼센트로 증가했다.[52] 소득보다 유산의 비중이 커지면서 수저계급론이 더욱 설득력을 얻고 있다. 피케티와 그의 동료들은 20세기의 자본수익률과 경제성장률 비교를 통해 소득불평등 정도가 심화되고 있음을 보여준다.[53]

이들의 분석에 따르면, 1914~1973년의 60년간은 경제성장률이 자본수익률(돈이 돈을 버는 비율)을 초과해 노동자의 삶이 실질적으로 개선된 것으로 나타났다. 하지만 그 이후 40년간은 자본수익률이 경제성장률보다 높아 부의 증가 속도가 소득의 증가 속도를 앞지르며 소득불평등이 심화되었다. 이들에 따르면 일반적으로 경제성장률이 떨어지면 임금보다는 축적한 부와 그로부터 얻는 재산소득이 점점 더 중요해진다. 저성장이 고착화되는 시대가 지속되고 있어서 빈부 격차는 더욱 심화될 것으로 예상된다.

임금 격차 심화가 흙수저의 원인?

이러한 일반론이 우리나라에는 적용되지 않는다는 주장도 있다. 장하성은 "재산 아닌 임금 격차가 '흙수저' 원인"이라고 주장한다.[54] 요즘 유행하는 '금수저·흙수저론'은 부모의 자산에 따라 삶이 달라진다는 말이지만, "한국의 소득 불평등은 재산 격차가 아니라 임금 격차 때문"이라는 것이 그의 주장이다. 우리나라가 고도성장을 하던 1980~1990년대까지도 불평등이 악화되지 않거나 심지어 완화된 거의 유일한 나라였는데, 지금은 상위 10퍼센트와 하위 10퍼센트의 임금 격차 비율이 OECD 회원국 중 3~4번째로 높은 나라가 되었다. 하위 임금(중위 임금의 3분의 2 미만) 비중이 2012년 현재 25.1퍼센트로 OECD 국가 평균인 16.3퍼센트보다 훨씬 높다. 또한 상위 10퍼센트와 하위 10퍼센트 사이의 소득 비율도 4.71로 OECD 평균이나 다른 선진국보다도 훨씬 높다.[55]

장하성의 주장대로 임금이 명목소득의 대부분인 것은 사실이다. 하지만 그가 여기서 간과하고 있는 (혹은 임금 소득 격차를 강조하기 위해 고의로 누락한) 중요한 점이 있다. 하나는 부모의 배경이 구직에 미치는 영향이다. 노동시장의 분단화 및 양극화 때문에 일단 2부 리그(중소기업 혹은 비정규직)에 편입되면 1부 리그(대기업 정규직을 포함해 모두가 선호하는 좋은 직장)로 이동하기가 극히 어려워서, 구직자들은 취직을 늦추면서라도 1부 리그로 가려고 한다. 그러다 보니 청년들의 입직 시기가 갈수록 늦어지고, 구직에 직접 영향력을 행사하거나 구직 기간 동안 경제적으로 뒷받침해줄 수 있는 부모의 배경은 점차 중요해지고 있다. 사회적 재화 배분은 실력만이 아니라 개인적 특성 그리고 비실력적 요인의 영향을 받는데, 그중에서 부모의 배경이 갈수록 중요한 영향을 미치는 것이 오늘의 현실이다.

또 다른 것은 명목소득에 잡히지 않는 집 구입 비용과 노후를 위한 저축 비용 등 '비용 보전 소득'이다. 가령 월세를 내지 않기 위해 20년 상환으로 4억 원을 대출받아 집을 마련했다면, 매월 갚아 나가야 할 원금만 해도 167만 원이나 된다. 이자까지 하면 매월 약 200만 원을 갚아야 하기 때문에, 임금이 같은 동료라도 20년 동안 실질소득에서 매월 200만 원씩 차이가 나는 셈이다. 부모가 집만 사준 것이 아니라 다른 방식으로 재정적 지원을 해주거나 미래에 물려줄 재산이 상당한 경우 실질소득 차이는 더 커진다. 물려받을 유산이 없는 사람은 집 대출금과는 별도로 미래를 위한 저축을 더 많이 해야 하기 때문에 저축만큼 지출을 줄여야 할 뿐만 아니라 미래 불안감 또한 훨씬 더 크다. 만일 노후를 위해 월 50만 원씩 연금을 들고 있다면 급여가 같은 동료라도 금수저와 흙수저는 월 소득에서 총 250만 원의 차이가 나는 셈이다.

장하성의 주장처럼 우리나라 불평등 중에서 '임금 불평등'이 큰 부분을 차지하고 있는 것은 사실이다. 하지만 사람들이 느끼는 '흙수저' 좌절감은 주위 동료(친구)나 언론에 보도되는 사람 중에서 실력은 자신과 별 차이가 없어 보이는데 부모의 재력과 사회적 지위 덕분에 자신과 직업 및 소득에서 큰 차이를 보이는 사람과의 비교에서 주로 비롯된다. 따라서 2015년 우리나라에서 큰 화두가 되었던 흙수저의 원인은 미국의 경우처럼 '소득' 격차가 아니라 '부'(사회적 지위 포함)의 격차라고 보는 편이 타당하다.

맥나미와 밀러 주니어는 《능력주의는 허구다》에서 "소득의 불평등보다 부의 격차가 훨씬 심각한 문제"라고 주장한다. "미국 CEO의 급여와 일반 근로자에게 지급되는 평균 급여의 비율은 1965년에는 18.3 대 1이었으나 2011년에는 231 대 1로 늘어났다. (…) 부의 경우 그 격차는 한층 더 크다. 2010년에는 미국 가구 중 가장 부유한 10퍼센트가 총가계 순자산의 74.5퍼센트를 차지한 반면 하위 50퍼센트는 순자산의 1.1퍼센트를 갖고 있었다. 2007년 자료를 보면 순자산이 제로 혹은 마이너스인 가구가 24년 만의 최고치인 18.6퍼센트에 달했다."[56]

부와 소득 양극화의 원인

앞에서 이야기한 것처럼, 세계 갑부 85명의 재산이 세계 인구 절반의 재산과 동일하다. 우리 사회의 빈부 격차는 OECD 국가 중에서 미국에 이어 두 번째로 심각하다. 맥나미와 밀러 주니어는 《능력주의는 허구다》에서 부와 문화적 자본의 상속으로 인해 실력주의가 오작동하고 있으며, 실력주의는 신화(근거 없는 믿음)가 되고 있다고 주장한다.

맥나미와 밀러 주니어는 경제학자 커윈 찰스와 에릭 허스트가 제공한 자료를 실력주의 오작동의 근거로 제시한다. 찰스와 허스트는 부를 기준으로 인구를 다섯 집단으로 나눠 부모의 부와 자녀의 부를 비교했다. 이 자료를 보면 세대 간의 상관관계가 상당히 높은데, 최상위 20퍼센트와 최하위 20퍼센트에서 특히 높다. 최하위 20퍼센트에 속하는 부모를 둔 자녀 중 36퍼센트는 성인이 되어서도 여전히 최하위 20퍼센트에 머물고, 최상위 20퍼센트에 속하는 부모들 둔 자녀 중 36퍼센트는 성인이 되어서도 여전히 최상위 20퍼센트에 속한다.

2007년 노동경제학자 실비아 알레그레토Sylvia Allegretto는 미국 월마트의 월튼Walton 가문 가족 여섯 명이 소유한 재산이 미국 하위 30퍼센트(1억 명)가 가진 재산과 맞먹는 것으로 평가했다. 이들의 재산은 월마트 창업자인 샘 월튼이 이룬 성공의 혜택일 뿐 자신들이 이룬 것은 아니다.[57] 피케티도 《21세기 자본》에서 사람들이 축적한 부가 재능(실력)의 결과물이 아니고, 공정한 보상도 아님을 보여주었다. 하지만 그들은 이러한 불공정한 부의 분배가 실력주의 사회의 그림자라는 점을 간과했다. 부의 대물림을 약화시킬 방안을 마련하는 것은 실력주의 사회의 그림자를 옅게 하기 위한 것이지 실력주의를 강화하기 위한 것이 아님을 깨닫지 못하면 보다 완벽한 실력주의 사회를 구축해야 한다는 잘못된 주장을 하게 된다.

빈부격차의 대물림 현상은 현재의 실력주의가 제대로 작동하는 것을 방해하는 원인이 되고 있다. 하지만 이 현상은 실력주의가 제대로 작동한 결과로써 만들어진 그림자임을 기억해야 한다. 이윤 창출에 필요한 자원을 많이 가지고 있는 사람이 보다 많은 이윤을 창출할 수 있듯이, 자원을 많이 가지고 있는 사람이 실력도 더 많이 향상시킬 수 있다. 따라서 자원을 충분히 투자할 수 있는 부모를 둔 학생들의 실력이 더 좋아지는 것은 당연한 결과다. 부모가 자녀에게 재산을 물려주는 방법은 두 가지다. 직접 재산으로 물려주는 방법과, 실력을 키우도록 교육시키는 방법이다. 《명심보감》〈훈자편訓子篇〉에서는 재산이 아니라 교육을 통해 자녀의 실력을 키워주는 것이 더 바람직하다는《한서漢書》의 내용을 인용하고 있는데, 이처럼 동양에서는 고래로 자녀 실력 향상을 위한 투자의 중요성을 강조해왔다.[58] 이러한 문화 속에서 살아온 우리나라 부모들은 재산이 있는 한 자녀 교육에 대한 투자를 늘려갈 테고 이를 문제시하기는 어려울 것이다.

부모가 자녀의 실력 향상을 위해 투자하는 자원은 실력주의 사회를 통해 축적한 것이고 자유시장 체제에서는 실력주의가 제대로 구현되면 될수록 빈부 격차는 커지게 마련이므로, 실력주의가 지속되면 부모 배경에 따른 자녀의 실력 차이도 점차 커지게 될 것이다. 개인 간 소득 격차 심화를 합리적으로 조정하는 것을 포함하여 실력주의 사회의 그림자를 옅게 하기 위한 보완 장치를 마련하지 않는 한 부의 직간접적 대물림은 더욱 강화될 것이다. 오늘 결과의 불평등은 미래 기회의 불평등을 초래하므로 부모, 즉 개인 간 재산 차이를 줄이려는 노력이 중요하다는 앳킨슨Atkinson의 주장도 되새겨볼 만하다.[59]

학벌 타파는 왜 실패했나?

민주화 이후 들어선 모든 정부는 늘 학벌 타파를 주창해왔다. 박근혜 정부는 "학벌이 아닌 능력 중심 사회를 위한 국가 역량 체계 구축"을 전면에 내세웠다.[1] 그동안 역대 정부와 사회가 학벌 타파를 통한 능력(실력) 중심 사회 구현을 위해 다양한 노력을 해왔음에도 불구하고 그 목표가 달성되기는커녕 부모의 배경이 더욱 중요하게 작용하는 사회, 즉 세습사회적 특성이 더 강하게 나타나고 있다. 우리 사회가 돌아가는 모습을 보면, 학벌 타파를 통한 실력주의 사회 구현을 주장하면서 실제로는 신세습사회를 구축해가고 있는 것이 아닌가 하는 의구심이 들 정도다.

그동안 철저하게 학생 개인의 능력과 노력에 의해 당락이 좌우되었던 대입 제도마저 대학 입시에서의 한 줄 세우기가 학벌사회를 조장한다는 명분 아래 부모의 직접적 영향력이 점점 더 크게 작용하는 쪽으로 변화되고 있다. 실력주의 사회를 구현하겠다며 다양한 제도 개혁을 실시한 결과 사회 특정 집단의 인기 대학과 학과 점유율은 높아가고, 특정 집단의 고위 공직이나 의료계 및 법조계 점유율 또한 더욱 높아가고 있다. 왜 이러한 결과가 초래되는 것일까?

이 장에서는 우리 사회가 가지고 있는 '학벌사회'에 대한 착각을 드러내어 보여줌으로써 학벌 타파 노력이 실패할 수밖에 없는 이유를 설명하고자 한다. 이를 토대로 학벌사회 이해를 위한 새로운 틀을 제시하고, 나아가 바른 정책 방향에 대한 시사점을 도출하고자 한다. 이를 위해 먼저 학벌주의와 학력주의의 개념 및 이들 간의 관계를 살펴본다. 나아가 학벌주의의 상대어인 것처럼 사용되고 있는 실력주의의 개념 및 상호 관계도 살펴보겠다.

학벌, 학력, 실력

학벌주의

학벌學閥의 사전적 의미는 1) 출신 학교의 사회적 지위나 등급, 2) 같은 학교 출신에 의하여 만들어진 파벌 등의 두 가지다. 학벌이 좋다고 할 때에는 주로 전자의 의미이고, 특정 조직 내의 학벌 폐해가 심각하다고 할 때에는 주로 후자를 가리킨다. 두 가지 의미의 학벌이라는 용어가 혼용되면서 혼란을 일으키므로 전자는 '지위학벌', 후자는 '파벌학벌'로 용어를 구분하고자 한다.

어느 대학을 졸업했느냐에 따라 차별하는 (지위)학벌의 폐해를 이야기할 때에는 암묵적으로 실력과 학벌(졸업장)의 상관관계가 낮다는 것을 전제하고 있다. 개인의 실력과 무관한 (혹은 상관관계가 아주 낮은) 학벌(졸업장)이 사회적 지위와 재화 배분을 좌우하는 것은 타당하지도 공정하지도 않기 때문에 학벌을 문제시하는 것이다. 만일 학벌과 실력 간 상관관계가 높다면 지위학벌이라는 개념을 실력과 구분해 얻을 수 있는 실익이 없다. 이 경우에는 외견상 학벌주의 사회처럼 보이더라도 사실상 실력주의 사회로 간주해도 무방하다.

실력과 지위학벌의 상관관계가 높은 경우에도 학벌의 폐해가 생긴다. 특정 대학 졸업자가 특정 직업을 독과점하는 현상이 두드러지는 우리나라에서는 파벌학벌이 맹위를 떨치고 있다. 지연이나 혈연 등 조직 내에서 서로 유사한 배경을 가진 사람들끼리 파벌을 형성하여 도움을 주고받는 것은 보편적인 사회 현상의 하나다. 파벌학벌도 배경이 같은 사람끼리 파벌을 형성하여 서로 도움을 주고받는다는 점에서, 그리고 동시에 다른 사람들을 배제한다는 점에서 다른 파벌과 유사하다. 일반적으로 영향력이 가장 큰 것은 혈연이고, 그다음이 학벌이며, 마지막이 지연이다. 파벌학벌을 문제시하는 이유는 실력과 학벌 괴리라는 불공정성 때문이 아니라 조직 내의 파벌이 가져오는 불합리한 의사결정, 인사, 재원 배분, 부조리 등 때문이다. 지위학벌과 파벌학벌의 문제는 외관상 동일한 학벌의 폐해로 보이지만 들여다보면 서로 다른 현상이다. 따라서 해결책 또한 서로 다르다.

학력주의

학벌과 유사한 개념으로 학력學歷이 있다. 학력은 쉽게 말하자면 어느 학교를 다녔는지에 대한 경력이다. 앞에서 말한 지위학벌과 같은 개념이다. 우리 사회에서 학력주의라는 말은 잘 사용되지 않는다. 이정표에 따르면, 학력주의는 "학력이 사회적 지위 달성에 중요한 역할을 하는 귀속적인 성격이 강조되는 것"을 의미한다.[2] 우리 사회가 사용하고 있는 학벌주의 사회라는 말은 원래 콜린스Collins[3]가 주창한 학력주의 사회credential society를 한국식으로 번역한 것이다.

학력주의 사회론credentialism은 실력주의 사회론meritocracy과 달리 사회적 지위와 재화 배분 기준이 실력과 유리된 학교 졸업장credential이라고 보는 관점이다. 즉 여기서 말하는 학력은 실력과 괴리된 혹은 상반된 의미로서의 학력이다. 콜린스의 학력주의 사회론을 포함하여 학력은 사회 불평등 구조를 합리화하기 위한 하나의 수단(간판)이라고 보는 선발 이론, 급진론 등은 모두 학력주의 사회론의 범주에 들어간다. 그런데 학력을 학교교육을 통해 획득한 실력이라고 간주하는 인간자본론적 관점 또한 학력주의로 보는 경우가 있다. 이때 전자는 '상징적 학력주의', 후자는 '기능적 학력주의'라고 부른다.[4] 하지만 기능적 학력주의까지 학력주의에 포함시킬 경우 실력주의 사회의 상대어로서의 학력주의 사회라는 개념은 오히려 모호해진다. 이정표 자신도 "학벌주의 사회에서 능력 중심 사회로의 전환 가능성과 한계를 탐색"한다고 명시함으로써,[5] 학벌주의 사회라는 용어가 능력(실력)주의 사회의 상대어임을 전제하고 있다.

학력주의는 학교급 간(예: 고등학교, 대학교)의 차이를 따지는지, 아니면 학교급 내(예: 명문대 여부)에서의 차이를 따지는지에 따라 수직적 학력주의와 수평적 학력주의로 나뉜다. 고졸자 차별이라고 할 때에는 대졸자와 비교하여 차별한다는 수직적 학력주의를 의미하고, 지방대 차별이라고 할 때에는 동일 급의 대학을 나왔지만 지방대생을 차별한다는 수평적 학력주의를 의미한다.

실력주의

실력은 타고난 능력과 노력 그리고 다양한 요인의 작용 결과로 개인이 갖추게 된 역량을 의미한다. 실력주의 사회란 사회가 합의한 개인의 실력을 기준으로 사회적 재화와 지위를 배분하는 사회다. 실력주의는 앞서 이야기했듯 관념적 실력주의와 현실적 실력주의로 나뉜다. 관념적 실력주의는 개인의 실력을 기준으로 사회의 재화가 배분되면 사회적 갈등이나 무한경쟁 등의 많은 문제가 해결되고 보다 공정한 사회가 될 것이라고 믿는 관점이다. 지금까지 대부분의 연구자와 우리 사회가 받아들이는 관점이다. 이 관점에 서는 사람들은 학벌주의를 타파하면 실력주의 사회가 구현될 것이라고 믿는다.

현실적 실력주의는 개인의 실력은 노력만이 아니라 타고난 재능, 부모의 지원, 운 등의 다양한 요인이 결합하여 만들어지기 때문에 실력을 기준으로 하는 사회 재화 배분이 생각처럼 공정한 것은 아니라고 믿는 관점이다. 이에 더해 실력주의 사회에서의 사회 재화 배분 또한 개인의 특성, 그리고 부모의 배경 및 운 등 비실력적 요인의 영향을 받을 수밖에 없다고 믿는다. 실력주의 사회의 그러한 특성 때문에 실력주의 사회가 진행되면 빈부 격차, 경쟁, 갈등, 교육전쟁 등의 제반 문제가 심화될 수밖에 없다는 것이 현실적 실력주의자들의 관점이다.

학벌주의와 학력주의의 관계

학벌의 의미를 보다 명확히 정리하기 위해 이상의 개념 정의 및 분석을 토대로 이들 간의 관계를 간략히 제시하면 [표 3-1]과 같다. 참고로 실력주의와의 관계까지 포함시켜 비교했다.

개인의 실력이 아니라 출신 학교가 사회적 지위와 재화 배분의 기준이 된다고 보는 '지위학벌'이 우리 사회에 통용되는 학벌사회라는 말의 본래적인 의미다. 이러한 지위학벌은 학력(졸업장)은 실력과의 상관관계가 낮은 '불평등 위계 구조의 합리화 수단'인 간판이라고 보는 '상징적 학력주의'를 기본 가정으로 하고 있다. 따라서 만일 졸업장과 실력의 상관관계가 높다면 지위학벌로서의 학벌 개념은 성립하지

용어	개념	유형	실력·학력 관계	개념 간 관계
학벌 (주의)	출신 학교의 사회적 지위나 등급(지위학벌)	수평적 학벌주의	낮음	상징적 학력주의 가정 공유
	동일 학교 졸업자에 의해 만들어진 파벌(파벌학벌)	수직적 학벌주의	없음	일반 파벌의 한 형태
		수평적 학벌주의		
학력 (주의)	어느 학교를 다녔는지에 대한 경력	상징적 학력주의	낮음	지위학벌주의의 근거
		기능적 학력주의	높음	파벌학벌·관념적 실력주의의 근거
실력 (주의)	개인의 실력이 사회 재화 배분 기준	관념적 실력주의	높음	기능적 학력주의 가정 공유
		현실적 실력주의		

[표 3-1] 학벌주의와 학력주의, 그리고 실력주의 개념 간 상호 관계

않으며, 나아가 우리 사회는 실력주의 사회가 아니라 학벌사회라는 말도 의미를 상실한다. 그렇다면 우리 사회에서 실력과 학력은 일반인들이 주장하듯 상관관계가 낮을까, 아니면 높을까? 이하에서는 양자의 관계가 높은지 여부를 살펴보고자 한다.

학력주의에 대한 오해[6]

앞에서 소개한 것처럼 학력주의 사회credential society라는 말은 콜린스가 주창한 '지위집단 경쟁론'에 의해 만들어진 용어다. 그가 제시한 학력주의 사회라는 개념은 우리의 과도한 교육 경쟁 현상을 인식할 수 있는 새로운 도구를 제공해주었다. 그러나 지위집단 경쟁론의 배경이 되고 있는 미국과 우리나라는 교육 재화 접근 기회에 부모의 배경이 '직접적' 영향을 미치는 정도, 학교가 계급을 재생산하는 정도, 그리고 사회의 지위 배분 방식에서 큰 차이를 보이고 있다. 그러함에도 그가 제시한 개념을 우리 사회 진단의 도구로 삼고, 그에 따라 처방함으로써 오히려 많은 문제를 야기하고 있다. 미국과 한국의 차이를 간단히 정리하면 다음과 같다.

한국과 달리 미국은 부모의 배경이 자녀의 진학에 직접 영향을 미칠 수 있는 길이 다양하게 열려 있다. 가령 부모가 돈이 많거나 사회적 지위가 높으면 자녀를 등록금이 아주 비싼 명문 사립유치원부터 시작해서 명문 사립고등학교를 거쳐 명문 사립대학으로 진학시키는 것이 가능하다. 명문 사립고등학교를 졸업하면 명문 대학에서 잘 받아주기 때문에, 부모들은 비싼 등록금을 지불하면서도 자녀를 명문 사립학교에 보낸다. 다음으로 미국의 부유한 사람들은 소규모 교육구(총 학생 수 500인 이하) 안에서 자기들끼리 명문 공립학교를 세워 운영하면서 다른 계층의 접근을 원천적으로 막고 있다. 그 교육구의 학교는 인근의 다른 가난한 교육구의 학교에 비해 교사의 급여나 시설 면에서 월등히 뛰어나 우수한 고등학교로 널리 알려지게 된다. 미국은 언론사에서 전국 단위로 고등학교 순위를 매겨 발표하고 있다. 그러한 고등학교를 졸업하면 명문 대학 진학이 용이해진다. 그 밖에도 미국은 기부금 입학제도 등의 다양한 통로가 있어서 부모의 배경이 자녀의 대학 진학에 직접 영향을 미칠 수 있도록 되어 있다. 미국처럼 부모의 배경에만 의존하여 좋은 대학에 진학할 기회가 많다면 대학 졸업장과 실력이 일치하지 않는 비율이 상당히 높아져 학력주의 사회라는 주장이 설득력을 갖게 된다. 그러나 우리나라에서는 일부 소외 계층이나 특별한 보호를 필요로 하는 계층이 아닌 한 공식적으로는 부모의 배경이 자녀의 대학 진학에 어떠한 방식으로든지 직접적으로 영향을 미칠 수 없다.

최근 우리나라도 학교를 통한 부모 계급 재생산 비율이 높아지고 있다고 해서 우리 사회가 미국과 같은 학력주의 사회라고 주장하는 것은, 부모의 배경이 명문 대학 졸업장 취득에 '직접' 영향을 미치는 상황에 초점을 둔 콜린스 주장의 핵심을 간과한 것이다. 우리 사회는 부모가 사교육을 통해 자녀의 실력을 향상시키는 방식, 즉 간접적인 방식으로 부모의 배경이 자녀의 대학 진학에 영향을 미치고 있다. 이는 직접적으로 영향을 미치는 경우와 다르다. 물론 최근 들어 부모의 배경이 직접적으로 영향을 미칠 가능성이 높은 면접 제도 활성화, 입학 사정관제 도입 등을 통해 부모의 배경이 입학에 직접 영향을 미치는 학력주의 사회적 특성이 조금씩 나타나고는 있지만 아직은 미미한 상황이다.

다음으로 사회의 지위 배분 방식에서도 우리는 미국과 차이를 보이고 있다. 미국의 경우 좋은 대학, 좋은 학과 선택에 부모의 배경이 직접적으로 영향을 미칠 가능성이 상당히 높을 뿐만 아니라, 나아가 사회의 주요 지위를 배분할 때에도 학력을 기초로 한 인맥이 중요한 기준이 되고 있다. 법학전문대학원을 졸업해야 변호사가 될 수 있고, 정부의 요직도 관련 명문 대학의 관련 대학원 재학 중 인턴 과정을 거치면서 연을 맺고 실력을 인정받아 채용되는 경우가 많다. 실은 추천서가 학력주의 사회, 인맥주의 사회를 강화하는 데 기여하는 측면도 있었던 것이다.

우리 사회는 학력을 기준으로 지위를 배분하는 것이 아니라 객관적 시험을 통해 지위를 배분하는 실력주의 사회 요소가 미국에 비해 상당히 높았다. 이 과정에서 특정 대학 출신이 사시, 행시, 외시 등에 합격하는 비율이 아주 높아졌고, 이들이 학벌을 형성한다는 문제가 제기되었다. 그런데 이는 객관적인 시험 결과로 나타난 현상이다. 즉 미국과 달리 우리나라는 학력과 개인 실력 간 일치도가 아주 높음을 알 수 있다. 따라서 우리나라의 경우 공무원 및 일반 회사 신입사원을 실력이 아니라 학력으로 선발해왔다고 주장하는 것은 부당하다.[7]

그런데 필기시험이 실력을 측정하기에는 부적합하다는 비판, 즉 필기시험의 타당성 문제가 제기됨에 따라 선발 제도를 바꾸고 있다. 이러한 비판들을 토대로 고급 공무원 선발뿐만 아니라 기업 인재 선발 방식마저 미국식으로 바꾸어감으로써 오히려 학력주의 사회적 특성이 강화되고 있다. 실력주의 사회를 보다 완벽히 구현하려고 노력하면 할수록 비실력적 요인의 영향력이 커짐을 여기서도 볼 수 있다. 대기업체에서 시험이 아닌 다른 방식을 사용하기 시작하면서 지방대 출신자의 합격이 더 어려워져 지방 국립대마저 몰락해가고 있는 현실은 이를 반증해준다. 시험이 아닌 다른 방식으로 법조인이나 공직자를 뽑으면 언뜻 학력이 미치는 영향이 줄어드는 것처럼 보일지 모르나, 실제로 나타난 것처럼 부모의 배경이 미치는 영향은 더욱 높아지게 된다.

우리 사회는 콜린스가 주장한 학력주의 사회라는 개념을 잘못 적용하여 현상을 진단하고, 그 진단에 따라 처방을 하다 보니 의도와 달리 정반대로 학력주의적 요소가 차츰 강화되는 결과가 초래되고 있다. 하지만 아직까지 부모의 직접적 영향력보다는 개인이 갖춘 '실력'을 토대로 대학 신입생과 신규 취업자를 뽑고 있으므로 우리 사회가 (상징적) 학력주의 사회라고 주장하기는 어려울 것이다.

특정 학교 졸업생이 특정 직업을 독식하는 현상, 즉 파벌학벌은 실력과 학력 간 일치도가 낮은 지위학벌(출신 학교의 사회적 지위나 등급)과는 다른 현상이다. 사회적 선호 직업에서 특정 대학 출신자의 비율을 인위적으로 줄이는 것이 실력주의를 구현하는 일이라는 착각은 파벌학벌 현상과 지위학벌 현상을 혼동한 데 따른 결과다.

학벌주의는 실력주의의 반대말이 아니다

학벌을 타파하면 실력주의 사회가 오고 개천에서도 용이 날 것이라는 가정 아래 노력하고 있지만, 갈수록 학벌 현상은 심해지고 부모의 영향력도 커지고 있다. 우리 사회의 학벌 현상은 '지위학벌'이 아니라 '파벌학벌'인데 이를 착각한 결과다. 파벌학벌은 실력주의 사회의 그림자여서, 보다 완벽한 실력주의 사회를 구현하려고 하면 할수록 학벌 현상은 심화된다. 이하에서는 이 양자의 관계를 밝히고, 나아가 지금까지 제시되었던 '지위학벌' 증거가 실은 실력주의의 그림자인 '파벌학벌' 증거임도 밝히고자 한다. 그리고 학벌 타파 노력 결과 왜 신세습 사회적 경향이 강화되었는지도 밝혀보겠다.

실력주의가 학벌 강화에 미치는 영향

우리 사회에 나타나고 있는 과도한 경쟁, 교육전쟁, 학벌, 사회 양극화 등은 실력주의가 제대로 구현되지 않아 나타난 것이 아니라 오히려 과도한 실력주의가 가져온 폐해다. 개인의 실력만으로 학생을 선발하는 실력주의 사회에서는 유능한 학생들이 특정 대학에 집중되고, 좋은 실력을 갖춘 특정 대학 출신들이 좋은 직업을 독과점하게 된다. 그 결과로 나타난 것이 파벌학벌이다. 그러한 실력주의 사회의 구성원들은 그 사회가 실력의 잣대로 삼는 무언가를 획득하기 위해 치열하게 경쟁할 수밖에 없다. 더구나 승자가 거의 모든 것을 독식하고 패자는 생존권마저 위협을 받는다면, 그 경쟁은 전쟁처럼 치열해질 것이다.

학교가 경쟁을 조장한 것이 아니라, 학교가 실력주의 사회의 극심한 경쟁의 장으로 사용된 것이다. 학벌이라는 것도 실력을 갖춘 학생들이 지속적으로 특정한 대학과 학과로 몰리고 그들이 세력을 형성함으로써 만들어졌다. 현 정부가 주장하듯이 학벌을 타파하면 실력주의 사회가 구현되는 것이 아니라, 반대로 실력주의 사회가 타파되어야 학벌이 타파되는 것이다.

학벌사회 또는 실력주의 사회의 증거

2013년 현재 고위공무원단 1466명 중에서 서울대 출신이 차지하는 비율은 29.6퍼센트(434명), 'SKY' 출신을 다 합하면 48.0퍼센트(703명)다. 2009~2011년 행정고시 합격자(770명) 중 서울대 출신은 34.4퍼센트(265명)이고 SKY 출신을 다 합하면 69.2퍼센트(533명)로, 향후 이들 세 대학 졸업자가 관계에서 차지할 비중은 더욱 커질 것이다.[8] 국회의원(18대까지)의 30퍼센트 이상이 서울대 출신이고, 연대와 고대까지 합하면 50퍼센트 가까이 된다. 뿐만 아니라 서울대 출신이 대학 총장의 30퍼센트 이상을 차지하고[9] 2015년 현재 500대 기업 CEO 절반이 SKY 출신이다.[10]

이러한 자료를 근거로 우리 사회가 학력주의 사회 혹은 학벌주의 사회라고 주장하는 것은 타당할까? 사회가 선호하는 직업(직위)을 몇몇 특정 학교가 독과점하는 이유가 실력과 무관한 지위학벌 때문이라면, 우리 사회가 학벌주의 사회라고 주장하는 것이 타당하다. 이러한 자료들이 학벌주의 사회의 증거가 되려면 이들의 채용 과정에서 학력 (지위학벌)을 기준으로 특혜를 주었어야 한다. 만일 채용 과정에서 객관적 기준을 사용하고 평가의 상세한 기준과 절차 등을 공개해야 한다면, 실력을 무시하고 학벌을 기준으로 특혜를 주기 어렵기 때문에 실력을 기준으로 뽑는 실력 사회가 될 수밖에 없다. 객관적 평가 항목과 요소 및 기준에 의해 선발했음에도 합격자 중에서 특정 대학 졸업생이 차지하는 비율이 아주 높다면, 이는 우리 사회가 학벌주의 사회가 아니라 실력주의 사회임을 입증하는 증거로 보는 것이 타당하다.

우리나라 대입 제도의 특징은 철저하게 개인의 실력[11]을 바탕으로 하고, 부모의 배경이 직접적으로 작용하는 것을 최대한 차단하는 것이다. 이러한 제도에서는 그 사회가 규정하는 가장 실력 있는 학생들을 받아들여 그 사회가 요구하는 최고의 실력을 갖추도록 교육을 시켰을 테니, 졸업생들의 실력이 뛰어나다고 가정하는 것이 타당하다. 그렇다면 SKY를 포함한 최고의 명문 대학 출신 국회의원, 고위공무원단, 대학 총장, 대기업 CEO 비율이 높은 것은 우리 사회가 학벌사회임을 입증하는 증거가 아니라 우리 사회가 극단적인 실력주의 사회로 치닫고 있음을 입증하는 증거로 보아야 한다. 만일 이 주장이 타당하다면 그 해결책은 실력주의 그림자를 완화하는 것, 즉 실력주의 타파이지 실력주의를 더욱 강화하는 것이 아니다. [그림 3-1]에서 보듯 대학생 선발에서, 그 이후 각종 국가고시나 대기업 신입사원 모집에서 철저하게 실력주의를 적용하면 할수록 특정 대학의 인재 독식 현상은 강화되고, 그 결과로 그 대학 출신자가 최고의 직위나 직업을 독점하는 파벌학벌

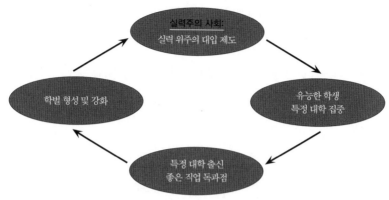

출차: 박남기, 〈교육개혁을 위해 던져야 할 바른 질문〉, 《교육을 바꾸는 사람들》, 2015.

[그림 3-1] 실력주의 강화를 통한 학벌 형성 및 강화 악순환 고리

주의 또한 강화되기 때문이다.

물론 특정 대학 졸업생 모두가 실력이 좋은 것은 아니다. 좋은 대학에 입학한 후 시간을 탕진하여 실력을 쌓지 못한 사람도 있고, 반대로 좋은 대학에 들어가지 못했지만 열심히 공부하여 실력을 쌓은 사람도 있을 것이다. 객관적이고 공정한 시험을 통해 인재를 선발했을 때 소위 명문 대학 졸업생이 절반(혹은 절반에 약간 못 미치는 정도)만 차지하는 이유가 여기에 있다.

인구 5000만 명이 넘는 국가 중에서 한 대학 출신이 국회의원과 대학 총장의 30 .[12] 서울대(학부 기준) 출신 국회의원은 16대 104명(38.1퍼센트), 17대 112명(37.5퍼센트), 18대 110명(36.7)으로 줄곧 35퍼센트 이상을 유지해왔다. 8~14대 국회의원 중에서 서울대 출신이 차지하는 비율은 32퍼센트(1255명)로 고려대의 3배, 연세대의 6배다. 이들 세 대학을 합치면 48퍼센트로 거의 절반에 이른다.[13] 서울대 출신 국회의원이 19대에는 79명(26.3퍼센트), 20대에는 81명(27퍼센트)으로 과거에 비해 그 비율이 떨어지기는 했지만 아직도 아주 높다. 고려대(37명), 성균관대(28명), 연세대(23명) 출신까지 합하면 4개 대학 출신자가 국회에서 차지하는 비율은 56.3퍼센트(169명)로 과거보다 오히려 더 높아졌다.[14]

이정규는 "권력층의 핵심 세력인 국회의원의 특정 대학 집중 양상은 특정 학벌이 사회 지배 계층 진입의 필요조건이 되고 있음을 의미한다"라고 해석했다. 그는 "오늘날 거의 신분화되고 있는 학벌주의는 업적주의 내지 실력주의에 기인한 학력의 순기능보다도 형식주의 혹은 명목주의에 기인한 역기능을 우리 사회에 파급시키고 있다"라고 주장함으로써, 이는 실력주의가 가져온 병폐임을 어느 정도 인정한다. 그러나 학력주의란 "학력의 실질적인 가치보다는 상징적인 가치가 능력과 실력으로 간주되어 과도하게 중시되는 관행과 경향"으로 규정함으로써, 학력은 실력과 괴리된 것이라는 기본 가정을 벗어나지 못하고 있다.[15] 이 경우에는 결국 학력과 학벌 타파를 위해 실력주의 사회를 구현해야 한다는 함정에 빠지고 만다.

국회의원이 당의 공천에 의해 좌우된다는 점에서 이를 학벌주의의 예로 들 수도 있겠다. 그러나 경합이 치열한 곳에 대해서는 출신 대학이 아니라 당선 가능성을 더 보게 된다. 달리 생각하면 국민의 머릿속 깊이 서울대를 비롯한 특정 대학에 대한 선호 사상이 강하게 박혀 있기 때문에, 공천에서 실력과 무관하게 출신 대학이 영향을 미친다는 것을 부정하기는 어려울 것이다. 하지만 이 경우에도 우리 국민이 그렇게 생각하는 이유는 대학이 신입생을 선발할 때 부모의 배경이 아니라 학생의 실력을 기준으로 뽑았다는 강한 확신 속에서 오랜 기간에 걸쳐 성립된 신념을 바탕에 깔고 있음 또한 부정하기 어렵다.

따라서 국회의원 중에서 서울대 출신 비율이 높은 일차적인 이유는 학생의 실력에 따라 대학 신입생을 선발한 실력주의의 결과로 보는 편이 더 타당할 것이다. 물론 그러한 과정을 거치면서 결과적으로 정당 내에 학벌이 형성되어 출신 학교가 과도하게 영향을 미쳤을 가능성을 부인하기는 어렵다. 그러나 만일 지금이라도 서울대 신입생 선발을 개인의 실력이 아니라 부모의 배경을 기준으로 하거나 고등학교처럼 추첨입학제로 할 경우, 훗날 그들이 성장하여 국회에 진출하고자 한다면 실력과 졸업장이 일치하지 않음을 알기에 더 이상 서울대 출신을 선호하지 않게 될 것이다.[16] 즉 국회의원 중에서 서울대 출신 비율이 비정상적으로 높은 것 또한 극단적인 실력주의 사회가 지속되면서 나타난 그림자인 것이지, 실력과 상반되는 용어처럼 사용되는 학력만이 작용한 결과가 아니라는 말이다.

만일 한 대학 출신 국회의원이 너무 많아 '파벌을 이루어 정치적 파당을 짓거나 갈등과 소외를 야기하는' 파당학벌주의 폐해가 크게 나타난다면, 실력주의 사회의 문제를 보완하기 위해 학력을 기준으로 한 역차별이 필요하다는 주장을 펴야 할 것이다. 위의 논리는 고위공무원단, 대학 총장(특히 직선에 의해 선출된 대학의 경우), 대기업 CEO 선발에도 거의 유사하게 적용될 수 있다. 그런데 우리 사회는 이러한 증거 자료를 토대로 실력주의를 더욱 강화해야 한다는 잘못된 정책을 추진해왔던 것이다.

이처럼 그동안 학벌사회의 증거로 제시되었던 자료는 오히려 우리 사회가 실력주의 사회였음을 보여주는 증거 자료다. 실력에 기초한 대학 선발 제도가 더욱 강화됨에 따라 특정 대학 출신자들이 모두가 선호하는 특정 직업을 독과점하는 의미에서의 학벌사회가 된 것이다. 학벌을 타파하고 싶으면 실력주의를 강화할 것이 아니라 실력주의를 타파해야 한다. 만일 실력에 의한 대입 선발 제도를 타파하면 평준화 이후 고등학교 학벌이 사라진 것과 마찬가지로 대학 학벌도 결국 사라질 것이다. 그러나 이렇게 되면 대학이 아닌 다른 실력의 잣대를 향한 새로운 전쟁을 시작하게 될 것이다. 학부 중심의 학벌을 타파하고자 하면 명문대 학부 학생을 대폭 줄이면 된다. 하지만 이 경우에는 대학원 중심의 학벌이 다시 형성될 것이다.

이하에서는 학벌 타파를 통해 실력주의 사회를 구현하고자 했던 시도가 왜 실패하고, 나아가 부모 배경의 영향력을 더 키운 신세습사회를 가져오게 되었는지를 분석한다.

실패한 학벌 타파 노력

민주화 이후 들어선 모든 정부는 늘 학벌 타파를 주창해왔다. 2012년 대선에서 당시 박근혜 후보는 '학벌보다 능력주의'라는 기치를 내걸고 이를 구현하기 위한 정책을 제시했다. 박근혜 정부는 이 공약을 토대로 '학벌이 아닌 능력 중심 사회를 위한 국가 역량 체계 구축'[18]을 전면에 내세웠다.

그동안 정부와 사회가 학벌 타파를 통한 능력(실력) 중심 사회 구현을 위해 다양하게 노력해왔지만 오히려 학벌사회적 특성이 강해질 뿐만 아니라 동시에 세습사회적 특성마저 강하게 나타나고 있다. 신세습사회의 예로는 먼저 몇몇의 명문대 졸업생이 법조계를 장악하는 현상을 막으려는 목적도 포함되어 있던 법학전문대학원 제도 도입으로 초래된 법조인 세습 경향 강화를 들 수 있다. 다음으로는 학부에 비해 학생선발의 공정성과 투명성이 상대적으로 떨어지며 부모의 부를 필요로하는 전문대학원(치의학전문대학원, 약학전문대학원) 수준에서 전문 직종인력을 양성함으로써 전문 직종 획득 과정에서 부모의 직간접적 영향력이 강화된 것을 예로 들 수 있다. 또한 외무고시는 2013년 47기를 끝으로 폐지되고 사법시험은 2017년 폐지되었으며, 행정고시도 2011년부터 민간경력자 5급 채용 제도를 도입하면서 고시가 차지하는 비율이 크게 낮아졌다. 학벌 타파를 명분의 하나로 내세우고 있는 이러한제도 개혁은 외무부를 포함한 정부 부처들에서의 인턴제를 비롯한 다양한 특별 채용 제도 도입을 통해 고위직 세습 경향을 강화할 것이라는 우려를 가져오고 있다. 대기업의 신입사원 채용 방식을 지필고사에서 심층면접을 포함한 다양한 방식으로 바꿈으로써 수도권 대학 위주의 신학벌주의를 탄생시킨 것도 재미있는 한 예가 될 것이다.

이상의 예는 모두 학벌 타파를 통해 보다 완벽한 실력주의 사회를구현하겠다며 구축한 교육과 인재 선발 시스템 재설계의 결과로 나타난 신세습주의 강화의 한 단면이다. 게다가 그동안 철저히 학생 개인의 실력에 좌우되었던 대학 입학 제도마저 입시에서의 한 줄 세우기가 학벌사회를 조장한다는 명분하에 개선을 시도함으로써 부모의 직접적 영향력이 점점 더 크게 작용하는 쪽으로 변화되고 있다. 그 대표 정책이 입학 전형 요소 다양화와 입학사정관제 도입이다.

실력주의 구현 노력에도 불구하고 특정 집단의 좋은 직업 점유율이 높아져간 것은 콜린스의 학력주의 사회 관점을 차용하여 학력과 실력을 상반된 개념으로 바라본 학력 개념 정의의 오류, 나타난 문제가 실력주의 사회의 그림자인데 학력주의(학벌주의) 병폐라고 착각한 진단 오류(마이클 영의 '실력주의 사회의 그림자' 참고), 잘못된 진단을 근거로 실력주의를 더욱 강화하는 쪽으로 제도를 구축한 제도 설계의 오류, 그리고 이러한 학벌 타파를 주장하면서 그 안에서 신세습사회를 구축해가고자 하는 숨겨진 의도 등이 복합적으로 작용한 결과다.

파벌학벌은 두 가지 형태로 나타난다. 특정 대학 졸업자 비율이 한 직장 혹은 직군에 과도하게 많은 경우와, 그들이 상위직에서 차지하는 비율이 높은 경우가 그것이다.

학벌 타파 운동의 한계와 부작용

이상에서 밝힌 학벌의 의미와 실력과 학벌의 관계 등을 바탕으로 학벌 타파 관련 정책이 나아가야 할 새로운 방향을 제시하고자 한다. 이를 위해 먼저 그동안 학벌 타파를 위해 노력해오다가 스스로 해체한 '학벌없는사회'의 활동 방향 타당성을 분석해본다.

학벌없는사회

2016년 4월, 학벌 타파와 관련하여 서로 상반된 두 가지 소식이 전해졌다. 먼저 1998년에 출범해 학벌에 따른 차별 철폐 활동을 전개해온 '학벌없는사회'가 3월 25일 마지막 총회를 열고 해체를 선언했다는 소식이다. 해산 선언문에서 이 단체의 전 대표였던 이철호는 해산 이유를 "학벌사회가 해체되어서가 아니라 그 양상이 변했기 때문이다. 학벌사회는 더 이상 권력 획득의 주요 기제로 작동하지 않고 있다"라고 밝혔다. "자본의 독점이 더 지배적인 2016년 지금은 학벌이 권력을 보장하기는커녕 가끔은 학벌조차 실패하고 있다"는 것이 해산 이유였다.[18]

다른 한편 '사교육걱정없는세상(사격세)'은 4월 26일 '출신학교 차별 금지법 제정' 국민운동 출범식을 개최했다. 축사에 나선 강지원 변호사는 "학벌로 사람을 차별하고 학연으로 뭉치는 것은 온갖 부조리의 시작이며 우리 사회를 병들게 하는 요인이다"라고 주장했고, 송인수 대표는 취업, 입시, 교육, 그리고 일상에서 벌어지고 있는 출신 학교 차별 실태를 제시하며 법률 제정의 필요성을 강조했다.[19] 이처럼 같은 시기에 학벌 타파를 주장하며 무려 17년간 운동을 전개해온 한 단체가 해산을 선언했지만, 또 다른 교육시민단체인 사교육걱정없는세상은 학벌 타파법 제정을 위한 국민운동 출범식을 개최했다. 이 운동의 핵심은 상급 학교 입시와 기업 채용에서 출신학교 표시를 금지하게 하는 것이다.

사교육걱정없는세상은 사교육의 주범인 선행학습을 금지하는 입법

운동을 전개하여 박근혜 대통령의 선거공약에 이를 포함시킴으로써 '공교육 정상화법'을 만들게 했다. 그러나 공교육기관만 선행학습을 못 하게 하여 오히려 사교육을 부추기는 결과를 가져왔다. 이 단체는 법이 잘못되어 그렇다고 하지만, 자유민주주의 사회에서 학원 교습을 금지하는 것 자체는 위헌이고[20] 현실적으로 통제 가능성도 낮다. 상황에 맞지 않는 정책을 세우면 결국 반대의 결과가 초래될 수 있는데, 사교육걱정없는세상의 선행학습 금지법 제정 노력도 그 한 예가 되고 있다. 출신학교 차별 금지법 또한 마찬가지다. 만일 그 법이 통과된다면 그렇지 않아도 힘을 얻고 있는 자본, 즉 부모의 배경이 더욱 힘을 발휘하는 결과만을 초래할 가능성이 높다. 객관적이고 공인된 기준의 하나인 학력을 잣대로 사용하지 못하게 하면 다양한 네트워크에 의한 영향력 행사 가능성이 더욱 높아지기 때문이다.

학벌없는사회의 이념과 대안을 살펴보면 기본 가정부터 한계가 있었고, 그 태생적 한계가 결국은 단체의 해체로 이어졌음을 알 수 있다. 학벌에 대한 기본 가정을 바꾸지 않는다면 사걱세 또한 그동안의 성과에도 불구하고 유사한 길을 걷게 될 가능성이 있다.

학벌없는사회의 이념과 대안은 '안티학벌 선언'과 '6가지 방안'에 잘 나타나 있다. 이 단체는 학벌의 개념을 명확히 정의하지 않았다. '안티학벌 선언'에 포함된 내용을 토대로 유추해보면, 학벌사회는 '소질과 재능'이 아니라 '서열화된 학벌 순위에 따라 사람들을 차별하는' 사회다. "어느 대학을 나왔느냐 하는 것은 이 땅에서 한 사람의 사회적 신분을 결정하는 잣대입니다"라는 주장에 비추어볼 때, 서열화된 학벌

순위란 '대학 서열'을 가리키므로 학벌사회는 '소질과 재능이 아니라 어느 대학을 나왔느냐로 사람들을 차별하는 사회' 정도로 규정하고 있음을 알 수 있다.

이 개념은 현재 우리 사회에서 보편적으로 사용하고 있는 개념과 유사하다. 즉 학교 급에 따라 차별하는 수직적 학벌주의가 아니라[21] 대학 졸업자라고 해도 학교 수준에 따라 차별하는 수평적 학력주의에 주로 관심을 가지고 있다. 단체 출범 때부터 학벌 없는 사회를 구현하기 위한 대안으로 대학 평준화 및 대학 서열화 철폐(서울대 학부 개방, 사립대를 국립대로 전환), 공직 임용제도 개선(특정 대학의 고위공직자 비율 제한 포함), 응용 학문은 전문 대학원에서 교육 등을 주장해왔다. 이들의 주장과 노력 때문만은 아니겠지만 법학전문대학원, 의학전문대학원(실패), 치의학전문대학원, 약학전문대학원 등이 생겨났고, 공직 임용제도가 변화되었으며, 지역인재 할당제가 도입되었다. 그런데 이들의 선한 의지와 무관하게 이들의 주장은 오히려 전문 직종과 고위공직자의 직업 세습으로 이어졌다. 지역할당제 또한 지방 토호 세력의 자녀가 지방의 인재라는 이름으로 좋은 자리에 등용되는 계기가 되고 있다. 학벌없는사회는 자신들의 의도와 달리 오히려 개인의 순수한 실력이 아닌 부모의 배경 요인이 직접적으로 영향을 미치는 귀속주의 사회를 앞당기는 데 기여한 셈이다. 이렇게 된 이유는 학벌주의 강화가 실력주의 사회의 그림자가 짙어진 결과임에도 불구하고 학벌을 타파하면 실력주의 사회가 올 것이라는 잘못된 가정 아래 사회운동을 전개했기 때문이다.

학벌 타파 시도

앞에서 이야기했듯, 우리 사회가 학벌을 철폐하려고 한 이유는 개인의 실력과 무관한 졸업장을 기준으로 사회적 재화를 배분하는 것은 공정하지 않다는 생각 때문이었다. 우리 사회가 철폐하려던 지위학벌은 인재 채용 때 출신 대학(학교)을 밝히지 못하게 하고 철저히 개인의 실력을 기준으로 삼도록 하면 된다. 이 경우에는 지금까지 우리 사회가 암묵적인 실력 판단의 잣대로 사용해온 대학 졸업장 대신 다른 실력 판단의 잣대가 요구된다. 그래서 박근혜 정부는 '학벌 아닌 능력 중심 사회를 위한 NCS 구축' 사업을 실시했다. '끼를 찾고 꿈을 실현하는 능력(실력) 중심 직업교육의 구현'이라는 비전 아래 야심 차게 추진하며 매년 240억 이상의 예산을 쏟아부었다.

NCS, 즉 국가직무능력표준National Competency Standards이란 '일자리 종사자들에 대한 인력 명세서', 다시 말하면 "유사한 직종 종사자들이 수행하는 직무들을 종합적으로 분석하여 그들에게 요구되는 핵심 능력 및 역량들을 도출하여 제시한 것"이다.[22] 정부, 정부 유관기관 및 사기업체가 인재를 뽑을 때 출신 대학이 아닌 NCS를 측정하여 뽑도록 하겠다는 것이 정부의 계획이다. 그러면 이 시도는 졸업장이 아닌 실력을 통해 인재를 선발함으로써 특정 대학 출신자가 좋은 자리를 독식하는 현상을 완화하겠다는 정책 목적을 달성할 수 있을까? 결론부터 이야기하자면, 학벌을 실력(능력)과 괴리된 개념으로 규정하고 제도를 설계함으로써 제대로 작동하지 않을 가능성이 높다. 전문대학들이 이 사업의 문제점을 지속적으로 제기했고, 문재인 정부는 2018학년도부터는 전문대학들이 NCS를 의무적으로 활용하지 않도록 자율에 맡기겠다고 공표함으로써 사실상 실패한 정책이 되었다.

모두가 선호하는 전문 직종과 대기업 자리까지 국가가 NCS를 만들어 제시할 수 있다고 가정해보자. 그리고 NCS에 근거하여 국가공무원시험 제도와 절차 및 방식을 바꾸면 소위 명문 대학들은 거기에 맞추어 학생들을 교육할 것이다. 그러면 가장 우수한 학생들이 모여 우수한 교육 시스템에서 유능한 교수 자원으로부터 실력을 닦게 되고, 약간 시차가 발생할 수는 있겠지만, 결국 그들이 그 시험에 합격할 가능성은 다시 높아질 것이다. 만일 기존 명문대 졸업생의 취직 시험 합격률이 상대적으로 떨어진다면 그 대학은 명문대로서의 지위를 상실하고, 대신 합격률이 높은 새로운 대학이 명문대의 자리를 차지하게될 것이다. 즉 명문대가 바뀔 뿐 사라지지는 않을 것이다. 정부가 하는 NCS 구축 시도는 그 기준이 타당한 경우 대학이 교육과정을 개정하는 데 보탬은 되겠지만, 특정 대학 출신자가 누구나 선호하는 직업에서 차지하는 비율을 줄이기는 어려울 것이다.[23]

실력주의 사회 그림자 옅게 하기

객관적 시험을 포함한 여타 다른 실력을 기준으로 인재를 뽑아도 고위공직이나 대기업 신입사원의 경우처럼 특정 학교 졸업자가 차지하는 비율이 높아지면 파벌학벌이 형성될 것이다. 고시 합격자 중 서울대와 연고대 출신이 차지하는 비율이 너무 높다는 것은 파벌학벌의 문제다. 파벌학벌 문제는 실력주의 사회의 그림자다. 이를 완화하려면 실력주의적 요소를 강화하는 것이 아니라 반대로 실력주의 사회의 그림자를 옅게 하는 보완책을 마련해야 한다. 파벌학벌 폐해를 지위학벌 폐해로 착각하여 보다 완벽한 실력주의 사회를 구현함으로써 학벌의 폐해를 줄이고자 하면, 앞에서 이야기했듯 그 결과는 오히려 파벌학벌 심화로 나타나게 된다.

이를 완화하기 위한 가장 직접적인 방법으로는 신규 채용 시 특정 대학군 졸업자 비율 상한제 적용, 소위 명문대 신입생 정원 대폭 축소, 승진 심사 객관성 확보 및 특정 대학군 승진 비율 상한제 도입 등을 들 수 있다. 우리나라 국립대학은 한 학과 교수 중에서 특정 대학(학부 중심) 출신자 비율이 50퍼센트(서울대 등 일부 명문대는 70퍼센트)를 넘을 수 없도록 규정하고 신규 채용 때 이를 적용하고 있다. 정부가 실시하는 각 시험에서도 이러한 상한제를 도입한다면 자연스럽게 파벌학벌은 약화될 것이다.

대학 신입생의 규모를 줄이는 것도 사회적 합의가 가능한 제도다. 우리나라의 소위 명문대 신입생 정원은 미국과 비교할 때 과도하게 많다. 1984학년도 입학 정원은 서울대 6400명, 연세대 5451명, 고려대 5639명이었다. 2015학년도 입학 정원은 서울대 3317명, 연세대 5199명[3571(본교)+1628(분교)], 고려대 5688명[(4109(본교)+1579(분교)]이다.[24] 반면 미국 명문 사립대학들 중에 한 학년의 정원이 2000명을 넘는 대학은 거의 없다.[25] 입학 정원이 줄어들면 자연스럽게 특정 직업군에서 차지하는 비율도 줄어들 것이다. 이 경우 대입전쟁이 더욱 격화될 텐데, 이는 범위형 대입 제도를 통해 어느 정도 완화할 수 있다.[26]

우리 사회에서는 채용보다 승진 과정에서 학벌의 영향이 많이 나타난다. 상위직을 독과점하고 있는 특정 대학 출신자들이 후배를 끌어주는 경우가 많기 때문이다.[27] 이를 막으려면 보다 공정하고 투명한 승진 제도 운영, 승진 심사 과정에 다양한 배경의 평직원 포함, 특정 대학군의 승진자 비율 제한 등이 필요하다.

이상에서 살펴본 것처럼 파벌학벌을 타파하기 위해서는 실력주의를 강화하는 것이 아니라 오히려 학력을 기준으로 역차별을 해야 한다. 그런데 실력주의를 강화하면 학벌주의 경향이 줄어들 것이라고 주장하며 다양한 정책을 편 결과 실력주의 사회보다 훨씬 더 불공정한 신세습주의 사회 경향이 강화되었던 것이다. 그 이면에는 대학 신입생 선발과 직장 신입사원 선발의 타당성을 높인다는 명목으로 부모의 직접적인 압력 또는 영향력 행사가 가능한 제도를 도입하고자 하는 의도가 숨어 있었음도 배제하기 어렵다. 법학전문대학원 제도가 도입될 때 현대판 음서제가 될 수 있다는 비판에도 불구하고 충분한 보완 장치 없이 이를 강행하여 많은 문제가 발생한 것을 하나의 예로 들 수 있겠다. 객관적인 시험을 통해 신입사원을 채용하는 경우에는 비실력적 요인이 직접적으로 작용하기 어렵기 때문에 객관성과 공정성 그리고 신뢰성이 확보된다.

특정 대학군 졸업자 비율 상한제, 지역할당제 등 학벌 완화를 위한 제반 보완책은 실력주의 사회의 기본 원리에 어긋나는 정책이다. 이러한 정책은 파벌학벌을 막고, 다양한 지역과 다양한 대학 출신자들이 모두가 선호하는 직업을 가질 수 있도록 배려하는 것이다. 이때 유념할 것은 실력이 부족한 이들이 다른 유능한 직원들에 뒤처지지 않도록 충분한 재교육과 적응의 기회를 제공하고, 이들을 이끌 멘토를 배정해야 한다는 점이다. 그렇지 않을 경우 이들은 직장 내에서 따돌림 대상이 되어 결국 도태되거나 스스로 퇴사할 가능성이 높다.

블라인드 채용의 부작용과 대안

도입 배경

문재인 정부는 2017년 7월 모든 공공기관에 '블라인드 채용'을 전면 실시하겠다고 밝혔다. 나아가 민간 기업도 이 제도를 도입하도록 유도해갈 계획이라고 했다.[28] 중앙 공무원 공개채용의 경우 2005년부터 응시원서 학력 기재난을 없애고 서류전형 없이 지원자 모두 필기시험에 응시하도록 했으며, 면접에서도 인적 사항에 관한 질문을 금지했다. 그러므로 블라인드 채용이 새로운 제도는 아니다.

블라인드 채용이란 지원서에 학력, 사진, 출신 지역, 가족 관계, 신체 조건 등을 기재하지 못하게 하는 제도다. 면접 단계에서 면접관은 응시자의 인적 사항에 대해 물어서는 안 되고, 직무 관련 질문만 할 수 있다. 블라인드 채용 제도를 도입하려는 이유는 현행 채용 제도에서는 '출신 학교, 출신지, 가족 관계, 외모' 등에 대한 편견으로 평가자가 지원자의 실력을 제대로 측정하지 못한다고 생각하기 때문이다.[29]

그중에서도 특히 학벌의 폐해를 줄이기 위한 것이 핵심이다. 이는 타당한 면이 있다. 사람들은 타인을 평가할 때 편견이나 후광효과로부터 자유롭기 어렵다. 하지만 학벌(출신 학교)과 실력이 일치하지 않는다는 가정에 대해서는 정밀한 검토가 필요하다. 이 가정이 성립하려면 대학 교육이 무의미하다는(엉망이라는) 가정이 먼저 성립해야 한다. 하지만 시행한 지 얼마 되지도 않아 수도권 대학 졸업생뿐만 아니라 비수도권 대학 졸업생들마저도 블라인드 채용에 회의적이라는 기사가 늘고 있다.[30]

기본 가정 재검토

우리 사회가 사용하는 학벌이라는 용어에는 실력과 무관한 간판에 불과하다는 의미가 내포되어 있다. 우리나라 명문 대학은 한편으로 뛰어난 실력을 갖춘 학생을 뽑기 위해, 다른 한편으로는 그들에게 최고의 경험을 제공하여 뛰어난 인재로 성장시키기 위해 노력하고 있다. 그런데 소위 명문 대학 졸업장을 가진 학생들이 간판과 달리 실력이 없으려면 명문대가 뛰어난 학생 선발에 실패하고, 명문대 교육이 엉망이어야 한다. 그렇지 않다면 명문대 졸업생의 학위와 실력이 무관하다는 가정은 성립하기 어렵다. 뛰어난 학생들을 선발하여 최고의 경험을 제공하며 교육시켰는데 어떻게 실력이 엉망인 학생들이 만들어지겠는가? 물론 대학 진학 후에 학업을 소홀히 하여 실력이 엉망인 학생들도 상당수 있을 것이다. 그러나 만일 그 대학 졸업생 대부분의 실력이 엉망이라면 계산에 빠른 대기업들이 몇 년 안에 그 사실을 간파하여 해당 대학 졸업생을 더 이상 뽑지 않을 것이다. 그와 함께 해당 대학은 명문대 반열에서 밀려날 것이다. 우리나라처럼 대학과 신입생 학력이 서열화되어 있고 객관적이고 공정한 기준으로 투명하게 신입생을 선발하려고 노력하는 경우, 학벌이 실력과 무관한 간판에 불과하다는 가정은 오류일 가능성이 높다.

블라인드 채용과 전문직(자격 및 채용) 시험

블라인드 채용과 정반대 방향으로 가는 전문 직종 시험도 있다. 바로 변호사 시험이다. 과거에는 아무라도 시험에 합격하기만 하면 되었지만(완전 블라인드 채용 방식), 이제는 반드시 법학전문대학원을 졸업해야만 변호사 시험에 응시할 수 있다. 변호사뿐 아니라 교사, 의사, 약사 등의 각종 전문직 선발 혹은 자격시험 응시도 해당 전공 과정 이수자에게만 기회가 주어진다. 이렇게 하는 이유는 1) 해당 직종에서 필요로 하는 전문 지식과 역량, 그리고 태도는 장기간의 교육을 통해서만 길러질 수 있고, 2) 이 모든 것을 짧은 기간의 시험(면접 등 다양한 방법 포함)만 가지고는 판단하기 어렵기 때문이다. 전문 직종의 경우에는 해당 과정 이수자만을 대상으로 하되 출신 학교 이름은 가리는 '조건부 블라인드 채용' 방식을 사용할 수 있다. 정부도 '법령에서 자격 또는 면허 등을 필요로 하는 경우' 혹은 '어학 능력을 필요로 하는 경우'에는 사전에 이를 밝히는 방식으로 완전 블라인드 채용의 한계를 보완하고 있다.[31]

하지만 공급자와 공급 상품이 제한적인 경우 상표를 없애도 소비자는 쉽게 짐작할 수 있듯이, 전문 직종 채용에서도 평가자는 어느 정도

출신 대학을 짐작할 수 있다. 김영란법을 통해 취업 청탁도 금지하고 있지만 현실성은 떨어진다. 따라서 전문 직종 채용에는 블라인드 채용 제도 정착이 어려울 것으로 보인다.

블라인드 채용의 효과

정부의 〈블라인드 채용 추진방안〉에서 블라인드 채용의 효과로 드는 것은 KBS 공채(2003~2007년) 결과다. KBS가 블라인드 채용을 실시한 결과, 명문대 출신이 70퍼센트에서 30퍼센트로 줄어든 대신 지방대 출신은 10퍼센트에서 31퍼센트로 늘었다.[32] 이는 블라인드 채용의 효과일까? 블라인드 채용을 하면 명문대 출신은 줄어드는 것일까? 줄어드는 것은 공정하고 바람직한 현상인가?

행정고시 제도는 출신 대학을 전혀 고려하지 않는 대표적인 블라인드 채용 제도다. 그런데 행정고시 합격자 중에서 명문대 출신이 차지하는 비율은 비정상적으로 높다. 그동안 행정고시 합격자 가운데 특정 대학 출신자 비율이 비정상적으로 높았던 것은 채용 과정에서 명문대 출신자를 배려하거나 지방대 출신자를 배척했기 때문이 아니다. 이를 통해 행정고시처럼 경쟁이 치열하고 객관적인 방식으로 역량을 측정하는 채용 제도에서는 블라인드 제도를 도입한다고 하더라도 대학과 신입생 실력이 서열화되어 있는 한 명문대 출신의 비율이 크게 낮아지지 않을 것임을 알 수 있다.

그러면 KBS 공채에서는 왜 행정고시와 달리 블라인드 채용을 함으로써 명문대 출신 비율이 크게 줄었을까? 하나는 그동안 채용 과정에서 명문대 출신 비율이 70퍼센트로 과도하게 높았기 때문이다. 명문대에 어느 대학이 포함되는지를 밝히지 않고 있지만, 비정상적으로 높았던 명문대 출신 비율이 블라인드 채용을 통해 어느 정도 정상화된 것으로 볼 수 있다. 또 다른 이유는 그동안 사용해온 채용 제도가 명문대 졸업생들을 특별 배려할 수 있는 제도였기 때문일 것이다. 서류와 면접 등 평가자의 주관이 강하게 작용할 수 있는 채용 제도에서 공공기관의 구성원들이 안전하고 편하게 사용하고 모두가 공감할 수 있는 잣대는 출신 대학이다. 그런데 출신 대학을 식별할 수 없게 되자 다른 요인을 볼 수밖에 없었고, 그 결과 자연스럽게 명문대 출신자의 비율이 줄어들었을 것이다.

블라인드 채용 때 객관적인 채용 기준이 없는 경우에는 과거와 달리 출신 학교를 알 수 없으므로 그 외 다양한 요인이 영향을 미쳐 명문대 출신 비율이 상대적으로 낮아질 것이다. 그러나 객관적인 역량 평가가 가능하거나 객관적인 평가를 시도하는 경우에는 몇 년의 시간이 흐르면 다시 명문대 출신자의 비율이 과거 수준으로 높아질 가능성이 높다. 입시 제도를 바꾸면 처음에는 지방 학생들 혹은 저소득층 자녀들의 명문대 합격률이 높아지는 것 같지만 몇 년이 지나면 다시 과거 수준으로 회귀하는 것과 유사하다. 가령 세계화에 대비해 갑자기 행정고시를 영어로 치르게 하고 유창한 회화 실력을 중요한 기준으로 삼으면 영어 실력이 뛰어난 개인들의 합격률이 높아져 잠시 SKY 졸업생의 합격 비율은 낮아질 것이다. 그러나 이 제도가 지속되면 모두가 선호하는 행정고시의 경우 다시 SKY 출신자의 비율이 과거 수준으로 높아질 가능성이 높다. 아니면 영어 교육을 잘 시키는 대학이 새로이 부상하게 될 것이다.

실제로 고용노동부가 2017년 196개 공공기관 입사자 현황을 분석한 결과를 보면, 비수도권 출신의 비율은 블라인드 채용 제도 도입 이전인 상반기(57.7퍼센트)보다 하반기(55.6퍼센트)에 소폭 줄었다. 여성 입사자 역시 44.9퍼센트에서 42.4퍼센트로 줄었고, 입사자의 평균 연령 역시 28.5세에서 27.5세로 낮아졌다. 지방대생, 여성, 늦깎이 취업 준비생 등에게 유리할 것이라던 기대와 반대의 결과가 나타났다.[33] 시행 초기여서 효과를 내기 위해 의도적으로라도 지방대생이나 여성을 늘리려고 애썼을 수도 있는데 오히려 반대의 결과가 나타났다. 물론 아직은 성과를 평가하기 어렵고 줄어든 폭 또한 크지 않아 결과를 예단하기는 어렵지만 블라인드 채용 자체만으로 지방대, 여성, 고령자 비율이 높아지지는 않을 것이다.

이들의 비율을 높이려면 이들을 따로 배려해야 한다. 이들 기관에서 오히려 의도와 다른 결과가 나온 이유는 블라인드 면접 이전에 먼저 NCS(국가직무능력표준) 필기시험으로 지원자의 2~4배수를 선발하기 때문이다. 앞서 이야기한 것처럼 우리나라의 경우에는 미국과 달리 학력과 실력의 괴리가 크지 않아서 실력을 객관적으로 측정하면 명문대생들이 뽑힐 가능성이 더 높다.

또 하나의 변수가 있다. 대학에서의 경험이나 실적이 아닌 NCS 필기시험을 기준으로 삼을 경우 시험 준비 사교육기관이 합격에 미치는 효과다. 현재 각종 취업 준비 사교육기관들이 NCS 패키지를 마련하여 취업준비생들을 유인하고 있다. 그런데 NCS 학원이 거의 서울에 몰려 있어서 서울 지역 학생들이 더욱 유리해지고 있다. 따라서 합격자 중에서 지방대생을 비롯한 사회적 약자로 인정받는 집단의 비율을 높이려면 실력이 아니라 오히려 배경을 기준으로 선발해야 한다. 실력을 기준으로 하면 신입사원 중에서 좋은 대학 출신자들의 비율이 과도하게 높아지므로 의도적으로 지역 상한제, 성별 상한제, 혹은 연령별 상한제를 두어 이들에게 별도의 특혜를 주어야만 원하는 목표를 달성할 수 있다. 사회적 약자를 배려하려면 블라인드 채용 제도가 아니라 실력주의 그림자를 옅게 하기 위한 별도의 제도를 도입해야 한다.

이상에서 살펴본 것처럼 입사 경쟁이 아주 치열한 기관이라고 해도 객관적 기준에 의해 선발해오던 경우에는 새롭게 블라인드 채용 제도를 도입한다고 하여 명문대 출신 비율이 크게 줄지는 않을 것이다. 블라인드 채용으로 결과가 크게 바뀔 곳은 객관적 기준이 아니라 면접과 서류 등 다양한 주관적 기준으로 채용하는 기관이다. 그동안 서류를 통해 대학을 비롯한 배경을 확인할 수 있었지만 이제는 블라인드(깜깜이) 면접에만 의존해야 하므로 평가자의 주관이나 응시자의 외양적 특성과 운 등이 작용할 가능성이 크다. 이리되면 자연스럽게 명문대생의 비율은 조금 줄어들겠지만 앞에서 이야기한 평가의 타당성, 공정성, 신뢰성 문제가 다시 대두될 것이다. 그리고 결국은 블라인드 면접의 비중을 줄이고 객관적 기준을 도입할 수밖에 없게 될 것이다. 한 예로 2018년 6월 전국은행연합회가 신입 행원을 뽑을 때 필기시험을 도입하겠다고 밝혔다.[34] 은행연합회가 서류와 면접에 의한 전형을 포기하고 객관적인 필기시험을 도입한 이유는 신입 행원 채용 비리로 은행장들이 구속되고 사회의 비난이 커졌기 때문이다.

블라인드 채용 제도 도입 결과 명문대 출신 비율이 줄어든 것을 가지고 학벌이 아니라 실력에 의해 선발했기 때문이라고 가정하는 것은 타당할까?

앞에서 이야기한 것처럼 블라인드 채용 방식을 사용한 탓에 공공기관이 측정하겠다고 밝힌 역량(실력)이 아니라 운, 언변, 연기력(거짓말과 거짓 행동을 하는 실력) 등 다른 역량과 우연적 요소에 의해 선발되었을 가능성은 없을까? 이러한 우려를 불식시키려면 합격생의 출신 대학 비율 변화가 아니라 이 기간에 채용된 사람들의 실력이 그 이전에 채용된 사람들보다 더 뛰어나다는 것을 입증해야 한다. 이는 블라인드 채용이 사용하는 실력 측정 방법의 가능성과 신뢰성, 타당성, 공정성 등과 관계되는 문제다.

블라인드 채용의 타당성과 신뢰성

블라인드 채용에서 중요한 역할을 할 것 중 하나가 면접이다. 블라인드 채용이 실력을 제대로 측정하려면 면접 평가 결과를 신뢰할 수 있어야 한다. 그런데 면접은 글보다는 언어 구사력이 뛰어난 사람, 그리고 내향적인 사람보다는 외향적인 사람에게 유리하다. 한 연구에 따르면, 지원자를 외향적 성격과 내향적 성격 각각 50 대 50으로 나눠서 면접관들에게 선택하게 한 결과 85퍼센트가 외향적인 사람을 선택했다.[35] 또한 심리학자 와이스Weiss와 팰드만Feldman이 행한 조교 선발 면접 실험에 따르면, 참가자의 81퍼센트가 거짓말을 했고 거짓말 횟수는 평균 3회 정도였다.[36] 미래를 좌우할 고부담 면접 상황에서는 거짓말 정도가 더 심해질 것으로 예상된다. 교대 신입생 선발 면접에서 응시생들은 상당한 경우 면접관의 마음에 드는 연기를 할 뿐 솔직한 모습은 숨긴 것으로 드러났다.[37] 서울시 교육청의 초등교육 과장에 따르면, 초등교원 임용시험 면접과 수업 시연을 지켜보면 어느 학원에서 공부했는지를 알 수 있을 정도라고 한다.[38]

면접관들도 이러한 현실을 잘 알고 있지만 그들 스스로가 옥석을 가려낼 만한 혜안이나 기법을 가진 것이 아니어서 연기력 테스트만 하는 결과가 나타나기도 한다. 면접관들을 대상으로 연수를 하더라도, 짧은 연수를 통해 원하는 수준의 면접관을 만들기란 결코 쉽지 않다. 이러한 문제를 완화하기 위해 면접 점수를 매길 때 기본 점수를 높게 하여 변별력을 낮추기도 한다. 하지만 이렇게 하면 결국 면접이 미치는 영향력이 낮아진다.[39]

신규 채용 과정에서 면접에 대한 우려 때문에 그 비중을 낮추면 자격증을 비롯한 다른 객관적 기준의 비중이 높아지게 마련이다. 실력주의 사회를 구현하겠다며 NCS 사업을 통해 한 일 중 하나가 총 24개 분야 600종목의 자격을 신설한 것이다. 자격증을 체계화한 이유는 졸업장이 아니라 자격증이 실력의 잣대라고 보았기 때문이다. 그런데 자격증 취득 과정과 대학 교육이 일치하지 않을 경우 학생들은 자격증 취득을 위한 사교육을 따로 받아야 하기 때문에 이중 부담이 된다. 만일 대학 교육 과정과 자격증 과정이 일치한다면 학벌이 곧 실력이 되어 '학벌이 아닌 실력 중심 사회 구현'이라는 구호는 공허한 것이 되고 만다.

블라인드 채용 입사 원서에 기재하도록 되어 있는 경험, 경력, 동아리·동호회 활동, 연구회 참여, 재능 기부 등은 모두 '스펙'에 해당한다. 그동안 대학 공부 이외에 취업용 스펙 준비까지 따로 해야 하는 문제가 지적되어왔다. 스펙 준비에 따르는 고통 문제를 완화하기 위해 이러한 것들도 기재하지 못하게 하면 무엇을 기준으로 신규 직원을 선발해야 할지 막막해진다. 대학 입학 전형 제도 개선 과정에서 나타난 문제가 거의 그대로 나타나게 될 것이다.

블라인드 채용의 부작용

출신 학교를 참고할 수 없을 때 잃는 것은 무엇일까? 출신 학교 정보를 보지 못하게 하는 것은 마치 훌륭한 중소기업 제품이 있음에도 불구하고 상표에 대한 선입견 때문에 해당 기업 제품이 불이익을 당한다며 판매되는 모든 제품에 상표(제조사명을 포함하여 제조사를 직간접적으로 알아볼 수 있게 하는 제반 표식)를 붙이지 못하게 하는 것과 유사하다. 뛰어난 일부 중소기업 제품에는 도움이 되겠지만 당장 많은 소비자들이 어려움을 겪을 것이다.

상표 정보만 있으면 제품을 세밀하게 따져보지 않아도 되었지만 이제는 제품 소개서를 보며 내구성 연한, 재료, 성능 등의 제반 정보를 일일이 따져야 한다. 이를 신입사원 선발에 적용하자면, 특정 공대 출신이면 실력을 어느 정도 믿을 수 있었기에 선발에 크게 어려움을 겪지 않던 기업들이 이제는 자신들이 원하는 구체적인 지식, 역량, 태도 영역과 도달 수준을 만들고, 이를 측정하기 위한 복잡한 선발 과정을 만들어야 한다는 말이다. 선발에 투자하는 비용과 그 결과로 선발된 사원의 자질이 향상된 정도를 비교했을 때 기업에 도움이 된다면 그나마 다행이지만, 그렇지 못할 경우 기업은 블라인드 채용을 포기하게 될 것이다. 이는 소비자들이 불편하다며 제품에 다시 상표를 부착해줄 것을 정부에 요구하는 것과 같다.

또 다른 문제는 제품의 질을 따질 역량을 갖추지 못한 소비자들은 제품의 질이 아니라 어쩔 수 없이 눈에 보이는 외관만 보고 구입하게 될 가능성이 있다는 것이다. 제조사들도 상표명은 존재하지 않으므로 소비자들을 현혹할 외관을 화려하게 하는 데 더 신경을 쓸 것이다. 이를 대학 교육에 대입하자면, 대학이 명예를 걸고 재학생들의 지식, 역량, 태도를 길러주기보다는 블라인드 채용 기준을 충족시키는 데 초점을 맞추게 된다는 말이다.

가령 면접이 중요시될 경우에는 면접 기술을 길러주는 데, 각종 스펙이 중요할 경우에는 해당 스펙을 갖추어주는 데 초점을 맞출 수밖에 없다. 심하면 얼굴만이 아니라 목소리와 표정 성형까지 가르치게 될 것이다.[40] 이렇게 되면 '실력(직무 능력)을 평가하여 인재를 채용하는 방식'[41]이라는 블라인드 채용 용어 정의와는 동떨어진 결과가 초래될 것이다.

합격률 상한제

블라인드 채용은 섬세하게 설계하지 않으면 실력이 아닌 운이 좌우하는 제도로 전락한다. 만일 특정 대학 합격자 비율이 너무 높아 생기는 파벌학벌의 문제를 줄이고자 한다면 특정 대학 졸업생 비율 상한제를 도입하는 편이 더 낫다. 심지어 행시에서도 한 대학 합격생이 전체 합격생의 10퍼센트를 넘을 수 없다는 법조항을 넣으면(위헌 여부 검토 필요), SKY 대학이 차지하는 높은 비율을 바로 낮출 수 있다. 한 대학 합격률 상한제는 사회적 관점에서 볼 때 유능한 인재가 모두 선호하는 안정적인 직장, 공직에만 몰리는 것을 막을 수 있는 제도다. 명문대 졸업생들은 이미 좋은 교육을 받을 기회를 가졌으므로 정부 부처나 공공기관이 아닌 역동적인 민간 부분에서 실력을 제대로 발휘하며 국가 발전에 기여할 수 있도록 하는 제도적 보완이 필요하다. 향후 5년 후부터 적용하겠다고 공표를 하면 특정 대학에 인재가 쏠리는 현상도 완화될 것이다.

또 하나는 담당 업무를 넘어서는 과도한 실력 요구 제한 제도가 필요하다. 이른바 신의 직장인 각종 공공기관 입사 과정에서 엄청난 경쟁을 뚫은 신입사원들이 실제로 하는 일은 고도의 전문적 지식을 필요로 하는 일이 아니어서 오히려 실망하고 부적응 상태에 빠지는 경우가 생기고 있다고 한다. 이는 개인뿐 아니라 국가 차원에서도 고급 인력 낭비라는 문제를 가져온다. 이러한 기관의 신규 채용 기준을 검토하여 직무 관련 수준 정도의 실력만을 요구하도록 하고, 과도한 경쟁을 불러일으키는 이유도 파악하여 이를 조정할 필요가 있다. 뛰어난 인재들이 몰리는 가장 큰 이유는 과도하게 높은 임금이다. 공공기관 신규 직원부터 급여 적정화를 꾀한다면 불필요하게 유능한 인력이 그러한 직장에 몰리는 현상을 완화할 수 있을 것이다. 이렇게 되면 소위 신의 직장, 경쟁이 심한 직장에서의 명문대생 비율도 자연스럽게 낮아질 것이다.

학벌 완화를 위한 대책을 수립·집행할 때 유념할 점은 그 근본 목적과 부작용 및 이를 완화하기 위한 보완책이다. 우리는 단순히 학벌이 형성되는 것을 막고, 동시에 실력이 부족한 특정 대학, 지방, 가정 출신 개인들에게 계층 상승의 혜택을 주며, 그 혜택을 몇몇 개인들이 오롯이 누리라고 이러한 보완책을 마련하는 것이 아니다. 이는 궁극적으로 보다 공평하고 살 만한 행복한 세상을 만들기 위한 것이다. 지금과 같은 보완책은 A가 누리던 혜택을 B가 누리도록 대상만 바꿀 뿐, 그 결과로 보다 공평하고 행복한 세상이 도래하지는 않는다.

이제 우리 국가와 사회가 목표로 해야 할 것은 학벌 타파가 아니다. 좋은 대학에 입학하고 좋은 직업을 가진 인재가 자기들끼리 파당을 이루어 개인과 특정 파당의 풍요와 행복을 추구하지 않도록 교육과 시스템을 보완하는 것이 목표가 되어야 한다. 교육이 할 수 있는 것 중 하나는 사회의 지도자가 될 명문 대학 신입생을 뽑을 때 대학수학능력은 필요 조건으로 하는 동시에 사회행복도 증진에 기여할 역량을 갖추었는지를 충분 조건으로 내세우고, 그러한 사람을 뽑아야 한다. 정부와 유관기관을 비롯한 기관에서 지도적 위치에 설 인재를 뽑을 때에도 이 점을 반드시 고려해야 한다.

이와 함께 개인들이 취득한 사회적 재화를 사회와 나누도록 분배 시스템을 보완해야 한다. 나는 이러한 시스템을 갖춘 사회를 "개인과 사회가 행복한 '신실력주의 사회'"라고 명명하고 있다. 이러한 신실력주의 사회가 구현되면 학벌의 폐단은 자연스럽게 완화될 것이다.

제2부

신실력주의 사회로
가는 길

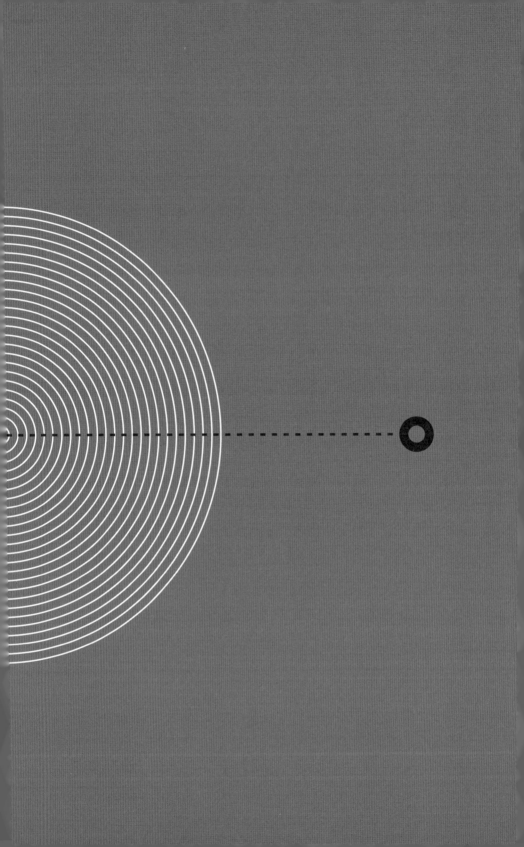

4　신실력주의 사회란 무엇인가?

　　우리는 아직까지 민주주의보다 더 나은 정치제도는 만들어내지 못하고 있다. 많은 문제점에도 불구하고 민주주의 국가가 늘어나는 이유일 것이다. 인간의 본능과 사회 특성에 비추어볼 때, 실력을 근간으로 하여 사회적 재화를 배분하는 실력주의 사회보다 더 나은 사회를 상정하기는 어려운 것 같다. 그런데 실력주의 사회는 진행이 되면 될수록 그 그림자가 짙어져 이를 옅게 하지 않으면 결국 파멸할 것이라는 경고를 받고 있다. 하지만 무한경쟁의 경제 세계화 시대에 튼튼한 사회 인프라와 자원이 없는 국가가 실력주의 사회를 포기할 수는 없다. 결국 생각할 수 있는 차선책은 실력주의 사회의 강점을 살려가는 동시에 그 그림자를 옅게 하는 보완책을 만들어 지속 가능하면서도 현재와 미래 사회 구성원이 보다 행복한 사회, 즉 신실력주의 사회를 만드는 것이다.[1]

　　유럽형 복지국가는 상호 신뢰와 탄탄한 사회적 기반을 갖춘 도시형 소규모 국가가 아닐 경우 근로 의욕 저하를 비롯한 여러 문제를 초래한다. 최근에는 신자유주의가 지향하는 경제적 효율성과 기존의 사회민주주의적 복지국가가 표방한 사회적 형평성 사이에서 조화를 추구하는 사회투자국가social investment state 모형이 제시되고 있다.[2] 필립 코틀러Philip Kotler는 그의 책《다른 자본주의Confronting Capitalism》에서, 지금까지 실험된 경제 체제 중에서 성장과 번영을 달성하는 데에는 자본주의가 비록 최적의 것이지만 빈곤 문제를 해결하지 못했고 소득 불평등을 심화시킨다는 문제를 안고 있음을 지적하면서, 이러한 문제를 완화하기 위한 대안을 제시하고 있다.[3]

이하에서는 이러한 모형들을 바탕으로 실력에 따른 사회적 재화 배분이라는 실력주의 사회의 근간은 유지하면서도 사회 전체의 행복도를 증진시키는 데 기여할 수 있는 신실력주의 사회neo-meritocracy 모형을 간략히 제시한다. 이를 달성하기 위해 교육이 지향해야 할 방향과 교육이 할 수 있는 것 등은 간단히 언급하고 구체적인 방향은 다음 장에서 살핀다.

개인의 성공을 함께 나누는 사회

무한경쟁 승자독식의 양극화된 실력주의 사회에서는 교육 정책과 교육 활동만으로 입시 위주의 공교육, 대입전쟁, 사교육비 문제, 교육열 양극화, 학습 효율성 저하[4], 학습 흥미도 저하, 학교 폭력 심화, 높은 자살률, 학교 자퇴자 증가 등의 다양한 문제가 악화되는 것을 막을 수 없다. 교육 제도나 정책 개선에 앞서 사회가 작동하는 사회 모형을 바꿔야 한다. 신실력주의 사회 구축을 위한 시스템 개혁과 함께 교육이 이에 필요한 사회 구성원과 사회문화를 만들어갈 때 우리가 꿈꾸는 행복한 신실력주의 사회를 구축할 수 있다.

신실력주의 사회란 실력과 대학 및 직업 배분 사이의 연결 고리는 유지하되, 직업과 보상 사이의 연결 고리는 줄이는 사회다. 누진소득세, 최고경영진에 대한 과도한 임금 체계 개혁, 저소득층 조세 감면 제도, 마이너스 소득제, 임금보호 제도, 고용보호 제도, 실업보호 제도, 상속세, 기부문화 확산 등을 통해 근로 의욕은 유지시키면서도 직업 간 사회적 재화 분배 차이를 줄이는 제도적·사회문화적 보완 장치가 마련된 '근로 의욕고취형 복지사회'가 바로 신실력주의 사회다. 다른 나라에 비해 산업계와 노동시장의 양극화 및 이원화가 극심한 우리 사회에서 정부가 가장 먼저 해야 할 일은 정부 주도의 경제 발전 과정에서 비롯된 대기업과 중소기업 사이의 불합리한 임금 격차와 고용 격차를 줄이는 것이다.

노블레스 오블리주noblesse oblige는 세습사회에서 귀족으로 태어난 사람들이 가진 부와 권력, 그리고 명성은 자기 노력으로 얻은 것이 아니므로 그들이 도덕적 정당성을 확보하려면 사회에 대해 책임을 가져야 한다는 의미로 해석할 수 있다. 그렇다면 세습이 아니라 실력으로 모든 것을 획득한 실력주의 사회에서 성공한 사람들이 사회를 위해 나눔과 봉사를 실천하도록 요청하는 근거는 어디에서 찾아야 할까? 그 핵심의 하나는 성공한 그들이 가장 혜택을 누리고 있으며, 인류가 더 나은 대안을 찾기도 어려운 실력주의 사회의 그림자가 너무 짙어져 결국 붕괴되는 것을 막기 위한 것에서 찾을 수 있다.

실력주의는 결실의 책임 권한을 개인에게 귀속시키려는 경향을 보인다. 그럴 경우 상대적으로 처진 능력을 갖고 태어난 사람은 철저하게 소외될 가능성이 높아진다. 나아가 실력이 없는 것은 개인이 노력하지 않은 결과라고 생각하여 도덕적으로도 자신을 방어할 수 없는 취약한 상태에 놓인다. 반면에 실력을 갖추어 사회적 부와 명예, 그리고 지위를 획득한 사람은 모든 것이 노력의 결실이라고 생각하여 자기가 차지한 것은 자기 마음대로 사용하고자 한다. 연예인이나 갑부가 섬을 통째로 빌려 하룻밤에 수십억 원짜리 파티를 열면서도 자랑스럽게 이야기하는 것은 이 때문이다.

타고난 능력의 개인차는 노력을 통해 어느 정도 극복할 수 있다. 그러나 그 차이를 무시하기는 힘들다. 사람들이 다양한 능력을 가지고 태어나기 때문에 자기가 잘하는 분야에 집중하면 누구나 잘할 수 있다고 주장하는 사람도 있다. 물론 그럴 수도 있지만, 그 잘하는 분야가 실력주의 사회에서 높은 보상을 받는 분야가 아닐 경우에는 별 도움이 되지 않는다. 따라서 실력에 따른 보상 체제를 도입할 때 누구나 노력하면 다 할 수 있다는 과장된 믿음을 바탕으로 실력 차이에 따른 보상의 과도한 차이를 합리화하는 것은 부당하다. 이에 더해 비실력적 요인이 실력과 재화 배분에 직간접적으로 미치는 영향 또한 지대하다는 점도 기억해야 한다.

물론 모든 것이 타고날 뿐이니 실력의 결과는 자연(신)과 사회의 책임이고 개인의 책임은 없다고 하는 것 또한 극단적인 주장이다. 전체 인구의 1퍼센트를 차지하는 사이코패스는 뇌의 전두엽 이상으로 반사회적 인격장애증을 앓는 사람을 말한다. 이들이 잔인한 범죄를 저질러놓고 자기 탓이 아니라 뇌가 그렇게 만들어진 탓이니 뇌를 벌하라고 할 수는 없을 것이다. 범죄학은 인간이 범죄의 순간 그 일을 저지를지 여부를 결정할 최소한의 자율권은 가지고 있다고 전제한다.

교육을 통해 개인의 능력은 자연(혹은 신)이 우연히 나라는 존재에게 세상과 인류를 위해 사용하라고 전해준 것임을 깨닫도록 이끌어야 한다. 개인이 이룬 성취가 오롯이 개인의 순수 노력에 따른 결과가 아니라 상당 부분 타고난 능력과 노력적 특성의 결과이고, 비실력적 요인이 작용한 결과임을 깨닫도록 교육해야 한다. 모든 개인이 '노력순수개인책임론'과 '노력무한가능론'에서 벗어나 자신의 성공을 사회와 나누도록 어려서부터 교육해야 한다. 그러할 때 타고난 능력은 자기 것이며 그 결과 얻은 성과도 자기 것이라는 오만한 마음에서 벗어날 수 있다. 그리고 실력을 바탕으로 사회적 부를 거머쥔 개인은 그 부의 상당 부분이 자연(신)으로부터 주어진 것임을 깨닫고 사회와 나누고자 하는 마음이 생겨날 것이다.

그리고 국가도 부자들의 선한 의지에만 호소하는 것이 아니라 순수 노력으로 획득한 부분을 제외한 나머지에 대해서는 사회와 공유하도록 하는 분배 제도를 만들 수 있다. 이는 개인의 노력이 아니라 부모로부터 물려받은(타고난) 재산에 대해서는 소득보다 더 높은 상속세를 물려야 한다는 논리와 일맥상통할 뿐만 아니라 실력으로 얻은 고소득에 대한 누진세 제도 도입의 논리적 근거가 될 수 있다.

신실력주의 사회의 목표

헌법의 행복추구권

신실력주의 사회 구축은 헌법 차원에서 보면 행복추구권을 독자적 기본권으로 인정하고 국가와 사회가 이를 적극적으로 보장할지 여부와 관련된다. 승자독식의 실력주의 사회에서는 자연스럽게 빈부 격차가 커지기 때문에 "사회주의자들이 말하는 존재론적 자유, 즉 '진실로 인간적인 삶'을 현실화하기 어렵다."[5] 이는 헌법 제10조가 보장하는 행복추구권 보장이 어려워진다는 의미로도 해석된다.[6] 헌법이 보장하는 행복추구권이 다른 기본권과 구분되는 독자적 기본권으로 보장되는 것인지에 대해서는 학설이 갈린다. 김철수에 따르면, 독자적 기본권으로서의 행복추구권(좁은 의미의 행복추구권)은 "자기의 설계에 따라 인생을 살아가고 자기가 추구하는 행복 개념에 따라 생활하는 것을 말한다. 쾌적한 환경, 인간다운 주거공간에서 살 권리, 신체와 복장을 자기의 마음대로 치장할 권리 등이 여기에 포함된다."[7] 즉 김철수는 우리 헌법이 좁은 의미의 행복추구권을 보장하고 있다고 본다. 반면 장영수는 행복추구권이 독자적 기본권으로 가질 수 있는 의미는 찾기 어렵다고 본다.[8]

실력을 갖추지 못했거나 장애 등으로 인해 '인간다운 삶'을 누리기 어려운 사람들에게도 행복추구권을 보장해주려면 많은 예산이 필요하다. 대선 때마다 행복추구권을 독자적 기본권으로 보장할 것처럼 공약하지만, 재원 마련에 필요한 제도와 정책이 갖추어지지 않은 데다 사회적 합의도 이루어지지 않아서 많은 갈등이 야기되고 있다. 즉 우리 사회 갈등의 뿌리는 인간다운 삶을 보장받고 싶어하는 사람들의 욕구를 어느 정도나 충족시켜줄 것이며, 이를 충족시키는 데 필요한 재원을 누가 얼마나 부담할 것인가에 관한 문제로 환원된다.

행복근육 강화 교육

실력주의 사회가 극을 향해 가면서 물질적 풍요는 어느 정도 달성하고 있지만 무한경쟁과 갈등, 빈부 격차 등으로 개인과 사회의 스트레스는 증가하고 행복도는 추락하고 있다. 신실력주의 사회는 단순히 부만 공평하게 분배되는 사회가 아니라 개인과 사회의 행복도를 높이는 것을 궁극적 목표로 한다. 나아가 현재인의 행복뿐 아니라 미래인의 행복도 함께 고려하는 사회를 지향한다. 빈부 격차 해소, 기초생계비 보장 등은 행복한 사회가 되기 위한 필요 조건에 불과하다. 행복한 사회가 되려면 행복을 느낄 수 있는 행복근육을 길러주어야 한다. 이는 교육이 해야 할 핵심 역할 중 하나다.

건강한 삶을 누리려면 아픔의 뿌리를 알아 이를 치료하고, 나아가 건강하기 위해 필요한 운동과 영양 섭취에 대해서 이해한 뒤 실천에 옮겨야 한다. 이와 마찬가지로 행복한 삶을 누리기 위해서도 불행의 뿌리를 알아 이를 줄이거나 이겨내고, 나아가 우리가 무엇을 어떻게 할 때 행복을 느끼는지를 깨닫고 실천에 옮겨야 한다. 신실력주의 사회가 궁극적으로 지향하는 행복한 사회, 행복한 개인이 되기 위해서 행복론뿐만 아니라 불행론에 대한 이해도 필요하다.

행복한 사회의 모든 구성원이 행복한 것은 아니지만 사회의 행복도가 높을 때 개인의 행복도가 더 쉽게 높아질 수 있다. 따라서 행복한 사회를 만들기 위해 노력해야 한다.

국민행복지수Gross National Happiness, GNH라는 새로운 척도는 1972년 부탄의 지그메 싱예 왕추크Jigme Singye Wangchuck 왕에 의해 제안되었다. 그는 물질과 정신세계의 조화로운 성장이라는 관점에서 지속 가능한 성장, 문화적 가치의 보호와 홍보, 자연환경 보호, 좋은 거버넌스 수립 등을 제시했다. 이를 발전시켜 2006년 국제경영연구소의 메드 존스Med Jones가 국민총행복을 측정하기 위해 7개 분야의 국민 건강 영역을 제시했다.[9] 그가 제시한 국민 건강 영역은 1) 경제적 건강(소비자 부채, 소득 분배 등), 2) 환경적 건강(오염, 소음, 교통 등), 3) 신체적 건강(심각한 질병, 비만 등 신체 건강 척도), 4) 정신적 건강(항우울제 사용, 심리상담 환자 증감 등), 5) 일자리 건강(실업수당, 일터에서의 불만, 법적 소송 등의 고용시장 척도), 6) 사회적 건강(범죄, 안전, 이혼율, 가정폭력 신고, 가족 간 소송, 범죄율 등), 7) 정치적 건강(풀뿌리 민주주의, 개인 자유, 지역 분쟁 등)이다.

필립 코틀러는《다른 자본주의》에서 물질 이외에 평생의 만족을 얻을 수 있는 삶의 방식으로 1) 예술, 문화, 종교에의 심취, 2) 더 나은 세상 만들기 위해 노력, 3) 검소한 삶 선택 등을 제시한다. 이는 학교교육과 평생교육을 통해 달성해야 할 중요한 삶의 방식이다. 이러한 요

인들에 비추어볼 때 행복한 신실력주의 사회 구축을 위한 학교의 역할
은 더욱 중요해질 것으로 보인다.

수정된 공동체주의

사회 구조 차원에서 신실력주의 사회는 수정된 공동체주의 사회를 지
향한다. 공동체주의 주창자들은 보편적인 보건 서비스, 무상교육, 안
전하고 깨끗한 환경 등을 개인 권리로 간주한다. 그러나 공동체주의는
사회에 순응할 것을 강하게 요구하는 경향이 있어서 자칫 개인의 자유
를 억압하는 문제를 가져올 수 있다. 그래서 제안된 것이 '수정 공동체
주의'다.[10] 수정된 공동체주의는 '독재적 권력 구조와 계층화, 소수집
단에 대한 차별 등의 결함을 가진 전통적인 공동체주의'가 아니라 '참
여, 대화, 공동의 가치'에 기반하고 있다. 방임적 개인주의나 독재적인
집산주의 사회[11]가 아니라 개인의 자유와 권리, 사회적 질서와 책임이
균형 잡힌 사회다. 집산주의 사회는 개인이 아니라 사회적 성취에서
자존감을 얻는 사회로, 개인의 권리가 일부 침해되더라도 사회적 조화
를 중시한다. 개인은 공동체에서 타인에게 훌륭한 모습을 보여야 한
다. 유교 사회, 이슬람, 중동 국가들이 일부 여기에 포함된다.[12]

　이러한 사회를 구축하려면 학교가 이에 적합한 미래 사회의 구성원
을 길러내야 한다. 신실력주의 사회에서는 대입 전형 기준이나 사회적
지도자 선출 기준을 마련할 때에도 지적·기능적 역량만이 아니라 수

정된 공동체주의적 가치관에 부합하는 인재인지, 그리고 실제로 그러한 삶을 살아오고 있는지를 충분 조건으로 포함시켜야 한다.

신실력주의 사회가 되어 누구나 어느 정도 인간다운 생활을 할 권리가 보장된다면 부모들은 자녀를 무작정 입시 경쟁에 몰아넣지 않을 테고, 학생들도 지금보다는 자유롭게 자신의 적성을 찾아 원하는 공부를 하게 될 것이다. 그리고 실력을 갖추기 위해 노력하는 주위 친구들을 시기하거나 경쟁 상대로 삼는 것이 아니라, 그들이 실력을 통해 더 많은 사회적 재화를 창출하도록 장려할 것이다.

기부, 협력, 자원봉사 등 친사회적 행동을 하는 사람이 많아야 사회 전체가 건강해진다. 학교는 미래 사회 구성원이 친사회적 행동을 하도록 유도하고, 반사회적 행동을 자제하도록 길러야 한다. 우리 사회의 무한경쟁 상황을 완화하기 위해 필요한 것 중 하나는 소비의 덫에서 벗어나 검소한 삶을 지향하도록 유도하는 것이다. 교육이 이러한 역할을 성공적으로 수행할 때 보다 행복한 수정 공동체가 만들어질 수 있다.

자본주의라는 경제 시스템과 민주주의라는 정치 시스템이 자연스러운 동반자라고 믿고 있지만, 이는 자본주의 유형에 따라 달라진다는 것이 필립 코틀러의 주장이다. 코틀러에 따르면, 자본이 소수에게 집중된(가령 상위 1퍼센트가 자본의 50퍼센트를 소유) '기업자본주의'에서 1인 1투표제의 민주주의 개념은 사기나 마찬가지다. 상위 1퍼센트는 공동체나 국가를 생각하는 것이 아니라 국가의 정책과 방향에 불평등한 영향력을 행사함으로써 자신들의 최대 수익 보장에만 전념한다는 것이다. 이러한 관점에서 미국의 '로비 제도'는 신랄한 비판을 받고 있다. '자본주의가 민주주의를 이끌어 가는' 것이 아니라 '민주주의가 자본주의를 이끌어 가는' 정치·경제 체제를 만들 때에만 자본주의도 지속될 수 있을 것이다. 신실력주의 사회는 기본적으로 민주주의 사회를 전제로 한다. 자본주의가 민주주의를 이끌어 가는 무늬만 민주주의인 사회가 아니라 진정한 민주주의를 이루기 위해 교육이 해야 할 역할은 민주시민을 육성하는 것이다. 민주시민교육에 대해서는 따로 언급하겠다.[13]

보상과 배분의 공정성 찾기

자유와 공정의 양립

코틀러가 말하는 자본주의의 단점은 실력주의의 그림자와 상당 부분 겹친다. 그가 열거한 자본주의의 14가지 단점 중에는 소득과 부의 불평등 심화, 개인주의와 사리사욕 강조, 시장에 적용되는 공식에 사회적 가치와 행복에 대한 고려 배제 등이 포함된다. 자본주의의 그림자를 옅게 하려면 자유자본주의 성립의 기본 전제부터 새롭게 따져볼 필요가 있다.

자본주의 체제의 바탕인 자유시장경제 초석을 놓은 애덤 스미스가 《도덕감정론》(1759년)에서 주장한 것은 "인간과 인간 사회에 내재하는 자연법칙의 해방, 중세적 또는 중상주의적 각종 규제로부터의 인간 활동력의 해방이었지, 오늘날 통상적으로 이해되고 있듯이, 현실을 그대로 방임하자는 것은 결코 아니었다."[14] 그는 인간성이 해방된 시대, 신이 아니라 인간이 지배하는 시대에 적합한 새로운 사회 운용의 법칙을 제시하고자 했던 것이다. 이를 위해 그는 정의, 자혜, 회한 등의 인간 본성을 분석했다. 자혜와 정의에 대한 그의 비유는 근세의 시작점, 아직은 신의 선한 의지를 믿는 순수함이 존재하던 시절의 생각을 잘 대변하고 있다.

> 자혜는 비유하자면 건물을 지탱하는 기초가 아니라 건물을 아름답게 꾸미는 장식이므로, 그 실천을 권하는 것으로 충분하고 그것을 강제할 필요는 결코 없다. 반면에, 정의는 모든 건물을 지탱하는 주요 기둥이다. 만약 그것이 제거되면 위대하고 거대한 인간사회라는 구조물은 틀림없이 한순간에 산산이 부서지고 말 것이다. … (다행히) 조물주는 인간의 가슴속에 악행에는 악한 응보가 따른다는 인식과, 정의를 위협할 때 가해지는 응분의 처벌에 대한 공포를 인간 사회의 위대한 파수꾼으로서 심어주었다.[15]

애덤 스미스는 또한 공감의 원리[16]에서 근대 시민사회 질서 원리의 기초를 찾고 있다.[17] "인간 본성에 내재하는 공감의 원리 때문에 이기심의 행위를 제한하는 정의의 덕이 나올 수 있다"는 것이다. 만일 "정의가 제대로 지켜지지 않으면 무질서·혼란 등으로 인해 사회의 성립 자체가 위협을 받기 때문에 외적 강제, 즉 정의의 법이 필요하다고 보았다." 이는 그가 상인의 독점 이윤 추구 본능이 정치권력과 유착하여 생기는 각종 비능률, 불공정을 경계하고 반대하는 데 잘 나타나 있다.

그런데 스미스가 믿었던 '위대한 파수꾼'은 더 이상 정의 수호자로서의 역할을 하지 못하고 있다. 중세의 억압에서 인간이 자유로워진 그 당시 스미스의 가정은 타당했으나, 이제는 그 가정으로부터 아주 멀어져 있다. 2010년대 후반부를 지나고 있는 대한민국은 인간의 탐욕과 갈등이 극을 향해 치달으면서 '공감'이 약해지고, 대신 강자가 약자를 지배하는 정글의 법칙이 점차 맹위를 떨치고 있다. 많은 현대인은 악행에 대한 신의 응보나 처벌에 대한 공포감을 잊은 지 오래다. 특히 실력주의 사회적 특성이 강화되면서 갖은 문제가 표출되고 있다.

실력을 갖춘 사람이 공정한 보상을 받는 실력주의 사회는 보상의 공정성에 대한 '중립적 제3자의 공감'을 기초로 한다. 그러나 실력주의 사회가 극단으로 치닫고 경제 세계화가 진행되면서 최고의 실력을 가진 사람과 부를 물려받은 사람이 부와 명예를 독식하는 현상이 더욱 심화되고 있다. 실력에 따른 보상의 차이가 더 이상 중립적 제3자의 공감을 얻기 어려운 정도로 커졌다. 사회의 지속성을 보장하려면 중립적 제3자가 공감할 수 있는 보상 배분의 공정성 기준을 도출할 필요가 있다. 그러나 현실적으로는 자유시장 경쟁 체제에서 승리한 사람들이 부를 독식하는 것을 막기 어렵다.

《도덕감정론》에서 역자 박세일은 '자유의 체계 신봉자들이 반드시 해결해야 할 당면 과제'는 경험적·실증적 연구에 기초한 인간의 본성에 대한 새로운 이해 및 탐구, 새로운 시각의 정립을 통해 '자유와 공정의 양립을 가능하게 하는 사회 구성 원리, 사회 조직 원리'를 제시하는 것임을 강조한다. 그 양립 원리가 "오늘날의 국가독점자본주의, 탈공업화, 자원부족과 환경위기의 시대에 충분히 합리성과 현실 타당성을 가질 수 있을 때, 그때 비로소 애덤 스미스의 '자유의 체계'는 진정한 의미에서 완성되었다고 볼 수 있고, 비로소 우리는 사상사적으로 근대를 극복하고 현대에 살고 있다고 주장할 수 있을 것이다."[18] 마이클 영은 《실력주의 사회 도래》라는 책에서, 실력주의 사회가 가져올 그림자를 경고하면서 그림자를 옅게 할 노력을 기울이지 않으면 결국 사회가 붕괴될 것이라고 경고했다. 마이클 영이 주장한 새로운 시스템은 교육 분야의 도제 제도, 정치 분야의 풀뿌리 민주주의다. 그렇다면 자유와 공정의 양립을 가능하게 하는 사회 구성원 원리는 무엇이 될 수 있을까? 신실력주의가 바로 그 새로운 사회 구성 원리로서의 역할을 할 수 있을 것이다.

우리 사회를 비롯하여 자유시장 자본주의가 극으로 치닫고 있는 사회에서는 '중립적 제3자'의 비율 급감이라는 문제에 직면해 있다. 중립적 제3자를 가장한 어느 한쪽 사람들, 아니면 매수된 '가짜 중립적 제3자'[19]가 늘어나고 있다. 또한 드러내놓고 세 싸움을 하고 있는 사회에서 중립적 제3자는 양쪽으로부터 매도당해 설자리가 없으므로 아예 목소리를 내지 않거나 결국 어느 한쪽에 속하게 되기도 한다.

스미스가 도덕적 자유방임주의 성립의 기본 전제로 내세운 '중립적 제3자의 공감'이 존재하기 어렵고 신뢰도 받지 못하는 시대와 사회에서는 그가 주장한 자유방임주의가 오히려 '정의의 법'에 의해 강제되어야 성립된다. 이러한 상황에서 사회 구성원들은 특정 집단이나 기업이 자신들에게 유리한 것을 정의의 법으로 포장해 통과시킴으로써 불공정한 상황을 유지·강화하는 것을 막는 데 관심을 가져야 한다.

개인 차원의 중립적 제3자가 줄어들 때 대안으로 생각할 수 있는 것은 두 가지다. 하나는 자발적·자립적 시민단체 활성화이고, 다른 하나는 국가 조직(기구) 차원의 중립적 제3자를 만드는 것이다. 우리나라 시민단체 중 회원들이 자발적으로 열심히 활동하고, 회비로 조직이 운영되는 곳은 그리 많지 않다고 한다. 자발적·자립적 시민단체의 활성화는 시민 의식 성장을 전제로 한다. 신실력주의 사회에 적합한 경제 시스템 구축을 위해 학생과 성인을 대상으로 한 시민 교육이 활성화되어야 하는 이유다.[20]

정당과 정부로부터 공적이고 중립적인 '국가교육위원회'는 조직 차원의 '중립적 제3자'로 간주될 수 있다. 국가교육위원회 구성에 대한 주장이 10여 년 이상 지속되는데도 아직까지 구성되지 못하고 있는 것을 보면, 우리나라는 특정 계급의 이익을 대변하는 '도구적 국가', 아니면 '자율 국가'가 아닌가 하는 생각이 든다. 만일 개인 차원의 중립적 제3자가 줄어드는 상황에서 조직 차원의 중립적 제3자마저 만들어낼 수 없다면, 자유주의는 '정글 법칙'과 차이가 없게 될 것이다.

제반 관점의 바탕에는 국가론에 대한 가정이 묵시적 혹은 명시적으로 포함되어 있는데, 이 가정이 사회 현상이나 교육 현상을 바라보는 기본 시각에 중대한 영향을 미친다. 나는 사회의 계급사회 유무에 대한 가정과 국가의 자율성 정도에 관한 가정에 따라 국가론을 유기적

국가의 자율성 수준

	(높음)			
계급없는사회	유기적 관료 국가(Organic Bureaucratic State) : 막스 베버		자율 국가(Autonomous State) : 미셸 푸코, 니코스 풀란차스, 클라우스 오페, 랄프 밀리반트 등	계급사회
	자유 국가(Liberal State) : 애덤 스미스, 제러미 벤담, 존 스튜어트 밀		도구적 국가(Instrument State) : 마르크스, 레닌, 그람시, 알튀세르, 새뮤얼 보울스, 허버트 긴티스	
	(낮음)			

출처: Park, N., "Ways of seeing the phenomenon of higher education expansion through the private sector: The case of South Korea", Unpublished doctoral dissertation, University of Pittsburgh, 1993.

[그림 4-1] 국가론 분류도

관료 국가, 자유 국가, 도구적 국가, 그리고 자율 국가의 네 가지로 분류한다([그림 4-1] 참고). 국가론은 보통 국가 형성 기원에 대한 가정에 따라 둘로 나뉜다. 하나는 국가 형성 기원을 사람들의 집단 의지(계약)의 총화에 의한 것으로 보는 관점이고, 다른 하나는 생산 관계가 반영된 것으로 보는 관점이다. 전자는 계급이 없는 사회를 가정하고 후자는 계급사회를 가정하므로, 사회 계급을 국가론 구분의 한 축으로 삼았다. 국가론을 나눌 수 있는 또 하나의 기준은 국가가 사회 전체의 이익을 위해 일한다고 보는지, 아니면 특정 집단(이익집단, 산업체 등 포함)을 위해 일한다고 보는지, 즉 국가의 특정 계급(계층)으로부터의 자율성에 대한 것이다.

[그림 4-1]에서 보듯이 유기적 관료 국가론은 계급이 없는 사회, 그러면서 다양한 집단으로부터 자유로운 국가다. 자유 국가론은 계급이 없는 사회를 상정하지만 국가는 정치적 뜻을 같이하는 집단의 정치적 활동에 자유롭지는 못하다고 본다. 따라서 작은 국가를 최상의 국가로 간주한다. 도구적 국가론은 국가를 특정 계급을 위한 위원회로 간주한

다. 자율 국가론은 국가가 생산 양식을 유지·발전시키기 위한 계급(갈등)의 산물이라고 보는 점에서 도구적 국가론과 유사하다. 하지만 자율 국가론은 국가가 단순히 특정 집단이나 계급의 이익만을 반영하는 것이 아니라 강력한 집단들의 이익과 이데올로기 경쟁의 장을 제공하는 역할을 한다고 본다. 이로써 국가가 특정 집단(계급)으로부터 상대적 자율성을 가지게 되었다고 보는 점에서 도구적 국가론과 차이를 보인다.

상호 공감 본능과 독점 이윤 추구 본능(과 정치권력 유착 본능)이 충돌할 때, 후자를 억누르며 전자가 우선적으로 발휘되도록 하려면 사회·제도적 차원과 교육적 차원의 노력이 병행되어야 한다. 사회·제도적 차원에서는 개인적(소아적) 차원의 상호 공감 능력에 의존할 것이 아니라 사회적(대아적) 차원의 상호 공감 능력, 즉 공개적이고 합법적인 절차에 따른 상호 공감 본능이 사회적 실체(합리적 법률과 제도)가 되게 해야 한다. 요즈음 만들어지고 있는 합리적 규제는 스미스의 표현을 빌리면 '대아적 상호 공감 본능의 사회적 실체'라고 명명할 수 있을 것이다.

또 하나 필요한 것은 교육적 차원의 노력이다. 사회적 공감 능력 발휘가 개인에게 더 도움이 되도록 하는 법률과 제도를 마련하더라도 개인들의 독점 이윤 추구 본능이 걷잡을 수 없이 커지는 상황에서는 편법과 탈법이 난무할 것이다. 때문에 법과 제도만으로는 스미스 식의 '자유방임주의'를 달성하기 어렵다. 이때 필요한 것은 개개인의 공감력을 높이고, 나아가 중립적 상호 공감 본능을 제대로 표출할 수 있도록 개인을 교육시키는 것이 무엇보다도 중요하다. 이는 교육이 길러주어야 할 중요한 역량의 하나가 되어야 한다.

양심적 자본주의 또는 따스한 자본주의

필립 코틀러는 빈곤과 소득 불평등 문제를 완화하기 위한 대안으로 상속세와 소득세 누진율 강화, 최고경영진에 대한 과도한 임금 체계 개혁, 시간당 최저임금 상향, 마이너스 소득세[21] 도입 등을 제안한다. 이러한 제안은 부자들의 반발을 불러일으킬 테니 이들을 꾸준히 설득하는 것이 관건이다. 가령 부자 증세는 시민들의 구매율 상승으로 이어져 경제가 활성화되고 결국 세금을 내는 사람들이 늘어나게 되므로, 대중의 삶의 질 향상은 부자들에게도 좋은 일임을 일깨워줘야 한다는 것이 코틀러의 논리다. 그러나 이에 동의할 부유층은 별로 없을 것으로 보인다. 코틀러는 사람들이 더 나은 삶을 영위하도록 하려면 소비지상주의를 바꿔야 한다는 주장도 한다. 이 목적을 달성하기 위해서는 "어쩌면 계획적인 독재경제 같은 극약처방이 요구될지도 모른다"는 주장까지 한다.[22] 그러나 민주자본주의 국가에서 이 제안은 대안이 될 수 없다. 그리되면 좋겠지만 실현 가능성이 없는 일종의 TBU[True But Useless] 전략에 불과하다. 코틀러가 제시한 제도 개혁안이 실현되도록 하기 위한 방안은 그가 제시한 부유층 설득이나 독재경제에서가 아니라 다른 길, 즉 교육에서 답을 찾을 수 있다.

복지경제 체제에서는 상호 신뢰와 탄탄한 사회적 기반을 갖춘 도시형 소규모 국가가 아닐 경우 근로 의욕 저하와 필요한 재원 마련이 문제로 대두된다. 근로 의욕 상실 문제를 보완하는 방안으로 환불성 세액공제refundable tax credit[23], 공동결정co-determination[24], 노동자 중심 기업(종업원지주제도), 보편적 저축계획 수립[25] 등이 제안되고 있다.

피케티는《21세기 자본》에서 유럽형 복지국가를 '사회적 국가'라고 부른다. 의료, 교육, 연금 등 인간 생존과 관련된 기본적인 사회적 권리(사회권)에 대한 폭넓은 합의가 존재하는 '유럽식 사회 모델'이다. 이러한 사회적 국가(예컨대 스웨덴)는 복지경제 체제를 바탕으로 한다. 복지경제 체제에서 기업은 '노동자와 그 가족들이 생활하는 데 필요한 생활임금(노동자의 최저생활비를 보장해주는 개념) 지급, 장기휴가와 충분한 출산휴가 제공, 어쩔 수 없이 해고할 때에는 반드시 충분한 보상, 시민의 건강과 보건에 높은 가치 부여 등의 역할을 한다. 이런 시장경제를 양심적 자본주의capitalism with a conscience, 따스한 자본주의capitalism with a heart라고도 부른다.[26]

코틀러의 말을 그대로 받아들이면, 복지경제 체제가 되려면 기업이 단순한 영리 조직이 아니라 한 국가에서 국가와 더불어 국민의 경제를 책임지는 제3의 공공 조직으로서 역할을 수행해야 한다. 자본주의 체제에서도 복지경제 체제에서만큼은 아니지만 기업과 기업인이 이러한 역할을 일부 수행하고 있는 것은 사실이다. 기업이 이러한 역할을 하도록 국가가 최대한 지원하겠지만, 더 중요한 것은 기업가의 마음 자세다. 기업가가 제3의 공공 조직 운영자로서의 역할을 수행하도록 하려면 어려서부터 교육을 통해 미래 기업가의 마음속에 꿈과 희망을 심어주어야 한다. 이들이 성장하면 자연스럽게 복지경제의 한 축을 담당하는 기업가가 될 수 있다. 이와 함께 노동자들의 인식 전환도 필요하다.

약탈자와 부랑자

우리는 보통 기업가와 직원, 자본가와 노동자를 선악의 이원 구도로 놓고 논의를 진행한다. 그러나 이러한 이원적 접근은 문제 해결에 도움이 되지 않는다. 혁명이나 전쟁이 아니라면 기업가와 자본가의 적극적 협력이 있어야 경제적 차원의 신실력주의 사회 구현 또한 가능하다.

직장 생활을 하다가 조그마한 사업이라도 시작한 사람들은 한결같이 월급 이야기를 한다. 직장 생활을 할 때에는 월급날이 더디 오는 것 같더니, 사업주가 되고 나니 월급 주고 나면 또 월급날이 다가와 그 스트레스가 보통이 아니라는 것이다. 중소기업만이 아니라 대기업 또한 항상 초경쟁hypercompetition 환경에서 생존을 위해 애쓰고 있다. 초경쟁은 신기술과 신제품을 개발하더라도 경쟁자들이 더욱 좋은 상품을 저렴하게 내놓기 위해 빠르게 움직이고, 낮아진 무역장벽으로 선도적 기업의 지위가 항상 위태로운 상황에서 나타난다.[27] 보스턴컨설팅그룹BCG이 1950년 이후 상장기업 3만 5000개를 분석한 결과, 기업의 평균수명은 30년에 그쳤다. 기업들은 매년 열 개 중 한 개꼴로 사라지고, 세 개 중 한 개는 5년 이상 생존하지 못한다.[28] '탐욕'과 이러한 상황이 복합적으로 작용하여 기업가들은 늘 불안해하며 한없이 부를 축적하려고 한다.

에인 랜드Ayn Rand의 책 《아틀라스Atlas Shrugged》는 기업 경영자들이 늘어나는 세금과 정부 규제에 반발하여 기업 문을 닫고 사라지는 사회에 관한 이야기를 담고 있다. 그는 무력으로 생산자의 재산을 빼앗는 '약탈자'와, 생산은 하지 않으면서 남이 벌어놓은 돈을 달라고 요구하고 세금으로 남의 재산을 뺏는 '부랑자' 때문에 파괴되어가는 사회를 그리고 있다. 한쪽에서는 심각한 빈부 격차가 사회의 파멸로 이어질 것이라고 경고하고, 다른 한쪽에서는 약탈자와 부랑자 때문에 사회가 파괴될 것이라고 주장한다.[29]

이 두 가지 주장은 동일한 현상의 서로 다른 측면을 보고 있다. 기업 경영자의 눈에는 불법적으로 혹은 합법적으로 재산을 빼앗아 가는 세상 사람들이 약탈자와 부랑자로 보이기 때문에 그 사회에서 벗어나고자 한다. 다른 한편으로는 물리적 형태로 존재하는 재산을 포기하기가 힘들어 로비를 통해 이를 지키려고도 한다. 사회 일반인의 눈에는 기업 경영자를 포함한 슈퍼리치가 불법, 편법, 탈법적인 수단을 동원해 자신들에게 돌아올 소득을 빼앗아 간 도둑으로 보인다.

그런데 여기서 하나 눈여겨볼 것이 있다. 기업가의 눈에 사회 구성원의 행동이 약탈자나 부랑자와 유사하게 보이는 때는 객관적 지표로 보아도 계층 간 소득과 재산 양극화가 극심한 상태에 이르렀을 때다. 애덤 스미스의 표현을 빌리자면, 실력에 따른 소득의 차이나 부의 차이가 더 이상 '중립적 제3자의 공감'을 얻기 어려운 정도로 커진 때다. 이러한 상황에서 사회의 지속성을 보장하기 위해서는 중립적 제3자가 공감할 수 있는 보상 배분의 공정성 기준을 도출할 필요가 있다. 국가와 기업가는 양극화가 심각해지지 않도록, 즉 중산층이 튼튼하게 성장할 수 있도록 해야 한다. 잃을 것이 많은 중산층은 약탈자와 부랑자처럼 행동하지 않을 것이기 때문이다.

정치가를 혐오의 대상으로만 가르치는 상황에서는 사랑과 희생정신을 갖춘 정치가가 배출되기 어렵다. 학교가 정치가의 바른 역할과 중요성을 깨닫도록 학생들을 교육하고 정치에 대한 꿈도 갖도록 이끌 때, 우리 정치의 미래가 밝을 것이다. 그리고 그들의 헌신에 대해 사회가 늘 존경과 감사를 보낼 때, 그들은 국가의 미래를 위해 더욱 바른 정치를 펼칠 것이다. 기업가에 대해서도 마찬가지다. 기업가가 처한 상황에 공감하고, 기업가정신을 높이 사며, 그들을 존경하는 사회적 분위기가 조성될 때 그들도 초경쟁 상황에서 얻어진 수익을 사회에 환원하고자 할 것이다. 이러한 사회 분위기 조성은 학교교육으로부터 가능하다. 학생들에게 기업가정신과 그들의 헌신을 이해하고 스스로도 그러한 존경받는 기업가가 되도록 교육시키는 것은 학교의 몫이다. 이러한 교육을 받은 아이들이 성장하여 기업가가 될 때, 그들은 자신의 역할이 단순히 돈을 버는 것이 아니라 자기가 속한 사회의 경제를 책임지는 중요한 사람임을 인식하며 역할을 수행할 것이다.

오늘날 우리 사회의 모습은 마주 보고 달리는 기관차와 같다. 이는 사회의 파멸을 가져올 뿐이다. 일반인은 기업가를 존중하고 기업인은 사회 모두를 위한 부를 창출하는 역할을 할 때, 이에 필요한 사회구조의 틀을 만들 때, 그리고 교육이 사회 구성원의 생각 틀을 이쪽으로 이끌어 갈 때 우리 사회는 두 개의 기관차가 하나로 합체하여 더 큰 동력을 가지고 앞으로 나아가듯이 힘차게 미래로 나아갈 수 있을 것이다. 앞에서 이야기한 것처럼 최근에는 신자유주의가 지향하는 경제적 효율성과 기존의 사회민주주의적 복지국가가 표방했던 사회적 형평성 사이에 조화를 추구하는 사회투자국가social investment state 모형이 제시되고 있다.[30]

사회투자국가론의 시사점과 한계

최근 자본주의와 복지국가의 한계를 극복하기 위한 대안으로 사회투자론이 관심을 받고 있다. 사회투자란 '국가 차원에서 이루어지는 인적자본과 사회 서비스에 대한 지출'을 의미한다. 사회투자론은 "사회투자형 사회정책을 통해 사회 구성원의 노동시장 참여 권리와 기회가 향상되면 고용률이 높아지고 근로자의 생산성이 높아져 경제성장 잠재력이 확충될 것으로 기대"하고 있다. 그리고 적극적인 기회 평등의 결과, 사회적 이동성이 높아져 사회 통합이 제고될 것으로 기대한다. 과거에도 인적자본 형성에 사용하는 비용을 사회투자라고 불러왔기 때문에 새로운 관점은 아니다. 그러함에도 불구하고 사회투자국가론이 새롭게 주목을 받는 이유는 경제성장을 저해한다고 인식된 복지국가 사회정책의 한계를 극복할 대안으로 받아들여지고 있기 때문이다.[31]

사회투자 정책은 1990년대 유럽에서 복지국가의 위기를 극복하기 위한 노력의 일환으로 등장했다(예컨대 제3의 길을 주창한 영국의 블레어 수상과 독일의 슈뢰더 수상의 공동선언). 사회투자 정책 방향은 신자유주의적 노동시장 개혁을 받아들이고, 친시장·친기업 정책을 통해 경제의 활력을 추구하며, 사회지출 중 소득이전은 억제하고 대신 사회투자성 서비스를 강화하여 노동 참여와 인적 개발을 도모하는 것이다.[32] 생산력이 뒷받침되지 않는 복지사회의 건설은 불가능하므로 '시장력을 활용'하려 하고, 사회권(국민의 권리)은 '책임을 동반함'을 전제하는 점에서 기존 복지국가와는 다르다.[33]

이 관점은 지식 기반 경제사회가 지식과 기술의 변화에 부응하지 못하는 근로자의 도태와 장기 실업의 증가를 가져왔다고 주장한다.[34] 따라서 사회 간접 시설에 대한 투자나 인적자본 형성에 대한 투자로 사회적 불평등이 상당 부분 완화될 수 있다고 가정한다. 하지만 저성장 추세와 제4의 산업화 진행 때문에 일자리가 급감하는 상황에서는 사회투자로 인해 대졸자나 숙련된 기술자가 늘어날 경우 역효과만 커진다. 특히 노동시장이 이원화·양극화된 상황에서 사회투자 접근의 효과는 더 줄어든다. 근로자의 도태가 아니라 오히려 고학력과 하향취업이 문제가 되고 있는 우리나라가 대표적인 사례다. 이에 대해 사회투자론자들은 대졸자들이 기업체가 원하는 역량을 갖추고 있지 못하다고 반박한다.[35] 하지만 대졸자가 그러한 역량을 갖추지 않는 이유가 있다. 직업에 필요한 역량(지식과 기술)은 어느 직종에서나 활용할 수 있는 일반 역량과 특정 역량으로 구분된다. 특정 역량은 다시 특정 산업에만 활용 가능한 특정 산업용 역량과, 특정 기업에만 활용 가능한 특정 기업용 역량으로 나뉜다. 개별 기업은 노동자가 특정 기업용 혹은 산업용 역량을 갖추기를 바란다. 하지만 노동자 입장에서는 "세월이 지나도 기업으로부터 임금이 보장된다는 '임금보호', 실업을 당할 위험이 크지 않다는 '고용보호', 실직 시 새로운 직장을 찾을 때까지 국가가 생활을 보호한다는 '실업보호'가 전제되지 않는 한 일반 기술을 갖추는 편이 훨씬 합리적이다. 스웨덴이나 독일에서 특정 역량을 연마하는 직업교육에 대해 선호가 높은 이유는 잘 발달된 복지 제도 때문이다."[36] 기회 평등만이 아니라 복지 제도가 잘 갖춰져야만 특정 산업용 역량을 길러주고자 하는 사회투자론자적 관점도 더 설득력을 갖게 될 것이다.

사회투자론자는 불평등의 원인에 따라 보정 여부를 달리해야 한다는 생각을 바탕으로 한다. 이들은 불평등의 원인을 1) 사회적 차별 discrimination, 2) 사회경제적 여건의 불평등 social background inequality, 3) 자연적 우발성에 따른 불평등 natural endowment inequality, 4) 성실성과 삶의 방식의 차이 differences in effort and lifestyle choice로 나눈다.[37] 자유주의자는 이 가운데 사회적 차별의 제거에만 초점을 둔다. 그러나 사회투자론자는 사회경제적 여건의 불평등에 개입하여 저소득 가정의 아동과 청년, 그리고 여성의 기회 평등 기반을 확대하고, 나아가 우발적 불평등에까지 개입하여 장애인 등에게 보다 적극적인 삶의 기회를 보장하는 것도 목표로 한다고 주장한다. 이들은 '기회의 평등을 적극적으로 제고하는 것'에는 찬성하지만, 결과 평등을 달성하기 위해 성실성과 삶의 방식 차이에 의한 불평등도 보정해주어야 한다는 전통적 평등론에는 동의하지 않는다. 개인 책임에 따른 불평등은 용인해야 한다는 것이 이들의 주장이다.[38]

사회투자론자의 주장은 일견 타당해 보인다. 그러나 깊이 들여다보면, 우발성에 따른 불평등이 아닐 경우 개인이 성실하지 못하여 차별을 받는 것으로 간주하여 불평등을 용인해야 한다고 주장함으로써 실력주의 사회의 기본 가정인 '개인노력무한가능설' 및 '개인무한책임설'과 궤를 같이하고 있음을 알 수 있다. 아울러 자본주의 자유시장은 많은 문제를 초래하고 실패를 거듭하고 있는데도 기본적으로 시장이 제대로 작동함을 전제로 하고 있어서 현실과 일부 동떨어진 주장이 되고 있다. 그러함에도 불구하고 "기회의 평등을 보장하는 재분배 정책의 설계와 시행에 있어서 '기회'는 반드시 '책임'을 동반하게 하고, 재분배는 나태함이 아니라 근로를 보상하는 원칙"을 따르게 함으로써 '근로의욕고취형 복지국가'의 논리적 기반을 제공하는 측면을 가지고 있다.

사회적 책임감을 길러주는 교육

앞에서 살펴본 것처럼, 극단을 향해 가고 있는 무한경쟁 승자독식의 실력주의 사회(자본주의 사회) 그림자를 옅게 하기 위한 다양한 방안이 제시되고 있다. 신실력주의 사회를 구축하고자 할 때 가장 문제가 되는 것은 실력을 가지고 사회 상층부를 점한 사람들을 설득하는 것이다. 필립 코틀러는 부자들의 반발을 극복하기 위해 이들을 꾸준히 설득해야 한다고 주장하는데, 그가 제시한 방식이 받아들여지리라고 믿는 사람은 별로 없다. 이보다 더 효과적인 것은 교육을 통해 미래 부자들을 미리 설득하는 것이다. 교육은 자라나는 미래 시민이 바람직한 가치관을 갖도록 가르칠 수 있다. 이 책이 제시한 실력주의 사회에 대한 신화 타파, 개인 실력 형성에서 개인의 순수 노력이 차지하는 비율에 대한 정확한 이해 등은 미래 시민을 설득할 근거가 될 것이다.

그런데 제시된 대부분의 방안은 부유층과 기득권층이 얻은 과실을 재분배하도록 요청하는 것이어서 이들의 저항을 극복하는 것이 관건이다. 경제학자들이 이들을 설득하려고 제시하는 논리는 재분배가 이들에게도 경제적으로 득이 된다는 것이다. 하지만 그 논리로 이들을 설득하는 것은 어려워 보인다. 여기서는 신실력주의 사회 구축을 위해 교육이 기여할 수 있는 바를 찾아보고자 한다.

신실력주의 교육 모형도 실력주의 사회와 마찬가지로 개인이 자신의 실력을 최대한 기르도록 독려한다. 학습 부담을 고려해 쉬운 수능 정책을 고수하거나, 객관성을 위해 실력을 갖춘 인재를 뽑지 못하도록 하는 정책은 신실력주의 사회 모델과 거리가 멀다. 미래 사회가 필요로 하는 인재상, 더불어 사는 인재상을 명확히 설정하고, 그 목적에 맞추어 학생들이 자신의 잠재력을 꽃피워 보람을 느끼며 살아가도록 최대한 이끌어야 한다. 실력주의 교육 모형도 더불어 사는 인간을 기르기 위해 노력을 기울였지만, 실력주의 사회 구조와 부조화를 이루며 목적을 달성할 수 없었다. 이 목적이 달성되도록 하려면 신실력주의 사회를 만들기 위한 사회적 노력과 함께 학교 차원에서도 신실력주의 사회 모형에 적합한 사회 구성원을 배출해야 한다.

단기적으로는 교육개혁안을 마련할 때 우리 사회가 실력주의 사회인 까닭에 나타나는 문제와 교육이 잘못하여 나타나는 문제를 구분하여 타당한 정책을 세워야 한다. 교육이 원인이 아니라 실력주의 사회가 원인인 문제를 교육 정책으로 해결하고자 하면, 기대한 만큼의 성과를 거둘 수 없을 뿐만 아니라 오히려 부작용만 더 커진다.

실력주의 사회의 그림자를 옅게 하기 위해 교육이 할 수 있는 것은 무엇일까? 마이클 영은 실력주의 사회의 가장 어두운 그림자의 하나로 하층을 대변할 사람이 없어진 점을 들고 있다. 실력주의 사회에서는 하층 사람 중에서 뛰어난 사람들이 상층으로 이동해도 더 이상 하층 사람들을 대변하지 않게 된다는 것이다. 그의 지적은 대부분 사실이지만, 이러한 그림자를 옅게 할 수 있는 길도 교육에 있는 것 같다. 교육을 제대로 받으면 실력을 인정받아 상층으로 이동하더라도 하층을 대변하게 되고, 하층 사람을 위해 살 수 있을 것이기 때문이다.

부처는 왕자로 태어나 부족함 없이 생활했지만 백성들의 고생과 세상의 부조리와 비합리성을 보고 내적 갈등을 일으키며 구제할 생각을 하게 된다. 물론 영의 관점에서 보면, 세습 시기의 지도자는 약간의 죄의식이 있고 그 미안함이 오히려 중생구제의 생각을 갖게 한다고 해석할 수도 있다. 그러나 근본적으로 인간은 자기가 속한 계급이 아닌 다른 계급을 이해하고 공감하며 구제하고자 하는 생각을 가질 수 있으며, 실제로 구제하는 사람이 많다. 계층과 무관하게 인간의 능력을 무작위로 고르게 배포하는 신의 의지(혹은 자연의 법칙)의 결과로 계층 간 유동성이 발현될 여지가 생긴다.[39] 반면 타인과 공감할 수 있고 자기가 속한 계층과 한계를 벗어나 스스로를 자유롭게 할 수 있는 인간 해방 교육 가능성에 의해 인간 사회는 명맥을 이어가고 있다. 그런데 최근 그러한 가능성을 우리 스스로 망각해가고, 학교에서도 그 가능성 개발을 소홀히 하고 있다. 이제 우리 인간이 경쟁의 함정에서 벗어나 경쟁의 필요성과 효과는 인식하고 유지하되 사회적 책무성을 느끼는 사람, 더 나은 사회를 만들기 위해 애쓰는 글로벌 시민이 되도록 교육력을 회복할 때가 되었다.

하나 명확하게 인식할 점은 교육에 대한 보편적 투자와 사회적·교육적 약자에 대한 정책적 배려는 실력이 있는데 가정환경 탓에 잠재력이 덜 개발된 사람을 선발함으로써 실력주의 사회를 강화하기 위한 정책이 아니라, 실력주의 사회의 그림자를 옅게 하기 위함이라는 것이다. 실력주의 사회를 강화하기 위한 것으로 오해할 경우 사회적 약자를 대학에서 받아놓고, 이들은 잠재력이 덜 개발된 집단이므로 그냥 두어도 스스로 더 나은 성적을 보일 수 있을 것이라는 비논리적 사고나 주장을 하게 된다. 사회적 약자를 받아들였으면 대학에서 특별한 수학능력 보완 프로그램을 운영하고, 특별 지도교수나 직원을 배정하여 대학 생활 적응과 진로 지도를 도와야 한다. 나아가 사회에서는 이들이 직장을 구할 때에도 특별한 배려를 하는 방식으로 보다 적극적인 의미에서 보완책을 마련해야 한다. 신실력주의 사회는 그 혜택을 한 개인만 보는 것이 아니라 사회가 공유하는 사회다.

교육개혁을 위한
올바른 질문

———

교육 문제는 왜 갈수록 악화되는가?

교육 문제와 교육 관련 문제

1970년대부터 지금까지 정책 의제로 삼아왔으나 전혀 효과를 보지 못하고 있는 문제들이 있다. 사교육비, 부모와 학생의 고통, 아이들의 전인적 성장, 학습 부담, 과도한 경쟁, 입시 위주의 교육 등이 그것이다. 이들 문제를 완화하려고 1970년대에는 중학교와 고등학교 평준화를 실시했고, 1980년에는 7·30 교육개혁을 통해 과외 금지, 대입 전형 제도 개선, 대학 입학 정원 확대 등을 실시했다. 이들 문제는 현재까지도 중요 의제로 다루어지고 있지만 사교육비는 증가하고, 부모와 학생들의 고통은 줄어들지 않았다. 아이들의 체력과 인성의 수준은 낮아지고, 학습 부담도 줄지 않으며, 공교육 파행은 갈수록 심해진다. 공교육정상화법(공교육 정상화 촉진 및 선행교육 규제에 관한 특별법)까지

만들어 시행하고 있으나 문제 해결 기미는 보이지 않는다.

반세기에 가까운 세월 동안 줄기차게 시도했지만 성과를 거둘 수 없었던 이유는 무엇일까? 우선 개혁안이 잘못되었기 때문일 수 있다. 이 경우에는 새로운 개혁안을 만들어야 할 것이다. 대입 제도의 경우 생각할 수 있는 제도는 거의 다 시행해보았다고 할 만큼 지속적으로 제도를 바꾸어왔다. 바꾸면 바꿀수록 문제가 커지는 것으로 보아 개혁안의 문제는 아닌 것 같다. 또 다른 이유로, 교육개혁을 통해 해결할 수 없는 문제를 교육개혁으로 해결하려고 했기 때문일 수 있다. 나는 이를 교육이라는 벽에 비친 사회의 문제를 각종 세척제(교육개혁)로 지우려는 시도라고 비판하면서 '그림자론'을 제기한바 있다.[1]

교육 문제로 보이는 것 중에는 교육 자체로 인해 생기는 문제가 있고, 사회 문제가 교육이라는 벽에 비쳐 교육 문제처럼 보이는 문제가 있다. 여기서 전자를 교육 문제라고 하면, 후자는 교육 관련 문제라고 할 수 있다. 가령 학생들이 수업에 흥미를 느끼지 못하는 것은 교사의 수업 역량에 문제가 있는 교육 문제라고 할 수 있다. 이는 새로운 교수법 연수를 통해, 혹은 학생들의 강의 만족도 조사 등을 통해 개선해가야 할 문제로서 교육개혁으로 개선이 가능한 교육 문제다. 반면에 학교에서 나타나는 과도한 경쟁은 학교교육의 오류에 의해 발생하는 문제가 아니라, 그 뿌리가 실력주의 사회의 과도한 경쟁에 닿아 있는 교육 관련 문제다. 과도한 경쟁 문제를 학교교육을 통해 해결하려는 것은 벽에 비친 그림자를 지우려는 것처럼 불가능한 일이라는 것이 그림자론이다.

같은 대입과 관련된 문제 중에서도 교육 문제가 있고, 교육 관련 문제가 있다. 대입 제도가 고등학교까지의 학교교육이 학생들에게 필요한 미래 역량을 기르도록 유도하는 데 실패하거나 시험을 통해 그러한 역량을 측정하지 못한다면, 이는 대입 시험과 전형 기준 개선을 통해 해결해야 할 교육 문제다. 반면 명문대를 향한 과도한 경쟁은 앞에서도 이야기했듯 대입 제도 개편을 통해 해결할 수 있는 문제가 아니다. 가령 대입 제도에 의해 발생하는 과도한 사교육비 문제도 교육 관련 문제에 가깝다. 2018년도 대입 개혁 방안과 관련하여, 학생부종합전형(학종)과 수학능력시험(수능) 위주의 정시모집 중에서 어느 것이 사교육비를 더 유발하고 있는가 하는 논쟁이 진행되었다. 명문 대학 입시에서 학종이 차지하는 비율과 수능이 차지하는 비율을 늘리거나 줄이면 이에 따라 관련 영역의 사교육비가 늘거나 줄어드는 것처럼 보인다. 하지만 이는 풍선효과일 뿐이다. 영어가 사교육 유발의 주범이라고 하여 수능 영어를 절대평가로 바꿨더니 수능 수학의 사교육비가 급증했다. 수능을 모두 절대평가로 전환하면 수능 대비 사교육비는 줄겠지만 대신 다른 전형 요소를 대비하기 위한 사교육비가 늘 것이다. 대학 진학 의욕을 가진 학생 숫자나 비율이 줄지 않는 한 경쟁은 줄어들지 않을 테고, 그러면 해당 대학에 진학하고자 하는 학생들의 사교육비는 크게 줄지 않을 것이다. 즉 사교육비는 대입 정책을 통해 획기적으로 줄일 수 있는 문제가 아닌 것이다. 이처럼 교육 관련 문제와 교육 문제를 구분하지 못하면, 아무리 교육 제도나 정책을 바꾸더라도 문제는 해결되지 않을뿐더러 더 악화되기도 한다.

오늘날 거론되고 있는 교육 문제의 상당 부분은 경제 혹은 사회 구조의 문제가 교육에 영향을 주고 있는 것뿐이다. 문제의 뿌리가 교육에 있고 오히려 교육 문제가 다른 분야에 영향을 주는 경우인지, 아니면 다른 데 뿌리가 있는 문제가 교육에 영향을 주는 경우인지를 잘 헤아려볼 필요가 있다. 즉 교육개혁 의제를 선정할 때 '교육 의제'(교육개혁을 통해 주로 해결이나 개선이 가능한 의제)와 '교육 관련 의제'(교육의 벽에 비쳐 오직 교육 의제로 착각되지만 외부 사회의 의제에 가깝고, 관련 분야에서 다루거나 교육이 주도하더라도 범정부·범사회적 차원에서 해결을 위해 협력해야 할 의제)로 나누어야 한다. 그리한 후 교육개혁은 그 초점을 교육 문제에 맞춰야 한다. 지금까지 이를 혼동하면서 교육 관련 의제를 가지고 교육을 흔들려고 한 경우가 많았다. 대표적인 것이 앞에서 언급한 과도한 경쟁, 사교육비 증가, 대입 전형 제도 등의 문제다. 사교육비의 경우 공교육이 정상화되지 않아서 증가한 것이 아니다. 공교육이 엉망인 국가에는 사교육 문제도 없다. 이는 과도한 실력주의 사회가 만들어낸 그림자인 것이다.

교육 관련 의제를 해결하려면 정치·경제·사회·문화 등 관련 분야와의 공동 접근에 더 초점을 맞추어 범정부적으로 접근해야 한다. 그러한 의제를 교육개혁으로 해결하고자 한다면 처음부터 교육으로 이룰 수 있는 성과의 한계를 명확히 하고, 정책 성과를 평가할 때도 교육개혁으로 달성할 수 있는 제한된 성과에 초점을 맞추어야 한다.

'완벽한 실력주의'라는 환상

우리 사회의 빈부 격차 정도는 OECD 국가 중에서 2위이고, 계층 간의 갈등도 심화되고 있다. 또한 고등학교 졸업자 수는 줄어든다는데 대입전쟁은 약화될 기미를 보이지 않는다. 문제를 완화하기 위해 대입 제도를 바꾸고, '학벌 타파를 통한 능력주의 사회 구현'이라는 구호 아래 다양한 보완책을 내놓아도 백약이 무효다. 1980년의 7·30 교육개혁을 거쳐 5·31 교육개혁, 그리고 현재까지의 노력이 성과를 거두지 못하고 있다. 이러한 문제의 뿌리는 무엇이며, 해결책은 있는 것일까?

우리 사회가 착각하고 있는 것이 있다. 실력(능력)주의 사회가 구현되면 학교교육이 정상화되고, 대입 경쟁도 완화되며, 우리가 꿈꾸는 보다 정의롭고 바람직한 사회가 될 것이라는 믿음, 학교가 경쟁심을 조장하고 있다는 믿음이 바로 그것이다. 이 장에서는 '능력(실력)주의 사회 구현'이라는 정책 방향이 무엇이 문제인지를 먼저 간단히 밝힌다. 이어서 미래 사회 변화를 예측하고 우리가 만들고자 하는 미래를 간략히 그려봄으로써 교육개혁이 나아갈 방향을 제시하는 토대로 삼는다.

2015년 5월 '한국 교육정책 결정 구조의 정치학'이라는 주제로 열린 한국교육정치학회 세미나에서 각 정부의 교육개혁에 깊숙이 관여했던 발표·토론자들이 내린 결론 중 하나는, 우리나라 같은 제왕적 대통령제에서는 대통령에게로 통하는 문의 열쇠를 가진 사람key person이 말 그대로 개혁에서 핵심 역할을 하게 된다는 것이었다.[2] 5·31 교육개혁을 자율과 경쟁의 신자유주의 기조로 이끌어 간 핵심 인물 중 한 명은 박세일로 알려져 있다. 박세일은 2015년 한반도선진화재단이 주최한 '미래인재육성 대토론회'에서 〈21세기 선진통일을 위한 교육개혁: 철학과 전략〉이라는 글을 통해, 5·31 개혁이 원래 의도한 목적을 달성하지 못한 채 아직도 사람들이 교육 때문에 고통을 받는 이유를 밝히고 나아가야 할 기본 방향을 제시했다.[3] 당시 새정치민주연합 핵심 인사는 한반도선진화재단의 이러한 행사가 교육만이 아니라 다른 분야에 대해서도 집권 플랜을 짜기 위한 한 방편으로 보인다는 발언을 했다. 그의 글에는 국가 목표 및 비전이 제시되어 있고, 향후 진행되어야 할 교육개혁에 영향력을 행사하고자 하는 강한 의지가 나타나 있다. 그는 2017년에 세상을 떴지만, 그를 따르던 많은 사람들은 그의 신념을 발전시켜가고 있다. 여기서는 그의 글을 간단히 분석하면서 우리 교육이 나아가야 할 방향을 되짚어보고자 한다.

박세일의 지적대로 우리나라 학부모와 학생들은 아직도 고통에 빠져 있고, 교육은 풀어야 할 과제가 산적해 있다. 5·31 교육개혁안을 만든 교육개혁위원회가 한국 교육의 현안 문제로 지적한 것은 '단편적 지식만을 암기하는 현실로부터 유리된 교육 그리고 불량품 인력 제공', 입시지옥, '값싼 학교교육'과 과중한 사교육비, 획일적 규제 위주의 행정, 도덕교육의 상실이다.[4] 개혁을 실시한 지 20년이 지났지만 어느 하나 해결된 것은 없고, 오히려 지난 세월 동안 더 악화되어 관련된 국민의 고통은 더욱 커지고 있다.[5] 박세일은 그 이유를 1) 교육 목표와 교육 철학의 혼란, 2) 교육 제도와 시장 간 불일치, 3) 교육개혁의 리더

십 부재 등 세 가지로 적시하고 있다.[6]

'교육 목표와 교육 철학의 혼란'의 예로는 수월성과 형평성 간의 대립과 갈등, 근대 역사에 대한 관점의 차이 등을 들고 있다. 그런데 그가 든 예를 포함하여 교육과 관련하여 벌어지고 있는 상당한 갈등은 그의 말대로 교육에 영향을 행사하고자 하는 사람들의 집단적·개인적 이념의 갈등이지 교육 목표와 철학의 혼란이 아니다. 교육 이념과 목적은 교육기본법 제1장 제2조(교육이념)에 "홍익인간弘益人間의 이념 아래 모든 국민으로 하여금 인격을 도야陶冶하고 자주적 생활능력과 민주시민으로서 필요한 자질을 갖추게 함으로써 인간다운 삶을 영위하게 하고 민주국가의 발전과 인류공영人類共榮의 이상을 실현하는 데에 이바지하게 함을 목적으로 한다"라고 명시되어 있다. 일부 정치가(교육자의 옷을 입고 있는 정치가 포함)들이 교육을 정치적 수단으로 이용하면서 교육의 근본 목적이 혼란스러운 듯 핑계 대는 것은 정치권의 책임 회피를 위한 포장으로 오해될 소지가 있다. 이는 5·31 개혁에서 공급자인 국가가 뒤로 빠지면서 국가의 임무 대행자인 학교와 교사를 공급자로 규정하고 학생을 소비자로 규정함으로써 결국 양자 간 갈등을 초래했다는 비판을 받은 것과 유사한 전략으로 보인다.[7]

두 번째 이유로 지적한 '교육 제도와 시장 간 불일치'란, 박세일에 따르면 "기존의 교육 제도가 생산해낼 수 있는 '교육 공급'"과 "시대의 문명사적 변화가 요구하는 '교육 수요' 간의 갭gap"을 의미한다. 그런데 그가 거창하게 언급한 '시대의 문명사적 변화가 요구하는'이라는 말은 "교육과정에서 불필요한 교육을 받기 때문에 생기는 고통과 교육

이후에도 취업이 어려워져서 생기는 고통으로 나타나고 있다"라는 표현에서 보이듯이, 현실에서는 '학부모와 기업이 요구하는'이라는 의미다. 교육개혁에서 이러한 요구를 무시할 수는 없을 것이다. 하지만 먼저 명확히 할 점은 졸업 후 취업난에 따른 고통은 주로 국가와 경제계가 양질의 일자리를 충분히 공급하지 못한 탓이지, 학생들이 교육을 잘 못 받은 탓이 아니다.[8] 고등학교까지의 무상교육도 실시하지 못하는 상황에서, 그가 언급한 '소량 다품종의 시대'에 적합한 인재(근로자)를 길러내야 한다는 논리가 이미 제도 밖에서 다양한 선택권을 누리고 있는 학부모들을 위한 특별 맞춤형 교육까지 국가가 제공해야 한다는 논리적 근거가 될 수는 없다.[9] 오히려 그러한 인재는 그 인재를 필요로 하는 기업이 비용을 제공하도록 유도하는 제도적 보완 장치를 강화해야 한다는 논리적 근거가 되어야 할 것이다.

교육 고통의 세 번째 이유로 들고 있는 '교육개혁의 리더십 부재'는 그의 말대로 '정치권이 포퓰리즘의 덫에 걸려' 있어서 나온 결과다. 입으로만 자신이 교육 대통령이라고 주장하는 사람이 아니라 실제로 교육에 국가의 미래가 달려 있음을 확신하고, 교육을 국가 의제의 우선순위에 놓고 필요한 조직과 예산을 확보하며 그 조직에 힘을 실어주는 대통령을 필요로 한다. 5·31 교육개혁안이 아주 짧은 기간에 만들어졌으면서도 대부분 입법화되고, 교육부를 통해서 실천으로 옮겨져 오늘날까지 이어진 것은 바로 이러한 강력한 교육개혁의 리더십 덕분이었다. 하지만 지난 이명박 정부에서 경험했듯이 이제는 대통령과 청와대, 그리고 교육부 중심의 강력한 하향식 추진은 성과를 거두기 어렵다.[10] 새로운 모형의 교육개혁 리더십이 필요한 시기다.

박세일은 이상의 문제를 극복하기 위해, 먼저 교육개혁 철학은 '공동체자유주의'로 해야 한다고 주장한다. 그런데 '자유주의적 개혁'부터 시작하고 '공동체주의적 개혁'으로 보완해야 한다고 함으로써, 공동체주의는 수식어이고 방점은 다시 자유주의에 주어져 있음을 드러냈다. 결국 수직적 다양화로 귀결되었던 '자유와 선택-교육의 특성화 다양화'를 강화하는 방향, 국가는 교육 결과 책임으로부터 빠지고 교사를 교육 공급자로 몰아붙임으로써 소위 수요자가 된 학부모 및 학생과의 대립 가운데 교권이 추락하고 교사의 사기가 땅에 떨어진 '학교의 자율과 책무를 높이는 방향', 그리고 교육 정보를 공개하는 방향으로 바꾸는 것이 자유주의적 개혁이라고 정의한다.

자유주의자들은 "학습부진아, 낙후 지역의 학생, 극빈층 자녀 등에 대한 특별 교육정책 등 공동체주의적 보완을 동시에 추진해야 한다"라고 하지만, 이는 말 그대로 '특별'이라고 생각하고 있다. 따라서 국가경제가 어려워질 경우 과거의 사례에 비추어보면 공동체주의적 가치 구현을 위한 사업이 먼저 지원 중단의 대상이 된다. 진정한 자유주의자는 자유를 갖지 못한 사람들이 자유를 가질 수 있도록 그들을 위한 정책을 우선적으로 추진하는 사람이다. 스스로를 자유주의자라고 하면서 이미 자유를 만끽하고 있는 사람들에게 공정한 사회를 만들기 위해 가해지고 있는 규제까지 풀어야 한다고 주장한다면 이들은 자유주의자가 아니라 공동체 파괴주의자다. 자유주의의 탈 위에 '공동체'라는 수식어까지 더하고 있다는 비판에서 자유로우려면 방점을 '자유주의'

가 아니라 '공동체'에 두어야 할 것이다. 자유시장 경쟁으로 스필오버 spill over 효과가 나타나는 것이 아니라 부의 집중 현상이 더 심해지고, 그 결과 빈부 격차는 더 커지고 있다. 지난 20년 동안 지속되어온 개혁에도 불구하고 스스로 인정하듯이 교육 '고통'은 지속되고 있고, 오히려 더 커졌다.

자유주의를 옹호하는 사람들도 그 진영의 대표 학자 중 한 명인 뉴욕 컬럼비아대학 경제학 교수 하비에르 살라이마틴Xavier Sala-i-Martin의 주장에 귀를 기울일 필요가 있다. 그는 여러 글과 저서를 통해, 자유주의 능력은 바로 복지와 부를 생산하는 시스템이라고 설명하고 있다. 아울러 자유주의가 장점을 유지하면서도 불가피하게 만들어내고 있는 세상의 불평등과 형식주의의 폐해를 완화하기 위한 해결책과 국가의 역할을 지속적으로 제시하고 있다.[11] 살라이마틴의 주장에 의거할 때 만일 자유주의가 해낼 수 있을 것으로 기대하는 복지와 부의 생산이라는 목표를 달성하지 못할 경우 자유주의는 그 기반이 흔들릴 수밖에 없고, 나아가 공격을 받게 될 것이다. 우리나라 자유주의는 복지 생산이라는 점에서 성과뿐만 아니라 그 의지마저도 의심받고 있는 상황이다. 만일 그 누가 자유주의자라면, 그리고 자유주의를 지키고자 한다면 불가피하게 수반되는 폐해인 세상의 불평등을 해결하는 데 더욱 관심을 가져야 할 것이다. 그러지 않는다면 자유주의 진영으로부터도 자유주의를 수호하고자 하는 사람이 아니라 자유주의의 탈을 쓴 착취자에 불과하다는 비판을 받을 것이다.

문재인 정부가 들어서면서 극단적 자유주의자들의 목소리가 조금 줄어들고 있다. 문재인 정부가 평등 지향 정책을 밀어붙이다가 한계에 부딪히면 그들은 다시 목소리를 높일 것이다. 극단적인 평등 지향 정책을 강행하는 것은 오히려 극단적인 자유주의자들이 득세할 기회를 제공하는 것이다. 만일 자유주의 집단이 차기 대선에서 집권한다면 신자유주의 경제 논리를 또다시 교육개혁에 주입하려 할 것이다. 이는 우리 교육만이 아니라 우리나라의 미래를 더욱 암울하게 하는 결과를 가져올 것이다. 이를 막는 대안은 '정치적 중용'의 길을 찾는 데 있다. 정치적 중용이란 현실 문제 해결을 위한 정치적 결정을 할 때 이념(진영주의적 사고)을 바탕으로 하는 것이 아니라 '현실의 구체적 상황을 바르게 이해하고 절충적 해결책을 모색해 나가는 지성적·윤리적 태도'를 의미한다.[12]

양 집단이 진영주의적 사고를 바탕으로 내세우는 어떠한 정책을 구현하더라도 사교육비, 대입전쟁, 학생들 간 경쟁, 교육계 갈등 등의 제반 문제는 완화되지 않을 것이다. 진보집단이나 보수집단 모두 보다 완벽한 실력주의 사회를 구현하면 제반 문제가 완화될 것이라는 착각에 빠져 있기 때문이다. 정치적 중용의 관점에서 교육 관련 문제를 자세히 들여다보면, 대부분 문제의 뿌리가 무한경쟁 승자독식의 실력주의 사회에 맞닿아 있음을 알 수 있다. 교육계와 우리 사회가 향후 지향해야 할 것은 완벽한 실력주의 사회가 아니라 실력주의 사회의 그림자를 옅게 할 신실력주의 사회를 구현하는 것이다.

우리가 꿈꾸는 미래, 그리고 교육이 가야 할 길[13]

교육개혁의 방향을 결정할 때 고려해야 할 중요한 요인 중 하나는 미래 사회의 변화 모습이다. 우리의 미래는 거기에서 기다리는 것이 아니라, 미래를 예측하며 닥쳐올 난관을 오늘의 우리가 어떻게 해결해 나가느냐에 따라 바뀔 것이다. 한편으로 교육개혁은 미래의 흐름에 적응하는 방향으로, 즉 거대한 역사와 문명의 흐름을 예견하며 그 흐름에 부응할 수 있는 인재를 길러내는 방향으로 나아가야 한다. 다른 한편으로는 예상되는 도전 요인에 능동적으로 대응할 수 있도록, 즉 우리가 꿈꾸는 바람직한 미래를 만들 수 있는 주도적 인재를 길러내는 방향으로 나아가야 한다. 이를 위해 미래 사회의 변화 추세를 간략히 살펴보고, 교육개혁이 나아갈 방향을 탐색해본다. 미래 사회의 변화 추세는 다양한 미래학 서적과 국내 연구 결과물[14] 등을 활용하여 교육에 영향을 미칠 내용에 초점을 맞추어 살펴보았다. 알파고 대국 이후 급물살을 타고 있는 4차 산업혁명이 교육에 미칠 영향과 대응에 대해서도 함께 살폈다.

사회 · 경제적 환경의 변화

클라우스 슈밥은 4차 산업혁명이 몰고 올 변화를 산업, 국가, 세계, 사회, 개인 차원에서 기술하고 있다. 저성장, 노동시장 양극화, 전자정부 확대로 권력이 비국가 세력으로 이동, 안보 위협 증가, 불평등 심화,

개인의 행동양식과 정체성 변화 등이 그것이다.[15] 이러한 변화에 대처하기 위해 우리 산업계뿐만 아니라 교육계도 나름의 준비를 하고 있다. 4차 산업혁명의 도래가 한국의 사회·경제적 흐름에 미칠 특징 가운데 교육과 직간접적으로 연관되는 특징은 경제 수준의 변화, 빈부 격차 심화, 인구 도시 집중 심화, 혼인율 저하 및 저출산과 고령화, 비전통적 가정 비율 급증, 노동력 여성화, 사회적 갈등 심화, 다문화 증가, 국제적 이동성 증가, 남북 관계 변화 등이다. 이하에서는 그중 몇 가지만 간단히 살펴본다.

먼저 국내 교육 분야에서 실시한 미래 사회 예측으로는 한국교육개발원의 〈미래 교육비전 연구〉(박재윤 외, 2010), 한국교총의 〈한국교육의 진단과 미래교육 트렌드〉(김희규 외 7인, 2009), 〈초등교육비전〉(박남기, 2011), 카이스트 미래전략대학원의 〈대한민국 국가미래전략 2016〉, 경기도교육연구원의 〈제4차 산업혁명시대, 한국교육 쟁점과 해법〉(2016), 한국교육학회의 〈교육정책포럼〉(2016), 교육부의 〈인재강국 실현을 위한 대한민국 미래교육 청사진〉(2016) 등이 있다.[16]

한국교총의 연구는 미래 사회의 주요 특징을 정보·지식 사회, 다문화 사회, 자동화 사회, 그리고 포스트휴먼 사회 등의 네 가지로 분류하고 각각의 주요 특징을 제시한다. 정제영은 한국교육학회가 개최한 '지능정보사회에 대비한 미래 교육정책 방향과 과제'(2016)라는 포럼에서, 우리 교육 환경의 미래 특성을 저출산 및 고령화에 따른 생산가능인구 감소, 세계화와 다문화 진전, 지능정보사회 도래 등으로 정리하고 있다. 경기도교육연구원은 2016년 10월 13일 '제4차 산업혁명 시대, 한국교육 쟁점과 해법'이라는 주제로 심포지엄을 개최했다. 이 심포지엄은 4차 산업혁명에만 초점을 맞춘 것이 아니라 그 시대의 흐름에 대한 예측을 토대로 교육의 방향을 탐색하고자 시도했다.

나는 〈초등교육비전〉에서 교육에 영향을 미칠 미래 사회 변화로 학부모의 교육 수요 고급화, 학생 수 급감에 따른 개인 특기 적성 발굴 강조, 이를 위한 초등학교의 개별화 교육 강화(개인 맞춤형 학습 방법 지도, 건강 및 사회성 발달 지도 등), 사이버 교육 및 가상현실 보편화(그러나 초등학교에서는 기본학습 능력 제고, 생활지도 등을 위해 소규모 학급이 운영될 것임), 뇌의학 발달에 따른 학습 이론 및 훈련과 뇌의학 접맥 강화, 초등학교의 교담교사 확대(교육의 교과 전문성 강화 및 초등학교 교사 부담 적정화를 위한 조치) 등을 들었다. 〈미래 교육비전 연구〉는 특히 학령인구 감소가 교육 미래에 미칠 영향에 초점을 맞추어 분석했다. 카이스트 미래전략대학원은 교육의 장을 떠나는 아이들, 공교육 무력화, 인터넷, 멀티미디어 환경 변화에 대한 부적응 등의 문제를 제시하면서 이를 극복하기 위해 교육력 회복, 창의성 교육을 조장할 사회·문화적 환경 조성, 교육 방식 변화, 다양한 진로 세계 인정, 학생·교사·학부모 협업을 통한 맞춤형 교육 등의 방향을 제시했다.

경제 여건 변화에 따른 교육 개혁

카이스트 미래전략대학원은 글로벌 경제 통합 현상 가속화, 저성장 시대, 4차 산업혁명으로 인한 일자리 부족 현상, 기술 혁신과 신산업 창출, 남북의 통일경제 등을 우리 경제의 미래이자 전망으로 제시했다. 이처럼 우리 앞에 많은 난관이 기다리고 있지만, 우리 경제 수준의 미래를 긍정적으로 보는 견해도 상당수 있다. 이를테면 4차 산업혁명 시대에 OECD 국가 중에서 일자리가 없어질 확률이 가장 낮은 나라라는 연구 결과가 그것이다.[17] 영국의 시사 주간지 《이코노미스트》는 2050년 한국의 1인당 국내총생산GDP이 일본보다 거의 두 배 많게 늘어나며, 세계 최대 경제 대국으로 떠오른 중국보다 두 배 이상 많을 것이라고 내다보았다.[18] 미국 투자 솔루션 제공업체 프로비타스와 골드만삭스도 2050년 한국의 국민 1인당 GDP는 미국에 이어 세계 2위에 오를 것이라고 예측했다.[19] 미국 씨티은행과 부동산 컨설팅업체 나이트프랭크가 공동으로 작성한 〈웰스리포트wealth report〉 또한 "2050년 세계 부국 순위에서 싱가포르·홍콩·대만·한국이 차례로 1~4위를 차지할 것"이라고 예측했다.[20] 우리 국민의 특징은 설령 외부인이 오늘의 우리를 긍정적으로 평가해도 사실이 아니라고 부정하고[21], 우리의 미래를 낙관적으로 예견해도 부정하는 특성을 보인다. 이는 우리나라뿐만 아니라 유교권의 동아시아 국가 사람들이 보이는 보편적 특징의 하나라고 한다.[22]

경제 여건 변화가 교육에 미치는 영향은 아주 크다. 미국 부시 대통령 시절의 아동낙오방지법은, 하그리브스와 셜리의 구분에 따르면, 학교혁신 제2의 길의 대표적 사례다. 그런데 그들이 밝힌 것처럼 아동낙오방지법 자체가 문제가 되었다기보다는 경제 상황 악화로 국가가 이 정책에 필요한 재원을 확보하지 못했고, 재원 부족으로 여러 교육구에서 읽기 코치를 비롯한 중요 교직원 자리를 없앰으로써 결과적으로 성과를 나타내지 못하게 되었다.[23] 우리나라도 5·31 교육개혁을 실시할 때 1998년까지 교육 재정을 GNP 대비 5퍼센트 수준까지 확보한다는 목표를 수립했으나, 1997년 말 외환위기를 겪으며 이 목표를 달성할 수 없게 되었다. 오히려 지방교육채 발행을 통한 재원 조정의 관행만 고착시켰다.[24] 이처럼 교육개혁안을 제안할 때 가장 중요한 것 중 하나는 재원 확보 가능성이다. 너무 당연한 이야기이지만, 교육개혁의 성과는 사회문화적 특성뿐만 아니라 국가의 경제적 상황에 따라 크게 바뀐다. 정책 우선순위를 매길 때 예산 확보 가능성에 따라 최상의 시나리오와 최악의 시나리오를 제시하면 최악의 경우에 조금이나마 대비할 수 있을 것이다.

경제 수준 향상의 효과는 긍정적 측면과 부정적 측면으로 나누어 볼 수 있다. 경제력을 바탕으로 학교와 교실의 교육 환경과 여건이 더욱 개선되는 것은 긍정적 측면이다. 첨단 장비를 갖춘 뇌기반 학습 등이 가능해질 것이다. 하지만 경제적 풍요는 학생들의 목표 의식 부재에 따른 무기력감 증가, 이기심 증가, 분노조절장애 등의 정신 질환 비율 증가 같은 부작용을 초래할 수도 있다. 학교교육은 이러한 부작용을 줄이는 데에도 초점을 맞춰야 한다. 이는 개별화 교육 등 교육 수요의 고급화로 이어질 것으로 예상된다. 이와 함께 교사들의 무기력증도 증가할 것이므로, 교원 정책에서는 이에 대한 부분도 고려해야 한다.

만일 향후 한국 경제가 급속도로 쇠락할 경우, 4차 산업혁명이 가져올 미래 변화의 긍정적 측면은 일부 사람들만 누리게 되고 나머지 대다수는 더욱 비참한 상황에 놓일 것이다. 경제가 쇠락할 때 많은 사회에서 가장 큰 타격을 입는 분야는 교육이다. 교육 예산 감축과 이에 따른 공교육의 질 저하, 계층 간 교육 격차 심화 등 더욱 암담한 미래가 우리를 기다릴 것이다.

빈부 격차 심화

전 지구적 빈부 격차는 2050년 훨씬 감소할 것이라고 한다. 그러나 세계경제포럼World Economic Forum의 2011년 조사에 따르면, 많은 회원이 향후 10년간 전 지구적 위협을 가져올 두 가지 문제로 글로벌 지배구조의 실패와 소득 불평등을 꼽아 빈부 격차 심화가 국가 간, 그리고 한 국가 내에서도 큰 문제가 될 것으로 예상되고 있다.[25] OECD 국가 중에서 빈부 격차가 두 번째로 심한 우리나라는 범사회적 합의 속에서 특별한 조치가 취해지지 않는 한 그 격차가 갈수록 커질 것으로 예상된다.

사회의 빈부 격차 문제를 교육이 어찌할 수는 없다. 국가와 학교가 할 수 있고 해야 하는 일은 먼저 학교 간 격차 해소다. 빈부 격차 심화는 학교를 포기하는 아이의 증가, 학력부진아 증가 등으로 이어질 것이다. 따라서 단순히 평등한 여건을 갖추는 데 그치는 것이 아니라, 소외 지역에 대해서는 가정이 제 역할을 하지 못하는 만큼의 추가 지원을 해주어야 한다. 소외 지역에서는 학교의 돌봄 기능이 더욱 강화돼야 할 것이다.

미국은 교육자치가 강화되어 지역 간 교육 격차가 심각한 상황이다. 우리는 아직까지는 상당히 성공적으로 교육 여건과 시설 차원에서의 기회 균등을 이룩하고 있다. 교원의 지방공무원화, 학교 단위 교원 채용, 학생 수 기준 예산 배정 등은 기회 불균등을 초래할 수 있으므로 정책 의제로 삼을 때 각별히 유의해야 한다.

가장 근본적인 것은 그러한 사회로 나아갈 아이들에게 보다 살 만한 사회를 구현하기 위해 그들이 해야 할 역할이 무엇인지 가르치고, 이를 실천에 옮길 수 있는 열린 마음과 더불어 살아가는 마음의 근육을 길러주는 일이다. 이는 민주시민교육, 인성교육으로 구현될 수 있다.

짙어지는 실력주의 그림자

1장에서 밝혔듯이 1) 실력주의 사회는 공정하고 바람직한 사회라는 믿음, 2) 우리 사회는 실력주의 사회가 아니라는 믿음, 3) 학벌을 타파하면 실력주의 사회가 구현되리라는 믿음, 그리고 4) 실력주의 사회가 구현되면 사교육, 과도한 경쟁 등의 문제가 해결되고 궁극적으로 인성 교육이 꽃을 피워 바람직한 세계시민이 길러질 것이라는 믿음은 신화(잘못된 믿음)이다. 그리고 완벽한 실력주의 사회를 구현하려고 애쓸수록 빈부 격차, 사회 갈등, 계층 간 교육 격차 등이 더욱 벌어질 것이다.

사회가 실력주의를 포기하지 않는 한 그 그림자를 없앨 수 없다. 하지만 애석하게도 4차 산업혁명이 진행되면 실력주의 사회의 그림자가 더욱 짙어질 가능성이 높다. 그래서 교육은 실력주의 사회의 그림자를 옅게 할 신실력주의 사회 구축에 적합한 인재를 기르는 데 초점을 맞추어야 한다.[26] 교육이 그 역할을 제대로 수행할 수 없을 때 4차 산업혁명은 오히려 사회 파괴의 원동력으로 작용할 수 있다.

도시 집중

한때 경제가 발전되면 전원주택에 대한 선호도가 높아지리라는 예상도 있었으나, 오히려 도시 생활 여건 개선에 따라 생활의 편리함과 질을 동시에 추구할 수 있는 도시화가 더욱 진행될 것이라는 예측이 더 설득력을 얻고 있다. 《이코노미스트》는 늘어나는 세계 인구가 대부분 도시로 모일 것으로 보고 있다. 2010년 현재 세계 인구의 절반이 도시에 거주하는데, 2050년까지 도시 거주자 비율은 70퍼센트에 근접할 것이라고 한다.[27] 우리나라도 도시 거주자 비율은 세계적 추세와 비슷할 것으로 보인다. 도시 인구가 늘어나면 좁은 공간에서 더 많은 사람이 함께 살아가야 하므로 충돌 가능성, 불안 요인, 갈등이 증가할 것이다. 미래 학교는 이러한 사회적 문제를 염두에 두면서 미래 시민을 교육해야 한다.

인구 감소와 고령화

우리의 미래를 가장 위협하는 요인으로 혼인율 저하와 저출산에 따른 인구 감소 및 고령화가 꼽히고 있다.[28] 2010년에 5000만 명을 넘어선 우리 인구는 2020년 4933만 명으로 줄어들었다가 2050년 4234만 명까지 감소한다. 이에 반해 세계 인구는 2010년 68억 9600만 명에서 2050년 93억 명으로 폭증할 것이라고 한다.

한편 기대수명은 크게 늘어난다. 한국보건사회연구원이 2012년 9월에 발표한 바에 따르면, 우리나라 사람들의 기대수명은 2050년 87.4세까지 늘어난다. 그러나 지금 추세대로라면 이보다 더 늘어날 것으로 예상된다. 그 결과 노인 인구의 비중이 빠르게 높아지면서 2018년 고령사회(65세 이상 인구가 총인구에서 차지하는 비율 14퍼센트 이상)로 접어들었고, 2026년이면 초고령사회(20퍼센트 이상)에 진입할 것으로 예상된다. 이런 추세라면 한국은 2040년 세계에서 가장 늙은 나라가 될 것이라고 한다.[29] 이러한 변화로 전통적 가정은 빠른 속도로 해체되고, 세대 간 갈등도 커질 것으로 예상된다.

이러한 변화가 교육개혁에 던지는 화두는 다음과 같다. 즉 고독한 개인을 공동체의 일원으로 성장시키는 것, 고급인력 부족에 대비하여 모든 아이에 적합한 개별화 교육을 시키는 것, 100세 시대에 대비할 수 있도록 경제 교육과 건강 교육을 시키는 것 등이다.

〈미래 교육비전 연구〉는 학령인구의 급속한 감소를 염두에 두며 미래 교육이 나아갈 방향을 제시하고 있다. 이 자료에 따르면 2030년까지의 전체 학령인구 추계 결과 2011년 1287만여 명에서 2030년 853만여 명으로 33.7퍼센트 감소할 것으로 예측되고 있다. 특히 2015년에서 2025년 사이에 282만여 명이 집중적으로 감소할 것으로 예측되고 있다. 최근 들어 학령인구 급감이 교육에 미칠 영향, 교육 역할, 필요한 대응책 등이 마련되고 있다.

정치적 흐름

에드워드 루카스는 《메가체인지 2050》에서, 오늘날 민주주의의 한계에 대해 분석한다. 즉 정신을 좀먹는 돈의 힘, 유권자들의 무관심, 끝없이 이어지는 의사결정 과정(예컨대 법안을 제때 처리하지 못한 채 세월을 보내고 있는 우리나라 국회), 특별한 이해집단들의 승리 등이다. 선거에서 이기기 위한 정당이나 권력자들의 미디어 장악 등 다양한 민주주의 위협 상황이 심화되어가겠지만, 이를 극복하게 하는 힘이 바로 '시민정신'이라는 것이 그의 주장이다. 이러한 '민주주의의 피로'가 더 심해질 것이라고 예견하면서 이를 극복할 수 있는 대안으로 시민정신을 강조한다.

> 선거를 크게 앞서는 또 다른 정치활동의 기본은 시민사회, 시민정신이다. 선거가 무의미할 때, 법원이 비싸고, 느리고, 편견으로 가득 차 있고, 미디어가 짖거나 물 수 없도록 변질된 상황에서 외부인들이 보기에 희망 없는 싸움처럼 보이는 이 투쟁을 이어나갈 동기를 사람들에게 주는 것은 바로 시민정신이다.[30]

에드워드 루카스는 '참견쟁이들과 공상적 사회 개량주의자들이 모여 압력을 행사하는 집단이나 자선 단체를 조직하는 일 등'을 시민운동의 예로 들고 있다. 이러한 관점에서 볼 때 현재 우리나라는 피상적이기는 하지만 시민운동이 점차 뿌리를 내려가고 있는 것 같다. 다만 일부 특정 집단의 이익만을 쟁취하고자 하는 이익 단체, 혹은 특정 이념만을 주장하며 상대를 적대시하는 편협한 이념 단체가 그 한계를 넘어선다면 우리 민주주의의 미래 또한 밝다 하겠다. 향후 우리나라 민주주의의 향방은 학교교육에서 시민정신 함양을 중요한 목표의 하나로 설정하고 학생들을 잘 훈련시켜 훌륭한 민주시민으로 길러낼 수 있는가에 달렸을 것이다.

정치적 변화와 관련하여 교육에 가장 큰 영향을 미칠 요소로는 남북통일이나 북한과의 교류 활성화를 들 수 있다. 이는 초중등학교뿐만 아니라 고등 교육 수요에 커다란 영향을 미칠 것이다.

4차 산업혁명

4차 산업혁명 시대는 지능정보사회라는 말로 대표된다. 디지털(스마트) 교육으로 교사는 이제 다양한 실험을 할 수 있게 되었고, 기존의 방법을 넘어서는 다양한 교수법 활용이 가능해졌다. 정보통신기술ICT 발달은 교육의 양적 확대뿐만 아니라 맞춤형 교육까지도 동시에 가능하게 할 것이다.[31] 디지털 시대의 교육, 즉 넓은 의미의 스마트 시대의 교육개혁은 이러한 기술의 변화를 염두에 두고 적응 및 극복이라는 관점에서 진행되어야 한다.

이처럼 향후 교육 변화에 가장 큰 영향을 미칠 분야는 과학과 기술의 발전이다. 특히 뇌과학의 발달은 교수 방법뿐만 아니라 교육 개념 자체를 변화시킬 것이다. 전자책을 비롯한 각종 첨단 기자재가 교육에 활용되고 ICT 활용 스마트 교육, 초중등 교육 단계의 MOOCMassive Open Online Course, 온라인 공개강좌도 발달할 것으로 예상된다. 물론 이러한 흐름을 따라가려면 예산이 뒷받침되어야 한다.

그다음으로는 과학과 기술 발전에 따라 학생들이 갖춰야 할 역량과 태도, 기술 등이 바뀔 것이다. 이는 학교의 역할, 교사의 역할, 교육과정 및 교육 방법뿐만 아니라 교육 주체의 변화로 이어지고, 나아가 교육 혁신의 주체와 절차 및 방법에도 영향을 미칠 것이다.

과학적 관점에서 볼 때 미래는 생물학에 달려 있다. 생물학이 정보과학 및 나노과학과 연결될 것이다. 이러한 상황을 염두에 둘 때 초중고 교육과정에서 학생들이 생물학과 정보과학 등에 대한 기초 지식을 쌓도록 배려할 필요가 있다.

매틀 리들리가 《메가체인지 2050》에서 이야기한 것처럼, 인터넷은 혁신 속도를 가속화하고 더 저렴한 해결책을 찾도록 도울 것이다. 과학과 기술의 발전, 이를 바탕으로 한 경제성장은 사람들이 필요로 하는 것을 보다 싸게 제공함으로써 필요와 욕구를 채우는 데 드는 시간을 줄여줄 것이다. 그러나 다른 한편으로는 새로운 고급 욕구를 창출하여 소비의 덫에 가둬놓을 수도 있다.[32] 과잉 속에서 결핍을 창출하는 전략으로 다양한 광고를 통해 소비자로 하여금 시기심을 불러일으키는 소비사회 경제 전략[33]의 덫에 걸린 현대인들은 이러한 유행의 물결에서 벗어나지 못하고 있다. 이러한 시대 흐름에서 교육은 아이들이 소비의 덫에 갇히지 않도록 이끌어야 할 것이다.[34]

루드비히 지젤은 《메가체인지 2050》에서 SNS 등의 발달이 청소년에게 미칠 부정적 영향의 하나로, 친구들과 시간을 보내는 대신 페이스북 등 온라인상의 다른 사람들과의 관계를 관리하는 데 더 많은 시간을 보내게 될 것을 들었다. 이러한 활동 유형이 사람들을 장기적 관계보다 짧은 교류에 집중하게 만들어 우리의 뇌를 변화시킨다는 주장이 힘을 얻고 있다. 디지털 기술이 사실상 진정한 지성의 토대가 되는 장기 기억의 정착에 손상을 입히게 될 것이라고 한다.[35] 이러한 변화에 대응하기 위해 학교교육에서는 학생들의 장기 기억 능력 재향상, 논리적이고 체계적이면서도 심도 있게 사고하는 사고력 배양에 초점을 맞춰야 한다.

과학 기술의 발달로 기계가 많은 부분에서 인간 노동을 대체해가겠지만, 이른바 감정근로자처럼 사람을 상대로 하는 일자리는 증가할 것으로 예상된다. 따라서 학교에서는 기계성에 대비되는 인성(기계로 대체하기 어려운 인간의 능력)을 기르는 교육에도 초점을 맞춰야 한다.

———

저출산, 고령화 시대의 교육 방향

우리의 미래를 위협하는 커다란 문제로 저출산에 따른 인구 감소 및 고령화가 꼽히고 있다. 4차 산업혁명 시기에는 새로 생기는 일자리보다 줄어드는 일자리가 훨씬 더 많을 것이라고 한다. 지금도 젊은이들이 취업을 못 해 심각한 상황인데, 우리 사회는 왜 아이를 더 낳으라고 독려하는 것일까? 저출산 문제는 미래에 태어날 아이들에 대한 걱정이 아니라, 현재 살고 있는 사람들의 생존에 대한 걱정이다. 저출산으로 생산가능인구 비율이 감소하여 경제가 침체하고 고령인구를 부양하기가 어려워질 것이라는 우려가 바로 그것이다. 출산율 제고 노력은 자칫 오해를 불러일으킬 가능성이 있는데, 현 세대가 일은 하지 않으면서 오래 살아갈 자신들을 먹여 살릴 일종의 노예를 낳으라고 독려하는 것이 아닌가 하는 오해다. 이러한 오해를 받지 않으려면, 그리고 세대 간 갈등을 줄이면서 모든 사람의 행복도를 증가시키려면 출산율 저하가 가져올 문제를 바라보는 시각을 바꾸고 사회 고령화 대책도 새로운 관점에서 다시 수립해야 한다.

인구 변화 추계

출산율 저하가 심각하다고 하니, 일부 사람들은 우리나라 총인구가 급속히 감소하는 것으로 착각하기도 한다. 통계청이 2016년 12월에 발표한 〈장래인구추계〉에 따르면, 우리나라 인구는 2031년까지 계속 증가하다가(5300만 명) 그 이후부터 감소하기 시작한다. 2065년에는 4300만 명까지 줄어들 것으로 예상되는데, 그래도 1990년 인구와 유사하다. 우리 사회가 걱정하는 것은 생산가능인구 감소다. 생산가능인구는 2016년을 정점(3763만 명)으로 감소하기 시작하여 베이붐 세대가 고령인구로 빠져나가는 2020년대부터는 연평균 34만 명씩 감소하고, 2030년대에는 연평균 44만 명씩 감소한다. 고령인구는 2015년 654만 명에서 2025년에 1000만 명을 넘고, 2065년에는 1827만 명까지 증가할 전망이다. 이러한 인구 추계에 근거하여 국가와 사회는 출산율을 높이는 데 총력을 기울이고 있다. 하지만 출산율은 오르지 않고, 고령화는 빠른 속도로 진행되고 있다. 문제가 잘 해결되지 않을 때에는 문제 인식 자체부터 바꾸어볼 필요가 있다.

저출산 문제 거꾸로 보기

4차 산업 시대에는 일자리가 크게 줄어들 것으로 예상된다. 미래 사회에 높은 출산율이 유지된다면 아프리카나 남아시아 국가들의 경우처럼 오히려 국가와 사회에 큰 부담이 될 가능성이 높다. 일자리를 줄 수도 없는 상황에서 아이를 계속 낳는 것은 아이들에게 죄를 짓는 것이다. 저출산 문제는 현 세대의 복지가 아니라 미래에 대한 예측, 쾌적한 삶에 적합한 한반도의 인구 수용 여력, 국가경제와 사회 발전의 차원 등에서 다시 들여다보아야 한다. 이러한 예측에 비추어 적정한 인구 규모와 구성비를 산출하고, 여기에 맞추어 인구 계획을 새롭게 수립해야 한다.

저출산 문제의 한 가지 핵심은 급격한 출산율 저하로 인한 인구 절벽이다. 어느 사회든 갑작스런 변화에 적응하려면 비용을 많이 지불해야 한다. 만일 인구 절벽 문제 해결에 드는 비용보다 지금 태어난 아이들이 사회에 진출할 30년 뒤의 일자리 문제 해결에 드는 비용과 노력이 더 크다면, 오늘의 고통은 현 세대가 감내하는 편이 낫다. 산업 발전에 필요한 고급 인력이 부족할 것으로 예상된다면 태어나는 모든 아이가 최고의 교육을 받도록 준비하고, 그래도 인력이 부족할 것으로 예상된다면 독일이나 일본처럼 적극적으로 고급 인력의 이민을 받아들일 준비를 하는 것이 바람직하다.

키울 능력이 없거나 키울 의사가 없는 부모가 자녀를 낳으면 사회의 양육 부담만 늘어나는 것이 아니라 아이도 행복하게 성장하기 어렵다. 출산율 제고 정책은 자녀를 갖고 싶어하는 사람들이 원하는 만큼의 자녀를 낳아 잘 기를 수 있도록 국가와 사회가 부모와 함께 힘을 모으는 데 초점이 맞춰져야 한다. 아이를 낳는 것은 사회를 위한 노동력을 생산하는 활동이 아니라, 자신과 더불어 영원히 살아갈 후손을 갖는 아름다운 활동이다. 다만 국가와 사회가 개인의 자녀 양육에 도움을 주는 이유는 개인의 노력이 사회가 유지 및 발전하는 데 원동력이 되기 때문이다. 자녀 양육에 대한 모든 책임을 국가가 져야 한다는 생각은 자신의 자녀가 아니라 국가의 노예를 낳는다는 생각과 직결됨을 깨달을 필요가 있다.

학령인구 감소 문제 거꾸로 풀기

학령인구(6~21세)는 2015년 892만 명에서 2025년 708만 명으로, 향후 10년간 184만 명이 감소할 전망이다. 학생 인구 절벽 앞에서 교육계가 어려움을 겪고 있다. 그런데 이 문제를 교육의 질 관점에서 보면 오히려 희망적일 수 있다. 지금까지는 학생 숫자가 많고 국가의 지원은 적어서 일제식 교육을 실시할 수밖에 없었다. 하지만 향후 학생 숫자가 크게 줄기 때문에 4차 산업혁명기에 필요한 개인 맞춤형의 질 높은 교육을 제공하기가 용이해질 것이다. 교육을 통해 모든 아이에게 기계가 할 수 없는 일을 담당할 역량을 길러주는 것이 현실적으로 가능해지고 있다. 학교는 고급 인력 부족에 대비하여 모든 아이에 적합한 개별화 교육을 시키는 것에서 한발 더 나아가, 고독한 개인을 공동체의 일원으로 성장시키고 100세 시대에 대비할 수 있도록 경제 교육과 건강 교육을 시켜야 한다.

지금까지는 대학이 아니라 고등학교부터 개인이 교육비를 부담하고, 국가가 대학 교육을 감당하기 어려워 80퍼센트 이상의 학생들은 사립대학에 재학하고 있다. 학생 수가 크게 줄면 국가가 고등 교육비까지 부담할 수 있을 것이다. 국가는 학생 수가 줄었으니 교육비 예산을 줄여도 된다는 소극적 자세로 임할 것이 아니라, 교육계가 변화에 적응하며 미래에 적합한 교육 시스템을 만들어갈 수 있도록 힘을 보태는 적극적 노력을 경주해야 할 것이다.

고령인구 문제 인식 바꾸기[36]

고령인구 증가가 심각한 사회문제가 된 이유는 세 가지로 나누어볼 수 있다. 하나는 의료 기술이 어중간하게 발달하여 건강수명과 생존수명 사이의 간극이 과거보다 훨씬 커졌기 때문이다. 다른 하나는 강제 퇴직과 신기술 발달에 따라 정신적·신체적으로 생산 활동이 가능하지만 생산에 참여하지 못하는 인구가 증가하고 있기 때문이다. 그리고 마지막 하나는 연금제도 등으로 생산 활동을 하지 않으며 무위도식하는 고령인구가 급증하고 있기 때문이다. 이런 문제가 해결되지 않으면 생산가능인구 100명당 부양할 인구가 2015년 36.2명(노인 17.5명)에서 계속 늘어 2065년 108.7명(노인 88.6명)까지 증가하여, 세대 간 갈등과 노인 증오 현상이 심화할 가능성이 높다. 자기가 낳은 아이가 과거보다 세 배나 많은 인구를 부양해야 하는 큰 부담 속에서 살게 될 것을 알면서도 아이를 더 낳겠다는 사람은 많지 않을 것이다.

첫 번째 문제는 의료 기술 발달에 따라 점차 완화될 것으로 보인다. 우리 삶에 더 영향을 미치는 것은 건강수명이다. 한 국가 국민의 평균수명을 계산할 때에도 스스로를 돌볼 수 있을 때까지의 기간을 기준으로 한 건강수명을 점차 더 중시하고 있다. 과거에는 생산력을 잃는 시기와 생을 마치는 시기의 간격이 그리 크지 않았다. 평균수명이 짧았을 뿐만 아니라 나이 든 사람들도 거동할 수 있는 한 농사일을 돕거나 가사와 육아를 지원하는 등 대부분 생의 마지막 순간까지 생산 활동에 참여했다. 평균수명이 크게 늘어난 현 시점에서 국가가 해야 할 일은 국민의 건강수명을 연장하기 위해 필요한 지원 시스템을 마련하는 것이다. 개인들이 사는 날까지는 스스로 자신을 돌볼 수 있도록 지금부터 건강 교육을 강화하여 생존수명과 건강수명 사이의 간극을 최소화할 때 개인의 삶의 질과 행복도도 크게 증가할 것이다.

다음으로 필요한 것은 노인 기준과 노인에 대한 인식을 바꾸는 것, 그리고 이러한 인식 전환을 바탕으로 필요한 지원 체제를 갖추는 것이다. 평균수명이 크게 늘어나고 의술이 발달하면서 정부가 비생산 고령 인구의 기준으로 삼는 65세에도 신체적·정신적으로 건강을 유지하는 경우가 아주 많다. 생물학적 나이가 많다고 해서 모두 우리 사회에 부담이 되는 노인이 되는 것은 아니다. 농촌에는 80대 중반까지도 농사일이나 텃밭 가꾸기를 하며 생산 활동을 멈추지 않는 인구가 많다. 신체적·정신적 건강을 유지한다면 자식과 사회에 부담이 되는 노인이 아니라 당당한 생산 활동 인구로서의 역할을 할 수 있다. 대한노인회는 2015년 5월에 노인의 기준을 70세로 높이는 방안을 공론화하기 시작했다. 연금이나 복지 혜택 등의 행정적 처리를 위해서는 호적상 나이로 노인의 기준을 정하는 것이 편리하겠지만, 사회적 부양 의무 등의 문제에 대처하는 데는 다른 기준과 대책이 필요하다.

고령인구 구조를 자세히 들여다보면, 생산인구 감소가 생각만큼 심각하지 않을 수도 있음을 알 수 있다. 지금은 75세가 되어도 생산력을 가진 인구의 비율이 상당히 높다. 다만 일자리가 없어서, 혹은 강제 퇴직으로 일을 하지 못하고 있을 뿐이다. 생산이 가능하지만 강제로 비생산인구가 되는 65~74세의 생산 참여 인구가 고령인구에서 차지하는 비율은 2035년까지 절반 이상(53.4퍼센트)을 유지하고, 2065년까지도 그 비율이 거의 40퍼센트(38.1퍼센트)나 된다. 만일 생산인구가 부족하여 사람을 구하기 어렵다면 앞으로는 나이에 상관없이 정신적·신체적으로 노동이 가능한 인구가 자연스럽게 생산인구로 편입될 것이다.

미국의 심리학자 웨인 데니스Wayne Dennis에 따르면 세계 역사상 최대 업적의 35퍼센트는 60대에 의해, 23퍼센트는 70대에 의해, 그리고 6퍼센트는 80대에 의해 이루어졌다.[37] 평균수명이 짧았던 과거에도 그러했는데, 평균수명이 크게 늘어나고 있는 미래에는 그 비율이 더욱 높아질 것으로 예상된다. 고령에도 생존 독립성과 생산력을 가지고 생산 활동을 계속하는 인구가 많다면 개인과 사회 모두에게 축복일 것이다. 우리 사회가 해야 할 일은 고령인구의 건강 관리를 지원하고, 4차 산업혁명기에 적응하며 지속적으로 일할 수 있는 역량을 길러주는 것이다.

마지막으로 생산이 가능하면서도 생산 활동을 기피하는 고령인구 문제를 해결해야 한다. 정부는 노인 기준 연령을 70~75세로 높이고 정년 제도도 노후에 일할 수 있는 능력에 따라 자율적으로 조정하는 것을 내용으로 하는 〈대한민국 중장기 정책과제〉를 발표하기도 했다. 연금 수령 시기를 늦추는 것을 포함한 연금 제도 개혁은 사회적으로 강한 저항에 부딪히고, 세대 간 갈등의 요인이 되고 있다. 교육의 관점에서 볼 때, 정부는 생산가능인구가 노동의 기쁨을 유지해가도록 교육하고 시스템을 만들어가야 한다.

연금을 받거나 기본 자산이 있어서 굳이 생산 활동이 필요하지 않은 경우라도 가능한 한 생산 활동을 지속하는 편이 개인 행복의 차원에서도 바람직하다. 김형석도 《백년을 살아보니》라는 책에서, 자신이 건강하고 행복하게 노년을 살아가는 것은 지속적으로 생산 활동을 하기 때문이라고 밝혔다. 생산력이 있으면서도 생산 활동을 중단한 개인은 그 순간부터 이 사회에 부담으로 작용하는 존재가 된다. 설령 자신이 과거에 축적한 부를 활용하는 경우라도 사회적 관점에서 보면 사회적 부를 소비만 하는 존재로 전락하기 때문이다. 생산 활동이란 돈을 버는 직업만 뜻하는 것이 아니라, 손주 돌보기를 비롯해 사회 구성원에게 도움이 되는 제반 활동을 의미한다. 시민단체나 종교단체에서 하는 봉사활동을 포함하여 다양한 조직에 참가하여 사회에 보탬이 되는 활동을 할 때 우리는 소속감과 보람을 동시에 느낄 수 있다.

사람이 나이 드는 것을 막을 수는 없다. 따라서 고령화 시대를 대비하는 바람직한 대책은 노인의 개념을 바꾸고, 고령인구가 지속적인 자기 관리를 통해 생존 독립성과 생산성 및 생산 의욕을 최대한 오랫동안 유지하도록 도우며, 생산 활동 기회를 제공하는 것이다. 이러한 노력이 국가와 사회 차원에서, 그리고 개인 차원에서 지속된다면 고령인구 문제에 대한 사회의 우려는 크게 줄어들 것이다.

학습효율성을 어떻게 높일 것인가?[38]

우리나라 학생들이 행복하지 않은 이유 중 하나는 과다한 학습 시간 때문이다. 우리 학생들의 주당 학습 시간은 69시간 30분으로, 핀란드 (38시간 28분)보다 30시간 이상 많다. 과다한 학습 시간이 가져오는 또 다른 문제로 지적되는 것은 낮은 학습효율성이다. 한국직업능력개발원에 따르면, 우리나라 만 15세 학생들의 학습효율성지수는 'PISA 2006' 성적 기준 OECD 30개 회원국 중 24위다.[39] 학습효율성지수란 PISA 점수를 평균 학습 시간으로 나눈 수치다.

PISA 2012 수학 학업 성취도를 주당 수학 학습 시간[40]으로 나눈 효율성지수에서도 우리나라는 OECD 34개국 중 꼴찌, PISA 2012에 참여한 66개 국가 중에서도 57위인 것으로 나타났다.[41] 이 정도면 우리 사회가 우려할 만하다. 효율성지수의 타당성이나 신뢰성은 논외로 하더라도, 아무튼 이 수치는 우리 학생들이 다른 나라 학생들에 비해 얼마나 많은 시간 동안 책상 앞에 앉아 있는지를 잘 보여준다. 학습효율성을 높이기 위한 대책으로 선행학습 금지, 교수 학습법 개선, 주말 학원과외 금지, 입시 제도 변경 등을 시도하고 있다. 지금까지의 흐름을 볼 때 약간의 효과는 있겠지만 큰 성과는 기대하기 어려울 것 같다.

무한 반복 학습이 진행되고 있는 지금 상황에서 공부하는 시간을 줄이도록 유도하여 성공한다면 학습효율성지수를 어느 정도 높일 수는 있을 것이다. 그런데 2008년부터 해온 노력이 무색하게도 통계청의 생활 시간 조사에 따르면 2014년 주말 공부 시간은 5년 전인 2009년에 비해 중학생은 42분, 고등학생은 30분 늘었다. 쉼 없이 책상 앞에 앉아 있고 싶어하는 학생은 별로 없을 것이다. 이렇게 하면 효율성뿐 아니라 학습 흥미도와 의욕도 떨어진다는 것을 학생이나 학부모 그리고 교사도 모두 알고 있다. 고통스러워하면서도 학생들이 책상 앞을 떠나지 못하는 이유, 비효율성을 뻔히 알면서도 부모와 선생님들이 자녀와 학생들에게는 더욱 열심히 공부하도록 닦달하는 이유는 무엇일까? 그 해결책은 무엇일까?

학습효율성지수의 국제 비교

학습효율성이 낮은 문제를 이해하기 위해 국가별 학습효율성지수를 비교해본 결과 재미있는 흐름을 발견했다. 흐름 중 하나는 아시아 국가는 학습효율성이 낮고 북유럽 국가는 학습효율성이 높은 경향을 보인다는 점이다. 국가별 주당 학습 시간 평균을 보면 최상위 4개국이 모두 아시아 국가다(베트남 1위, 한국 2위, 싱가포르 3위, 상하이 4위). 반면 최하위 5개국은 모두 북유럽 국가다(핀란드 62위, 네덜란드 63위, 독일 64위, 노르웨이 65위, 오스트리아 66위). 즉 아시아 국가 학생들은 수학 공부에 많은 시간을 투자하는 반면 북유럽 국가 학생들은 최소한의 시간만 투자하고 있다.

이와 반대로 학습효율성지수 최상위 5개국은 모두 주당 학습 시간이 최하위였던 북유럽 국가들이 차지했다(오스트리아 1위, 네덜란드 2위, 독일 3위, 핀란드 4위, 노르웨이 5위). 반면 학습 시간이 많은 아시아 국가들

국가명	주당 학습 시간 순위(분)	수학 성적(순위)	학습효율성 순위
베트남	1(500.9)	511.3(17)	1.02(66)
한국	2(425.8)	553.8(5)	1.30(57)
싱가포르	3(394.0)	573.4(2)	1.46(54)
상하이	4(381.9)	612.7(1)	1.60(47)
대만	12(314.6)	559.9(4)	1.78(45)
홍콩	19(274.5)	561.2(3)	2.04(35)
일본	29(243.4)	536.4(7)	2.20(30)
핀란드	62(162.2)	518.8(12)	3.20(4)
네덜란드	63(156.1)	523.0(10)	3.35(2)
독일	64(154.8)	513.5(16)	3.32(3)
노르웨이	65(154.1)	489.4(31)	3.18(5)
오스트리아	66(136.1)	505(18)	3.72(1)

* 학습 시간당 수학 점수 평균 [수학 점수 평균/주당 수학 학습 시간(분)]

자료: 유한구·김영식의 《PISA 및 PIAAC을 이용한 교육성과 비교와 정책과제》(2015)에 제시된 자료를 토대로 재구성.

[표 5-1] PISA 2012 수학 성적 순위와 학습효율성지수

은 모두 하위권을 차지하고 있다(베트남 66위, 한국 57위, 싱가포르 54위, 상하이 47위). 이러한 흐름을 우리는 어떻게 이해해야 할까? 어쩌면 이 안에 우리 학생들의 학습효율성을 높이고, 학생들이 여유를 즐기며 인간답게 살 수 있도록 유도할 답이 있을지도 모른다.

또 다른 흐름은 수학 성적 최상위 집단은 전반적으로 학습효율성지수가 떨어진다는 점이다. 수학 성적 1~5위의 효율성 순위를 살펴보면 상하이(1위) 47위, 싱가포르(2위) 54위, 홍콩(3위) 35위, 대만(4위) 45위, 한국(5위) 57위 등 전반적으로 낮다. 효율성지수도 홍콩만 2.0을 가까스로 넘겼을 뿐 대부분 2.0 이하다. 수학 성적 최하위권 5개국의 효율성지수가 아주 높은 것은 아니지만 모두 상위 30위 이내에 들었다.

이러한 경향성은 무엇을 의미할까? 최고 수준에 도달한 국가대표 쇼

국가명	수학 성적	학습효율성
상하이	1	47
싱가포르	2	54
홍콩	3	35
대만	4	45
한국	5	57
요르단	62	23
콜롬비아	63	30
카타르	64	31
인도네시아	65	15
페루	66	18

* 자료: 유한구·김영식의 〈PISA 및 PIAAC을 이용한 교육성과 비교와 정책과제〉(2015)에 제시된 자료를 토대로 재구성.

[표 5-2] 수학 성적 최상위 국가와 최하위 국가의 학습효율성 비교

트트랙 선수들이 매일 열심히 연습한다고 하여 기록이 크게 나아지는 것은 아니다. 선수들의 기록을 주당 연습 시간으로 나누어 연습효율성지수를 산출하면, 최고 선수들보다는 중간 수준 선수들의 효율성지수가 더 높을 것이다. 또한 거의 연습하지 않다가 한 달에 한 번 정도 필드에 나가는 주말 골퍼와 매일매일 연습하는 프로골퍼의 타수를 주당 연습 시간으로 나누어 효율성지수를 내면 당연히 프로골퍼의 효율성지수가 훨씬 낮을 것이다. 효율성지수가 낮음에도 불구하고 지속적으로 연습하여 자기 기량을 유지하지 않으면 최고의 선수가 될 수 없다. 수학 성적 5위권 이내의 최상위 국가 학생들의 학습효율성지수가 전반적으로 낮은 것도 같은 논리로 이해할 수 있다. 과거 핀란드처럼 최상위권을 유지하면서도 효율성을 높이는 방법이 가장 바람직하겠지만, 학습 시간이 낮은 핀란드가 결국 최상위권에서 밀려난 것처럼 현실성이 없어 보인다. 즉 최상위권이 효율성지수가 낮은 것은 어느 정도 당연하게 받아들여야 할 사안이지 그렇게 민감하게 반응할 사안은 아니다.

이 관점에서 보면 수학 성적 최상위 국가의 학습효율성지수가 낮은 것은 당연한 귀결인데, 이를 대폭 높이고자 하는 정책을 집행하면 역효과가 날 수도 있다. 효율성을 높이기 위한 가장 손쉬운 방법은 연습(학습) 시간을 줄이는 것이다. 박근혜 정부부터 시행한 자유학기제는 학습 시간을 줄이기 위한 하나의 방편으로 이해할 수도 있다. 우리 사회가 시도하고 있는 학생들의 학습 시간 줄이기 정책이 성공한다면, 수학 성적은 최상위권을 벗어나 심지어 10위권 밖으로 밀려날 가능성도 있다. 그러나 정부의 시도가 성공하지 못한 탓에 아직도 최상위권을 유지하고 있다고 해석할 수 있다.

학생들이 공부하는 시간을 줄이도록 유도하는 정책은 언제 성공할 수 있을까? 이에 대한 답은 학생들이 최상위권 운동선수들처럼 그렇게 지속적으로 반복 학습을 하게 하는 요인을 밝힘으로써 찾아낼 수 있다. 최상위권 국가대표 선수들이 연습 효율성을 생각지 않고 매일매일 혹독한 훈련을 반복하는 이유는 올림픽에서의 메달 획득 여부, 나아가 메달 색깔이 가져오는 보상의 차이가 아주 크기 때문이다. 보상의 크기가 다른 정도가 아니라 메달을 따지 못하면 거의 아무런 보상도 받을 수 없기 때문에 효율성을 따지지 않고 한없이 연습에 매진하는 것이다. 우리 학생들이 효율성을 생각하지 않고 무한 반복 학습을 하는 것도 이러한 사회적 보상 시스템으로 설명할 수 있다.

학습효율성지수 향상 방안

앞에서 밝힌 것처럼 성적 최상위 국가의 학습효율성지수는 일반적으로 낮다. 다만 우리나라는 OECD 국가 중에서 꼴찌라는 극단의 상황에 놓여 있어서 효율성지수를 어느 정도 높일 필요는 있어 보인다. 그러려면 먼저 성적 최상위권 국가라는 명예를 내놓아도 괜찮다는 사회적 합의부터 도출해야 한다. 그렇지 않으면 PISA 성적 하락 충격으로 유토리 교육(여유교육)을 포기하고 다시 학생들의 학습 시간을 늘린 일본의 전철을 밟을 수 있다.

우리 학생들의 학습효율성지수가 낮은 이유

우리 정부까지 나서서 무의미한 반복 학습을 줄이기 위한 다양한 대책을 내놓는데도 오히려 학생들의 공부 시간이 늘어만 가는 이유는 무엇일까? 직접적 원인은 입학 정원이 정해져 있어서 수학능력과 무관하게 정원만큼만 뽑아야 하는 대입 제도다. 스위스에서는 수학능력이 입증되기만 하면 학생 스스로가 원하는 대학과 학과(의대 제외)를 마음대로 선택할 수 있다.[42] 반면 우리 대입 제도는 모든 것을 점수화하여 최종적으로 학생들을 한 줄로 세운 후 때로는 총점 기준 0.1점 차이로 합격 여부를 결정한다. 이러한 현실을 학생과 학부모, 그리고 교사 모두가 잘 알고 있는 상황에서는 한 문제라도 실수하지 않기 위해 끝없는 반복 학습을 하고 또 시킬 수밖에 없다.

그렇다면 대입 전형 제도를 바꾸면 문제가 해결될까? 이미 할 수 있는 시도는 거의 다 했다 할 정도로 다양한 시도를 해보았으나 별 효과가 없었다. 나는 입시 문제가 사회의 전쟁(극단의 경쟁) 상황이 대학 입시라는 벽에 비쳐 나타는 그림자에 불과하다는 '그림자론'을 주장한 바 있다. 입시 제도를 개선하면 입시와 관련된 근본 문제가 해결되리라고 생각하는 것은 세척제로 벽에 비친 그림자를 지울 수 있다고 믿는 것과 비슷하다.

우리나라 대입 총점에서의 0.1점은 대학 합격 여부만 결정하는 것이 아니다. 미래에 학생들이 원하는 좋은 직업을 갖게 될 것인지 여부에도 커다란 영향을 미친다. 북유럽 복지국가 학생들도 우리나라 학생들처럼 힘든 노무직이 아니라 고급 전문 직업을 갖고 싶어한다. 따라서 대입 제도나 대학 합격이 미래 직업에 결정적 영향을 미친다는 것이 학습효율성의 차이를 가져오는 근본 원인은 아니다. 우리가 늘 예로 들고 있는 핀란드 대입 제도를 우리와 비교해보면 잘 알 수 있다.

핀란드의 대입 전형 요소도 우리만큼 복잡하고, 시험 난이도는 우리보다 높으며, 의대·법대·교대의 입시 경쟁은 10 대 1에 이를 정도로 상당히 치열하다. 우리가 죽음의 트라이앵글이라고 일컫던 지원자의 고등학교 내신 성적, 대학수학능력시험ylioppilastutkinto, 그리고 대학 본고사 성적이 모두 반영된다. 대학에 들어가기 위해 우리처럼 과외도 받는다. 수학능력시험은 3회까지 응시할 수 있는데, 한 번만 보는 사람은 10퍼센트 미만일 정도로 수능 성적을 올리기 위해 모두가 최선을 다한다. 수능은 주관식 서술형이고, 대학별 본고사에는 난이도가 높은 논술 문제가 출제된다.[43] 이처럼 핀란드 학생들의 대입 시험 난이도는 우리보다 훨씬 더 높다. 핀란드나 여타 유럽 국가들의 대입 전형 요소와 시험 난이도를 보면 우리 교육부가 학생들의 학습 부담 고통을 줄여줄 수 있으리라는 가정하에 수능의 난이도를 낮추고, EBS와 연계하여 수능을 출제하고, 본고사를 못 보게 하는 것 등은 학생들의 수학능력과 미래 역량을 길러야 한다는 차원에서 잘못된 정책임을 알 수 있다. 학생들이 학습으로 고통을 받는 것은 공부해야 할 내용이 너무 많고 어려우며, 대입 제도가 잘못된 탓이 아니다. 실력주의가 극으로 치닫고 있는 우리나라 대입 시험이 갖는 의미가 북유럽 국가들과는 사뭇 다르기 때문이다. 이는 핀란드 학생들의 학습효율성지수가 우리에 비해 월등히 높은 이유와도 직결된다.

원하는 학과 합격 여부가 학생들의 미래 직업 선택에 큰 영향을 미치는 점에서 약간 차이가 있기는 하지만 큰 차이는 없는 것 같다. 그러면 학습효율성지수에 영향을 미치는 가장 큰 차이는 무엇일까? 좋은 직업을 갖는 것의 의미가 가져오는 차이다. 우리나라는 다른 나라와 달리 노동시장의 이원화(정규직과 비정규직)와 양극화(대기업과 중소기업)가 극심하다. 좋은 직업을 갖지 못하면 급여 및 직업 안정도가 크게 떨어진다. 설령 좋은 직업을 갖지 못하더라도 유럽 복지국가처럼 삶의 질에서 큰 차이가 나지 않는다면 좋은 직장에 취직하는 데 그렇게 민감하지 않을 것이다. 그런데 우리는 좋은 직업을 갖지 못하면 삶의 수준에서 차이가 나는 정도가 아니라 헌법이 보장하는 인간다운 삶을 영위할 수 없는 상황에 놓인다.[44] 따라서 우리나라 학생들은 자신의 실력이나 공부에 대한 흥미 여부에 관계없이 마지막 순간까지 책상머리에 앉아 버티거나, 부모와 학교의 요구에 따라 버티는 시늉을 하면서 시간을 낭비하는 수밖에 없다. 그리고 공부를 잘하는 학생들의 경우에도 극도의 불안감 때문에 지속적인 반복 학습을 할 수밖에 없다. 이는 학습효율성을 크게 낮추는 결과를 초래한다.

반면 복지국가인 핀란드는 설령 자기가 원하는 전문 직종의 직업을 갖지 못하더라도 삶의 질이 크게 차이 나거나 기본적인 생계가 위태로운 상황에 놓이지는 않는다. 이러한 상황이라면 원하는 대학이나 학과에 진학하기에 충분하지 않다고 생각될 때 무의미하게 책상머리에 앉아 버틸 필요성이 크게 줄어들 것이다. 억지로 자리에 앉아 비효율적인 공부를 하는 학생의 비율이 낮은 탓에 전체 학생의 학습 시간 평균이 줄어들고, 대부분 학생들의 기초 학력이 튼튼한 탓에 우리나라에 비해 월등하게 학습효율성이 높은 것으로 나타났을 가능성이 높다. 그들은 승자만이 살아남는 교육전쟁을 하는 것이 아니기 때문에 공부와 쉼을 병행할 수 있다.

학습효율성지수 향상을 위한 근본 방안

이상에서 살펴본 것처럼 학습효율성지수를 높이려면 공부 잘하는 학생들이 불안감에서 벗어나 무의미한 반복 학습을 하지 않도록 유도하고, 공부에 흥미가 없거나 대학에서 공부할 만한 수학능력을 갖추지 못한 학생들이 큰 부담 없이 무의미한 학습 시간을 줄이도록 유도해야 한다. 그러기 위해서는 우리 사회의 무한경쟁 승자독식의 실력주의 시스템이 개선되어야 한다. 노동시장 이원화와 양극화 문제가 완화되고 신실력주의 사회(근로의욕고취형 복지사회, 공동체 사회)가 구축되면, 사람들은 직업과 무관하게 최소한의 인간다운 삶을 영위할 수 있을 것이다. 이러한 상황에서는 사람들이 어떤 직업을 갖게 될지에 지금처럼 민감하게 반응하지 않을 것이고, 그리되면 직업 선택에 영향을 미칠 대학 합격 여부에 목매달지 않을 것이다. 교육전쟁 상황에서는 시험의 타당도보다 객관성과 신뢰성 그리고 공정성에 대한 관심이 아주 높지만, 교육전쟁 상황이 완화되면 이에 대한 민감성 수준이 현저하게 떨어지고 대신 타당성에 대한 관심이 높아진다.[45] 따라서 국가가 최소한의 기준만 정하고 대학에 학생 선발권을 완전히 위임하더라도 대학들은 창의력을 비롯해 미래 사회가 필요로 하는 다양한 고급 역량을 측정하여 학생을 선발할 수 있다. 학생들은 무의미한 단순 반복 학습이 아니라 필요한 역량을 기르는 데 젊음의 시간을 투자할 수 있고, 학부모와 학교도 여기에 초점을 맞춰 뒷바라지를 하게 될 것이다. 아울러 우리가 학생들에게 그렇게 주고 싶어하는 여유도 줄 수 있을 것이다. 신실력주의 사회 구축을 통한 사회의 전쟁 상황 약화, 이를 통한 교육전쟁 상황 해소는 자연스럽게 무의미한 반복 학습 시간 축소로 이어지고 이에 따라 학습효율성지수는 높아질 것이다.

그렇다고 해서 학교와 교사를 포함한 교육계는 그러한 사회가 만들어질 때까지 기다리기만 해야 한다는 말이 아니다. 교육계는 극단의 실력주의 사회에서 초래되는 제반 문제점을 학생들과 우리 사회가 깨닫게 하고, 이들이 신실력주의 사회에 적합하고 이러한 사회 구축에 앞장서도록 이끄는 역할을 해야 한다. 홍익인간 이념의 재해석과 적용을 통해 우리 학생들을 민주시민이자 세계시민이 되게 길러내야 한다.

학생들이 고통이 아닌 즐거움 속에서 미래 사회에 적합한 역량을 길러갈 수 있도록 교수법과 교육 내용, 입시 제도를 개선하는 것도 교육계가 해야 할 역할이다. 교육계가 주도하여 신실력주의 사회의 바람직한 모델을 제시하고 이러한 사회를 만드는 데 앞장설 때 학습효율성을 비롯한 다양한 교육 문제가 자연스럽게 치유될 것이다. 국가는 학교가 위에서 말한 역할을 수행하는 데 보탬이 되는 제도 구축에 심혈을 기울여야 한다.

　　교육개혁의 새로운 패러다임

　　하그리브스와 셜리는《학교교육 제4의 길》에서, 앤서니 기든스 Anthony Giddens가 제시한 제1의 길에서 제3의 길을 토대로 그동안의 교육개혁을 분석하고 이를 토대로 제4의 길을 제시했다. 이 글에서는 그들이 제시한 제4의 길을 토대로 우리나라 교육개혁의 현주소를 분석하고, 향후 추진해야 할 학교교육 혁신에 주는 시사점을 찾아보고자 한다. 그리고 이를 토대로 교육개혁을 위한 새 패러다임을 제시한다.

제1의 길에서 제4의 길까지

제1의 길은 국가의 지원이 잘 이루어지고 교사의 자율성이 넘치며 혁신이 일어나긴 했지만 일관성이 부족한 길, 제2의 길은 시장주의, 교육 표준화, 교사의 자율성 상실, 제3의 길은 시장주의 장점에 국가의 풍부

	제1의 길	과도기	제2의 길	제3의 길	제4의 길
통제	전문성	전문성과 관료주의	관료주의와 시장	관료주의, 시장, 전문성	민주적, 전문적
목적	혁신과 영감	일관성 추구	시장 표준화	성과와 파트너십	영감을 주고 혁신적이고 포용력 있는 사명
신뢰	수동적 신뢰	의혹의 증가	적극적 불신	대중의 신뢰	적극적 신뢰
지역사회 참여	대체적으로 부재	학부모와의 의사소통	학부모의 선택	지역사회에 서비스 제공	공공의 참여와 지역사회 개발
교육과정	비일관적인 혁신	개괄적인 성취 기준과 결과	상세하게 사전 기술된 표준화된 성취 기준	코칭 및 지원을 수반한 사전 기술의 다양화	요구에 즉각 반응하는 교수법
교수와 학습	절충적· 비일관적	성취 기준과 평가를 통해 사전 기술적으로 접근 시도	성취 기준과 시험에 맞춰 지도	데이터 중심 개인 맞춤형	개인 맞춤형 및 사려 깊은 교수 학습
전문성	자율적	협력의 증대	비전문화	재전문화	사명 중심의 개혁의 주체
교사 학습 공동체	자율과 재량	일부 협력적 문화	작위적 협력 관계	데이터 중시·교사의 열의	객관적 증거 기반
평가와 책무성	지역별 표집	포트폴리오, 수행기반	전수조사를 통한 고부담 평가	성취 목표 높임, 자기감시, 전수조사를 통한 평가	책임감 우선의 표본조사를 통한 평가
수평적 관계	자발적	협의적	경쟁적	네트워크화	지역 기반 협력 네트워크

자료: 하그리브스·셜리, 《학교교육 제4의 길》(2015)을 정리하여 재구성.

[표 6-1] '제1의 길'에서 '제4의 길'에 이르는 교육적 변화

한 지원을 결합하여 교사가 자율과 책무성 사이에서 균형을 잡도록 한 길이다. 이 길을 넘어서는 길이 제4의 길이다. '제1의 길'에서 '제4의 길'에 이르는 교육적 변화를 간략히 정리하면 [표 6-1]과 같다.

하그리브스가 제1의 길부터 제4의 길이라고 명명한 각각의 특성은 시기적 구분이라기보다 특성에 따른 구분이다. 제3의 물결이 왔다고 제1과 제2의 물결의 힘이 사라지는 것은 아니다. 그래서 동일한 시기에도 여러 길의 특성이 동시에 나타나고 있음을 알 수 있다. 인문사회

과학은 새로운 학설과 패러다임이 등장한다고 하여 과거의 것이 소멸되는 것이 아니라 모두 살아남아 복합 패러다임multiple paradigms의 특성을 보인다는 토마스 쿤Thomas Kuhn의 주장이 여기에서도 설득력을 갖는다. 학교 정책의 경우에도 하그리브스가 말한 제1의 길 이후 제2의 길이 나타나면서 그 이전의 길이 사라진 것이 아니라 제4의 길까지 다양한 길이 복합적으로 살아 숨 쉬고 있다고 보아야 한다.

5·31 교육개혁이 택한 길

5·31 교육개혁은 제2의 길을 중심축으로 하면서 제3의 길을 가미한다고 할 수 있다. 하지만 그 기본 이념에서는 제4의 길의 요소도 일부 포함하고 있다. 하그리브스와 셜리가 제2의 길이라 칭한 시장주의와 표준화의 길은 1980년대 후반 잉글랜드와 북아일랜드 등에서 가장 먼저 나타났다. 미국에서도 이미 진행 중이던 이 흐름은 1992년 빌 클린턴이 대통령에 당선되면서 강하게 추진되었다. 우리나라 5·31 교육개혁은 이 흐름을 그대로 도입한 것이었다. 이 흐름의 특징은 학교 간 경쟁 심화와 학력평가 결과 학교별 순위 공표, 시민을 고객 혹은 소비자(수요자)로 칭함, 교사 전문성 향상 수단이 자발성에 기초한 학습 공동체 권장이 아니라 정부 정책을 쉽게 따르도록 유도하는 교내 연수 프로그램 이수에 의존함 등이다.

제1의 길 시기는 부모가 교사를 존경하고 교사는 간섭 없이 자율적으로 업무를 수행하던 '수동적 신뢰'의 시기였던 반면, 제2의 길 시기는 학부모가 교사를 불신하는 '능동적 불신'의 시기였다. 이 특성 또한 현재 우리나라에 강하게 나타나고 있다. 결과 부진의 책임이 정부에서 학교로 전가된 것도 이 시기의 특징 중 하나다. 이 기준에 따르면 우리 교육 정책은 아직도 상당 부분 제2의 길에 머물러 있다. 5·31 교육개혁 성과의 하나로 학부모와 학생의 선택권이 늘어났다는 이야기를 하지만, 다른 나라 제2의 길에서와 마찬가지로 실제로는 부유층 학부모들의 선택권이 늘어난 것에 불과했다.

제2의 길 시기의 교사들은 좌절감과 무력감에 빠졌다. 그 결과 영국에서는 신규 교사 40퍼센트가 1년 후 교직을 떠났고, 미국의 초임 교사 50퍼센트가 도시 지역의 경우는 3년 이내에, 미 전역에서는 5년 이내에 교직을 떠났다. 캐나다 온타리오 주의 경우 85퍼센트가 교장이나 수석교사로의 승진 의지가 약해졌고, 73퍼센트는 조기 은퇴하고 싶은 마음이 커졌으며, 78퍼센트는 자녀에게 교직 입문을 권하는 마음이 줄었다고 답했다.[1] 이는 5·31 교육개혁 이후 우리나라 교직 사회에 나타나고 있는 현상과 유사하다. 최근에는 이러한 경향이 두드러져 우리나라 교사들의 교직만족도는 OECD 국가 중 최하위에 머물고 있다.[2]

미국의 교사는 주로 고졸자의 수학능력 하위 30퍼센트 자원으로 이루어진 반면, 우리나라는 거의 상위 10퍼센트 자원으로 이루어져 있다. 그러므로 책무성을 확보하고자 할 때 교원 평가를 비롯한 외부적 책무성 확보 정책 위주로 나아가는 것은 부당하다. 큰 정책 방향은 전문적 책무성을 확보하는 쪽으로 나아가되 무기력증과 무능함을 보이는 일부 교사들에게만 외부적 책무성을 보완적으로 활용하는 방식으로 나아가야 할 것이다.

제2의 길은 교원의 사기 저하와 학습자의 창의성 상실로 대표된다는 비판에 따라 미국 민주당 지도부가 1996년 새로운 〈신진보주의 선언문The New Progression Declaration〉에 서명하면서 이를 '제3의 길'이라 명명했다.[3] 그런데 같은 시기에 우리나라의 5·31 개혁은 제2의 길을 선택하면서 목표는 창의성 함양을 내세워, 수단 자체가 목표 달성에 적합하지 않았다.

최근까지의 교육개혁: 제3의 길

기든스가 주장한 제3의 길은 관료주의의 제1의 길과 경쟁 지상주의의 제2의 길을 넘어서 공공 부문, 민간 부문, 비영리 부문을 창조적으로 새롭게 조합해 사회 문제를 해결해가는 구조적 다원주의다. 우리나라가 최근까지 취해온 정책에는 제3의 길에 해당하는 것이 일부 포함되어 있다. 제3의 길을 가능케 하는 주된 요소에는 정보에 대한 시민의 접근이 보장된 개방적 국가, 효율이 높은 정부, 시민 참여, 공동체성의 부활, 자녀 보육과 가정 내 남녀 권리 의무 평등을 중시하는 가족 정책, 교육 등에 공공 투자와 민간 투자를 혼합시키는 혼합경제, 경제적 평등을 위해서는 교육에만 의존할 것이 아니라 사회적 불평등의 뿌리부터 뽑아야 한다는 교육 영역의 한계 인식, 자립을 유도하는 방향으로의 복지 제도 재구조화, 세계시민주의 문화, 평생교육과 훈련에 대한 투자 등이 있다. 기든스의 이러한 주장은 '신공공관리New Public Management'라는 이름으로 인기를 얻었다.

우리나라도 5·31 교육개혁 이후 제3의 길에서 언급하는 교육 정보,

시민 참여, 공동체성의 부활, 평생교육과 훈련, 세계시민주의 등을 교육 정책에 반영했다. 하지만 교육 영역의 한계 인식과 관련해서는 학계의 지속적 주장에도 불구하고 국가 정책은 과도한 입시 경쟁, 계층 간 교육 격차, 학벌주의, 나아가 사회 양극화까지도 교육을 통해 해결하겠다는 식의 접근을 유지하여 제2의 길에서 벗어나지 못했다. 교육의 성과뿐만 아니라 경제적 평등은 교육에만 의존할 것이 아니라 사회적 불평등의 뿌리부터 뽑아야 한다는 교육 영역의 한계 인식은 향후 교육 정책을 수립할 때 반드시 고려해야 할 관점이다.

이상에서 살펴본 것처럼 우리나라는 제2의 길 이후 제3의 길로 접어들었다기보다 제2의 길을 가면서도 제3의 길의 요소를 반영하는 혼합적 특성을 보였다. 이는 미국도 마찬가지였다.

하그리브스와 셜리가 제3의 길의 하나로 언급한 '다중 공급자 모델 diverse provider model'이란 학부모의 학교 선택권뿐만 아니라 학교 외부 집단의 학교교육 참여도 의미한다. 우리나라의 경우 5·31 교육개혁이 표방한 학부모의 학교 선택권 확대, 참여정부에서 활성화한 방과후학교를 학교 외부 집단이 주도하도록 한 것, 그리고 재량 활동에 외부 집단이 참여하도록 한 것 등이 여기에 해당한다.

제3의 길은 학교교육에서 적절한 정부 리더십과 시장주의의 혁신성을 연계하는 통합적 사고를 주창했다. 그러나 실제 현장에서 제3의 길 노선의 정책들은 원래의 이상과 전혀 다른 모습으로 이어졌다. 하그리브스와 셜리에 따르면 이 정책들은 학생을 소외시키고, 교실을 부패시키고, 교육자를 교묘히 조종하고, 대중을 기만했다. 이렇게 된 배경에는 캐나다 온타리오 주의 경우 기존의 보수 정부, 정부 정책에 반대하는 노조, 그리고 교사와 교장에게 부과된 과도한 행정 잡무 등의 방해 요인이 있었다. 정부가 교육개혁의 방해 요인으로 등장할 경우 이를 해결할 수 있는 것은 '시민과 전문가들의 사회적 참여'다. 이는 교육 내용에서 시민정신 교육이 강조되어야 하는 이유가 된다.

제4의 길

제4의 길은 제3의 길이 총체적으로 실패해 제안되었다기보다 제3의 길에서 나타난 일부 문제점을 완화하기 위해 주장되었다고 이해하는 편이 타당하다. 하그리브스가 주장한 제4의 길 성공 조건은 현실에 그대로 적용하기에 어려움이 있어 보인다. 제4의 길은 이상적이지만 세계관의 수정과 세계 속 우리 자신의 재발견이 필요한 길이다. 개인적으로는 책임감이라는 양심에까지 호소하고 있다. 하지만 우리가 나아갈 방향을 제시하는 것으로서도 충분한 의미를 갖는다고 할 수 있다. 그는 "고삐 풀린 시장과 불합리한 탐욕의 시대가 길 저편으로 사라지고 있다"라는 낙관론을 펴고 있지만 현실은 녹록지 않다.[4]

하그리브스와 셜리가 제시하는 학교혁신을 위한 '제4의 길'의 핵심을 정리하여 소개하면 다음과 같다. 제4의 길은 "교육의 표준화, 데이터 중심의 의사결정, 목표 지상주의의 환상을 뛰어넘어 민간, 교육계, 정부 사이에 평등하고 상호 소통적인 파트너십을 구축"하는 길이다. 이 길에서의 교육 리더는 혁신의 세세한 실무를 내려놓고 거시적 방향만을 지휘한다. 제4의 길에서 변화의 동력은 관료주의와 시장이 아니

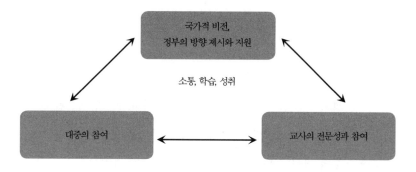

출처: 하그리브스 · 셜리, 《학교교육 제4의 길》.

[그림 6-1] 학교혁신을 위한 제4의 길

라 민주주의와 전문성이다. 요컨대 정부는 큰 그림을 제시하고 필요한 지원을 하며, 교사의 전문성과 대중의 참여가 학교혁신의 동력이 되는 길을 의미한다. 물론 큰 그림을 제시하는 과정에도 교사(교육 전문가)와 대중이 동등한 관계로 참여하게 된다.

이들이 《학교교육 제4의 길》에서 제시한 네 가지 희망의 지평선[5]과 세 가지 요소는 다음과 같다. 먼저 네 가지 지평선은 1) 국가가 탁월한 교육적 성취를 유도해내는 역량을 갖추는 것, 2) 국가가 대규모의 학교 네트워크를 형성하는 것, 3) 지역사회 조직화 운동을 벌이는 것, 4) 부진한 학군을 되살리기 위해 노력하는 것 등이다. 이 네 가지 지평선에 비추어볼 때 우리나라는 여러 부분에서 토대가 마련되고 있고, 대중과 교사들이 방향 또한 잘 잡아가고 있다. 현재 각 교육청과 지자체가 추진하는 학교 네트워크 형성 운동, 마을학교 운동 등은 우리 교육이 제4의 길을 향해 차분히 나아가고 있음을 보여준다.

그들이 제시하는 모델 국가는 '협소하고 제한적인 기능 교육을 넘어 진정한 교육을 추구'하는 핀란드다. 핀란드에서 배울 수 있는 점으로 제시된 것은 다음과 같다.

- 문화와 창의성을 희생하지 않으면서 과학기술의 혁신을 통해 교육과 경제 발달 간에 강한 연계를 조성한다.
- 소수의 뛰어난 특정 학생들을 더 뛰어나게 하기보다는 다수 학생을 발달시켜 전체적인 성취를 높인다.
- 사후적인 보정보다는 예방적 관점에서 통합교육을 권장한다.
- 교사의 질은 진입 시점에서 지원자 중 교사로서의 사명에 충실한 사람을 선발하고 이후에는 대학 기반 및 학교와 연계된 엄격한 연수 프로그램을 제공함으로써 관리한다.
- 신뢰·협동·책임을 중요시하는 공동체 문화와 그에 대한 헌신성을 강조한다.
- 지역적·문화적 특이성과 시의성을 충분히 반영하는 교육과정을 개발한다.
- 자기 학교나 학급뿐 아니라 시·군 전역의 모든 학생의 미래에 대한 책임감을 공유한다.
- 정부 차원에서 교육 제도의 방향을 설정하되, 미시적 관리나 세부적 개입을 자제한다.[6]

핀란드는 인구 500만 명 정도의 조그마한 도시국가이고, 사회적 분

요소	내용
변화의 목적과 파트너십을 떠받치는 여섯 가지 기둥	• 영감을 주고 통합을 이끄는 비전 • 시민의 적극적 참여 • 성취를 위한 투자 • 교육에 대한 기업의 사회적 책임 • 변화의 파트너로서의 희생 • 사려 깊은 교수·학습
변화의 동력이 되는 교사 전문성의 세 가지 원칙	• 질 높은 교사 • 적극적이고 강력한 교원 단체 • 활발한 학습공동체
변화를 지속시키고 통합시키는 네 가지 촉매	• 지속 가능한 리더십 • 통합적 네트워크 • 책무성에 우선하는 책임감 • 다양성의 존중

자료: 하그리브스 · 셜리의 《학교교육 제4의 길》 내용을 토대로 작성.

[표 6-2] 제4의 길 세 가지 요소

위기가 상호 신뢰에 기반하고 있으며, 빈부 격차가 크지 않다. 따라서 우리 사회가 당장 그 지평에 도달하기는 어렵지만, 어느 방향으로 나아가야 할 것인가에 대해 시사하는 바는 크다.

성공적인 국가와 구체적인 사례를 토대로 그들이 제시하는 제4의 길 세 가지 요소는 1) 변화의 목적과 파트너십을 떠받치는 여섯 가지 기둥, 2) 변화의 동력이 되는 교사 전문성의 세 가지 원칙, 3) 변화를 지속시키고 통합시키는 네 가지 촉매다. 세 가지 요소별 구체적인 내용은 [표 6-2]와 같다.

제4의 길의 요소와 각 요소별 내용의 특성은 제3의 길 내용과 비교하면 더 쉽게 이해할 수 있다. [표 6-3]에서는 제3의 길과 제4의 길을 요소별로 비교했다.

제4의 길 변화 동력은 민주성과 전문성 그리고 적극적 신뢰인데, 우리 사회는 적극적 신뢰 대신 상호 불신이 팽배해 있는 상황이다. 윤활

유나 냉각수가 빠진 자동차는 에너지원인 연료를 가득 채우고 앞으로 나아갈 경우 얼마쯤 가면 엔진 과열로 화재가 발생한다. 이와 마찬가지로 학교혁신이 민주성과 전문성을 에너지원으로 삼아서 앞으로 나아가고자 해도 적극적 신뢰라는 윤활유가 없으면 민주성과 전문성이 집단 이기주의와 집단 간 갈등으로 표출되고 결국 사회적 화재, 즉 사회 갈등 폭발 현상이 나타날 것이다. 사회적 갈등과 불신이 심각한 우리 사회는 현재 상황에 적합한 새로운 에너지원을 찾거나, 아니면 중장기적으로 갈등과 불신을 화해와 적극적 신뢰로 전환시킬 수 있는 사회 시스템과 환경을 구축해야 한다. 이를 위해서는 근로의욕고취형 복지 제도와 신실력주의 사회를 구축해야 한다.[7] 단기적으로는 지역사회 구성원과 학

요소	하위 요소	제3의 길 내용	제4의 길 내용
변화 동력	• 변화 • 통제 • 신뢰	• 교육의 목표/과정을 통제 • 관료주의적, 시장 논리 개입, 전문적 • 대중의 신뢰	• 방향 제시와 개발 • 민주적, 전문적 • 적극적 신뢰
목적과 파트너십을 떠받치는 기둥	• 목표 • 대중 • 파트너십 • 학습 • 학생	• 경쟁력 있고 측정 가능한 성취 기준 • 학부모의 학교 선택제, 지역사회 서비스 집행 • 기업 경영식, 효율성 • 대량 맞춤형 학습 • 교수와 서비스 전달의 대상	• 영감을 주고 혁신적이고 포용력 있는 사명 • 공공의 참여와 지역사회 개발 • 투명함, 책임감 • 사려 깊은 교수·학습 • 참여 주체, 개인 목소리 존중
교사 전문성의 원칙	• 교사의 질 • 교원단체 • 학습공동체	• 보상 중심, 성과 중심 • 혁신에 동의하나 매수의 대상 • 성취도 데이터 중심	• 사명 중심, 근무 환경 중심 • 혁신의 주체 • 객관적 증거 기반
통합의 촉매	• 교육의 질 보장 • 책무성 • 달성 목표 • 리더십 • 수평적 관계 • 다양성 존중	• 책무성 우선 • 전수 조사 • 자의적, 강요됨 • 개인적으로 개발 • 분산 네트워크 • 소수 과목 성취도 격차 해소, 데이터 기반 개입	• 책임감 우선 • 표본 조사 • 담대함, 공유됨 • 체계적, 지속 가능함 • 지역 기반 협력 네트워크 • 높은 목표와 수용적 지도

자료: 하그리브스·셜리의 《학교교육 제4의 길》 내용을 토대로 보완.

[표 6-3] 제3의 길의 실제와 해법으로서의 제4의 길

교가 주축이 되어 학교혁신을 시도하고 있는 학교나 지역이 원하는 길로 나아갈 수 있도록 선별적 자율권을 보장하고 지원책을 마련하는 방안을 시도할 수 있다. 그리하여 성공 사례를 토대로 점차 이를 확산시켜가는 지역 중심적, 점증적 방법을 택할 수 있을 것이다.

한국 교육의 르네상스를 향하여

실력주의 사회라는 나무의 열매는 과도한 타인과의 경쟁, 교육전쟁, 학벌, 학교교육 파행, 갈등, 사회 양극화 등이다. 반면 신실력주의 사회라는 나무에서는 최고가 되기 위한 자신과의 경쟁, 학교교육 정상화, 상생, 공존사회라는 열매가 열릴 것이다. 그런데 우리 사회는 아직까지 실력주의 사회를 지향하고 극단적 실력주의 사회를 향해 나아가고 있다. 이러한 상황에서도 학교와 교육이 할 수 있는 일은 있을까?

실력주의를 포기하지 않는 한 실력주의 사회가 만드는 그림자를 없앨 수 없다. 심지어 정부가 나서서 노력해왔지만 여전히 학생들의 학습효율성이 세계 꼴찌인 이유도 우리 사회가 실력주의 사회이기 때문이다.[8] 앞에서 이야기한 것처럼 실력주의 사회가 극단으로 치달으며 무한경쟁과 갈등, 빈부 격차 등에 의해 개인과 사회의 스트레스가 치솟고 행복도는 추락하고 있다. 신실력주의 사회가 지향하는 궁극적 목표는 개인과 사회의 행복이다. 나아가 현재인뿐 아니라 미래인의 행복도 함께 고려하는 사회를 구축하는 것이다.

신실력주의 사회를 구축하는 데 큰 걸림돌이 있는데, 실력을 갖춘 개인들이 자신의 실력으로 얻는 재화를 공유하려고 하지 않는다는 것이다. 장기적으로 교육이 할 수 있는 역할은 사회 구성원들이 신실력주의 사회 구축에 공감할 뿐만 아니라 앞장서 나아가도록 유치원에서부터 모든 학생의 마음에 '상생의 씨'를 뿌리는 일이다. 학교가 해야 할 일은 훗날 자신이 획득한 사회적 재화 중에서 자신의 노력이 아닌 신에게서 받은 능력에 상응하는 부분은 사회로 환원하도록 교육하는 것, 서로의 노력을 인정하고 차이를 인내하도록 하는 것이다. 또한 희생과 봉사 그리고 나눔의 정신을 가진 사회 지도자를 배출하는 데 더 노력해야 한다. 신실력주의 사회 구축에 관심을 갖고 사회가 한 발씩 앞으로 나아가며, 교육계도 학교교육을 향한 경쟁의 원인을 제대로 파악해 그 문제를 완화하기 위해 학교가 할 수 있는 역할을 바로 깨달을 때 교육적으로 바람직하다고 제안되는 각종 교육개혁안도 목표를 달성할 수 있다.

단기적으로는 교육개혁안을 마련할 때 우리 사회가 실력주의 사회인 까닭에 나타나는 문제와 잘못된 교육에서 비롯된 문제를 구분하여 타당한 정책을 마련해야 한다. 교육이 원인이 아니라 실력주의 사회가 원인인 것을 교육 정책으로 해결하고자 하면 기대만큼의 성과를 거둘 수 없을뿐더러 오히려 교육까지 해를 입을 것이다.

이하에서는 우리 교육개혁 실패의 교훈, 미래 사회에 대한 예측과 대응, 하그리브스와 셜리의 '제4의 길'이 주는 시사점 등을 토대로 교육개혁을 위한 새로운 패러다임을 제시한다. 아울러 빠른 속도로 다가오고 있는 4차 산업혁명기도 염두에 두며 패러다임을 탐색하고자 한다.

비록 인류의 문명은 크게 바뀌었다고 하지만 인류의 DNA는 석기시대와 별반 다름이 없다. 가령 많은 사람들이 영양 부족 상태가 아니고 냉장고에는 먹을 것이 쌓여 있는데도 우리는 늘 기아에 시달리던 시절의 DNA를 그대로 가진 탓에 설탕과 지방에 대한 욕구를 억제하지 못하고 있다. 그러나 지금까지와 달리 4차 산업혁명기에는 호모사피엔스와 다른 신인류가 등장하리라는 예측이 점차 공감을 얻고 있다. '네안데르탈인은 같은 인간이지만, 우리의 후계자들은 신 비슷한 존재'일 것이라는 주장도 있다.[9] 그러나 이는 적어도 2030년 이후의 일일 것이다. 앞으로도 상당 기간 동안 교육은 과거의 DNA를 가진 인간을 대상으로 현실 문제를 직시하고 이를 완화할 수 있는 역량을 길러주고, 다가올 미래를 예측하여 적극 대비하도록 하며, 꿈꾸는 아름다운 미래를 창조해갈 역량을 길러주는 데 핵심 역할을 할 것이다.

그렇다면 급변하는 상황에서 우리 교육은 어디로 가야 할까? 대부분의 연구자들은 현재의 교육이 4차 산업혁명기에 부적합하므로 완전히 새로운 교육 시스템과 내용이 만들어져야 한다는 식의 이원론적 입장에 서고 있다.[10] 이 장에서는 이러한 이원론에서 벗어나 현재의 교육에서 살릴 수 있는 것을 살리면서 4차 산업혁명기에 적합한 교육개혁 패러다임을 탐색하고자 한다.

경제성장 시기의 우리 교육은 우선 필요한 산업 인력과 세계적 경쟁력을 갖춘 실용적 인재를 육성하느라 분주했다. 그래서 교육기본법 2조에 명기된 '홍익인간弘益人間'이라는 교육 이념과 1) 인격 도야陶冶,

2) 자주적 생활능력과 민주시민으로서 필요한 자질 함양을 통한 인간다운 삶 영위, 3) 민주국가의 발전과 인류공영人類共榮의 이상 실현이라는 교육 목적을 법전에 담아 캐비닛에 넣어두었다. 홍익인간의 이념을 망각한 채 지내온 경제성장기의 우리 교육은 암흑기를 거쳐왔다고 할 수 있다. 수단으로서의 가치에 전도된 교육 안에서는 누구나 고통을 느낄 수밖에 없다. 그러한 고통을 겪으며 마련한 물질적 기반을 토대로 이제는 홍익인간 이념을 4차 산업혁명기에 맞게 재해석하여 우리 교육의 진정한 이념으로 부활시킬 때가 되었다.

르네상스는 오래된 미래를 부활시켜 다가올 미래를 창조하는 것이다. 세계는 우리가 겪고 있는 교육 관련 고통에도 불구하고 한국 교육을 바라보며 미래의 길을 찾아가고 있다. 피렌체가 르네상스를 통해 인류의 미래를 새롭게 열었듯이, 한국 교육은 홍익인간 이념의 재발견과 부흥을 통해 세계 교육의 미래를 밝힐 것이다. 우리의 교육 르네상스 운동은 한국 교육뿐만 아니라 세계 교육의 나아갈 길을 밝히는 북극성의 역할을 할 것이다. 임마누엘 페스트라이쉬는 《한국인만 모르는 다른 대한민국》(2013)에서, 홍익인간 정신은 학생 사이의 공동체 개념을 재구성할 때 든든한 사상적 기반이 될 것임을 강조했다.

2015 세계교육포럼에서 우리 한국은 홍익인간의 이념을 발전시켜 향후 15년간 세계를 이끌어 갈 좌표로 '세계시민교육global citizenship'을 주창하여 채택되었다. 우리 교육에게는 홍익인간 이념의 재해석과 적용 및 발전을 통해 세계시민교육의 방향을 제시해야 할 임무가 부여되었다. 아프리카의 우분투ubuntu[11], 서양의 시민의식citizenship, 그리고 우

리의 홍익인간은 지향점이 같은 삶과 교육의 이념이자 지침이다.

나는 홍익인간 육성이 아니라 '되기'를 교육 목표로 제시한다. 가르치는 사람과 배우는 사람을 구분 짓는 방식의 교육과 학습이 아니라, 서로가 서로에게 배우고 가르치며 지속적으로 성장해가는 것을 교육개혁의 목표로 삼아야 한다는 의미다. 가장 아름다운 스승의 모습은 '영원한 학생'이다. 배움을 중단한 교사, 배움의 기쁨을 잊은 교사는 가르침의 길목을 지키기 어렵다. 홍익인간 '되기'가 강조하고자 하는 것은 교사와 학생이 서로의 배움과 가르침의 기쁨을 존중하고 지켜주어야 한다는 점이다. 4차 산업혁명이 진행되면 빈부 격차나 사회적 갈등이 더욱 심화될 가능성이 높다. 이러한 문제를 완화하면서 바람직한 미래를 창조할 수 있는 역량을 갖춘 인재를 기르는 데 '홍익인간 되기'라는 교육 목표는 우리의 '오래된 미래'다.

교육개혁의 에너지원

목표가 뚜렷해지면 그 목표를 향해 나아갈 에너지원을 찾아야 한다. 교육의 수단적 가치에만 초점을 둔 암흑기에 우리 교육의 에너지원은 국가와 사회, 학교, 교사, 그리고 학부모의 교육열教育熱[12]과 학생의 학습열學習熱이었다. 그러나 이 에너지원의 과열, 그리고 이 에너지원을 효율적으로 통제하는 시스템의 결여로 교육열을 안고 살아가는 주체들만이 아니라 사회 전체가 고통을 겪어왔다. 그동안 교육개혁을 통해 부모의 '과도한' 교육열을 잠재우기 위해 다양한 노력을 기울여왔지만 실패했다. 5·31 교육개혁안에서는 교육열이 교육과 사회 발전의 원동력이 될 수 있음을 천명하며 바람직한 발현 기제를 만들고자 했으나 실패했다. 교육개혁의 영원한 화두는 어찌하면 이 교육열이 보다 바람 직한 방향으로 발휘되도록 유도할 것인가 하는 것이다.

핵이 일시에 폭발하면 엄청난 재앙이 되지만, 핵을 제어하여 생산 적으로 활용하면 인류의 미래를 밝히는 엄청난 에너지원이 된다. 이와 마찬가지로 교육열과 학습열 또한 잘 제어하고 제대로 발현되도록 유 도하면, 우리 사회가 교육개혁으로 나아가도록 하는 강력한 에너지원 이 될 수 있다. 이는 우리가 가지고 있는 강력한 추진 에너지를 부정적 에너지에서 긍정적 에너지로 전환시킴으로써 가능하다. 에너지 전환 의 열쇠는 오래된 미래에 있다. 다름 아닌 공자가 말한 학습열學習悅과, 맹자가 말한 교육열敎育悅이다.

공자가 말한 인생삼락人生三樂은《논어》〈학이學而편〉에 나오는 것으 로 그 첫 번째가 배움의 기쁨, 즉 학습열學習悅 이다.[13] 그의 사상을 이 어받은 맹자가 말한 군자삼락君子三樂은 그 세 번째가 교육의 기쁨敎育 樂, 즉 교육열敎育悅이다.[14] 이처럼 동양에서 교육의 기쁨보다 먼저 이 야기된 것은 바로 배움의 기쁨이다. 그동안 경제적으로 풍요한 세상을 만들기 위해 과도한 가르침의 열기인 교육열敎育熱과 배움의 열기인 학습열學習熱이라는 에너지원을 사용해왔으나, 그 열기가 주는 고통이 너무 크다. 이제는 유교 전통을 이어받은 우리 안에 살아 숨 쉬던 배움 의 기쁨學習悅과 가르침의 기쁨敎育悅을 부활시켜 그 자리를 대신하게 할 때가 되었다.

배움의 기쁨을 높이는 교육개혁

우리 교육이 직면한 가장 큰 문제 중 하나는 학생들의 학습흥미도^{學}^{習悅}가 낮다는 점이다. 반면에 학습열^{學習熱}, 즉 좋은 성적을 받기 위해 공부하고자 하는 열기^{熱氣}는 높다. 2008년 한국교육학회의 요청으로 갓 출범한 이명박 정부의 유·초등교육 정책을 진단한 논문 중 〈교육 전쟁을 넘어 교육평화로〉에서 주창한 것이 '행복교육론'이었다.[15] 당시 제시한 행복교육론의 요체는 '미래를 위해 오늘을 희생하도록 학생들을 강요하는 것이 아니라 배움 과정에서 즐거움을 느끼고 배움 내용에서 의미를 발견할 수 있도록 이끄는 교육', '커가는 미래 주역들이 나만을 생각하는 것이 아니라 함께하는 사회를 꿈꾸고 만들어가도록 이끄는 교육', '아이들 마음속에, 학부모 마음속에 모두가 함께하는 행복한 사회를 심어주는 교육'이다. 즉 배움의 기쁨^{學習悅} 부흥을 통한 행복한 학교 만들기였다.

우리나라처럼 상대평가 상황, 과도한 경쟁 상황에서 좋은 성적을 받으려면 거의 처절하다 할 정도로 자신과 싸워야 하고, 실수를 줄이기 위해 끝없이 반복해야 하기 때문에 학생들이 학습의 기쁨을 맛보기 어렵다. 배움의 기쁨을 높여주기 위해 장기적으로는 사회의 과도한 경쟁이 완화되도록 신실력주의 사회를 구축해야 하지만, 그보다 먼저 범위형 대입 제도[16]를 포함하여 보완책을 마련해갈 필요가 있다. 대입 제도 보완책은 학교교육 변화에도 영향을 미칠 것이다. 동시에 과도한 스트레스 상황에서도 높은 학습흥미도를 유지하고 있는 학생들을 찾아 그로부터 해법을 찾는 '밝은 점 찾기' 전략도 구사해볼 필요가 있다.

무엇을 가르칠 것인가?

미래 사회 구성원이 되기 위해 갖춰야 할 역량은 다양하게 언급되고 있다. 조상식과 김기수는 4차 산업혁명 시대를 살아가기 위해 필요한 역량으로 노동과 여가의 균형 추구, 민주주의 내재화, 매체 비판 능력 등을 제시했다.[17] 2015 개정교육과정에서는 이러한 흐름을 염두에 두며 필요한 역량을 제시했다. 여기서는 4차 산업혁명기의 핵심 역량이 될 자율학습 역량 제고, 기계와의 경쟁 우위를 위한 인성 및 기업가정신 계발, 그리고 공동체 의식 육성의 방향을 살피고자 한다.

자율학습 역량

기계와 비교하여 인간이 뛰어난 부분 중 하나는 '자기 학습 능력'이다. 우리 인간은 주어진 과제를 해결하기 위해 필요한 지식과 역량 혹은 기능이 무엇인지를 파악하고 찾아서 스스로 학습해갈 수 있는 역량을 가지고 있다. 따라서 우리 아이들이 기계와의 경쟁에서 이길 수 있도록 하려면 학교에서 자율학습 역량과 의지를 길러주어야 한다. 학교교육에서 학생들의 학습흥미도나 학습 의욕을 저하시키지 않으려면 배움의 기쁨을 맛볼 수 있도록 교육과정과 교육 방법을 재구성해야 한다. 아울러 하고 싶은 일만 하는 것이 아니라 해야 할 일은 반드시 완수하도록 하는 인내력과 집중력 또한 길러주어야 한다.

인성 및 기업가정신

케네스 쿠키어는 《메가체인지 2050》에서 "모든 사람의 60조 개의 세포 안에 있는 DNA 하나가 가지고 있는 정보량이 우리가 가진 모든 컴퓨터 장치에 저장되어 있는 정보량과 맞먹는다. (…) 2010년, 전 세계의 컴퓨터 연산 능력을 결합한 것이(명령처리 속도로 측정한) 고작 뇌가 5분 동안 처리할 수 있는(신경 충동의 최대치) 양에 불과하다. (…) 그것은 우리가 너무 빨리 교체되지는 않을 것임을 반증하는 좋은 소식이라고 할 수 있다"라고 이야기한다. 즉 '기계와의 경쟁'이라는 관점에서 볼 때 앞으로도 한동안 기계가 인간의 부족함을 보완해주겠지만 인간을 완전히 압도하지는 못할 것이라는 의미다. 감정적 인지가 필요한 일, 시각적이면서 섬세한 동작을 필요로 하는 일 등은 정보처리 업무보다 자동화하기 어렵다는 것은 이른바 '모라벡의 역설Moravec's paradox'로 불리며 그 사실이 입증됐다.[18] 수성獸性의 상대어로서의 인성에서 한 발 더 나아가 기계성의 상대어로서의 인성, 즉 기계가 할 수 없는 인간의 역량을 개발함으로써 기계와의 경쟁에서 살아남을 수 있는 미래 세대가 되도록 교육해야 한다. 황영헌 KT연구소 상무가 "소위 감정노동자의 일자리는 늘어날 것이다. 사람의 감정을 읽고 적절하고 합당한 조치를 신속하게 해줄 사람은 더 많이 필요하게 된다. 결국 소통 능력이다. 사람을 사랑하고, 사람과의 대화를 좋아하는 사람으로 아이들이 자라도록 교육해야 한다"라고 하는 것은 이와 같은 맥락이다.

기계와의 경쟁에서 우위를 점하도록 하기 위해 또 하나 길러주어야 할 점은 기업가정신이다. 브린욜프슨은 기업가정신을 경영대학원뿐만 아니라 고등학교 과정에서도 가르치라고 주문한다. 창업과 경영의 기본을 교육하고 중간 수준의 기술 전문 사업가를 광범위하게 육성하는 것이 기계와의 경쟁 시대를 대비하는 길이다.[19]

마을·마음 공동체 의식[20]

현대 사회에는 고독이라는 이름의 병이 만연해 있다. 외로움을 달래려고 애완동물을 기르는 사람이 급증하고, 고독은 레저 산업과 영화 및 연주회의 번성으로 이어지고 마약이 성하게 될 것이라던 토플러[21]의 예측은 이제 우리 사회의 현실로 다가오고 있다. 대중화 시대가 끝나고 공통점보다 서로 다른 점을 강조하는 사회가 되면서 개성 발휘가 쉬워졌고, 개인의 잠재력을 최대한 실현할 수 있는 시대가 되었다. 그러나 그로 인해 인간적 접촉이 점점 어려워지고 있다. 각자 자기 개성을 살리고자 하는 욕구 때문에 자신과 같은 흥미나 가치관, 그리고 스케줄을 가지고 생활하며 기호가 일치하는 연인이나 친구를 찾아 어울리는 일도 어려워졌다.

그 결과로 생기는 고독감을 떨치려면 자신을 희생해야 하지만, 고독에 길들고 나태해져 점점 더 고독의 함정에 빠져들고 있다. 이를 떨치고 일어날 의지와 힘도 점점 희박해지고 있다. 이러한 사람들 중 일부는 수동적이고 무기력한 상황에 놓인다. 이러한 상황에서 고독감을 떨치고 나와 존재 의의까지 찾게 하는 것이 공동체다. SNS가 발달하면서 사람들은 온라인 공동체를 구성하여 고독감을 해결하고 있다. 온라인 공동체는 번개팅이나 주말 모임 등을 통해 오프라인 공동체의 역할을 하기도 한다.

　외국과 달리 한 교실에서 같은 반 친구들과 거의 하루 종일 생활하는 우리나라 학교 제도는 공동체가 주는 기쁨을 맛보게 하고, 동시에 공동체 구성원으로서의 기본 역할과 의무를 하도록 마음과 몸의 근육을 길러주고 있다. 실력주의 사회가 극으로 치달으면서 학급 공동체가 깨져가지만 다른 나라에 비해 아직은 강한 결속력을 가진 공동체의 모습을 하고 있다. 우리나라 교사들은 모둠별 과제 및 평가, '학급온도계' 같은 기법을 사용하여 학생들에게 공동체 역량을 길러주고 있다. 공동체가 되려면 서로의 희생이 필요하다. 미래 시대에 필요한 것은 개인의 인권과 개성을 존중하면서도 공동체를 위해 일부를 양보하고 희생할 수 있는 사람과 조직이다. 과도한 공동체 의식은 획일화와 억압을 불러오고, 과도한 인권 강조와 개성 존중은 공동체 붕괴를 초래함을 깨닫도록 학생들을 교육해야 한다.

　이러한 공동체 의식에서 한발 더 나아간 것이 시민 의식이다. 한국 유네스코는 2015년 인천 송도에서 개최된 세계교육포럼에서 향후 15년간 세계 교육 핵심 화두의 하나로 '세계시민교육'을 주창하여 의제를 선점했다. 하지만 우리의 실상은 아직도 '국민'의 시대 가치관을 가지고 살아갈 뿐 시민마저도 '상상적 시민'에 불과하다는 것이 송호근의 주장이다.[22] 대다수의 사람들에게는 '시민교육'이라는 말조차 생소한 우리의 현실에서 시민교육 정착을 위해 필요한 세 가지 조건은 1) 시민교육 내용에 대한 최소한의 합의, 2) 시민교육의 제도적 안정화, 3) 시민교육에 대한 자발적 참여 동기 부여다. 이를 위해 우리나라 학교

교육에서 해야 할 중요한 두 가지가 있다. 첫째, 수입된 '시민' 개념이 아니라 우리 상황에 적합한 시민 개념과 시민 정신을 수업을 통해 학생들 스스로가 도출해보도록 기회를 제공하는 등의 활동을 교육 내용에 포함시키는 것이다. 둘째, 학창 시절부터 시민단체에 참여할 수 있도록 유도하고 기회를 제공할 필요가 있다. 이러한 과정을 통해 학생들이 한국형 시민으로 성장할 때 우리는 한발 더 나아가 세계시민으로서도 우뚝 서게 될 것이다. 2009 교육선언은 시민의식 고취라는 관점에서 재해석될 필요가 있다.[23]

외국어를 우리말로 번역할 때 이미 쓰이는 단어 혹은 자연스러운 단어를 차용하면서 작위적이고 자의적인 의미를 부여하려고 하면, 새로운 단어를 하나 만들어 사용하는 것보다 사회적으로 받아들이게 하기도 힘들고 시간도 훨씬 오래 걸린다. 그중 하나가 바로 '시민'이라는 단어다.

시민은 독일어 'bürger', 영어 'citizen'을 번역한 말이다. 'bürger'는 우리말로 '마을' 혹은 '성(城)'에 해당하므로 우리 일상용어로 번역하자면 마을 사람, 동네 사람, 한자어로 쓴다면 촌민[24]이 될 것이다. 영어 'city'도 '(국왕으로부터 특별한 권리를 인정받은, 대성당이 있는) 시'로 번역되는데, 다시 말해 우리나라에서 사용하는 행정 단위로서의 시 개념이 아니라 자치권을 인정받은 마을, 자치 동네가 그 참뜻이다. 그런데 이를 '시민'이라는 단어로 번역하고 엄청난 의미를 부여하며, 나아가 시민이라는 용어를 살리기 위해서인지 기존에 사용하던 '국민'이라는 단어에 가치를 부여하여 한쪽으로 몰아치니, 일반인은 그 차이를 이해하기 어려울 뿐만 아니라 받아들이기도 힘들다.

일반인이 국민이라고 할 때에는 번역어 시민과 대비되는 부정적 의미로서의 국민이 아니라 한 국가에 거주하는 사람을 부르거나 가리키는 의미로 사용한다. 대한민국이라는 국가에 거주하는 사람을 대한민국 국민이라고 부르고, 서울이라는 시에 거주하는 사람을 서울 시민이라고 부르며, 면에 거주하는 사람을 면민이라고 부르는 것이다. 그런데 거기에 시민이라는 용어와 대비되는 부정적 의미의 '국민'이라는 용어를 만들어내고(재정의하고), 대한민국 시민이라고 불러야 한다고 하면 일반인은 납득하기 어려울 것이다. 우리 마음속의 국민이라는 단어는 그렇게 부정적인 가치를 내포한 시민과 대비되는 단어가 아니다.

미국 대통령은 보통 '친애하는 시민 여러분Dear American Citizens!'으로 말문을 연다. '국민'은 전쟁, 재난 같은 특별한 상황에서 애국심을 고취하기 위해 호칭될 뿐이다. 한국의 대통령들은 그냥 '친애하는 국민 여러분'이다. 연두교서나 담화문에서 '시민 여러분'으로 시작했다가는 온 나라가 시끄러울 것이다.[25]

많은 의미를 부여한 외래어 시민citizen은 학자들과 지도자들이 노력한 끝에 우리 사회에 이미 사용되고 있는 호칭 및 지칭으로서의 시민과는 구분되는 새로운 의미의 지칭으로 이제 서서히 자리를 잡아가고 있다. 이를테면 시민운동, 시민단체, 시민의식 등이다. 그러나 아직까지 호칭으로서의 지위는 누리지 못하고 있다.[26]

'bürger'와 'citizen'을 마을 사람, 동네 사람, 혹은 촌민이 아닌 시민이라고 번역함에 따라 잃은 것이 하나 더 있다. 마을 일은 자기 일이니 서로 힘을 모으고 양보도 쉽게 했는데 시민운동이라고 하니 너무 거창하게 다가오고, 시민단체라고 하면 일반인과는 동떨어진 모임이라는 생각이 들어 일반인과 유리된 시민운동, 시민단체가 성하게 된 것이다. 최근에 일고 있는 마을 공동체, 마을 학교 등은 '시민'이라는 단어가 가진 그러한 한계를 인식하고, '시민'을 낯설지 않은 친근한 용어인 '마을'로 다시 번역해 사용하고 있는 것으로 이해할 수 있다.

직업에서 행복을 찾는 사람

직업은 임하는 사람이 기대하는 바와 임하는 자세에 따라 돈을 벌기 위한 수단으로서의 생업과, 일 자체에 의미를 부여하며 정열을 쏟는 천직으로 나눌 수 있다. 우리 모두가 자신이 원하는 직업을 가질 수 있는 것은 아니지만 어떤 직업을 갖게 되었을 때 그 직업을 재창조하여 천직으로 승화시킬 수는 있다.[27] 셀리그만Seligman에 따르면, 소득에만 관심을 기울이는 의사에게 그 직업은 천직이 아니다. 세상을 한결 깨끗한 곳으로 만드는 사람이라고 자부하며 일하는 청소부에게 그 직업은 천직이다. 뉴욕대학 경영학 교수 프제스니에프스키Wrzesniewski는 병원 청소부를 대상으로 한 연구에서, 자신의 일을 천직으로 여기는 청소부는 자기 일을 의미 있는 직업으로 만들기 위해 애쓴다는 사실을 알게 되었다. 이들은 스스로를 환자 쾌유에 중요한 존재로 여기고, 요청받기 전에 알아서 필요한 병실 청소를 하고 환자들이 밝게 지낼 수

있도록 도와주는 일을 스스로 찾아서 했다.[28]

학생들이 행복한 미래 시민이 되도록 하기 위해 학교가 할 수 있는 일 중 하나는 이들이 훗날 어떤 일에 종사하게 되었을 때 그 일을 천직으로 승화시킬 수 있도록 주어진 일에서 보람을 찾고, 주어진 일을 도구 삼아 세상 사람들에게 보탬이 되는 길을 찾게 하는 역량을 길러 주는 것이다. 이때 기억해야 할 것은 맡은 업무가 자신의 '대표강점'을 발휘할 수 있는 일일 때 천직으로 승화시키기가 용이하다는 점이다.

셀리그만이 말하는 '강점'은 자율 의지에 따라 결정되고 노력을 통해 계발할 수 있는 일종의 도덕적 특성이고, 시간과 환경에 상관없이 계속 나타나는 심리적 특성이다. 그는 웹사이트www.authentichappiness.org 를 통해 개인의 행동가치 강점을 검사할 수 있는 설문지를 제공하고 있다. 그의 책《긍정심리학》에도 약식 검사지가 소개되어 있다. 그는 강점을 지혜와 지식(5가지), 용기(4가지), 사랑과 인간애(3가지), 정의감(3가지), 절제력(4가지), 영성과 초월성(5가지) 등 6개 영역으로 나눈 후 이를 세분하여 총 24개의 강점을 제시한다. 검사를 통해 자신의 대표강점을 찾고, 그 대표강점을 발휘할 수 있는 직업을 가질 때 천직으로 재창조하기가 용이하다는 것이 그의 주장이다. 그가 제시한 강점을 토대로 자신의 대표강점을 파악하고 직업 세계에 뛰어드는 것도 보탬이 될 것이다.

그런데 셀리그만이 놓친 점이 하나 있다. 개인이 대표강점을 발휘할 수 있는 직업을 갖게 되면 천직으로의 재창조가 용이하기는 하겠지만 개인을 벗어난 제도와 문화 차원이 재창조 성패에 큰 영향을 미친다는 점이다. 즉 대표강점 발휘가 용이한 직업을 갖게 되고, 직업 재창조에 필요한 역량을 갖추고 노력한다고 해도, 제도와 문화가 뒷받침되지 않으면 천직으로 만들고자 하는 개인의 노력은 성공하기 힘들다는 것이다.

셀리그만이 인용한 프제스니에프스키의 직업 재창조 연구 대상인 병원 청소부의 경우에는 노조가 결성되어 그들의 업무 관련 권한이 보장되어 있고, 소득과 직업 안정성 측면에서도 인정받는 수준일 것이다. 덴마크에 갔을 때 들었던 이야기다. 그 나라에서 청소부는 급여도 낮지 않고, 새벽 1시부터 시작하여 아침 5시 정도면 일이 끝나기 때문에 여유 시간도 많다. 그래서 상당히 선호되는 직업이라고 했다. 청소부에게만 청소권이 주어지기 때문에 이들이 파업을 하면 병원을 포함하여 많은 공공기관이 마비된다고 했다. 단순 노무직이라고 해도 생계유지에 필요한 기초 소득과 직업 안정성 보장, 고유 권한 인정 등의 제도가 갖춰져 있을 때 그 직업 종사자들이 맡은 일을 천직으로 승화시키기가 용이하다. 물론 이러한 상황에서도 월급을 위해 억지로 일하며 필요한 최소 역할만 하거나 그마저도 제대로 수행하지 않는 청소부도 있을 것이다.

또 하나 필요한 것은 서비스를 받는 사람들이 이들의 일을 존중해 주고, 이들에게 감사하는 마음을 갖는 문화를 형성하는 일이다. 한 기사에 따르면, 대형 마트 판매원들은 자신들을 보며 공부 안 하면 저렇게 된다고 어린 자녀를 훈계하는 부모를 볼 때 가장 힘들다고 한다. 어느 개그 프로그램에서 보았던 장면이다. 중국 음식을 시킨 옷가게 주인이 배달 온 종업원에게 음식을 탓하며 식당 주인을 부르게 하자, 화가 난 식당 주인이 갑자기 옷을 사겠다며 마찬가지로 옷가게 주인을 함부로 대하는 내용이었다. 주차요원이나 고객센터 직원을 함부로 대하는 사람에 대한 기사도 자주 접할 수 있다. 물론 이러한 태도가 우리 사회만의 이야기는 아니다. 서양에는 식당 종업원을 대하는 태도로 그 사람의 됨됨이를 알 수 있다는 말이 있다. 이러한 갑질 문화가 팽배한 사회에서 하대받는 직업 종사자가 이를 천직으로 승화시키기는 참으로 어렵다. 사람들이 자신의 직업을 천직으로 승화시키는 것이 용이하도록 하려면 시민들이 사회의 다양한 직업을 존중하고, 그 직업 종사자들에게 고마움을 표하는 마음과 태도를 갖도록 교육시키고 문화를 만들어가는 데에도 신경을 써야 한다.

교육개혁의 추진 방향

혁신 추진 엔진, 이 엔진이 가동하게 하는 에너지원, 그리고 이 에너지원을 공급하는 시스템은 모두 우리 사회의 정치·경제·사회·문화 그리고 교육적 특성에 맞아야 한다. 물론 필요에 따라서는 사회적 합의 과정을 거치면서 중장기적으로 우리의 특성을 변화시켜가는 노력도 함께 기울여야 한다.

교육에서 교사의 역할이 주도자에서 조력자 및 지원자로 바뀌어야 하듯이, 중앙정부와 지방교육자치단체의 역할도 주도자에서 큰 틀 제시자로 바뀌어야 한다. 토플러는 〈21세기 한국의 비전〉(2001)에서, 자신이 추천하는 변화는 "위로부터의 손쉬운 노력에 의해서가 아니라 한국인들 개개인의 일상으로부터의 대대적인 노력이 있을 때 달성할 수 있는 것이다"라는 단서를 달았다. 정책 의제 선정에서부터 결정 과정에 이르기까지 관련 집단과 개인뿐만 아니라 일반 국민의 직접 참여 요구가 증가하고 있다. 그리고 정보통신 인프라가 발달하면서 저렴한 비용과 시간 투자로도 직접투표가 가능해졌다. 이러한 상황 변화에 맞추어 개혁 추진 조직과 절차도 바뀌어야 한다.

또 다른 상황 변화로는 직선 교육감에 의한 지방교육자치가 점차 뿌리내리고 있는 점을 들 수 있다. 이명박 정부 때 이미 경험한 것처럼, 초중등 교육과 관련해서는 지방자치단체가 동의하지 않으면 중앙정부가 강력한 리더십을 가지고 주도하더라도 정책 독점적 하향식 교육개혁이 성과를 내기 어려운 상황이 되었다. 중앙정부가 교육개혁에서 해야 할, 그리고 할 수 있는 일은 과거처럼 개혁안을 만들고 이를 주도적으로 챙기며 현장에 적용해가는 것이 아니다. 기본 방향을 설정하고 필요한 제도와 예산을 마련한다고 해도, 이를 수행할 조직과 절차에서부터 과거와 달라져야 한다. 중앙정부는 교육개혁 조직을 만드는 과정에서부터 교육자치단체, 교원 단체, 학부모 단체, 전문가 등 다양한 단체 대표들을 참여시키고, 이들이 보다 합리적이고 미래 지향적인 개혁 방향을 도출할 수 있도록 지원하는 역할을 해야 한다. 교육개혁 관련 조직을 만들 때 중앙정부가 일방적으로 구성원을 임명하는 것은 미래 교육의 방향에 비추어볼 때 바람직하지 않다.

교육개혁 주도자의 문제

박대권은《학교 없는 교육개혁: 유토피아를 꿈꾼 미국 교육개혁 100년 사》번역을 마친 후 "개혁의 대상은 학교가 아니라, 학교가 문제라고 소리 높이며 바꾸는 사람들이 아니었나 하는 가르침을 준다"라는 말로 이 책의 시사점을 정리했다.[29] 교육개혁에 대한 논의를 진행할 때 개혁 주체 혹은 아이디어 제공자의 역할을 하는 사람들은 스스로의 오류 가 능성에 대해 더 진지하게 고민할 필요가 있다는 데 관심을 갖고 따져 보아야 한다.

이른바 전문가들은 자신의 전문성을 바탕으로 교육개혁에 지속적 으로 영향력을 행사하기도 한다. 이들은 정치인과 달리 때로는 전혀 다른 철학을 가진 정권으로 바뀌어도 영향력을 이어간다. 즉 우리의 교육개혁은 정권의 부침과 무관하게 늘 정권의 탄생과 유지에 도움을 준 사람들에 의해 의제가 선정되고 추진되어온 부분도 있음을 부인하 기 어렵다. 이러한 흐름은 앞서 소개한 박대권의 주장이 일부 설득력 있음을 보여준다. 따라서 전문가 자격으로 대통령 캠프나 각 정부의 교육개혁 관련 위원회에서 활동할 때에는 혹시 학교가 아니라 참여하 는 전문가 자신이 개혁의 대상은 아닐까 하는 자기오류 가능성에 대해 성찰할 필요가 있다.

인간은 대부분 자신의 이념이나 철학에 바탕을 둔 관점이라는 렌즈 를 통해 현상을 바라보고, 그 안에서 문제 및 그 원인과 바람직한 대안 을 제시할 수밖에 없다. 만일 자신의 관점 혹은 자신이 포함된 집단의 관점으로 교육개혁을 실시했는데도 원래 의도한 바를 달성하지 못했거나 심지어 문제가 악화되었다면(자신은 그렇게 생각하지 않아도 사회 일반이 그렇게 인식한다면), 또 다른 개혁에 참여하게 될 때 과거로부터 배우는 데 더 많은 시간을 할애할 필요가 있다. 그렇지 않으면 박대권의 주장대로 '개혁의 반복은 실수의 반복'으로 귀결될 가능성이 높다.

정부의 역할

과거 정부는 중앙정부만을 의미했지만, 지방교육자치가 강화된 현 시점에서 정부는 중앙정부와 지방교육자치단체(지방정부 포함)를 포함한다. 따라서 향후 학교혁신의 방향과 추진체 구성 등에서 지방교육자치가 강화된 상황을 반영하는 안이 마련되어야 한다. 보다 근본적으로는 학교혁신에서 중앙정부의 역할이 무엇이 되어야 하는가에 대한 사회적 합의가 필요하다. 큰 흐름으로 볼 때 학교혁신에서 중앙정부가 해야 하고 할 수 있는 바람직한 역할은 학교혁신의 기본 방향과 틀 마련, 지방교육자치단체 사이에 발생하는 불균형 완화, 그리고 지방교육자치단체의 지원 및 감독 등으로 요약된다.

우리나라는 미국처럼 방대한 국가가 아니기 때문에 초중등 교육은 특히 국가 차원에서 핵심 방향을 설정하는 것이 필요해 보인다. 다만 특정 정파의 정강에 의해 좌우되지 않도록 초정권적인 기구 설치가 필수적이다. 그리고 또 하나, 지방교육자치단체가 새로운 교육 실험을 하고자 할 때, 토플러가 말한 '악질적인 전체 정치'가 되지 않도록 다양한 의견 수렴 및 민주적 결정 절차를 따르게 하는 보완책 마련이 필요하다.[30]

초정권적 추진체

그동안 강력한 중앙집권 방식으로 진행되어온 혁신은 저항과 태업이라는 큰 역효과를 낳았다. '약자와의 협력, 절제된 힘, 긴장 해소'가 정치적 통제 기술의 효과성을 높여준다. 역설적이게도 가장 효과적으로 힘을 놓을 수 있는 사람이 가장 강한 자라는 하그리브스와 셜리의 주장은 하향식이나 상향식 혹은 쌍방향식의 평면적 추진이 아니라, 상황과 사안에 따라 가장 핵심적인 역할을 할 수 있는 주체(중앙정부, 지방정부, 학교, 지역사회, 학부모 등)가 혁신 핵의 역할을 담당하고 여타 집단이 힘을 모으는 입체적 추진의 필요성을 깨닫게 한다.[31] 이를 위해 가장 필요한 것은 국가교육위원회다.

중요한 것은 그 위원으로 임명된 사람들의 성향, 역량, 소명 의식과 열의다. 위원들이 자신과 자신을 추천한 조직이 아니라 교육과 우리 사회를 위해 얼마나 헌신적으로 일하고자 하는지, 그에 필요한 능력을 갖추었는지, 그리고 열린 철학을 가지고 있는지 등이 중요한 것이다.

아무리 좋은 의도를 가진 조직이라도 그 구성원이 바뀌면 원래 목적을 상실하기도 한다. 가령 김대중 정부의 새교육공동체가 그렇다.[32]

교육 현장 중심의 정책 결정

개혁 추진은 정부가 주도하는 통치형에서, 관련 집단(정부, 구성원, 시민단체, 기업 등)의 참여와 협력 그리고 집단 간 네트워크를 강조하는 협치governance형으로 가야 한다.[33] 향후 교육개혁에서는 그동안 객체로 전락한 교사 집단과 학생 또한 새로운 주체로 참여할 필요가 있다.

교사 집단에게 정책 결정권 부여

교육개혁 의제 가운데 상황에 따라 교사의 전문적 식견이 중요한 정책의 방향은 교육 전문가인 교사에게 최종 결정권을 주는 방안을 검토할 필요가 있다. 하그리브스와 셜리는 이상적으로 보인 제3의 길을 방해한 또 다른 요인으로 '기술주의의 길'을 들었다. 기술주의의 길은 두 가지 문제를 가져왔다. 하나는 교육 영역에서 사회적 책임으로 공유되어야 하는 불평등이나 사회적 정의 같은 도덕적 이슈들을 기술적 수치화의 문제, 학교라는 공간에 국한되는 문제로 전환했다. 그 결과로 미국에서는 학업 성적 격차를 교사와 학교에 전가하려는 흐름이 극심해졌다. 이처럼 '도덕적 이슈와 책임감'이 '기술적 이슈와 책임감'으로 탈바꿈되어 검사(측정)가 증가하고 방대한 규모의 성적 데이터 분석이 이루어지게 된 것이다. 이명박 정부 때 학업성취도평가 전수조사를 실시하고 학교 간 비교를 시도한 것도 이러한 기술주의의 길이었다.

또 다른 문제는 데이터를 지배하는 사람들이 결정권을 행사할 경우 오히려 제대로 된 혁신을 방해하는 결과가 초래될 수 있다는 점이다. 데이터 근거 경영의 허점을 지적하며 새로운 길을 제시한 사람으로는 GM을 소생시킨 밥 루츠Bob Lutz를 들 수 있다. 그는 숫자와 데이터로 모든 문제를 바라봄으로써 오히려 혁신을 어렵게 만드는 사람들을 '빈 카운터스bean counters, 숫자 놀음꾼', 즉 숫자 놀음꾼이라 일컬으며 '제품 전문가'에게 기업경영의 주도권을 넘겨줄 것을 제안했다.[34]

교육에서는 학생의 실력(학문적, 인성적) 향상을 위해 학교 현장에서 열정을 가지고 헌신하는 선생님이 바로 '제품 전문가'다. 특히 학교혁신의 경우 학생들을 실제로 상대하고 학생들의 생각을 이해하는 선생님들이 최종 결정을 내려야 한다. 물론 전문가에게 최종 결정권을 주려면 교사 가운데 이러한 특성을 가진 전문가를 제대로 찾아낼 수 있는 기본 인프라가 갖추어져 있어야 한다. 그렇지 않으면 학생의 관점이 아니라 교사 이익의 관점에서 결정을 내릴 수도 있다. 또는 무늬만 열정적인 교사들이 숫자 놀음꾼, 특정 정당이나 이익단체의 조정을 받으며 결정권을 행사할 수도 있기 때문이다.

학교혁신을 위한 또 하나의 주체, 학생

> 만약 교육 현장에서 학생들이 갖는 재량권이 통제되고 누군가
> 가 그들을 대신해서 선택의 역할을 담당하게 된다면 학생들은
> 인생이나 직무 속에서 보다 나은 선택을 내릴 방법들을 배울
> 수 없을 것이다.[35]

학교 담임교사의 업무는 학급경영 업무만 해도 200여 가지가 넘는다.[36] 거기에다가 학교행정지원 업무(분장 사무)와 기타 업무(자기 계발, 학교 관련 친목 등 비공식 업무)까지 모두 제대로 해내려면 화장실 갈 시간도 없다는 것이 초등학교 교사들의 공통된 의견이다. 이러한 과중한 업무를 효과적으로 줄이면서도 교육적으로 바람직한 방법의 하나가 학생을 학급경영의 객체가 아니라 주체로, 즉 선생님과 더불어 학급을 경영하는 공동 경영자가 되게 하는 것이다. 학년에 따라 차이가 있기

는 하지만 보통 초등학교 3학년 이상이면 담임과 더불어 학급경영과 관련된 중요한 업무(학급의 주요 부서 업무 외에 규칙·수칙 지킴이, 학급 사진 기록 담당, 다른 학생의 멘토 등)를 처리하고, 나아가 학급경영의 기본 방침과 규칙·수칙을 만드는 일에서도 주체가 될 수 있다.[37] 물론 중고등학교에서는 학생들이 학교교육에서 객체가 아니라 주체가 되도록 기회를 제공하고 필요한 연수를 실시하면 더 큰 성과를 거둘 수 있다. 학생들 스스로가 학교교육의 한 주체가 되도록 하는 것은, 민주시민에 관한 교육이 아니라 스스로가 민주시민으로서의 역할을 수행함으로써 깨닫고 배우는 기회를 제공하는 것이다.

그런데도 우리 사회는 심지어 대학에서도 학생들이 학교경영에 직접 참여하는 것에 대해 부정적 인식이 강했던 것이 사실이다. 하지만 최근 들어 학생 인권의 차원에서, 그리고 민주시민 교육의 차원에서 학생들의 참여를 독려하는 학교가 증가하고 있다. 그리고 그러한 학교들에서 우려하던 부작용보다 긍정적인 면이 더 많다는 보고가 나오면서 학생 참여에 대한 인식이 조금씩 바뀌고 있다.

학생을 객체, 즉 단순히 교육의 대상으로만 취급하면 학교는 학생이라는 승객을 가득 실은 배가 되고, 몇 명의 교사가 그 배의 노를 저어 목표 지점으로 힘들게 나아가야 하는 상황이므로 학교와 교사는 과로와 소진을 경험하게 될 것이다. 그러나 학생들 스스로가 학교교육과 학교혁신의 주체임을 자각하게 하고, 필요한 역할을 제공하며, 역할 수행에 필요한 역량을 제고시킨다면 학생은 승객이 아니라 함께 배를 움직여 나아가게 하는 선원(최소한 보조 선원)이 될 것이다. 하그리브스와 셜리가 제4의 길의 여섯 개 기둥 중 하나로 '변화의 파트너로서의 학생'을 든 것은 이러한 주장과 같은 맥락이다.

네트워크

학교혁신 네트워크 형성

학교 개선 네트워크는 학교가 직면한 어려움을 해결하기 위해 학교가 서로 만나 서로에게서 배우며 돕는 역할을 한다. 이는 현장 중심의 학교혁신을 가능하게 하는 추진체의 역할을 할 수 있을 것이다. 우리나라는 다른 나라와 달리 교사순환근무제를 택하고 있어서 학교 간 배타성이 약하다. 그리고 이미 지역 내 교장들의 협의체와, 교사들의 연구 모임과 기타 친목 모임도 활성화되어 있다. 즉 학교혁신 네트워크 활성화에 필요한 토대는 이미 만들어져 있는 셈이다. 국가와 지방교육자치단체, 그리고 학교들이 함께 만나서 네트워크를 형성하고자 하는 지역에 보다 체계적인 행정적·재정적·교육적 지원을 제공한다면 현장 중심의 학교혁신이 빛을 발하게 될 것이다. 김진숙은 전통적 학교에서의 수업 방식도 학습 공간의 공유가 활발히 일어나고 체험 중심의 학습이 확대되며, 교육 시스템은 상호 연결되고 학문 간 융합이 일어날 것이라고 예측했다.[38]

지역사회 조직화 운동

최근 우리나라 각 지방교육자치단체를 중심으로 교육을 위한 지역

사회 조직화 운동이 점차 활성화되고 있다. 과거와 달리 정부 주도로 교육혁신을 추진하는 것은 불가능하다. 중앙정부, 지방정부와 교육청, 그리고 지역사회가 교육혁신의 주체로서 각각의 의제를 가지고 추진해가야 한다. 이 과정에서 정부는 지역사회가 교육혁신의 한 주체가 되도록 다양한 지원을 하는 데 앞장설 필요가 있다.

미래 교육은 센터 활용 교육이 되어야 하는 상황임을 감안할 때 교육지원청이 중심이 되어 낙후 지역의 기업체와 공공기관 그리고 주민들이 지역교육의 주체가 되도록, 교육지원청의 역할을 확대 조정할 필요가 있다. 하지만 지역사회 조직화가 절실한 이러한 지역에서는 오히려 조직화가 더 어렵다는 딜레마에 빠질 수도 있다.[39] 이러한 지역에서는 교사들이 지역사회 지도자로서의 역할을 수행하도록 우수한 교원 유인책을 더 다양하게 마련해야 한다. 그렇지 않으면 원래 의도와는 다르게 이미 사회경제적 여건이 좋은 지역에서만 지역사회 조직화 운동이 활발하게 전개되어 지역 간 격차만 확대될 수도 있다.

추진 방법

국민대토론회

토플러는 엄밀한 기본 계획보다는 강력하고 지속적이며 일관성 있는 리더십과 한국의 선진적인 정보통신 인프라의 현명한 활용, 그리고 전체적인 방향이 옳다는 대중적 합의가 필요하다고 주장한다. 이를 위한 하나의 방법으로 그는 '열린 마음으로 당파를 초월하여 국민적 토론'을 해야 함을 강조한다. 마음으로부터 공감해야만 기본 방향에 대한 신뢰가 생기고, 신뢰가 쌓여야만 "분산되었던 막대한 에너지가 발산되어 불가능해 보이는 것을 달성할 수 있다"는 것이 그의 주장이다.[40]

나는 교육 이데올로기 양극화가 심해지는 상황에서 '교육'이 할 수 있고 해야 할 역할 중 하나는 교육 이데올로기 양극화를 극복하기 위한 교육토론회 실시라고 주장한 바 있다.[41] 프랑스처럼 교육대토론회를 실시하여 교육을 바라보는 국민의 시각 차이를 드러내고, 이 차이를 극복하는 방안을 집단적으로 탐색하는 과정을 거치면서 서로에 대해 마음을 열고, 사회 전체의 분별심分別心을 줄이도록 유도해야 한다. 대토론회는 학부모가 교육의 주체로서 제 역할을 하도록 이끌고, 역할을 할 수 없는 학부모에 대해서는 사회가 대리 학부모를 지원하며, 분별심이 큰 학부모는 자녀에 대한 사랑을 모든 아이에 대한 사랑으로 확산하게 하는 사회적 공감대를 형성하는 역할도 할 것이다. 목표 의식 없이 방황하는 학생들에 대한 사회적 관심 촉구, 이렇게 소외된 아이들을 돌보는 기관에 대한 사회와 국가의 적극적 지원 방향 등도 국민대토론회 과정에서 탐색될 수 있다.

교육개혁의 의제 선정부터 시작하여 구체적 방향과 지원책을 마련할 때, 국민의 관심과 공감대 형성이 필요한 사항에 대해서는 하향식 접근이 아니라 시간을 가지고 하는 국민대토론회식 접근이 오히려 더 생산적일 것이다.

교육 관련 결정을 할 때 안건에 따라서는 의회나 정부가 일방적으로 하는 것(대의정치)이 아니라 대표자와 소수 세력을 융화시키는 방안, 국민투표 방안, 학생에 직접 관련된 사항일 경우 학생 전자투표도 생각해볼 수 있다. 토플러는 대의제도의 마비 상태가 악화일로를 달려 장기화되는 현실에서는 소수의 이름뿐인 대표자에 의해 내려지는 많은 결정이 선거구민의 손으로 옮겨 가야 한다고 주장한다. 하지만 직접민주주의는 국민의 일시적인 감정적 반응을 억제하거나 유예시키기가 어렵다는 등의 문제가 있다. 이 문제를 완화하는 방안으로, 전 국민 투표로 결정된 중요 결의는 실행에 앞서 냉각 기간을 두거나 두 번째 투표 등을 제안한다. 또한 전문적 사안에 대해서는 전문적 지식을 갖도록 기회를 주고 권고권을 갖도록 하는 안도 제시하고 있다. 일례로 스웨덴 정부는 1970년대 중반 에너지 정책을 입안할 때 국민의 참여를 요구했지만 시민 대부분은 적절한 기술적 지식이 없었다. 이에 정부에 대해 공식적 권고를 할 수 있도록 열 시간의 에너지 과정(상응하는 과정)을 설치했다. 노조, 평생교육원, 각 정당 모두 열 시간 강좌를 개설했는데 예상했던 1만 명보다 훨씬 많은 7~8만 명이 참가했다.[42]

한국형 교육개혁을 모색하다

이른바 진보 진영에서는 이상적이라고 생각하는 방향으로 사람들을 계도하고자 하지만[43], 이는 불안감을 주어 오히려 멀어지게 하고 있다. 다른 한편으로 자유(보수) 진영에서는 조화를 이야기하면서도 수월성을 추구하여 기득권 옹호의 시각에서 크게 벗어나지 못하고 있다.[44] 아름다운 중용의 지점은 시대 상황과 여건에 따라 지속적으로 변할 것이다. 아울러 혁신 의제에 따라서도 중용의 지점이 달라질 것이다. 지속적으로 그러한 중용(조화) 지점을 찾기 위해 노력해야 할 영역을 몇 가지 살펴보자면 다음과 같다.

- 혁신 추진체, 절차, 방법: 상향식, 하향식, 양방향
- 시장·경쟁 가치와 공존·화해 가치
- 체력 교육을 바탕으로 한 인성과 지성 조화
- 수월성과 형평성의 조화
- 전문가의 식견과 정치인 및 일반 국민의 의견 조화점에 대한 논의
- 학교(교원)의 자율성과 책무성의 조화, 책무성 보장 방법 조화
- 자율과 통제의 조화
- 학교교육의 전인교육과 선발과 선별을 위한 역할과의 연계 및 조화
- 교육 제도 운영에서 자율의 범위 등

제3의 유토피아[45]

사람들은 결과의 불평등에 대해서는 기꺼이 받아들이거나 심지어 축하하기도 하지만 기회의 불평등에 대해서는 그렇지 않

다. 기회의 평등은 사회의 효율과 공정성을 위해 중요한 요소이다. 가난한 집안의 아이들이 적절하지 못한 건강관리와 질 낮은 교육을 받으며 자라거나, 사회 밑바닥 생활을 하는 사람들에게 공정한 경쟁의 장을 제공해주지 못한다면 기회의 평등은 더욱 어려워진다.[46]

프랑스의 석학 아탈리Attali도 유사한 주장을 하고 있다.[47] 시장은 가난한 다수 집단에 불이익을 주는 데 반해, 민주주의는 부유한 소수 집단에 불이익을 준다. 따라서 시장의 이데올로기가 부유하고 참을성 없는 소수 집단을 부추기면, 그들은 자기들의 이익을 관리하는 덜 부유한 다수 집단으로부터 그 권리를 도로 빼앗아 가기로 결정할 것이다. 자유 유토피아는 새로운 형태의 사회적 소외와 기회의 불균등으로 이어지게 된다. 그리하여 21세기는 가장 가난한 계층의 대대적인 반란을 경험하게 되리라는 것이 아탈리의 주장이다.

실제로 자유가 존재하는 곳에서는 불평등과 불안정의 심화를 막을 수 없고, 역으로 평등은 자유의 폐허 위에서 나타난다. 그 결과로 21세기 들어 자유와 평등의 대립이 그 절정을 향해 가고 있다. 자유와 평등 사이의 모순은 정치사상의 역사에서 가장 오래된 문제이고, 많은 사상가들이 그 모순을 놓고 씨름했지만 모두가 실패했다. 그러나 우리는 그 해결의 실마리를 찾아야 한다. 아탈리는 자유와 평등이 더불어 존재할 수 있는 제3의 유토피아를 찾아낼 때에만 살아남을 수 있고, 그렇지 않으면 공멸이 있을 뿐이라고 주장한다.

평등 이념은 점차 힘을 잃어가는 반면, 자유 이념은 강해지고 있다. 그러나 자유 유토피아를 강조한다면 새로운 형태의 사회적 소외와 기회의 불균등을 초래하고, 이는 누구도 원치 않는 결과로 이어질 것이다. 이러한 결과를 방지하려면 자유와 평등 이념의 조화를 위한 노력을 경주해야만 한다.

그렇다면 적절한 조화점은 어디이고, 어떻게 달성할 수 있을까? 중용, 즉 적절한 조화점이 중간점을 의미하지 않는다는 것은 누구나 잘 알고 있다. 교육 분야에서 조화점은 자유와 평등 이념이 절반씩 고려되는 지점이 아니라, 평등 이념이 강조되는 지점이다. 아탈리는 "저마다 자기 자신의 이익에만 관심을 가지게 되면 결국엔 모두가 패배하고 만다는 사실을 시장이 입증해주고 있는 분야"의 하나로 교육을 들고 있는데, 이는 교육에 자유시장 논리를 적용하면 모두에게 패배를 가져올 뿐이라는 주장과 일치한다. 시장 논리를 강조할 경우 "부자들의 관점에서 볼 때 고약한 일은 시장이 가난한 자들을 만들어낼 뿐만 아니라 그를 통해서 부자들의 자유 행사와 소유권을 위험에 빠뜨린다는 것이다. 따라서 자유에 이익이 되게 하기 위해서라도 자유 유토피아를 평등 쪽으로 밀고 가야 한다"라는 것이 아탈리의 주장이다.

최근 진행되는 뇌 연구에 따르면, 인간은 심리학자들이 생각한 것보다 더 자기중심적이다. 외모만 비슷해도 우호적이 되고, 외모만 달라도 적대적이 된다. 유사한 사람에 대해 생각할 때와, 나와 다른 특성을 가진 사람에 대해 생각할 때 아예 뇌의 작동 부위가 달라진다. 하버드대학의 심리학자 제이슨 미첼Jason Mitchell이 2008년 3월 〈미국국립

과학원회보PNAS)에 발표한 바에 따르면, 자신과 같은 부류(인종, 종교, 지역, 배경 등) 사람들의 생각을 유추할 때에는 복내측 전전두피질ventral medial prefrontal cortex이라는 뇌 부위가 활발히 작용한다. 이는 자기 자신에 대해 생각할 때 쓰는 부위이다. 반면 자신과 다른 부류 사람의 생각을 추측할 때는 등측전전두피질dorsal medial prefrontal cortex이라는 뇌 부위가 활발해진다. 이 부위는 다른 사람의 생각을 읽을 때 작용하지만 자기 자신에 대해서 생각할 때는 쓰지 않는 것으로 알려져 있다. 제이슨 미첼은 자신과 비슷한지 아닌지에 따라 뇌의 작동 부위가 달라지는 것이 인종 문제나 종교 문제, 그리고 계층 간 사회적 갈등과 관련이 있을 것으로 보인다며 결국 사회적 갈등은 이러한 뇌 탓일 수도 있다고 결론짓는다.

이러한 뇌의 특성 때문에, 자칫 우리는 프린스턴대학의 에밀리 프로닌Emily Pronin과 스탠퍼드대학의 리 로스Lee Ross가 말하는 '순진한 실재론naive realism'에 갇힐 수 있다. 그들에 따르면, 우리는 세상을 있는 그대로 직접 바라본다고 생각한다. 다른 사람들에게도 나에게 보이는 것처럼 보일 테니 다른 사람들도 내 의견에 동의해야 한다고 믿는다. 다른 사람들이 나와 달리 생각하는 이유는 아직 관련 사실을 모르거나, 아니면 사적 이익이나 이데올로기에 눈이 멀었기 때문이라고 단정하는 경향이 있다. 이러한 사고 경향을 '순진한 실재론'이라고 부른다. 순진한 실재론자들은 많은 사람들이 이데올로기와 사리사욕에 영향을 받고 있음이 극히 명백하다고 믿으면서도 자신만은 세상을 있는 그대로 본다고 생각한다. 이는 집단 차원에도 그대로 적용된다. 개인 그리고 집단 사이의 갈등은 여기에서 비롯된다. 그래서 하이트^{Haidt}는《행복의 가설》(2010)에서, '세계 평화와 사회적 화합에 가장 큰 장애물' 후보를 하나 고르라고 한다면 순진한 실재론을 들겠다고 이야기한다.

뇌의 이러한 불완전성과 자기중심성 때문에 우리는 나름의 편향된 신념 체계를 갖게 되고, 일단 그러한 신념 체계를 갖게 되면 개인의 신념 체계에 부합하는 이론만을 받아들이는 경향을 보인다. 즉 프로닌과 로스가 말한 순진한 실재론에 빠지는 것이다. 나뿐만 아니라 이 글을 읽는 사람 대부분이 이러한 한계에 갇혀 있다고 보아야 할 것이다.

그러면 뇌가 이렇게 생겼으니 갈등을 피할 수 없는 것일까? 아니다. 우리에게는 그렇게 만들어진 자신을 한 발짝 떨어져서 바라볼 수 있는 자기 객관화 능력도 있다. 잠시 집중만 하면, 앉아서 생각하며 글을 쓰고 있는 나를 또 다른 내가 내려다보게 할 수 있다. 내가 어떠한 틀을 가지고 생각을 전개해가는지도 생각해낼 수 있다. 대화와 논쟁은 인간 뇌와 사유 구조의 한계를 서로가 인정할 때, 그리고 인간이 가진 객관화 능력을 전제할 때 가능하다.

교육은 개인들이 순진한 실재론에 빠져 있음을 깨달아 받아들이게 하고, 훈련을 통해 인간의 자기 객관화 능력을 길러주는 일을 해야 한다. 나아가 사고, 논쟁, 그리고 세상을 해석할 때 이를 적용할 수 있도록 이끌어야 한다. 우리 인간이 그러한 차원으로 나아가면 마음의 행복, 사회의 화합, 세계의 평화가 한발 더 가까이 다가올 것이다. 자유와 평등의 이념이 서로 충돌하는 것이 아니라, 우리 안에서 녹아 새로운 세계를 만들어내게 될 것이다.

교육개혁을 위한 몇 가지 접근법[48]

시스템 공학적 접근

교육개혁이란 우리가 원하는 교육 목표를 달성하기 위해 교육 체제(시스템)를 설계하는 것을 의미한다. 이러한 설계에 의해 만들어진 교육 체제를 운영한 결과 원하는 목표를 이루지 못하거나 부작용이 크다면, 이는 시스템 설계가 잘못된 것으로 봐야 한다. 이러한 오류 발생의 가능성을 줄이려면 시스템 공학system engineering적 접근이 필요하다. 시스템 공학적 접근이란 성공적 시스템 개발을 위한 포괄적holistic 접근 방법으로, 시스템 구성 요소들의 상호작용과 창의성을 시스템 개발에 응용하여 문제 해결에 필요한 절차(공정)와 방법 및 도구들을 만들어내는 분야다. 쉽게 말하자면 관련된 제반 요소를 찾아서 이들의 상호작용을 고려하며 시스템을 개발하는 것이다. 이때 사용하는 포괄적 접근 방법이란 "시스템 수명 주기, 전문 분야, 이해관계자, 임무·목표, 자연환경, 외부 시스템, 불확실성 요소 등 상호작용을 하는 모든 것을 고려하여 개발의 문제와 해결책을 정의하고 찾는 방법이다."[49]

교육개혁 방향을 제시할 때에 포괄적 접근을 취하지 않으면 도깨비도로 함정[50]에 빠지게 될 것이다. 우리가 잘 아는 것처럼 도깨비도로란 올라가면서도 내려간다고 착각하게 하거나 혹은 그 반대의 착각을 불러일으키는 도로의 특정 구간을 일컫는 말이다. 도깨비도로 현상은 도로 주변의 지형 특성이 만드는 착시 현상이다. 그 상황에 있는 사람은 특별한 주의를 기울이지 않는 한 잘못된 판단을 하게 된다. 그래서 내리막인데도 오르막이라고 판단하여 가속 페달을 힘껏 밟다가 차가 너무 빨리 나아가는 바람에 깜짝 놀라거나 때로는 사고를 당하기도 한다. 이러한 도깨비도로 착시 현상은 그 도로에서 약간 떨어진 곳에서 혹은 약간 위에서 내려다보면 쉽게 벗어날 수 있다.

교육개혁안을 만들고자 할 경우 해당 안에 관련되는 제반 요소(사람 포함)를 최대한 찾은 후, 이들의 상호작용 관계를 고려해야 한다는 것이 시스템 공학이 주는 시사점이다. 관련된 제반 요소에는 개혁안의 수명 주기, 관련된 전문 분야, 이해관계자, 개혁안의 목표, 외부 환경, 개혁안과 관련된 외부의 다른 체제, 불확실성 요소 등이 포함된다. 이러한 관련 요소를 다양하게 고려하지 않을 경우, 설계한 시스템(개혁안)은 오작동하게 되어 원하는 결과를 얻어낼 수 없다.

지금까지 교육개혁을 시도할 때에는 주로 해당 개혁안이 가져올 기대 효과와 예상되는 문제점을 약간 감안하는 정도로 안을 마련했다. 해당 교육개혁안과 관련된 외부 환경 및 외부 체제, 불확실성 등의 다양한 요소와, 이러한 요소들의 상호작용은 별로 감안하지 않았다. 개혁안이 실패하면 개혁안 설계의 오류를 파악하는 대신 이해관계자가 잘못된 행동을 했다는 비판을 하기도 했다. 시스템 공학적 접근에 의하면, 교육개혁 실패는 이해관계자의 행동이나 예상치 못한 환경 변화가 아니라 이를 고려하지 못한 개혁안 마련자의 잘못 때문이다. 가령 교원양성기관에 대한 국가의 통제 범위와 수준에 대한 정책을 마련할 때 통제와 자율의 기대 효과와 문제점만을 염두에 두면 시스템 작동

오류가 발생할 가능성이 높다. '포괄적 접근'에서 이야기하는 제반 요소의 상호작용이 빚어낼 결과까지를 염두에 둘 때 오류를 조금이나마 줄일 수 있다.

시스템 공학에 의하면 교육개혁안처럼 복잡한 시스템을 설계할 때에는 단번에 하기보다 반복적·점진적으로 접근해야 한다. 이를 위해 개념 설계, 예비 설계, 상세 설계 절차를 거치는 것은 필수다. 즉 교육개혁은 교육이라는 복잡한 시스템의 특성상 단번에 이루어내려고 하면 성공하기 어렵다는 말이다. 아무리 작은 분야의 개혁이라도 명확한 목적과 개념 설계, 큰 얼개 마련, 이러한 내용에 대한 지속적 검토를 거친 후 상세한 설계안을 마련하는 절차를 반드시 거쳐야 한다.

또한 개혁안이 성공하려면 부분 최적화가 아닌 전체 최적화를 염두에 두어야 한다. 교육개혁안은 당연히 교육 목표 달성, 전체 교육 시스템 최적화를 염두에 두며 설계되어야 한다. 좁은 의미에서의 해당 정책 목표를 달성하는 데만 초점을 두면 교육부의 다른 정책과 상충하는 경우가 발생하여 결국 해당 정책 목표마저 달성하지 못하게 된다. 교육개혁을 시도할 때에는 반드시 전체 교육 시스템 최적화를 염두에 두는 시스템 공학적 접근이 이루어져야 한다.

복잡계 접근

교육개혁안을 설계할 때 시스템 공학적 접근과 함께 고려해야 할 것은 복잡계complex system 개념이다. 복잡계란 쉽게 말해 복잡한 체제(시스템)인데, 수많은 사람들이 서로 영향을 주고받으며 만들어가는 사회도 대표적인 복잡계의 하나다. 교육개혁에서 시스템 공학적 접근이 다양한 시스템과 그 요소에 초점을 둔 접근이라면, 복잡계 접근은 교육 체제 내 다양한 구성원들의 상호작용에 초점을 둔 접근이라고 할 수 있다. 교육 체제 내의 구성원은 자기 나름의 대응을 통해 수정을 거듭하면서 현상을 만들어간다.

교육 제도와 정책 변화에 대해 구성원들이 보이는 행동양식은 이러한 복잡계 개념으로 설명이 가능하다. 따라서 교육 관련 개혁을 할 때에는 관련 구성원의 행동양식과 상호 영향 방식이 설계한 시스템 기대에 부응하는 방향으로 이루어질 것인가에 초점을 맞춰야 한다. 이하에서는 교원양성체제 개혁을 예로 들어 복잡계 접근을 설명해보겠다.

교원양성체제 내의 구성원들이 역할을 제대로 수행하도록 외적 책무성 확보 기제를 강화하는 개혁을 시도할 때에는 그들이 시스템의 의도대로 움직이도록 면밀히 설계해야만 성공할 수 있다. 그렇지 않을 경우 시스템은 바뀌었지만 구성원의 행동양식과 상호 영향 방식은 바뀌지 않거나, 아니면 새로 도입된 시스템에 저항하는 데 에너지를 쏟아 오히려 시스템이 기대한 것과 반대되는 결과가 나타나기도 한다. 교원의 사기를 진작하기 위해 도입한 교원성과급제가 오히려 사기를 저하시킨 것이 그 예다.

복잡계는 완전한 질서나 완전한 무질서 상태가 아닌, 그 사이에 존재하는 시스템으로서 몇 가지 특성을 가지고 있다.[51] 가령 교원양성체제를 설계할 때 고려해야 할 복잡계의 특성을 살펴보면 다음과 같다. 우선 복잡계는 안정한 평형 상태로 나아가는 데 오랜 시간이 걸린다.[52]

그래서 일반적으로 안정한 평형이 아닌 준안정 상태에 머무르게 된다. 사회도 최대다수의 행복 혹은 공평한 세상이라는 안정한 상태에 도달하려면 너무 오랜 시간이 걸리므로 현실의 사회는 준안정 상태에 머무르는 것이 보통이다. 가만히 놓아두면 안정 상태에 이르는 데 오랜 시간이 걸리는 이러한 복잡계도 '적절한 건드림perturbation'을 주면 빨리 안정 상태에 도달하기도 한다. 개혁이나 혁명이 우리가 꿈꾸는 안정 상태에 빨리 도달하기 위한 일종의 적절한 건드림이라면, 교원양성체제 개혁이란 사회가 기대하는 역량을 갖춘 교원을 성공적으로 양성하기 위한 적절한 건드림이다. 적절한 건드림이라는 개념은, 자율을 존중하면 원하는 안정 상태에 도달할 것이라는 주장이 복잡계에서는 타당하지 않을 가능성이 높음을 보여준다. 준안정 상태에 있는 체제가 우리가 원하는 바람직한 체제를 향해 더 빠른 속도로 나아가도록 하려면 적절한 건드림이 필요하다. 교원양성체제 개혁이 적절한 건드림이 되게 하려면 교원양성체제가 복잡계임을 전제로 시스템 공학의 포괄적 접근을 시도해야 한다.

또 하나 고려해야 할 특성은 예측 불가능성이다. 예측 불가능성을 속성으로 하는 복잡성은 생명이나 조직 현상의 존재에 필요할 뿐만 아니라 외부 환경과 상호작용을 하면서 최적의 방향으로 나아가는 원동력이 된다.[53] 교육개혁안 제시자들은 예측 불가능성을 간과하거나, 무시하거나 의도적으로 단순화하여 인과관계를 추출하고자 하는 등의 유혹에 빠지기 쉽다. 그 결과 한 정부에 의해 바람직한 개혁안으로 제시되고 집행된 안이 다음 정부에서는 아주 문제가 많은 안으로 비판을 받는다. 과거의 안을 비판하면서 등장한 새로운 안이 그다음 정부에서는 실패한 정책으로 비판받는 과정이 반복되는 것을 줄이려면, 교원양성체제 개혁 방향을 탐색할 때 체제의 원동력이 되는 예측 불가능성을 받아들이며 시스템을 설계해야 한다.

복잡계는 일반적으로 환경 변화에 적응하며 끊임없이 변화해가므로 거시 변수가 변화하지 않는 평형 상태에서는 복잡계의 특성이 제대로 나타나지 않는다.[54] 2017년 시점에서 교원양성체제의 문제점과 개혁 방향에 대한 논의가 활발해진 것은 4차 산업혁명의 도래와 대통령 선거 등의 거시 변수 변화로 교육 관련 현상에서 복잡계의 특성이 두드러진 결과로 볼 수 있다. 거시 변수의 변화로 복잡계의 특성이 제대로 나타나는 이 시기가 '적절한 건드림'을 시도할 수 있는 좋은 때다. 하지만 문재인 정부 들어 북한 핵을 포함한 국제 정세 문제와 실업난을 포함한 경제 문제 등이 크게 부각되고, 교육에서는 대입 정책에 모든 관심이 집중되면서 교원양성 정책의 복잡계적 특성이 잠시 수면 아래로 가라앉았다. 만일 대입 정책의 성공 조건으로 교사의 역량 문제가 거론되면 다시 적절한 건드림을 시도할 수 있는 기회가 올 것이다.

복잡계에서 많은 구성원이 상호작용을 하여 떠오르는 집단 성질은 계의 거시 상태로 나타난다.[55] 문화는 '복잡계에서 많은 구성원이 상호작용을 하여 떠오르는 집단 성질'이라고 볼 수 있다. 교원 양성에서 양성 기관 구성원의 문화, 예비 교사들의 문화는 향후 학교 현장에서 우리가 기대하는 바람직한 행동을 할지 여부를 결정한다. 따라서 교원양성체제를 설계할 때 복잡계 관점에서 교대 교수와 학생들에 의해 형성된 집단 성질을 파악하고, 이 집단 성질이 우리가 원하는 모습이 되도록 하는 것이 매우 중요하다.

시스템을 설계할 때 인간의 본능(생물학적 정보) 중에서 바람직한 속성이 발휘되도록 유도하는 것이 필요하다. 모든 교사가 내적 동기를 가지며 그것에 의해 움직이는 존재라고 가정하고 자율성을 존중하는 방식으로 동기부여 시스템을 설계하면 오류가 발생하게 된다. 반대로 우리 교사들의 내적 동기가 고갈되어 있다고 가정하여 외적 보상에 초점을 맞춘 동기부여 시스템을 설계한다면 자율성을 갈구하는 교사들의 강한 저항에 부딪히게 된다. 동기부여 시스템 설계는 교사에 따라(성, 연령, 경험, 건강 상태, 가정 등), 학교와 학교를 둘러싼 환경에 따라(학교의 분위기와 문화, 학교장의 특성, 지역사회와 학부모 특성, 학생 구성 특성 등) 바뀌어야 한다. 중앙에서 거대 시스템을 만들어 내려보내는 경우에도 학교 차원에서 시스템을 재설계하고 조정해갈 수 있도록 허용해야 하는 이유가 여기에 있다. 동기부여 시스템에 대한 자체 재설계 및 조정 기제가 제대로 작동하지 못해 시스템 운영 과정에서 오류가 발생하고 학교가 그 오류를 자체 수정할 능력을 갖지 못한, 그러한 학교와 개인에게 필요한 것이 외적 책무성 확보 시스템이다. 이러한 관점은 교원양성체제 설계에도 그대로 적용된다.

생명체가 환경 변화에 응답하듯이 조직과 조직 구성원도 환경 변화, 즉 정책 변화에 응답(적응)한다. 조직과 구성원이 변화에 응답한다는 것은 시스템 설계자가 기대하는 방향으로만 응답한다는 의미가 아니다. 대입 제도를 바꿀 때마다 학부모와 학생은 새로운 시스템에서도 자신이 원하는 것을 얻을 수 있도록 가능한 한 빠르게 적응한다. 이들의 적응은 새로운 시스템이 지향하는 목적을 이루는 것이 아니라 자신들이 원하는 결과를 얻기 위함이다. 따라서 아무리 좋은 의도를 가진 대입 시스템이라도 학생과 학부모의 적응 방식을 감안하지 않고 설계한다면 시스템 설계자가 원하는 결과가 나타나지 않을 것이다. 교원양성체제를 설계할 때에도 양성 기관과 구성원의 적응 양태에 대한 예측이 필요하다.

복잡계는 진화한다. 바이러스를 죽이는 새로운 의약품이 나오면 처음에는 효과가 아주 크지만, 시간이 지나면서 바이러스가 약의 공격에 대응하는 방식으로 진화하면서 점차 내성을 갖게 되고 마침내 약효가 사라진다. 교육 시스템을 이루고 있는 교원, 학부모, 학생도 정부가 내놓는 다양한 대책에 빠르게 적응하며 진화해간다.[56] 그래서 초기에는 정책 효과가 나타나는 것 같다가도 시간이 지나면서 효과가 사라지는 것이다. 교원양성체제를 설계할 때는 조직과 개인의 적응과 진화도 염두에 두어야 한다.[57] 시스템 공학적 접근과 복잡계 접근을 염두에 두고 교육개혁안을 설계한다면 성공 가능성이 훨씬 높아질 것이다.

교육 관련 대책과 교육적 대책 병행[56]

나는 교육 대책을 '교육 관련 대책(교육에 관한 대책)'과 '교육적 대책'으로 구분한다. 교육 관련 대책이란 교육을 받을 수 있도록 기회를 제공하거나 교육을 받는 데 필요한 여건을 조성하는 대책이다. 이러한 교육 관련 대책이 갖춰야 할 기본 요소는 지속성이다. 교육 관련 대책은 교육 대책을 성공으로 이끄는 필요 조건이지 충분 조건은 아니다. 교육 관련 대책은 여건 조성이므로 즉각적이고 가시적인 변화가 나타난다. 하지만 필요 조건에 불과하므로 궁극적 목표 달성을 보장하기가 어렵고, 기대와 달리 부작용이 속출하는 문제가 있다. 교육 격차 해소라는 목표를 위해 도입한 컴퓨터 지원, 학비 지원 등 기존의 많은 소외 계층 지원 대책은 교육 관련 대책에 머물러 있었다.

교육적 대책이란 사람들이 교육에 관심을 갖고 교육을 받고자 하는 열의를 갖도록 유도하는 데 기여하는 대책, 사람들의 관점과 행동을 변화시키는 데 초점을 둔 대책이다. 그리고 교육에서 소외된 가정과 아이들이 교육에 관심을 갖고 교육을 받고자 하는 열의를 갖도록 유도하는 데 기여하는 대책을 의미한다. 교육 양극화란 교육전쟁에의 참여를 포기하는 사람들이 증가하는 현상이다. 따라서 교육적 대책은 교육전쟁에의 참여를 포기하는 사람들이 줄어들도록 유도하는 것, 즉 사람들이 학교나 기타 교육을 통한 성장 혹은 지위 상승에의 신념을 버리지 않고, 교육을 받고자 하는 열의를 유지하도록 유도하는 대책이다. 대학 입시에서 부모의 직접적 영향 차단 및 부모의 영향 비중 축소 대책, 소외 계층 자녀의 대학 입학과 공공기관에의 취직 보장, 사회적 멘토링 시스템 구축 등을 그 예로 들 수 있다. 가령 교육 대책이 단순히 교육 관련 대책으로서의 역할을 할 뿐 교육적 대책으로서의 역할을 할 수 없다면, 개별화된 맞춤형 프로그램을 지원하여 전인적 성장이 가능하도록 하겠다는 목표를 달성할 수 없다. 따라서 교육 대책은 교육 관련 대책과 함께 교육적 대책으로서의 요소를 함께 갖추어야 하는데,

도입 성과가 나타나는 데 시간이 걸리고 성과 측정도 곤란하다 보니 교육 관련 대책에 그치는 경우가 많다. 여기서 제시하는 교육적 대책이라는 개념은 교육 대책의 타당성과 효율성을 새로운 차원에서 평가할 수 있게 할 것이다. 또한 교육적 대책이라는 개념은 어떤 교육 대책이 교육 관련 대책에 그친다면 교육적 대책으로서의 요건을 동시에 갖추도록 유도할 수 있을 것이다.

교육적 대책의 핵심은 열의와 능력을 가진 교사를 확보하는 것이다. 하지만 단순한 유인책을 제공할 경우 그 유인책에 이끌리는 교사들만 늘어나 오히려 역효과가 날 수도 있다. 따라서 소외 계층 교육에 헌신하고자 하는 진정한 열의와 능력을 가진 교사를 가려내고, 이들이 목적 달성을 위해 헌신하도록 하는 여건과 제도적 장치를 마련하는 데 교원 정책의 초점이 맞춰져야 할 것이다.

밝은 점 찾기 전략

우리는 지금까지 교육혁신을 실시할 때 주로 외국의 사례를 가져왔다. 하지만 외국의 사례를 벤치마킹할 경우 기대하는 효과보다 부작용이 더 많이 발생하기도 한다. 이러한 문제를 완화하면서도 효과를 발휘할 수 있는 전략 중 하나가 '밝은 점 찾기'다. 밝은 점 찾기 전략이란 어려움을 겪고 있는 지역과 사람들 속에서도 잘 적응하거나 문제를 극복하고 있는 사례를 찾아 보편화하는 전략을 의미한다. '밝은 점' 해결책은 또한 NIH증후군Not Invented Here Syndrome(외부에서 들여온 해결책에 대해서는 우리 지역 실정에 맞지 않는 비현실적 해결책이라며 무조건 회의적으로

반응하는 태도를 보이는 증후군) 문제까지 해결해준다.[59]

밝은 점 찾기 전략을 우리 교육혁신에 적용하려면 우선 우리 교육이 당면한 어려움 중에서 해결하고자 하는 문제를 선택한다. 문제가 가령 교사들의 낮은 열의와 직무만족도라면, 그다음으로 동일 지역이나 학교에서 배경적 특성(연령, 성, 교직 경력, 가정 배경 등)이 유사하면서도 다른 교사들과 달리 교직에 대한 만족도가 높고 열의도 높은 교사를 찾는다. 이들에 대한 집중적 관찰과 면담 등을 통해, 어려운 상황에서도 그렇게 높은 열의와 사기를 갖게 하는 요인이 무엇인지를 찾아낸다. 그중에서 의미가 있고 확산 가능한 요인을 선별하여, 교사들이 이 요인을 내재화할 수 있는 프로그램을 만든다. 프로그램에 의거하여 연수를 실시하고 실행에 옮기도록 교사 네트워크 형성을 지원한다. 이 모든 과정, 즉 의제 선택부터 밝은 점 찾기, 밝은 점 내재화 프로그램 만들기, 프로그램 확산을 위한 연수 운영하기, 네트워크 형성하기까지를 의욕적인 교사들이 스스로 주도하도록 기회를 제공한다면 그 성과는 더욱 클 것이다.

그동안 하향식으로 전달된 혁신안은 실제로 실정에 맞지도 않았지만 NIH증후군으로 학교 현장에서 거부된 경우도 있었다. 학교혁신은 일반 행정혁신과 달리 하향식으로 성과를 거두기가 어렵다. 여기에서 제시한 밝은 점 찾기는 교사 주도적인 교육개혁을 위한 훌륭한 전략의 하나가 될 것이다.

우리 교육 강점 찾기

하그리브스와 셜리가 제4의 길이 중시해야 한다고 주장하는 사항들은 신뢰가 바탕이 된 사회, 더불어 사는 사회가 구축되어야 나타날 수 있는 모습이다. 가령 미국 정부와 사회는 '능력 있는 교사들을 유인하고 유지'해야 한다고 인정하면서도 이에 필요한 재원을 투자할 의향은 없어 보인다. 이런 경우 미국의 저학력 학생과 저소득 지역 교육은 현재 상황에서 벗어나기 어려울 것이다. '잘하는 곳이 못하는 곳을 도와주는 혁신 지향의 문화'는 상호 신뢰와 소통이 가능하고 소득 격차가 그리 크지 않을 때 형성된다. 미국이나 우리나라에서 당장에 이러한 문화가 형성되기를 기대하는 것은 무리다. 문화라는 것은 잘 알다시피 하루아침에 변화되는 것이 아니기 때문이다. 우리의 교육이 나아갈 수 있는 '한국형 학교혁신의 길'의 하나는 현재 우리가 가진 강점에 초점을 맞추어 최대한 발전시켜 나가는 것이다.

그러나 우리 교육의 문제점을 들라고 하면 모두 할 말이 많지만 우리 교육의 강점을 열거하라고 하면 별로 떠오르지 않는 것이 교육 전문가를 포함한 우리나라 사람들의 공통점이다. 나는 우리 사회의 이러한 모습을 이솝 우화에 나오는 '통나무 다리 위의 개'에 빗댄 적이 있다.[60] 국내의 다양한 비판에도 불구하고 세계가 관심을 갖는 오늘의 한국 교육이 되기까지에는 우리가 관심을 두지 않았던 여건과 제도적 강점들이 있었다.[61] 향후 교육혁신에서는 우리 교육의 강점을 제대로 파악하여 미래에 맞게 발전시켜 나가는 전략도 필요하다. 미국에서도 최근 들어 학교와 학교 제도 내의 온갖 문제를 다루던 '병리적 연구

misery research'에서 잘 작동하고 있는 것들을 발굴하는 긍정적 연구로 방향을 선회하고 있다.[62]

우리나라가 벤치마킹하고 있는 핀란드 교육도 그대로 베껴 오기는 어렵다. 핀란드는 인구가 겨우 500만을 넘는 조그만 나라이기 때문이다. 우리는 강대국과 강소국에 대한 분석을 통해 강점이 나타난 배경을 이해하며 적용 가능성을 탐색하되, 더 바람직하기로는 이제 교육선진국으로서의 역량을 깨달아 우리가 지금까지 만들어놓은 '한국형 교육발전 모형'을 제대로 이해하고 그 강점을 살리며 문제점을 보완해가야 한다.

한국 교육을 세계 최고 수준으로 이끌어 올린 몇 가지 요소가 있다. 부모와 학생의 높은 교육열, 우수한 교원, 국가공무원 지위 유지를 통한 전국 교원 급여 동일화, 교사순환근무제, 상대적으로 낮은 교육 불평등도, 광역 단위의 학교 배정제, 부모의 배경이 직접적으로 영향을

구분	교육 관련 대책	교육적 대책
초점	여건 조성	대상의 관점과 행동 변화
역할	필요 조건	충분조건
예시 (교육 격차 해소)	컴퓨터 지원, 학비 지원(혹은 융자), 급식비 지원 등 기존의 대부분 소외 계층 지원 대책	• 우수 교사 배치, 개별 학생 멘토링 • 사회적 멘토링 시스템 구축, 교육대토론회 • 대학 입시에서 부모의 직접적 영향 차단 및 부모의 영향 비중 축소 대책 • 소외 계층 자녀의 대학 입학과 공공기관에의 취직 보장
강점	• 즉각적 효과 • 가시적 효과	• 궁극적 목적 달성에 기여 • 학교교육 만족도 배가, 사회 행복도 배가
예상 문제	• 궁극적 목표 달성 보장이 어려움 • 게임 중독, 빚더미 등의 정책 부작용 속출	• 열의와 능력을 가진 교육자 확보가 어려움 • 정책 성과가 나타나는 데 시간이 걸리고, 성과 측정 곤란

[표 6-4] 교육 관련 대책과 교육적 대책 비교

미치는 것을 철저히 차단하는 각급 학교의 입학 제도 등이다. 이러한 기본적인 제도적 강점 덕분에 우리 교육은 소득 계층 간 성적 차이가 다른 나라에 비해 상대적으로 작다. 다른 이유를 들어 이러한 기본 틀을 깨는 방향으로 교육혁신을 추진한다면 더 많은 것을 잃게 될 것이다. 이후 추진되는 교육혁신에서는 어떠한 경우에도 지켜가야 할, 우리 입에 물려 있는 '고깃덩어리'를 잘 규명하여 지키고 발전시켜가야 한다.

교육개혁의 성공 조건

마이클 풀란Michael Fullan의 《학교개혁은 왜 실패하는가》라는 책이 국내에서 출판되었다. 이 책을 번역한 '교육을바꾸는사람들' 대표 이찬승이 '교육 변화의 새로운 의미The New Meaning of Educational Change'라는 원제목과 다른 제목을 붙인 이유는, 이 책을 통해 우리나라의 학교개혁을 포함한 교육개혁이 그동안 성공하지 못한 이유와 성공하기 위한 조건을 밝혀보기 위함인 것 같다. 풀란은 학교개혁이 실패하는 원인으로 교육 변화의 복잡한 특성과 역동성에 대한 이해 부족, 정책 기획자의 잘못된 가설, 개혁가의 합리성에 바탕을 둔 강한 집념, 의미 공유의 실패 등을 꼽고 있다.[63] 그가 열거한 실패 원인은 우리나라의 교육개혁에도 거의 적용된다. 그의 제안을 염두에 두며 우리 개혁 성공을 위한 조건을 찾아보고자 한다.

개혁과 혁신

개혁을 논하기 위해서는 먼저 관련 용어인 변화, 개혁, 혁신, 그리고 혁명의 의미를 살펴볼 필요가 있다. 개혁, 혁신, 혁명은 모두 변화의 모습과 정도를 나타낸다. 개혁과 혁신은 변화의 정도가 다를 뿐 연속성을 가정하고 있어서 유사하다. 그래서 교육개혁과 교육혁신은 일상적으로 크게 구분 없이 혼용된다. 사전적 의미로 구분하자면, 개혁은 '제도나 기구 따위를 새롭게 뜯어고치는 것'이고, 혁신은 '묵은 풍속, 관습, 조직, 방법 따위를 완전히 바꾸어서 새롭게 하는 것'이다. 혁신에는 '완전히'라는 수식어가 포함되어 개혁보다는 정도가 더 강한 뜻을 담은 용어임을 알 수 있다. 교육혁신이라는 용어가 널리 사용되기 시작한 것은 참여정부 때부터다. 대통령자문위원회 '교육혁신위원회'가 대표적이다. 이 명칭에는 보수적 성향의 정책을 개혁하는 정도가 아니라 완전히 새로운 진보적 성향의 정책으로 만들겠다는 의지가 담긴 것으로 보인다. 그 이후 진보 교육감들의 아이콘도 '교육혁신'이 되었다.

새로운 용어를 사용하면 자신의 색깔을 명확히 할 수 있는 장점이 있다. '혁신학교'에서 사용하는 '씨앗 학습'과 '다모임'이 그 예다. 씨앗 학습은 기초 기본 학습을 강화하기 위한 학습지 활동이고, 다모임은 전 교직원 회의를 말한다. 하지만 잃는 것도 있다. 개혁이든 혁신이든 성공하려면 구성원의 공감대 형성과 의식 공유가 선행되어야 한다. 동일하거나 유사한 활동에 새로운 명칭을 붙여 부르면 그 명칭이 낯설거나 그 집단에 거부감을 가졌던 사람들을 더 멀어지게 하여 변화를 어렵게 할 것이다. 광주의 혁신학교 교감 박병진이 기존의 활동과 별 차이도 없는데 굳이 낯선 용어를 만들어 사용하는 것을 '혁신교육의 스탬프'라며 경계하는 이유가 여기에 있다.[64]

개혁이나 혁신과는 질적으로 차원이 다른 변화가 있다. 바로 혁명이다. 혁명의 사전적 의미는 '이전의 관습이나 제도, 방식 따위를 단번에 깨뜨리고 질적으로 새로운 것을 급격하게 세우는 일'이다. 질적으로 다르다는 말은 연속적 변화가 아니라 '단절적' 변화라는 의미다. 정치적으로 어제의 지배 계급 일부(혹은 상당수)가 바뀌는 것은 정치 개혁 혹은 정치 혁신이지만, 어제의 지배 계급이 피지배 계급으로 전락하고 피지배 계급이 지배 계급이 되는 비연속적 변화는 혁명이라고 한다. 경제 제도의 경우 자본주의가 사회주의로 바뀔 때 혁명이라고 한다. 교육에서는 수월성 위주의 교육이 평등성 위주의 교육으로 바뀐다고 해서 교육혁명이라고 하기는 어렵다. 비록 수월성 위주의 교육이라도 평등성을 배제할 수 없고, 평등성 위주의 교육이라도 수월성을 배제할 수 없기 때문이다. 따라서 교육에서 혁명이라는 용어를 쓸 때는 그만큼 변화의 정도가 크다는 것을 의미하는 비유적 표현이라고 보아야 한다.

마이클 풀란은 개혁reform, 혁신innovation, 혁명revolution을 혼용하면서도 대신 현상 기술적이며 가치중립적인 변화change라는 용어를 주로 사용함으로써 교육과 관련된 다양한 변화를 포괄하고자 한 것으로 판단된다. 우리나라에서는 교육개혁이라는 말이 포괄성을 가진 용어로 널리 쓰이고 있다. 이하에서도 개혁을 혁신의 의미까지 포함한 넓은 개념으로 사용하겠다. 다만 '완전히' 새로운 시도에 대해서는 그 의미를 강조하기 위해 상황에 따라 혁신이라는 용어를 별도로 사용하겠다.

복잡성과 역동성에 대한 잘못된 이해

마이클 폴란이 제시한 첫 번째와 두 번째 원인, 즉 교육 변화의 복잡한 특성과 역동성에 대한 이해 부족과 정책 기획자의 잘못된 가설은 그동안 교육개혁을 주도한 사람들의 역량 부족과 교육개혁의 특성 자체에 기인한 것일 수 있다. 역량 부족 문제를 완화하려면 교육 변화의 특성과 역동성을 이해하고 통찰력을 갖춘 뛰어난 개혁가가 필요하다. 그러나 민주정치 현실에서 개혁을 주도하는 사람은 그러한 역량을 갖춘 개혁가가 아니라 권력 의지를 가진 정치인인 경우가 많다. 역량을 키우기 위해 노력하는 전문가는 정치에 기웃거릴 시간 여유가 없고, 정치에 기웃거리는 전문가의 옷을 입은 사람(일종의 폴리페서)은 전문성과 역량을 키울 여유가 상대적으로 부족하다. 물론 예외도 있다.

설령 전문가를 장관으로 영입하더라도 대통령의 성향과 집권당의 특성에 따라 장관이 전문성을 발휘할 여지는 크게 달라진다. 김영삼 대통령과 노무현 대통령 때 교육부 장관을 지낸 안병영 연세대 교수의 경험이 이를 뒷받침한다. 그는 한국교육정치학회 학술회의에서, 김영삼 대통령 때에는 장관에게 거의 권한을 위임했기 때문에 청와대와의 협력 관계 속에서 자신의 소신과 전문성을 발휘할 수 있었지만, 노무현 대통령 때는 상대적으로 운신의 폭이 좁아 갈등하는 경우가 많았다고 소회를 밝혔다.

최근 들어 정치인 장관이 더 자주 등장하는 이유는 여러 가지지만,

그중 하나는 대통령을 비롯한 정치집단과 교감이 적었던 전문가를 장관으로 영입할 경우 자주 충돌하여 임기 안에 원하는 개혁을 이루어낼 수 없다는 위기의식 때문이다. 반대로 정치인 출신 혹은 정치 활동에 주력해온 교수 출신을 교육부 장관으로 영입할 경우에는 전문성 결여로 인해 교육개혁이 표류하기도 한다.

대통령이 바뀌면 교육개혁 주도 세력도 대부분 바뀌기 때문에 기존 개혁가들의 역량이 축적되기를 기대하기도 어렵다. 이상의 여러 요인이 겹쳐 개혁을 주도하는 사람들이 교육의 복잡성과 역동성을 제대로 이해하기 어려운 경우가 많고, 자신의 얕은 경험, 때로는 이념 편향적인 자신의 신념에 바탕을 둔 가설에 따라 개혁을 시도하는 오류를 자주 범하게 된다. 이 문제를 완화하기 위한 대안은 무엇일까?

개혁 주체의 역량 부족에 대한 대안

개혁 주체에는 두 부류가 있다. 하나는 개혁 주도자이고, 다른 하나는 개혁 주도자를 지원하는 전문가, 즉 행정 관료와 산하기관 연구원들이다. 이들 양자가 서로의 역량을 보완하고 역동적으로 상호작용을 할 수 있도록 제도와 개인의 의식, 그리고 조직 문화를 바꿔가야 한다.

직업공무원 신분 보장

필요한 것 중 하나는 우리나라 개혁의 주도자들, 즉 당선 교육감, 교육부 장관, 혹은 청와대 관련 수석과 비서관 등이 전문성과 역량을 갖춘 전문가들의 도움을 받으며 개혁을 시도할 수 있도록 여건과 제도를 보완하는 일이다. 그동안 보아온 것처럼 신분을 제대로 보장받지 못하거나 승진과 보직 기회가 정권의 입맛에 따라 바뀌면, 이들은 소위 '영혼 없는 집단'으로 전락한다. 직업공무원제의 취지를 살려 교육개혁 수립 및 추진 담당 조직의 구성원들이 전문성과 개혁 역량을 키워갈 수 있도록 신분을 보장하고, 승진 및 전보 제도를 보완하는 것이 필요하다.

또 하나는 교육 관련 산하기관 및 연구기관이 제 역할을 하도록 하는 것이다. 개혁 성과나 부작용이 나타나는 데 시간이 걸리므로 국민이 개혁 성과를 토대로 심판하기는 어렵다. 집권자들은 이를 잘 알고 있다. 그러다 보니 자신들의 이념을 구현하는 데 보탬이 되는 사람, 선거에 도움을 준 사람들로 교육개혁 주도자 및 전문 기관의 장을 구성하고자 하는 유혹을 받는다. 산하기관의 독립성과 전문성을 보장할 때, 그리고 기관의 장을 정치적 배려가 아닌 전문성을 기준으로 선발할 때 교육개혁 주도자가 갖추기 어려운 전문성을 제대로 보완해줄 수 있을 것이다.

초정권적 교육위원회

개혁 주도자들이 다양한 식견을 갖춘 사람들의 도움을 받을 수 있도록 보장하는 또 다른 제도에는 정권과 무관하게 연속성을 갖는 개혁위원회 제도가 있다. 문재인 정부가 설립을 공언한 '국가교육위원회'가 그것이다. 정권과 달리 영속성을 갖고 개혁 역량과 전문성을 축적해갈 수 있는 개혁위원회가 설립되면 새 정부가 시도하려는 개혁안이 교육계의 복잡한 특성과 역동성을 제대로 반영하는지, 정책 설계의 가설이 제대로 되어 있는지 등을 보다 잘 분석하고 더 나은 대안을 제시할 것으로 기대된다.

개혁 독점 방지 시스템 구축

최근의 경험에 비추어볼 때 향후에도 교육 전문성과 정치적 역량을 동시에 갖춘 뛰어난 교육개혁가가 임명 또는 선출되기를 기대하기는 어려울 것 같다. 개혁가가 교육 전문성과 역량을 갖춘 전문가 혹은 직업공무원과 연구원의 열린 의견을 토대로 부족한 역량을 보완하면서 개혁을 추진하기를 기대하는 데에도 한계가 있어 보인다. 남아 있는 하나의 제도적 대안은 중앙정부나 지방교육자치단체의 교육개혁권과 정책 수립권 독점을 막는 것이다. 이는 제도를 통해서, 그리고 국민과 언론 및 전문가들의 깨어 있는 활동을 통해서 이루어낼 수 있다.

하나의 방안은 교육집단 혹은 국민 전체가 참여하는 교육대토론회다. 갈등이 심한 개혁 의제 선정 단계부터 개혁안 도출 단계까지 주제의 관심 정도에 따라 교육집단(교원, 학생, 학부모, 교육 행정직 등) 혹은 국민이 참여하는 교육대토론회를 거치면서 생각을 모아가도록 하면, 독점에 따른 한계는 어느 정도 극복될 수 있다.

다른 하나는 교육시민운동이다. 보수정부가 교육 정책을 독점할 때 진보·중도 교육시민단체와 교육 전문가들이, 진보정부가 교육 정책을 독점할 때 보수·중도 교육시민단체와 교육 전문가들이 제 목소리를 낸다면 교육개혁 주도자의 잘못된 가설을 밝혀내고 교육 변화의 복잡한 특성과 역동성을 제대로 반영하게 될 것이다. 민주국가에서는 시민운동이 활발히 전개되고, 국민과 교육 전문가들이 다양한 목소리를 내며, 언론이 이를 체계적으로 정리하여 정론을 펼칠 때 교육개혁 실패의 첫 번째와 두 번째 요인을 어느 정도 바로잡을 수 있다.

또 하나의 방안은 교육청 수준의 교육자치가 아니라 학교자치를 조화시키는 것이다. 교육부와 교육청에서 일방적으로 정책을 입안해 내려보내는 것이 아니라 학교와 교사, 그리고 학생과 학부모의 정책 결정 참여권을 보장하는 것이다. 가령 학교자치를 강화한다면서 교육청이 교사의 학생 평가 방식까지 구체적으로 정해서 교사의 평가권을 침해하는 것은 부당하다. 학교 구성원들이 적극적인 관심과 역량을 갖춘 경우 학교와 교실 차원 교육 활동의 구체적인 모습에 대해서는 학교자치와 학급자치를 보장해주는 것이 개혁 독점을 방지하기 위해 필요하다. 물론 책무성 확보 시스템은 갖춰야 한다.

교육개혁의 복잡성과 역동성

복잡성과 역동성에 대한 이해 부족과 잘못된 가설의 문제가 생기는 또 다른 원인은 교육과 교육개혁의 정치적 속성과 복잡성 자체다. 교육개혁은 교육적 가치에 의해서 혹은 경제적 합리성과 타당성의 가치에 의해서만 진행되는 것이 아니다. 교육학자들은 교육적 가치를 중시하지만, 정치가들은 교육의 사회화 기능과 교육개혁의 정치적 특성 및 정치적 합리성 차원을 간과할 수 없다. 그리고 자본주의 사회에서 교육은 사회적 재화를 배분하는 잣대 역할을 하기 때문에 다른 어떤 개혁

보다 민감하게 반응하며 관심을 갖는 관련 집단도 많을 수밖에 없다. 이처럼 교육 분야 개혁은 관련자들이 많고, 다른 분야보다 훨씬 더 복잡하며, 역동성과 정치적 특성이 강하다. 이러한 복잡성과 역동성을 제대로 조화시키며 개혁을 이루어내려면 정치적 역량을 함께 갖춘 교육 전문가 혹은 교육 전문성을 갖춘 정치가가 국가 차원의 교육개혁을 주도해야 하는데, 현실적으로 이 양자를 모두 갖춘 개혁가를 찾기가 어렵다. 이 문제를 완화하기 위한 대안으로 교육개혁 주도자의 학습조직화와 린 스타트업 모델 활용 등을 생각해볼 수 있다.

교육개혁 주도자 학습조직화

너무 당연한 이야기이지만 교육개혁을 주도하는 개혁 주도자나 교육개혁 아이디어를 구체화하는 전문가의 자리에 서면 교육과 교육개혁의 본질, 정치적 속성, 복잡성, 역동성을 이해하려고 노력하며 부족한 부분을 채워가야 한다. 그리고 거대 관점에서 교육개혁안과 사회 다른 분야와의 관련성, 교육개혁안 사이의 관련성을 파악하고, 관련 집단(개인)들의 적응 양식을 예측하여 세심한 개혁안을 마련해야 한다. 개혁 주도자들이 이미 배울 것을 다 배워버린 사람처럼 행동할 경우 다음에 지적하는 '강한 집념'의 문제가 발생한다. 김대중 정부 시절 이해찬 장관 주도로 교육부 직원들과 지속적으로 토론회를 개최했던 것은 정치가인 장관과 교육부 직원들이 서로의 부족한 부분을 보완하며 역량을 키워간 노력의 좋은 사례다.

린 스타트업 모델

이병주 생생경영연구소 소장은 삼성 SERI CEO의 강연 '세상에 없는 새로운 것을 만들고 싶다면'에서, 최고의 물리학자는 비행에 실패한 반면 자전거포를 운영하던 라이트 형제는 성공한 사례를 들어 혁신의 방향을 설명했다. 정부의 전폭적인 지원을 받아 비행기를 개발하던 당대 최고의 물리학자이자 비행가인 랭글리 박사는 1903년 10월 7일 워싱턴 D.C.의 포토맥 강가에서 사람을 태운 비행 실험을 했지만 실패했다. 발사 장치를 개선하여 같은 해 12월 8일에 다시 실험했지만 역시 실패했다. 그로부터 9일 후인 12월 17일, 노스캐롤라이나 주 키티호크 해변에서 라이트 형제는 동네 사람 다섯 명이 지켜보는 가운데 유인 동력 비행에 성공했다. 이 비행에서 형 윌버는 59초 동안 260미터를 날아올랐다.

랭글리 박사가 취한 방식은 이론에 근거하여 계획을 수립하고 실행하는 '이론 기반 실행화 방식'이고, 라이트 형제가 취한 방식은 실행하면서 이론을 수정하고 구체화해 나가는 '실행 기반 이론화 방식'이다. 이병주 소장에 따르면, 전자의 방식은 점진적 개선이나 안정적 환경에 효율적이다. 반면 후자의 방식은 불확실한 환경에서 새로운 것을 만들어야 할 때 적합하다. 세상에 없던 새로운 제품을 만드는 기업들은 대부분 아이디어를 실행하면서 계획을 수정해가는 후자의 방식을 따르는데, 이 접근을 '린 스타트업 모델lean startup model'이라고 한다.[65] 좀 더 쉽게 설명하자면, 아이디어를 빠르게 시제품으로 제조한 뒤 시장의 반응을 통해 다음 제품 개선에 반영하는 전략을 린 스타트업이라 한다.[66]

이 모델은 '변화가 빠르고 예측이 불가능한 시대'에, 그리고 남을 따라 하는 것이 아니라 자신이 그 분야 선두 주자일 때 적용하기에 적합하다. 실제로 성공한 경영자들은 "완벽한 계획이 섰을 때 행동하는 게 아니라, 실행에 의해 계획을 진화시켜가며 성취"를 이뤄냈다는 것이 이병주 소장의 분석이다.

리스Ries가 제시한 린 스타트업 모델은 비전 제시, 방향 잡기, 가속화의 세 단계로 이루어져 있다. '비전'은 변화의 중요한 출발점이지만, 실제 어디에 도달하게 될지는 실험하고 다듬는 등의 '방향 잡기'를 통해 알 수 있다. 방향 잡기를 거치면서 효과적인 방향이 확정되면, 그때 '가속화' 단계에 들어간다. 완벽한 제품을 만드는 데 시간을 보내기보다는 '최소 기능 제품'을 출시한 후 피드백을 받아가며 최종 제품을 출시하는 편이 더 바람직하다는 것이다.[67]

교육개혁안을 만들고 확산하는 과정에 린 스타트업 모델을 대입해보자. 교육개혁을 실시할 때 완벽한 개혁안을 만든 후 개혁을 시도하는 것은 과거의 모델이다. 린 스타트업 모델을 사용할 경우 일단 비전을 세우면, 그 비전의 핵심이 담긴 개략적 개혁안(최소 기능 제품)을 만든 후 현장 실험 과정을 거치고 반응을 보아가면서 개혁 방향을 다듬어간다. 이 과정에서 효과를 확신할 수 있는 구체적 개혁안이 만들어지면, 그때 가서 적극적으로 전국 확산을 시도하는 단계를 밟아야 한다. 풀란은 이를 새로운 접근법이라고 소개하지만, 우리에게는 낯익은 접근법이다. 지금까지 우리나라 교육개혁은 큰 방향이 정해지면 완벽한 개혁안을 만들기도 전에 서둘러 현장 시범 적용을 시도했다. 시범 적용을 통해 개혁안을 수정 및 보완하며 보다 나은 안으로 완성해간 우리나라의 교육개혁 방식은 린 스타트업 모델과 유사한 부분이 있다.

혁신은 한 번도 가보지 않은 길을 가는 것이므로 시작 전에 완벽한 계획 수립을 기대하기는 어렵다. 방향이 정해지고 큰 그림에 대한 확신이 서면, 일단 가면서 부딪히는 문제를 해결하고 계획을 수정하면서 나아가는 것이 더 현실적이다. 즉 여건이 갖춰진 후 나아가는 것이 아니라, 일단 출발한 뒤 가면서 부족한 부분을 채우고 필요한 역량까지 함께 갖춰가는 것이다. 물론 이러한 방식으로 길을 헤쳐 나갈 때에는 많은 어려움이 따르고 실패할 가능성도 있다. 하지만 급변하는 상황 속에서 혁신을 해야 한다면 이 길이 더 나은 길일 수 있다.

이 글을 잘못 읽으면 우리나라 개혁 주도자들이 자신의 방식이 옳았다고 착각할 수도 있다. 린 스타트업 모델에 의해 교육개혁을 진행하고자 할 때 유의할 점이 있다. 엉성한 시제품을 만들어놓고 대외적으로는 '시제품(최소 기능 제품)'이라고 이야기하면서 대내적으로 전혀 고칠 계획이 없는 완제품으로 간주하는 우를 범하지 말아야 한다. 시범학교 운영, 공청회 등을 거치지만 결국은 별로 수정하지 않은 채 원래의 안을 강행한 경우는 많다. 가장 최근의 사례로는 역사교과서 국정화, 2015 개정교육과정 등을 들 수 있다. 그 결과 가속화 단계에서 부작용이 심하게 드러나 폐기되는 경우가 많았다.

개혁 주도자들이 상황에 맞지 않음을 알면서도, 여건을 갖추기가 불가능함을 알면서도 개혁을 강행한다면 이를 실천에 옮겨야 하는 사람들은 잠시 시늉만 내면서 그들이 물러나기를 기다리게 된다. 개혁 주도자들은 개혁 성공에 필요한 여건, 개혁 추진자들이 갖춰야 할 역량, 문화 등을 파악하여 이러한 바탕을 마련하는 데 지속적인 노력을 기울이는 것이 린 스타트업 모델에서 배워야 할 점이다.

린 스타트업 모델이 주는 시사점은 다음과 같다. 즉 변화가 빠르고 예측이 불가능한 시대의 교육개혁자들은 자신들이 제시한 안이 엉성한 시제품일 수밖에 없음을 마음으로부터 받아들일 것, 실험 과정과 반응을 형식적으로 거칠 것이 아니라 진지한 자세로 그 결과를 개혁 방향 완성에 활용할 것, 필요한 여건과 역량 그리고 문화 같은 조건을 갖추기 위해 지속적으로 노력할 것 등이다. 이러한 시사점을 기억하고 실천에 옮겨야 한다. 교육혁신은 새로운 길을 개척해가는 것이다. 혁신은 담당 분야에 대해 지속적으로 배우고 현실의 반응을 보아가며 보완해야 하는 복잡하고 역동적인 과정임을 받아들일 때, 교육개혁은 성공을 향해 순항하게 될 것이다.

합리성에 바탕을 둔 강한 집념

폴란이 든 세 번째 실패 원인, 즉 '합리성에 바탕을 둔 강한 집념'은 힘을 가진 인간이 보여주는 보편적 속성의 하나다. 인간은 누구나 자신의 생각이 합리적이고 옳다고 여기며 살기 때문에, 힘을 가지면 이를 구현하고자 한다. 누가 개혁가가 되든 스스로 이 한계에서 벗어나기는 어렵다. 교육개혁 주도자가 합리성 착각에 근거한 강한 집념의 오류에서 벗어나도록 하려면, 앞에서 말한 다양한 철학을 가진 사람들이 참여하는 위원회를 구성하고 위원회 토론 과정과 내용을 인터넷 등을 통해 널리 공유할 필요가 있다. 인간은 자신의 생각이 옳지 않을 수도 있음을 깨달을 수 있는 존재다. 인간의 이러한 능력 때문에 조건을 잘 갖추면 서로 이념이 다른 개인과 집단 사이의 대화가 가능하다. 그 조건이란 대화 과정과 내용을 상세히 공개하는 것이다. 자신의 언행이 모두 공개된다면 최대한 합리적으로 생각하고 발언하며 행동에 옮길 것이다. 그렇지 않을 경우에는 자신의 집념에 대한 충분한 검증 없이 밀어붙이고자 할 것이다. '태양이 가장 강력한 살균제'라는 말이 있다. 따라서 위원회 석상에서의 발언과 행동이 모두 녹화 및 공개된다면 강한 집념이 보다 부드러운 집념으로 바뀔 것이다.

의미 공유 실패 극복

풀란은 교육개혁 실패의 네 번째 원인으로 '의미 공유' 실패를 들었다. 그에 따르면 구성원 사이에서 '공유된 의미'라야 변화의 열쇠가 된다. 2017년 11월 29일 한국외국어대학교 사이버관에서 개최된 '국가교육과정 질 관리를 위한 민관 협력 거버넌스 전문가 3차 포럼'에서, 토론자로 나선 한 교사는 자신이 교직에 발을 들여놓은 후 현재까지 30년 내내 혁신에 고통을 받아왔다고 말했다. 그의 발언에 대해 우리나라 많은 교사들이 공감할 것이다. 즉 우리의 교육개혁은 의미 공유와 공감에 실패했던 것이다. 대부분의 개혁은 최종적으로 교실에서 교사의 수업과 생활지도를 포함한 교육 활동을 통해 구현된다. 이들이 개혁의 의미를 공유하고, 개혁 추진 이유에 공감하며, 개혁을 적극 추진하도록 동기를 부여받을 때 개혁은 성공할 수 있다.

1960년대부터 시작된 경제발전 시기에 대한민국 산업 현장의 제일 선에서 뛰던 사람들은 의미를 공유할 필요성이 적었다. 더 나은 조국을 만들어 후손들에게 물려주겠다는 강한 신념을 공유하고 있었기 때문에 개혁가들의 비전과 신념을 믿고 따르며 자신의 것으로 받아들였다. 그러나 이제는 절박했던 과거와 상황이 다르므로 의미 공유 과정과 노력이 필수적이다. 특히 교육개혁을 실천에 옮기는 교육자들이 그 의미를 마음으로부터 받아들이지 않는 개혁은 실패할 수밖에 없다. 제도 밖에 있을 때에는 자신들의 목소리를 들어달라고 주장해야 하니 의미 공유를 강조하는 것이 당연하다. 그리고 피개혁자가 되거나 개혁 소외자로 있을 때에는 의미 공유 없이는 교육개혁이 성공하기 어렵다는 것도 몸으로 느끼게 된다. 그러던 그들이 왜 제도 안으로 들어와 개혁 주체가 되면 의미 공유를 무시하거나 아예 잊은 것처럼 행동할까?

의미 공유는 개혁안을 만드는 것보다 더 많은 시간과 노력을 필요로 한다. 하지만 대부분 개혁 추진 세력은 늘 시간에 쫓긴다. 5년 단임 대통령, 4년 임기의 교육감 등은 임기 내에 개혁안을 만들어 뿌리까지 내리도록 해야 한다고 생각하니 조급증이 더 심하다. 의미 공유는 두 가지 차원에서 생각해야 한다. 하나는 개혁안 형성 과정에서 관계자들의 공감대 형성이고, 다른 하나는 교육 현장에서 개혁을 실천하는 사람들과의 공감대 형성 및 의미 공유다.

개혁 주체들은 개혁안 마련 과정에서 자신들이 제시한 개혁안에 대해 문제를 지적하는 사람이나 집단이 있으면 반대를 위한 반대를 한다고 매도하는 경우가 많다. 우리 사회가 진보와 보수로 양분되고 교육

정책마저 이념적 갈등의 장이 되면서 이러한 경향이 더 짙어지고 있다. 그 결과로 생각이 비슷한 사람들끼리 모여 정책을 결정하게 되고 '집단사고'의 오류에 빠질 가능성이 높아진다. 참여정부의 집단사고 경향은 언론이 지적하기도 했다.[68]

이명박 정부 초기 교육개혁을 주도하던 사람들에게 왜 다른 생각을 가진 사람들의 의견을 듣지 않고 개혁을 강행하느냐고 물었더니, 다른 사람들이 무슨 이야기를 할지 이미 알고 있기 때문에 굳이 들을 필요가 없다는 답을 했다. 따라서 다른 생각을 가진 사람들의 이야기를 듣는 것은 그렇지 않아도 바쁜 자신들의 시간을 낭비하는 것이라고 생각한다. 그러한 경향은 박근혜 정부에서도 나타났다. 정권이 바뀌지 않고 지속되던 때와 달리, 이제는 한 정권이 비록 '대못질'까지 해놓더라도 국민과 교육계의 공감을 얻지 못하면 다음 정부에서 얼마든지 바뀔 수 있다. 관련 집단과 개인들의 참여를 통해 공감을 얻은 정책은 정권이 바뀌어도 수명을 이어간다. 이명박 정부의 학교 다양화를 위한 '학교 300 정책'이 문재인 정부 들어 소멸 절차를 밟고 있는 것도 국민적 공감을 얻지 못한 결과다.

또 하나는 개혁 실천 집단과 개인과의 공감대 형성 및 의미 공유다. 학교 개혁의 궁극적 목적은 교육 현장에서 우리가 원하는 교육이 이루어지게 하는 것이다. 교육자들이 개혁의 의미에 공감하지 못하면 시늉만 내고 성과 서류만 만들어낼 뿐 실제 교육 변화는 일어나지 않는다. 오히려 서류를 만드느라 교육의 질이 후퇴하기도 한다.

교육의 질적 변화와는 달리 교육 관련 제도나 프로그램 등 외부 틀의 변화는 쉬울 뿐만 아니라 밖으로도 잘 드러난다. 그래서 교육개혁 추진 집단은 드러나는 것을 바꾸는 데 시간과 에너지를 투자하게 된다. 드러나지 않는 교육 변화 자체에 초점을 맞추다가는 주어진 기간 안에 눈에 띄는 어떠한 실적도 내기 어려울 것이라는 두려움이 결국 의미 공유를 어렵게 한다. 이들은 자리에서 물러난 뒤에야 '의미 공유'가 중요한데 하지 못했다는 아쉬움을 이야기함으로써 책임을 면하고자 할 뿐이다. 가령 독선적 개혁 추진으로 교원들로부터 강한 비판을 받았던 모 교육부 장관은 퇴임 후 한 언론과 가진 인터뷰에서, 교사들의 참여가 중요한데 그리하지 못했다고 이야기하기도 했다.

개혁 주도자(집단)가 개혁 실천 집단과 의미 공유를 시도하지 않거나 시도 자체를 쉽게 포기하는 다른 이유는 개혁 실천 집단(피개혁 집단)을 불신하기 때문이다. 개혁가들의 눈에 비치는 피개혁 집단은 개혁에 무작정 저항하려 들고, 무능하며, 무기력감에 싸인 피동적 집단이다. 이러한 집단과 의미 공유를 시도하는 것은 무의미하며, 시간과 에너지를 낭비하는 일일 뿐이다. 따라서 권력을 통해 개혁 실천을 강제할 수 있다면 그리하는 것이 효율적이라는 생각을 하게 된다. 하지만 지금까지 보아온 것처럼 그러한 개혁은 대부분 실패한다. 그리고 결국 개혁 집단은 실패 원인을 피개혁 집단의 비협조와 무기력감 탓으로 돌리면서 개혁 사이클은 끝난다.

교육개혁 주도자(집단)가 명심할 것이 있다. 교육개혁은 자신들의 이념을 실험하는 것이 아니라 점, 교육개혁 자체가 목적이 아니라 개혁을 통해 교육 활동을 변화시키는 것이 목적이라는 점, 그리고 교육개혁의 핵심은 제도를 바꾸는 것이 아니라 제도 안의 사람들의 생각과 행동, 즉 삶과 문화를 바꾸는 것이라는 점 등이 그것이다.

성공의 필요조건

풀란은 학교 변화를 성공으로 이끄는 두 가지 필요 조건으로 '도덕적 목적'과 '관계의 개선'을 제시한다. 이는 '참여하는 인간'의 합리성과 선의를 전제로 한 것이다. 문제는 '도덕적 목적의식과 투철한 사명감을 갖고 실천적 행동'을 하지 않는 교사나 행정가가 많다는 점인데, 이를 성공의 전제 조건으로 내세우는 것은 개혁론의 앞뒤가 바뀐 것이다. 따라서 개혁론의 초점은 어떻게 하면 구성원이 '도덕적 목적의식과 투철한 사명감을 갖고 실천적 행동'을 하도록 시스템을 설계할 것인가에 맞춰져야 한다.

또 하나 관심을 가져야 할 것은 지금까지 우리 교사와 교육행정가 및 정치가들이 풀란이 지적한 문제점들을 몰라서 성공시키지 못한 교육개혁이 많았을까, 아니면 알면서도 그리하지 않거나 못했을까 하는 점이다. 몰라서 그리하지 못한 부분에서는 풀란이 제시한 아이디어가 크게 도움이 될 것이다. 그러나 알면서도 그리하지 않거나 제도나 상황 때문에 그리하지 못한 경우에는 그 이유를 밝혀 우리가 생각하는 바람직한 방향으로 행동하도록 시스템을 설계하는 것이 교육개혁을 성공으로 이끄는 방안이 될 것이다. 즉 우리는 어떻게 제도를 설계하고 시스템을 구축해야 학교와 교육 관련 구성원들이 인간이 가진 특성 가운데 합리성과 선의라는 속성을 더 잘 드러낼까를 고민해야 한다. 학교 변화의 성공을 위해 우리가 해야 할 일은 바로 그러한 시스템을 설계하는 것이다.

제3부

다음 세대를 위한
교육정책

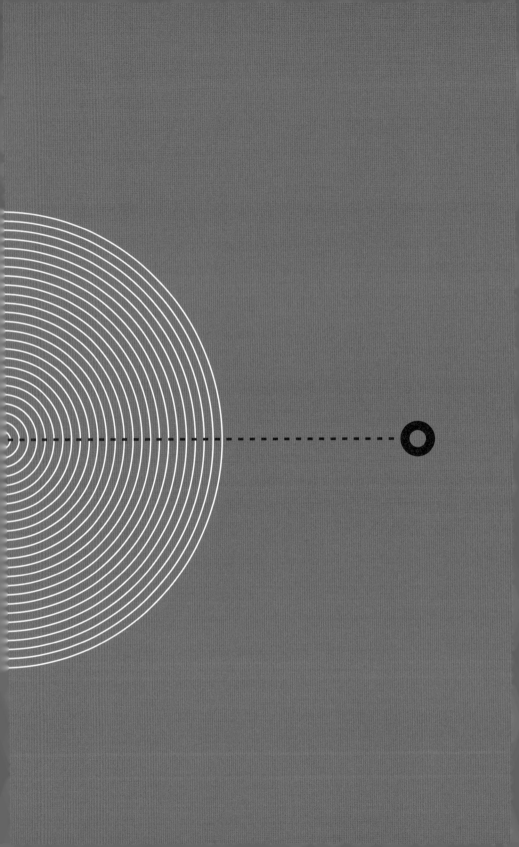

4차 산업혁명 시대에 필요한 역량의 하나인 창의력을 갖춘 인재 육성에 관심이 집중되고 있다. 창의성은 "새로운 생각이나 개념을 찾아내거나 기존에 있던 생각이나 개념을 새롭게 조합해내는 것과 연관된 정신적이고 사회적인 과정"이라고 정의된다.[1] 미래 사회는 그러한 창의력을 갖춘 인재를 필요로 하는데, 지금까지의 학교교육은 창의력을 말살하고 암기 위주의 기계적인 인간을 만들고 있다는 비판을 받고 있다. 지금까지 학교와 교사는 정말 잘못해온 것일까? 지식 교육은 창의력 교육에 방해가 되는 것일까? 최근 교육 현장을 휩쓸고 있는 창의력 육성을 위한 교육 내용과 방법, 그리고 평가 방법 등은 과연 옳은 것일까? 다른 한편으로는 이해와 암기를 바탕으로 한 기초 지식 습득이 창의력 발휘를 위한 기반이라는 생각을 비롯하여 역량 중심 교육, 배움 중심 교육, 활동 중심 프로젝트 중심 교육 등에 대한 조심스런 회의론이 다시 확산되고 있다.

데이지 크리스토둘루Daisy Christodoulou는《교육에 관한 7가지 신화》에서 지식 교육은 나쁘고 역량 중심 교육을 해야 한다, 교사 주도 수업은 나쁘고 프로젝트와 활동 중심의 학습을 해야 한다는 등의 믿음이 잘못된 것임을 보여주었다.[2] 가령 비판적이고 창의적인 사고를 하도록 교육하려면 깊은 사고의 기회를 제공해야 하는데, 활동 중심의 학습은 자칫 깊은 사고의 기회를 빼앗는 결과만 초래한다는 것이다. 크리스토둘루는 미국의 새로운 교육법이 의도와 달리 가난한 집 아이들을 더욱 공부 못하는 아이들로 만들고 있음을 보여준다.

이 장에서는 먼저 창의 인재 육성 목적을 검토하고, 창의적 인재 육성에 대한 교육계의 오해를 분석한다. 그중에서 교사 주도 수업에 대한 오해 부분은 별도로 제시한다. 이어서 창의력 육성을 위한 관점들을 검토하고 내 나름의 대안적 관점을 제시한 다음, 마지막으로 창의 인재 육성이 성공하기 위해 필요한 교육과정 관련 제도 및 운영 방향을 모색해본다.

창의 인재를 육성하는 목적

우리 사회가 학생들의 창의력 배양에 역점을 두는 이유는 인간이 기계와의 경쟁에서 살아남도록 하기 위함이다. 그러나 우리의 생각과 달리, 인간 고유의 창의적 분야라고 여겨온 영역에 대한 인공지능의 공격은 매우 빠른 속도로 진행되고 있다. 2016년 3월 이세돌과 알파고의 내국에서 이세돌 9단을 4 대 1로 이긴 알파고 리는 5주 만에 16만 개의 바둑 기보를 익힌 것으로 알려졌다. 그랬던 알파고 리가 2017년 10월 알파고 제로에 완패했다. "이세돌을 꺾은 알파고 리를 어린아이 다루듯 가볍게 물리친 알파고 제로. 사람이 데이터(기보)를 입력하지도 않고, 바둑의 기본 규칙만 가르쳐줬는데도 신이 됐다."[3] 알파고 제로는 기보 없이 독학 3일 만에 알파고 리의 실력을 따라잡았고(100전 100승), 독학 한 달 만에 알파고 마스터의 실력을 뛰어넘었다(100전 89승 11패). 알파고 제로에게는 가장 기본적인 세 가지 규칙만 주어졌다. 1) 두 사람이 흑백을 나누어 갖고 쌍방 한 번씩 교대로 둔다. 2) 일단 놓인 수는 절대 무르거나 움직일 수 없다. 3) 승패는 종료 후 살아 있는 돌 과 집 수로 계산해 점수가 높은 쪽이 이긴다.

알파고 리를 학습시킨 방법은 기보를 주어 익히도록 하는 지도학습인 반면, 알파고 제로를 학습시킨 방법은 강화학습이다. 조련사가 상벌을 통해 개를 훈련시키는 방식이 이에 해당한다. 알파고 제로는 알고리즘[4]이 높은 승률이 보상으로 주어지는 수를 끊임없이 찾도록 하는 보상함수로 짜여 있다. 이 규칙과 알고리즘에 의해 알파고 제로가 학습한 과정은 다음과 같다. 1) 스스로 대국을 하는데 처음에는 아무 곳에나 바둑돌을 놓는다. 2) 이후 착점의 경우의 수와 각각 승률을 계산해 어떤 수가 좋은지 깨닫는다. 3) 새로 알아낸 좋은 수에 대한 정보는 신경망에 저장하고, 계속 업데이트되는 인공신경망으로 다음 수의 착점과 승률을 계산해 더 좋은 수를 찾아낸다. 4) 좋은 수에 대한 정보가 신경망에 쌓이면서 대국 수준이 향상된다. 5) 40일 동안 490만 번

셀프 대국으로 인공신경망을 훈련하면서 최고가 된다.

인간만이 할 수 있는 창의융합적인 사고 분야의 하나로 여겨지던 바둑에서 인간이 기계를 이기는 것은 불가능해졌다. 인간이 기계보다 우위를 점할 수 있는 창의적 영역으로 여겨지던 질병 진단, 신문기사 작성, 시작과 작곡, 심지어 미술과 디자인 영역에서까지 기계가 점차 인간을 뛰어넘고 있다. 이러한 영역은 갈수록 증가할 것이다. 이제 창의력이라고 하는 것은 인간만의 고유 역량이 아니라 기계도 가질 수 있음을 인정해야 한다. 이제는 기계와의 경쟁에서 우위를 점하기 위해서가 아니라 기계와 공존하기 위해서 창의력을 육성해야 한다. 창의 역량을 갖춘 기계를 만드는 것도, 그 기계를 조정하고 활용하는 것도 우리 인간이므로 창의력을 갖춘 기계를 만드는 능력, 그 기계와 소통하며 활용할 줄 아는 능력이 창의 인재 육성의 중요한 요소가 되어야 한다.

창의 인재를 육성하고자 할 때 또 하나 기억해야 할 아주 중요한 것이 있다. 창의 인재가 창의력이라는 필요 조건과 함께 따스한 인간애라는 충분 조건을 갖추도록 해야 한다는 점이다. 미래 사회는 개인과 집단의 실력 격차가 더 커지면서 사회 양극화가 더 심해질 가능성이 높다. 창의 인재가 창의력만 갖춘 차가운 기계나 괴물이 아니라 신실력주의 사회를 구축할 따스한 인간애까지 겸비한 인재가 될 때, 실력주의 사회의 그림자가 옅어지고 인간 사회는 지속적으로 발전해갈 수 있을 것이다.

창의 인재 육성에 대한 오해

창의 인재 육성과 관련하여 우리가 먼저 기억해야 할 것은 창의적 인
재 육성에 대한 관심은 최근에 시작된 것이 아니라는 점이다. 20여 년
전에 만들어진 5·31 교육개혁안은 "학습자의 다양한 개성을 존중하고
인성 및 창의성을 최대한 신장시키는 교육 체제를 갖춤으로써 모든 학
습자의 잠재 능력이 최대한 계발되도록 함"을 신교육 체제의 초중등
교육 목표로 제시했다.[5] 그 이후로도 교육과정 개정 때마다 창의적 인
간이 중요한 교육적 인간상으로 제시되었다. 2015 개정교육과정은 창
의적 인재에서 한발 더 나아가 '창의융합형 인재 양성'을 비전의 하나
로 제시했다. 이 교육과정 연구 책임자였던 김경자에 따르면, 창의융
합형 인재란 창의력에서 한발 더 나아가 "인문학적 상상력과 과학기
술 창조력을 갖추고, 바른 인성을 겸비하여 새로운 지식을 창조하며,
다양한 지식을 융합하여 새로운 가치를 창출할 수 있는 사람"을 의미
한다.[6] 자세히 들여다보면 '인문학적 상상력, 과학기술 창조력, 바른 인
성' 등 그동안 교육이 목표로 삼아왔던 전인교육에서의 '전인'에 해당
하는 요소가 대부분 그대로 포함되었음을 알 수 있다. 다만 인재상의
초점을 '지식 창조'와 '새로운 가치 창출'에 두고 있을 뿐이다.

창의력, 협동력, 소통력, 공감력, 비판적 사고력, 문제 해결력 등이
4차 산업혁명으로 통칭되는 미래 사회에 필요한 능력이어서 이를 강
조한다고 생각하는 것은 부당하다. 이러한 제반 역량은 인간이 지상에

온 날부터 지금까지 늘 요구되어온 중요한 역량이고, 국가도 관심을 가지고 창의 인재를 기르기 위해 시도해왔다. 다만 창의력에 대한 국가 차원의 관심과 시도에도 불구하고 학교는 창의적 인간을 제대로 길러내지 못하고 있다는 비판을 받아왔을 뿐이다.[7]

최근 국가와 사회 그리고 교육계는 지금까지 학교가 창의적 인재를 길러오지 못했다는 가정 아래 기존의 교육 내용, 교육 방법, 평가 방법까지 송두리째 들어내려는 시도를 하고 있다. 기존 교육 실패 이유는 지식 위주의 교육, 교사 주도의 주입식·암기식 교육, 그리고 경쟁 위주의 지필식 총괄평가 탓이라고 규정된다. 이에 대한 대안으로 지식 위주 교육이 아닌 역량 중심 교육, 교사 중심의 가르침이 아닌 학생 주도의 배움 중심 교육, 그리고 총괄평가가 아닌 수행평가와 과정평가가 강조되고 있다. 초창기에는 혁신학교를 통해 이러한 시도를 확산시키고, 이제는 일부 교육청의 경우 모든 학교로 확대하고 있다. 자유학기제를 자유학년제로 확대하여 제반 개혁 방향의 일반화도 시도하고 있다.

새로운 시도를 할 때 필요한 것은 기존 교육이 실패했다는 가정이 타당한지, 타당하다면 그 이유는 무엇인지를 깊이 있게 분석하는 것이다. 분석이 아닌 일반적 인식을 토대로 새로운 방향으로 나아가면 오히려 더 많은 오류가 발생할 수 있다. 우리가 유의할 것은 외국의 분석 결과보다 대한민국 초중등학교의 분석 결과를 근거로 삼아야 한다는 점이다. 특정 교수법이나 교육의 효과는 학교, 교사, 학생, 학부모, 사회에 따라 달라질 수 있음을 늘 기억해야 한다. 또 하나 기억할 것은, 우리는 자신이 믿는 것 위주로 보는 경향이 있다는 사실이다. 그런 이유로 심지어 PISA 테스트의 문제 해결력 검사에서 우리나라 학생들이 최고 수준으로 나타나도 이를 무시하고 자신의 주장을 이어가는 사람들이 많다. 주입식·암기식 교육을 받아온 대한민국 아이들이 성장하여 어떻게 세계적 수준의 기업을 만들어내고 세계 경제의 중심에 들어서게 되었는지 반문하면, 과거에는 다른 나라를 모방하고 따라가면 되었기 때문에 그러한 교육이 효과가 있었지만 미래에는 우리가 앞장서서 새로운 길을 개척해 나가야 하므로 더 이상 그러한 교육이 효과를 볼 수 없다는 이야기를 하기도 한다. 세계를 선도해온 우리 기업들, 그리고 경제발전 시작점인 1960년대부터 현재까지 기업을 이끌고 세계와 경쟁해온 구성원들이 창의적이지 않았다고 믿는 것이 과연 타당할지, 그리고 그 산업 현장에 있던 사람들이 이에 공감할지는 의문이다.

또한 교육에 헌신하며 학생들을 가르쳐온 선생님들이 주입식·암기식 교육을 해왔고 그러한 교육은 좋지 않은 것이었다고 하는 비난이 과연 타당한지 의문이 간다. 자신들이 학교 다닐 때 소위 좋지 않은 주입식·암기식 교육만 받았다고 주장하는 사람들에게 묻고 싶다. 그러한 교육만 받은 자신들이 어떻게 창의적으로 치열한 세계 경쟁을 뚫고 우뚝 서게 되었는지 말이다. 교사 주도의 교육이 전부 주입식인 것은 아니다. 만일 그것이 주입식이라면 현재 행해지고 있는 대형 교사 연수와 인터넷 강의도 모두 주입식이라고 해야 한다. 이에 대해서는 이하에서 더 상세히 설명하겠다.

지금까지의 교육 내용과 방법, 평가 방식, 그리고 이를 수행해온 교사들의 성과에 대한 면밀한 분석과, 그 과정에서 나타난 문제점과 그 원인에 대한 분석이 제대로 이루어질 때 우리 교육이 이룩한 성과와 경험이 축적되고 교육의 밝은 미래를 열어갈 수 있다. 아울러 새로운 패러다임의 가능성과 한계도 더 명확해질 것이다.

교사 주도 수업에 대한 오해[8]

주입식 교육이란 무엇인가?

강의법에 대한 잘못된 관점 가운데 하나는 강의법이 주입식 교육이라고 생각하는 것이다. 강연을 다니다 보면, 교사 주도의 강의식 수업은 모두 주입식 교육이라고 오해하는 사람들이 의외로 많음을 알 수 있다. 이러한 오해 때문에 그동안 교사 주도형 수업을 해오던 교사들은 고민에 빠지곤 한다. 내 강연 도중 연수생들에게 종종 지금 내가 하고 있는 강의가 '주입식 교육'인지 아닌지를 물어보면 대부분 머뭇거린다. 주입식 교육이라고 답을 하자니 내 강의가 문제가 있다고 이야기하는 것 같고, 아니라고 하자니 자신들이 막연히 생각하는 개념, 곧 강의식은 주입식이라는 개념에 비추어볼 때 주입식 교육인 것 같기 때문이다.[9]

그러면 한발 더 나아간 질문을 던진다. 대부분의 연수는 강사 주도의 강의식으로 진행되고, 강의식은 주입식이고 주입식은 나쁜 교육이라면 여러분이 받고 있는 연수는 대부분 나쁜 것이 되는데 이에 동의하는지, 그리고 동의한다면 연수를 주관하는 사람들은 왜 나쁜 교육 프로그램을 만들어 연수를 시킨다고 생각하는지 묻는 것이다. 이 질문을 받는다면 여러분은 뭐라고 답하겠는가?

우리 사회는 주입식 교육은 나쁜 교육이라고 규정하는 동시에 우리가 지금까지 받아온 교육은 주입식 교육이었다고 몰아붙이고 있다. 한 교실에 50명 이상의 학생이 앉아 있고 모둠 활동을 할 만한 공간도 없는 여건에서도 나름 다양한 방법을 구사하며 최선을 다해 가르쳐온 선생님들로서는 억울하기 그지없을 것이다. 주입식 교육을 하면 학생들이 배울 내용을 제대로 배우지 못하고, 학습에 대한 흥미를 잃게 되며, 나아가 비판적이고 창의적인 사고력을 갖기 어렵고, 이는 민주 시민을 양성하는 데 적합하지 않다는 것이 주입식 교육에 대한 일반적인 비판 요지다. 도대체 어떻게 하는 것이 주입식이기에 이러한 비판을 받을까? 주입식에 대한 비판은 타당한 것일까? 이러한 비판을 받으면서도 많은 교사(교수)들이 이른바 주입식 교육을 계속하는 이유는 무엇일까?

주입식 교육법에 대한 비판은 많지만 이를 명확히 정의해놓은 개념은 찾기 어렵다. 중세 가톨릭교회에서 개인차를 고려하지 않고 교리를 주입한 데서 유래되었다는 주장이 있기는 하지만 근거를 찾기 어렵고, 이때의 주입indoctrination은 교화 또는 세뇌를 의미한다. 이는 우리 사회에서 비판의 대상이 되는, 일방적 지식 전달에 초점이 맞춰진 주입식 교육과는 조금 다른 개념이다.

교육과정 전문가인 광주교대 교수 황윤한의 설명에 따르면, 주입식 교육repository education은 지식이 인간의 외부에 독립적으로 존재한다고 보고 학습은 지식(체)을 인간 내부에 저장(장기 기억)하는 것으로 보는 객관주의 교육에서 그 근간을 찾아볼 수 있다. 그래서 주입식 교육은 주로 반복을 통한 암기를 강조하는 형식을 띠게 된다. 주입식注入式을 한자 그대로 풀면, 논이나 물병에 물을 넣듯이 일방적으로 부어 넣어주는 방식을 의미한다. 타이어에 공기를 주입한다고 할 때도 같은 단어다. 국어사전은 주입식을 교육 용어로서 '기억과 암기를 주로 하여 가르치는 방식'이라고 정의하고 있다. 사전적 개념 정의에 따르면 전혀 나쁜 교수법이 아니다. 특히 어린 학생들의 경우 응용, 분석, 평가 등 고급 사고를 하려면 필요한 기초 지식을 암기하고 있어야 하기 때문에, 만일 암기를 잘할 수 있도록 가르치는 것을 의미한다면 이는 결코 잘못된 교수법이라고 할 수 없다.[10] 그런데도 주입식이 가장 나쁜 교수법의 대명사처럼 사용되는 이유는 무엇일까?

주입식 교육의 의미에 대한 다른 관점이 있다. 교수법 전문가인 광주교대 교수 이미자에 따르면, 주입식 교육은 특정 교수법을 지칭하는 전문 학술 용어가 아니라 가르치는 사람 중심의 강의식 또는 설명식 수업이 가져오는 폐단을 지적하기 위해 우리 사회가 만들어 사용하고 있는 용어다. 그렇기 때문에 주입식 교수법에 대한 용어 정의가 따로 없다는 것이다. 한영사전은 주입식 교육을 'cramming method of teaching'이라고 설명한 것으로 보아, 서구에는 우리 사회에서 사용하는 의미의 주입식 교육이라는 용어가 따로 없는 것으로 짐작된다.[11]

이미자의 관점을 받아들일 경우 우리가 답해야 할 것은 어떻게 할 때 교사 중심의 강의법이 주입식 교육이라는 비판을 받게 되는가이다.

여기에 답하려면 주입식 교육의 문제점이라고 지적되는 점들을 하나하나 따져볼 필요가 있다. 주입식에 대한 비판 가운데 하나는 일방적(때로는 강제적)인 방법이라 교육 효과가 없다는 것이다. 하지만 바람을 필요로 하는 타이어에 공기를 주입하거나 물을 기다리는 마른 논에 일방적으로 물을 대는 일이 나쁜 것이 아니듯이, 배움에 대한 심한 갈증, 즉 강한 지적 호기심과 학습 동기로 충만한 학생들에게 사실이나 기본 원리를 교사 주도의 일방적 설명 방식으로 교육하는 것이 나쁜 교수법이라고 할 수는 없다. 배우고자 하는 욕구로 충만한 학생들, 시험이 코앞이라 보다 많은 지식을 효과적으로 암기하고 기억해내야 하는 학생들에게는 동기부여를 하겠다며 시간을 보내는 교수법이 오히려 비효율적이고 비효과적이다.

주입식에 대한 비판의 하나인 '강제적'이라는 말은 상대의 동의를 얻지 않고, 혹은 상대가 거부하더라도 억지로 시키는 것을 의미한다. 교육 상황에서는 지적 갈증을 못 느끼는 학생들에게 지적 호기심을 유발하지 않은 채 억지로 지식을 넣어주려는 시도가 강제적 주입에 해당한다. 이러한 시도는 성공하기 어렵다. 만약 교사에게 강제력이 주어지고 학생들이 순응적이라면 체벌 등을 통해 어느 정도 원하는 목적을 달성할 수도 있겠지만, 체벌권이 없는 교사는 강제적 주입을 하기가 대단히 어렵다. 그리고 더 이상 강제적 주입은 허용되지 않는다. 강제적 주입법이 최근 들어 더욱 비판을 받는 까닭은 이러한 상황 변화에도 기인한다.

따라서 문제의 핵심은 교사가 주도하는 일방적·강제적 방식에 있는 것이 아니라, 학습에 흥미를 갖지 못한 학생들을 대상으로 상황에 맞지 않게 이러한 방식을 사용하는 데 있다. 타이어에 공기를 주입하거나 논에 물을 대는 것과 달리 강한 학습 동기가 없는 학생들에게는 일방적인 방식이 효과를 거두기 어렵다. 교사 주도의 가르침이 주입식이라 비판받지 않으려면, 학생들의 학습 동기 수준과 주어진 상황을 파악하고 그에 맞게 강의를 진행해야 한다.

주입식 교육에 대한 또 다른 비판은 암기 위주의 교육이라는 것이다. 그런데 앞에서도 이야기했다시피, 단어를 외우지 않고는 독해나 글쓰기가 불가능하다. 따라서 외워야 할 것을 잘 외우도록 가르치는 것 자체가 비판받을 일은 아니다. 비판을 받는 근본적 이유는 암기를 시켜서가 아니라 주입식으로 교육을 하면 학생들이 배울 내용을 이해하고 기억하는 데 별로 도움이 되지 않기 때문이다.

이때 비판을 받는 주입식 교육은 '학생들이 배울 내용을 이해했는지 여부를 확인하지도 않은 채, 때로는 학생을 이해시키지 못한 채 무작정 암기하도록 강요하는 교육'을 의미한다. 인간 뇌 특성상 배울 내용을 이해하지 못할 경우 암기하기가 어려울 뿐만 아니라, 암기했다고 하더라도 금방 잊어버릴 가능성이 높다. 따라서 가르치는 사람이 배우는 학생의 특성을 감안해 어려운 지식이나 원리 등을 이해할 수 있도록 학생 수준에 맞게 설명하고, 이해 정도를 확인하며, 이를 위해 질의응답 기회를 갖고, 이해 및 암기 결과를 평가하며 진행하는 강의는 비판을 받는 주입식 교육이 아니다.

주입식 교육법에 주어지는 또 다른 비판은 창의적 사고를 비롯한 고급 사고력을 길러주지 못한다는 것이다. 주입식을 이렇게 비판하는 것은, 토론식 수업법은 서로 수준이 다른 많은 학생들을 대상으로 하는 짧은 수업 시간에 어려운 핵심 원리를 제대로 이해시키기 어렵다고 비판하는 것과 비슷하다. 나무를 자르려면 톱이 필요하고 못을 박으려면 망치가 필요하듯이, 수업 목적에 적합한 교수법은 서로 다를 수 있다. 교사 주도형의 설명식 교수법은 학생들에게 정보를 제공하고 원리를 이해시켜야 하는 수업에 타당한 교수법이지, 고급 사고력을 기르는 데 적합한 교수법은 아니다. 즉 고등 사고력을 길러주고자 한다면 그에 적합한 다른 교수법을 적절히 혼합하면서 수업을 진행해야 한다.

강의식 교육과 주입식 교육의 관계

이상의 논의를 바탕으로 주입식 교육의 의미를 재정의하면 다음과 같다. 즉 주입식 교육이란 학생과의 교감을 형성하지 않고, 학습 의욕이 낮은 학생에게 학습 흥미와 동기를 부여하지 못하며, 학습 목표(내용)와 여건에도 적합하지 않은 상황에서, 일방적인 설명 위주로 수업을 진행함으로써 학생의 이해도 끌어내지 못하는 방식의 교수법이다. 온라인 강의용 녹화가 아닌 실제 수업 상황에서 만일 이렇게 수업을 진행하는 교사(교수)가 있다면, 말 그대로 주입식 교육을 하고 있다는 비난을 피하기 어려울 것이다. 주입식과 주입식이 아닌 교육을 구분 짓는 가장 중요한 기준은 다음 다섯 가지다. 1) 학생들의 사전 지식 습득 정도를 파악하고 다양한 수준 차에 맞는 수업을 설계했는가, 2) 가르침의 과정과 결과에서 학생들에게 충분한 학습 동기를 부여했는가,

3) 수업 도중에 학생들에게 필요한 질문을 던지고 질문을 받으면서 학생들 스스로 생각할 기회를 주고, 적극적으로 사고하도록 유도했는가, 4) 배워야 할 내용을 재미있게 배우도록 유도했는가, 5) 원하는 학습이 이루어졌는지 여부를 확인했는가. 이러한 점들을 고려했는데도 원하는 학습 목표를 달성하지 못했다면, 나무를 자르고자 하면서 망치를 사용했을 가능성이 높다.

강의법을 사용하면 주입식이고, 학생 참여적 또는 학생 주도적 수업 기법을 사용하면 주입식이 아닌 것은 아니다. 학생 참여적·주도적 수업을 한다면서 학생들이 예습을 해 오도록 하지 못하고, 수업에 흥미를 느끼도록 이끌지 못하며, 과정에 억지로 참여시켜 오히려 수업에 대한 흥미를 떨어뜨려 배울 것을 제대로 배우지 못하게 하는 것도 넓은 의미에서는 주입식 교육이라고 할 수 있다. 강의법이 일방적으로 설명만 하는 기법을 의미하는 것도 아니다. 제대로 된 강의법은 앞에서 언급한 다섯 가지 기준을 모두 고려하며 진행하는 수업을 의미한다.

《1만 시간의 재발견》의 저자 안데르스 에릭슨은 최고의 선생을 찾아서 배워야만 '노력이 우리를 배신'하지 않는다며, 뛰어난 스승의 중요성을 다시 한 번 강조한다.[12] 가르치는 길목에 서 있는 우리가 고민해야 할 것은 '최고의 선생이 되기 위해 매일 노력하고 있는가?'이다. '내 교수법이 주입식은 아닐까?' 하는 걱정으로 움츠러드는 대신 다양한 교수법을 지속적으로 배우고 익히면서 의식적으로 자신의 교수법을 개선해가는 것, 그 자체가 주입식 교육에 대한 비판의 함정에서 벗어나는 왕도다.

최근 창의적 인재 육성에 대한 사회적 관심이 높아지자 이를 틈타 어느 특정 교수법이 최고의 기법인 것처럼 소개되고, 교사들은 그 기법을 터득하기 위해 애쓰고 있다. 예컨대 거꾸로수업, 하브루타, 스팀 STEAM 교육, 프로젝트 학습, 활동 중심 등이다. 그러면서 교사 중심의 수업은 해서는 안 될 것처럼 비판받고 있다. 하지만 앞에서 설명한 것처럼 교육 내용과 목적에 따라 교사 중심의 설명식 수업이 훨씬 더 바람직한 경우도 많다.

급류에 휩쓸리지 않고 거슬러 올라가는 물고기가 있다면, 살아 생동하는 강인한 물고기가 틀림없다. 어떠한 교수법이 학교 현장을 강타하더라도 교사들은 이러한 기법들 또한 하나의 대안적 기법에 불과하다는 점을 인식하면서, 그 기법을 터득하여 자신에게 적합한 수업을 구성할 때 활용하는 자세를 가져야 한다. 그렇지 않으면 계속해서 급류에 휩쓸리다가 지쳐서 포기하는 물고기 신세가 되고 말 것이다.

우리 교육이 맞닥뜨린 현실

이처럼 창의력 육성을 위한 교육 패러다임은 기존 교육에 대한 비판을 토대로 교육 내용은 역량 중심 교육으로, 교수법은 학생 주도의 배움 중심 교육으로, 그리고 평가는 수행평가와 과정평가로 이행하고 있다. 이를 위한 제도적 뒷받침이 혁신학교 확대와 자유학년제 보편화다. 학교 현장의 교육이 새로운 교육 패러다임으로 이행하면서 기존의 패러다임을 부정하고 중단하도록 교사와 학생을 강요하고 있다. 학생과 학부모들도 이러한 주장에 동조하면서 새로운 패러다임에 더 긍정적인 입장을 취하고 있다. 그러면서도 자녀를 교육하거나 자신이 공부를 할 때에는 지식을 습득하는 데 많은 시간을 할애하고 있다. 이것이 타당하지 않음에도 불구하고 이렇게 할 수밖에 없는 이유는 입시 제도가 잘못되었기 때문이라고 믿으며 입시 제도 개혁을 주장하고, 나아가 학벌 타파를 주장한다.

과거를 부정하고 새로운 패러다임으로 이행해야 한다고 주장할 때 하나 유념할 것이 있다. 사회 현상의 하나인 교육 현상을 연구하는 교육학은 자연과학과 달리 복합 패러다임multiple paradigms의 특성을 가지고 있다.[13] 자연과학에서는 새로운 패러다임이 정상 과학으로 자리 잡으면 과거의 패러다임이 사라진다. 반면에 인문사회과학과 예술 분야에서는 새로운 패러다임이 등장하더라도 과거의 패러다임이 병존하면서 현상을 설명하는 데 기여한다. 인문사회과학이 복합 패러다임 학문의 특성을 띠는 이유는 인문사회 현상을 만들어내는 인간 자체가 자연계의 현상과 달리 스스로 창조력을 가지고 있고, 시간과 공간이 바뀌면 다른 특성을 보이며, 지속적으로 변화하고, 상호 모순적인 복합적 측면이 있어서 하나의 패러다임으로 설명하기에는 한계가 있기 때문이다.

이러한 특성에도 불구하고 새로운 교육 패러다임만이 창의력 육성에 적합하다고 주장하는 것은 복합 패러다임적 접근이 필요한 교육 현상의 특성을 간과하는 것이다. 지식과 역량의 관계에 대하여 "역량은 내용 지식 학습과 '함께', 또 그것을 '통해서' 학습해야 할 것"이라는 찰스 파델Charles Fadel의 주장을 간과해서는 안 된다.[14] "관련 기본 지식이 풍부해야 낯선 문제를 다루는 데 창의력이 영향력을 발휘한다. 지식만 많고 창의력과 독창성이 부족한 경우와 마찬가지로 지식의 탄탄한 토대가 없는 창의력 역시 모래성에 불과하다"라는, 인지심리학자 브라운Brown과 뢰디거Roediger의 주장 또한 새겨볼 필요가 있다.[15] 지식과 창의력의 관계는 이하에서 별도로 논하겠다.

혁신학교, 새로운 교육과정과 교수법, 평가 방법 등은 기존의 학교, 교육과정과 교수법에 의해 교육을 받을 때 소외된 학생들, 거기에 적응하지 못한 학생들에게는 상당한 효과가 있을 것으로 예상된다. 하지만 기존 방식이 더 적합한 학생들도 있다. 이미 일정 수준에 이르러 깊은 사고를 통해 통찰력과 창의력을 길러가고자 하는 학생에게는 프로젝트 학습이나 활동 중심 학습이 소중한 시간 자원을 낭비하게 하는 결과를 가져올 수도 있다. 교수법에 영향을 미치는 요인은 크게 가르치는 사람, 학생, 교육 내용, 교육 목적, 그리고 여건 등의 다섯 가지 차원으로 나누어볼 수 있다. 이러한 각 차원의 특성에 따라 특정 교수법의 효과가 달라질 수밖에 없다. 지필고사 형식의 총괄평가가 창의력 육성에 해로운 것처럼 이야기하지만, 이 또한 치우친 주장이다. 배운 내용을 꺼내어 활용할 수 있도록 돕는 '인출'이라는 관점에서 보면, 중간고사와 기말고사 형태로 이루어지는 총괄 지필고사는 중요하다.[16] 정부와 학자는 역량 중심 교육, 배움 중심 교육, 과정평가가 필요한 이유와 그 효과 검증에만 집중할 것이 아니라 그로 인해 발생하는 문제점을 찾는 데에도 초점을 맞춰야 한다. 효과를 검증할 때에도 학교, 교사, 학생에 따라 효과가 어떻게 달라지는지 잘 살펴야 한다.

미국의 경우 초중고등학교에서 교육 실험을 진행할 때 많은 돈이 결국 대학교수와 대학원생의 호주머니로 들어가고 만다는 비판이 있다. 즉 교육 실험의 효과나 부작용 측정 등 관련 연구에 너무 많은 예산을 투입한다는 비판이다. 우리의 경우는 그 반대다. 교육 실험을 위한 총예산 중 정책 효과를 평가하는 예산이 너무 적다. 새로운 교육 패러다임의 성과를 제대로 측정하기 위해서, 그리고 우리 교육과 교육학의 세계화를 위해서도 교육 실험 예산 중 관련 연구 예산의 비중을 더 높일 필요가 있다.

마지막으로 새로운 교육 패러다임이 제대로 효과를 발휘하지 못하는 것은 대입 제도가 잘못된 탓이고, 대입 제도를 바꾸기 어려운 것은 대학이 서열화되고 사회가 학벌사회이기 때문이므로 대학 서열화를 없애고 학벌을 타파해야 한다는 주장에 대해서도 깊이 검토해보아야 한다. 대학을 평준화하고 대학 교육을 사회적 재화 배분의 기준으로 삼지 않으면, 당연히 대입 경쟁도 사라지고 학벌도 사라질 것이다. 그러나 고민할 것이 있다. 실력 판단의 잣대를 무엇으로 하는 것이 타당할지, 새로운 잣대는 학교교육보다 미래 사회가 필요로 하는 실력을 키우는 데 더 효과적이고 효율적일지, 나아가 그 잣대가 학교교육이라는 잣대보다 더 타당하고 공정할지에 대한 분석이 필요하다.

지식과 고급 역량(창의력 등)의 관계[17]

최근에는 추론 능력, 문제 해결력, 창의력이나 비판적 사고력 등 고급 사고력이 강조되다 보니 그 바탕이 되는 사실이나 원리를 배우고 이해하며 암기하는 것의 중요성이 간과되는 경우가 있다. 정보는 검색하면 되므로 암기할 필요가 없다는 믿음이 지배적이다. 물론 교육의 목표는 단순히 학생들 머릿속에 지식을 많이 집어넣는 것이 아니라, 효과적으로 사고하는 능력을 길러주고 이에 필요한 지식을 갖게 하는 것이다. 하지만 인지과학자인 대니얼 윌링햄Daniel Willingham이 주장하듯이 '생각은 정보를 새로운 방식으로 결합하는 작업'이다.[18] '추론이나 문제 해결 같은 비판적 사고 과정은 환경에서 들어오는 정보만이 아니라 장기 기억에 저장된 사실적 지식'을 토대로 이루어진다. 따라서 '생각을 잘하려면 사실을 알아야(기억해야)' 한다. "정보(사실적 지식)를 써먹을 수 있는 사고 기술을 갖추지 못하면 정보가 아무 소용이 없듯이 정보를 머릿속에 갖고 있지 못하면 사고 기술을 제대로 써먹을 수 없다"라고 하는 윌링햄의 말을 교사는 기억할 필요가 있다. 듀몬트Dumont 등이 OECD 교육연구혁신센터CERI에서 펴낸 〈학습의 본질The nature of learning〉도 지식 습득 학습과 참여와 체험을 통한 역량 강화 학습이 균형을 이루어야 한다고 강조하고 있다.[19] 역량을 강조하면서 지식 교육을 폄하하는 교육 관계자들이 너무 많은데, 역량의 핵심은 지식의 활용 능력이므로 지식이 없는 역량은 생각할 수도 없고 존재할 수도 없다는 이찬승의 주장도 이와 같은 맥락이다.[20] 물론 학교와 교사는 미래 사회를 살아가는 데 필요한 핵심 지식을 선별하고 구조화하여 학생들에게 제시해야 할 것이다.

앞서 이야기한 것처럼, 강의법은 다수에게 사실적 지식이나 원리 등을 효율적이고 효과적으로 가르칠 수 있는 교수법이다. 이해시키지 못한 채 무작정 외우게 하는 주입식 형태의 잘못된 예를 들어 강의법이 좋지 않은 교육법인 양 폄하하는 것은 부당하다. 이는 잘못된 발견학습법 활용 예를 들어 폄하하는 것과 마찬가지다. 간접교수법, 혹은 학생 주도적 교수법인 발견학습도 상황에 맞지 않으면 역효과가 커진다. 발견학습[21]을 통해 학생들 스스로 학습 주제를 결정하게 하면 학생들이 관심을 갖고 진지하게 참여하도록 유도할 수 있지만, 학생들이 어떤 주제를 택할지 예측하기 어렵고 엉뚱한 길에 들어서 잘못된 발견을 할 수도 있다. 컴퓨터 관련 수업처럼 '그야말로 발견하면서 배울' 수 있고, '즉각 피드백을 주어 아무거나 헤집고 다녀도 나름의 보상을 얻을 수 있는' 조건에서 신중하게 활용해야 한다.[22]

일본의 여유교육 실패가 주는 교훈

우리는 미국과 일본이 교육에서 우리보다 뛰어나다고 가정하며 그들의 교수법과 교육 제도를 벤치마킹하려고 한다. 창의력, 문제 해결력 등의 고급 역량이 중시되는 4차 산업혁명 시대를 맞아 교과서 지식을 암기하여 기억해내는 식의 공부는 무의미하다는 믿음으로 미국이나 일본의 사례를 벤치마킹하고 있다. PISA도 단순한 지식 암기 수준을 평가하는 대신 실생활에서 발생할 수 있는 문제를 출제하여, 학습자가 가진 지능과 기술을 이용하여 어떻게 해결해 나가는지를 평가하는 쪽으로 옮겨 가는 추세다. 그런데 이러한 학습법을 통한 교육의 본보기로 거론되는 미국은 PISA 평가에서 최하위권을 벗어나지 못하고 있다.

일본은 1976년부터 시작하여 2002년에 본격적으로 유토리(ゆとり)교육, 즉 여유교육을 도입했다. 여유교육은 치열한 입시 경쟁에 따른 폐해를 없애고 새 시대에 맞는 인재를 육성하려면 학생들에게 여유를 주어야 한다는 취지로 도입되었다. 그 핵심은 학습 내용의 30퍼센트 축소, 수업 시간 단축(전체 수업 시간 10퍼센트 감소), 주 5일 등교, 과목 횡단형 '종합적 학습 시간'의 신설 등으로 현재 우리 정부가 시도하는 것과 상당 부분 유사하다. 하지만 일본 정부는 심각한 학력 저하 문제로 여유교육 실패를 선언했다.[23]

여유교육 실패의 원인은 이를 수행할 교사 양성 실패, 객관적 평가의 어려움, 평가 기준의 불명확성, 취지와 달리 실천은 어려움 등이 거론된다. 이에 더해 사이토 다카시齋藤孝는 기초 지식 교육 실패에서 그 원인을 찾는다.[24] 고급 역량만 기르면 되었지 기초 지식을 쌓을 필요는 없다고 생각하는 것은, 1층과 2층의 튼튼한 토대는 필요 없다며 아름다운 3층 연회장만 만들어달라고 하는 것처럼 어리석은 짓이다.[25]

일본은 최근 2020년부터 실시할 '신학습지도요령'을 발표했다. 사이토 다카시는 그 핵심의 하나로 액티브 러닝을 주장한다. 그가 말하는 액티브 러닝이란 교과서 없이 학생이 주도적으로 문제를 발견하고 해결책을 생각한 후 이를 타인과 공유·발전시켜 최종적인 판단을 내리는 '문제 해결형 학(습)력'을 의미한다.[26] 모방하기 좋아하는 우리나라 교육계에 하브루타나 거꾸로교실처럼 액티브 러닝 광풍이 몰아칠

지도 모르겠다. 이때 꼭 기억해야 할 사이토 다카시의 말이 있다. 액티브 러닝은 기초 지식 습득을 소홀히 해도 된다는 의미가 아니라, 배우고 익혀야 할 기초 지식을 '액티브 러닝 방식'으로 학습시키자는 것이라는 말이다.

창의력은 지속과 반복에서 나온다[27]

일반적인 믿음과 달리 창의력은 머리가 아닌 엉덩이에서 나온다는 이야기를 하는 사람들이 많다. 특히 창의력이 요구되는 작가나 연구자들이 그러한 이야기를 많이 한다. 잘 알다시피 능력이 아무리 뛰어난 사람이라도 끝없는 반복이 없이는 그 분야의 최고가 되기 어렵다. 이는 스포츠나 예능 분야뿐만 아니라 공부에서도 마찬가지다. 뇌과학자에 따르면 "기억은 뉴런 집합이 형성되는 것인데, 이는 동일한 자극의 반복에 의해 강화된다. 즉 학습은 반복과 동의어이며, 기억한다는 것은 그러한 반복의 자취를 보존하는 것이다."[28] 굳이 뇌과학자의 이야기를 빌리지 않더라도 '학습學習'이라는 말 자체가 '배울 학學'과 '익힐 습習', 즉 배움의 핵심은 지속적인 반복을 통해 익히는 것임을 잘 보여준다.

이해하지 못하면 잘 외워지지 않으므로, 가르치는 사람은 당연히 학생들이 자기 머리로 생각하고 이해하도록 이끌어야 한다. 그러나 내용을 이해했다고 자기 것이 되는 게 아니라, 반복을 통해 익히는 작업을 해야 소화되어 자기 몸에 흡수되는 것이다. 이런 과정에서 지식이 쌓이고 생각의 근육이 튼튼해져 창의력이 발휘된다는 평범한 진리를 우리 아이들이 망각하지 않도록 이끌 필요가 있다.

그런데 이때 유념할 것이 있다. 인지심리학자들의 실험에 따르면, 뇌를 활용해 이해하고 체계화하려는 노력 없이 그냥 눈으로 여러 번 읽는 식의 반복은 학습 효과가 별로 없다. 책을 읽으면서 각 장의 핵심 개념과 내용을 질문으로 만들었다가 나중에 풀어보기, 새로 배운 개념을 활용하여 짧은 문단 만들어보기, 배운 내용을 사전 지식과 연관 지어보기, 배운 내용의 사례를 현실에서 찾아보거나 적용해보기 등의 방식으로 익혀야 자신의 것이 된다.[29] 가르치는 사람은 학생들이 그러한 활동을 통해 배운 내용을 반복적으로 익히도록 이끌어야 한다. 수업이 끝나면 바로 책을 덮는 것이 아니라, 머릿속으로 배운 내용을 돌이켜보는 반추 행위를 장려하거나 단원이 끝나면 시험을 보는 것 등은 교사로서 도울 수 있는 방법이다.

다양한 방식의 반복을 통해 개념과 용어를 익히면 이들 각각이 지식의 바다에서 새로운 지식과 지혜를 낚아 올리는 낚싯바늘 같은 역할을 하게 된다. 고기 떼가 지나갈 때 낚싯바늘을 여러 개 담그면 한두 개만 담는 사람보다 같은 시간에 더 많은 고기를 낚을 가능성이 높다. 이처럼 같은 내용을 같은 시간 동안 배우더라도 아는 것이 많은 사람이 더 많이 배울 가능성이 훨씬 높다. 모르면 손에 쥐여줘도 모른다는 말은 아무리 바다에 고기 떼가 넘쳐나도 낚싯바늘이 달리지 않은 낚싯대로는 물고기를 잡을 수 없다는 말과 같다. 이처럼 아는 것이 많은 학생일수록 더 많이 배우게 되어, 학년이 올라갈수록 공부를 잘하는 학생과 못하는 학생 간 차이가 더욱 벌어진다. 이를 공부에서 나타나는 '빈익빈 부익부 현상'이라고 한다. 알파고처럼 우리 인간도 뇌를 외부 컴퓨터와 연결해 순식간에 세상의 모든 지식을 다 검색하고 활용할 수 있는 때가 오기 전까지는 수고롭더라도 노력을 통해 지식을 축적하고 그 지식을 활용하는 능력(역량)을 길러야 한다.

엉덩이는 지식을 습득하는 데뿐만 아니라 창의력을 발휘하는 데도 중요한 역할을 한다. 진희정의 《하루키 스타일》을 보면, 무라카미 하루키의 창조력은 비가 오나 눈이 오나 매일 달리기를 하고 일본에 있건 해외에 있건 매일 일정량의 원고를 쓰는 꾸준한 반복에서 나온 것이다.[30] 하루키 스스로도 꾸준하게 반복하는 데서 창조성이 나온다고 밝히고 있다. "창조적인 작업에 대해 기계적인 반복을 한다는 걸 바보 취급 하는 사람들이 많지만 그렇지 않아요. 반복성에는 확실히 주술적인 것이 있어요. 정글의 깊은 곳에서 들려오는 북소리의 울림 같은 것이지요."

심리학자 알프레드 아들러에 따르면, 사람들이 걸작을 만들어내는 순간은 바로 창작에 필요한 육체적 움직임을 자동화할 수 있을 때다.[31] 티모시 윌슨은 이를 '적응무의식' 상태라고 표현한다.[32] 적응무의식이란 쉽게 말해 우리가 생활을 할 때 우리의 행동(사고)을 우리가 의식하지는 못하는 사이에 자연스럽게 제어하는 정신 작용을 의미한다. 걷기, 말하기, 운전하기, 자전거 타기, 가수의 노래 부르기 등등 연습을 통해 습득해서(혹은 타고나서) 우리의 일부가 된 모든 행동(사고)은 적응무의식 상태에서 이루어진다. 창작에 필요한 육체적 움직임이 이러한 행동처럼 자연스럽게 행해질 때, 즉 적응무의식 상태에서 이루어질 정도가 되어야 비로소 걸작을 탄생시킬 수 있다는 말이다. 이 정도가 되려면 얼마나 많은 노력을 기울여야 할 것인가를 알 수 있다. 널리 알려진 '1만 시간의 법칙'은 어떤 특정 행동(사고)을 적응무의식 상태에서 자연스럽게 할 수 있을 때까지 반복해야 한다는 의미라고 할 수 있다.

세계적인 베스트셀러 작가 브라이스 코트니 역시 위대한 작가가 되는 비결을 묻는 질문에 "의자에 궁둥이를 딱 붙이는 겁니다. 제대로 써질 때까지 다른 무엇에도 눈 돌리지 말고 앉아 있어야 합니다"라는 이야기를 했다. 나 또한 4년의 총장 임기를 마치고 연구실로 돌아갔을 때 가장 먼저 해야 했던 일은 과거처럼 아침부터 저녁까지 하루 종일 차분하게 앉아서 연구에 집중하며 그 안에서 다시 기쁨도 느낄 수 있도록 연구자로서의 재활 훈련을 하는 것이었다.

대학 시절 군 복무를 마친 복학생들이 들려준 이야기다. 마음 단단히 먹고 공부를 하려고 도서관 자리에 앉아 있노라면 갑자기 목이 말라서 자리를 뜨게 되고, 돌아와 앉으면 소변이 급해서, 그리고 또 돌아와 앉으면 그때는 배가 고파서 자리를 뜨게 되더란다. 그렇게 한나절을 보내고 나서 오후에는 자리에 앉기 전에 기본 생리 욕구를 모두 해결하고 두 시간 동안은 절대 자리에서 일어나지 않겠다고 다짐하며 의자와 자신을 긴 끈으로 묶어두었더니, 이제는 잠이 찾아오더란다. 이러한 과정을 거치며 엉덩이를 의자에 붙이고 앉아 공부를 할 수 있게 자신을 훈련시키는 데 한 달 이상이 걸렸다는 이야기를 들려주었다. 학생들이 공부를 잘하도록 하려면 의자에 오랫동안 앉아 있는 연습부터 시켜야 한다는 말이 설득력을 갖는다.

생생경영연구소 이병주 소장은 '모방은 나의 힘! 피카소'라는 SERI CEO 강연에서, 창조와 관련해서 모방이 갖는 이점을 세 가지로 설명했다. 첫째, 모방은 무언가를 빨리 배울 수 있게 해준다. 반복하다 보면 요령이 생기고 쉬워지며 관련 지식도 쌓인다. 둘째, 모방은 자연스럽게 개선과 변형으로 이어진다. 이는 "주체가 돼서 활동하면 보이지 않던 것도, 다른 사람의 시각에서 보면 고쳐야 할 점이 눈에 들어오게 되기 때문이다." 셋째, 모방은 대상의 원리에 대한 커다란 깨달음을 준다. 모방을 통해 "분석적인 지식이 아니라 통합적인 통찰을 얻게 된다." 이병주는 문학가들이 습작 시기에 베껴쓰기를 통해 스스로의 문체를 창조할 수 있는 것은 모방이 가진 세 번째 효과 때문이라고 주장한다. 완벽히 모방하려면 수없이 반복해야 한다. 즉 창조의 원천인 모방도 엉덩이의 힘인 것이다.

창의적인 아이디어나 주어진 세계를 새롭게 바라보는 능력은 많은 경우 자기와의 지루한 싸움 과정에서 생겨나는 진주와 같은 것이다. 이때 교사가 할 수 있는 역할은 반복이 지루한 활동이 아니라 즐거운 활동이 되도록 다양한 반복의 기법을 소개하고 기회를 제공하는 것이다.

창의적 생각은 쉴 때, 재미있게 놀 때, 잠잘 때 떠오르므로 아이들이 재미있게 놀게 해야 한다는 주장도 있다. 이 말이 사실이라면 수업 중에 아이들을 자게 만든 교사가 창의력을 기르는 데 가장 앞선 선생님이라고 해야 할 것이다. 이러한 주장은 무서리가 내릴 때 국화꽃이 피어나는 것을 보며 국화꽃을 피우는 유일한 조건이 서리인 양 착각하는 것과 같다. 국화꽃은 따스한 봄비와 뜨거운 여름 햇살, 그리고 서늘한 가을바람을 거쳐 마지막에 서리가 내릴 때 피어난다. 사람들이 편안하고 행복한 분위기에 있을 때 더 직관적이고 창조적이 된다고 하여[33] 늘 그러한 분위기에 놓아두려고 하는 것은, 국화꽃을 피우겠다며 어린 국화 새싹을 서리 밭에 내놓는 것과 마찬가지다.

시대적 요청에 응답하는 교육과정[34]

창의융합형 인재 육성을 어렵게 한 교육과정 관련 문제는 주어진 교과목과 교과 지식의 부적합성, 교과목과 교과 내용 과다, 지속적인 개선 노력 부족 등으로 요약할 수 있다. 교육과정이 바뀌어도 교과목 기본 틀은 바뀌지 않는다. 기본 지식 구조가 동일하기 때문일 수 있지만, 교과의 기득권과도 연결되어 있다. 2015 개정교육과정이 만들어질 당시에는 아직 4차 산업혁명이라는 개념이 등장하지 않았다. 과학기술은 당시의 예측보다 더 빠른 속도로 변화하고 있다. 따라서 교과목과 교과 내용을 주어진 것으로 받아들이기보다는 미래를 살아가는 데 반드시 필요한 교과목인지, 꼭 배우지 않으면 안 되는 교과 내용인지를 지속적으로 검토하며 개정해가야 한다. 이는 노무현 정부 때 교육과정 수시개정제도를 도입한 이유 중 하나였다. 하지만 상시 추진할 관련 기구가 없어서 원래의 취지를 살리지 못했다. 상설 국가교육과정개편위원회를 만들고 그 역할을 하도록 해야 한다. 이때 유의할 점은 교과 편제와 각 교과의 내용을 검토하고 조정하는 하위위원회를 구성할 때 해당 교과 관련 전문가와 교사는 절반 이하로 하는 것이다. 그렇지 않고서는 교과 이기주의를 넘어서기가 어렵다. 융합을 염두에 둔다면 교과분과위원회에 다양한 분야의 전문가들을 포함시키는 것이 타당하다.

또 하나 현실적인 문제는 교과 내용 과다다. 교과 내용을 줄이겠다고 했지만 2015 교육과정도 교과목 증가, 미미한 교과 내용 축소로 귀결되었다. 교과목과 교과 내용 과다는 지금까지 창의적 인재 양성을 어렵게 한 하나의 요인이었다. 이제는 교과 지식에 대한 이해를 넘어서 활용하고 융합하는 창의융합적 역량까지 길러주어야 하는데, 과다한 교과목과 내용을 담고 있는 교과서는 오히려 걸림돌이 되고 있다. 미래는 혁명적인 모습으로 다가오는데 교육과정은 그 틀을 깨지 못하고 있다. 이 문제를 해결하기 위해 각 교과목과 교과 내용 일몰제를 도입하는 것도 하나의 방안이다. 일몰제란 일정 시점이 되면 해당 법이 자동 폐기되도록 한 제도다.

창의융합형 인재가 되려는 학생은 전 교과를 제대로 이해하고 습득하여 활용할 수 있는 역량까지 갖춰야 한다. 이를 위해서 선생님은 각 교과의 핵심적 내용 간 상호 연계성, 학년 간 내용의 위계성을 이해하고 실천할 역량을 갖춰야 한다. 그래야 학생이 통합된 시각을 가지고 융합적 사고를 하게끔 도울 수 있다. 국가와 교육청은 교사가 그러한 역량을 갖추도록 연수 기회와 교사 학습공동체 활성화를 적극 지원해야 한다. 학생들도 배우는 교과 세계에 대한 큰 지도를 머릿속에 그려볼 기회를 가져야 한다.

이를 위해서는 학생들이 배움의 과정에 자기 주도적으로 참여하고 탐구학습 및 협동학습을 할 수 있도록 여건을 갖춰주어야 한다. 이때 유념할 것은 기초 개념을 포함한 지식 습득이 전제되어야 한다는 점이다. 그래서 교사들이 주도적 역할을 하는 수업도 당연히 필요하다. 아울러 학습 개선을 돕는 평가, 학생 스스로 하는 성찰적 평가 등 과정 중심 평가가 이루어지도록 학급당 학생 수 감축 및 교사 확충도 필요하다. 물론 과정평가를 하더라도 총괄평가를 통해 학생들에게 인출의 기회를 제공하는 것을 잊지 않아야 한다.[35] 이에 필요한 인적·물적 조건을 갖추려는 노력을 병행할 때 과거처럼 창의 교육을 흉내만 내고 말았다는 비판을 받지 않을 것이다.

리처드 라일리는 "우리는 아직 발생하지도 않은 문제를 해결하고, 개발되지도 않은 기술을 사용하며, 아직 세상에 없는 직업을 준비하도록 학생들을 교육시키고 있다"라고 말했다.[36] 그의 말은 오지도 않은 미래에 필요한 역량을 준비시키는 것이 얼마나 어려운 일인가를 실감케 한다. 2015 개정교육과정 연구 책임을 맡았던 김경자 역시 2015 개정교육과정은 "완성된 결과물이 아니라 지속적으로 개선되어야 할 대상이다. (…) 학교교육과정 혁신을 위해 노력하는 사람들은 이러한 변화에 예민하게 대응하면서 교육과정 변화 역량을 갖추는 것이 필요하다"라고 지적했다.[37]

이 글에서는 학교에 널리 퍼져 있는 주장과는 조금 다른 생각을 펼쳐보았다. 창의력을 육성한다면서 자칫 그동안 우리가 길러주었던 끈기와 인내력, 주어진 과제를 완수하려는 강한 집념 등 창의력의 토대가 되는 역량을 무시하는 것은 아닌가 하는 우려 때문이었다. 하나 더 강조하고 싶은 것은 창의 인재가 창의력이라는 필요 조건과 함께 따스한 인간애라는 충분 조건을 갖추도록 해야 한다는 점이다.

알 수 없는 미래를 대비하는 방법은 되도록 유연한 자세를 견지하는 것이다. 노자의 이야기처럼, 봄날의 새잎은 부드럽고 가을 나뭇잎은 딱딱하다. 부드러운 것은 생명에 가깝고 굳어 딱딱한 것은 죽음에 가깝다. 상대의 주장이 나와 다를 때 화가 치민다는 것은 내가 굳어가고 있다는 의미다. 모두가 같은 길로 나아가더라도 급류를 차고 오르는 연어처럼 한 번 거슬러 올라가보자. 그것이 창의적 인재를 기르는 창의적 교사가 지녀야 할 바탕이 아닐까 싶다.

8 대입 정책이 가야 할 길

대입 전형 제도의 문제점을 보완하기 위한 다양한 노력에도 불구하고 문제는 해결되지 않고 있다. 아무리 처방을 바꾸어도 병이 낫지 않는다면 완전히 다른 시각에서 원인을 진단하고 그에 따른 처방을 시도함이 바람직할 것이다. 진단보다 먼저 해야 할 일은 문제에 대한 규정이다. 문제가 제대로 규정되어야 제대로 된 진단이 가능하고, 그 진단에 따른 처방도 효과를 발휘할 수 있다. 이 장에서는 문제 규정, 문제 원인 진단, 처방까지를 새롭게 시도하고자 한다.

예를 들어 부유층에 유리한 제도가 아니라 학생의 실력이 좌우하는 공정한 대입 제도를 만들기 위한 시도를 살펴보자. 입학사정관제 도입, 학생부종합전형 등은 보다 세밀하고 완벽하게 학생의 잠재력까지 측정하고자 한 시도였다. 그런데 보다 완벽한 실력을 측정하기 위해 전형 요소를 복잡하게 하면 할수록 학교의 대비 능력은 떨어지고 부모 지원의 영향력은 더 커진다. 수능, 내신, 학생부, 본고사 등 그 무엇을 기준으로 해도 학생의 실력을 기준으로 하는 한 부유층에 더 불리한 제도는 없다. 2~3년만 지나면 부유층 자녀가 최고 사교육기관의 도움을 받아 적응하기 때문이다. 몇 해 전 홍익대학교 미대에서 사교육을 받은 사람은 합격하기 어렵게 기준을 만들어 선발하겠다고 하자, 사교육기관이 "사교육을 받지 않은 것처럼 교육시키겠다"라고 한 이야기가 회자된 적이 있다. 사교육기관의 적응력은 공교육기관보다 훨씬 뛰어나므로, 기준이 무엇이든 교육전쟁 상황에서는 부유층 자녀에게 유리한 제도일 수밖에 없다.

그러면 부유층 자녀에게 불리한 제도가 없을까? 있다. 지역균형전형, 사배자전형이 대표적이다. 실력 기준 선발로 저소득층 자녀나 지방 출신 학생들의 좋은 대학 합격률이 갈수록 떨어지자, 실력주의 원칙을 깨고 실력주의 그림자를 옅게 하기 위해 도입한 제도다. 이들 전형은 실력이 좌우하는 실력주의 사회를 구현하기 위한 제도가 아니라, 실력은 조금 부족하더라도 환경이 어려운 학생을 특별 배려하여 개천에서 용이 나도록 하기 위한 제도다. 부모의 배경이 직접적 영향을 미치는 사배자전형을 실력주의 사회 구현을 위한 제도로 여기는 것은 해열제를 열을 높이는 약으로 착각하는 것과 같다.

대입 문제에 대처하려면 우선 대입 제도 자체의 문제와, 대입 제도가 아니라 사회의 전쟁 상황이 교육에 비쳐 교육 문제인 것처럼 보이는 문제를 구분해야 한다. 그리고 해결 가능한 문제와, 해결 불가능하여 안고 가야 할 문제도 구분해보아야 한다. 이러한 접근은 대입 제도 개혁을 통해 해결 가능한 문제인지 여부, 그리고 해결 대상으로 해야 할 문제인지 여부를 판단하는 데 도움이 될 것이다.

이제는 입시와 관련된 문제에 대처하는 '문제 해결 접근'보다 미래형 인재를 육성하는 데 적합한 대입 제도를 만드는 '문제 예측 접근'에 초점을 맞출 때다. 문제 예측 접근을 할 때 중요한 점은 미래 사회의 변화를 예측만 할 게 아니라 우리가 원하는 미래의 모습을 명확히 그려보는 데 있다. 이 장에서는 실력주의 사회의 제반 그림자를 옅게 하는 동시에 신실력주의 사회를 구현하는 데 필요한 대입 제도가 나아갈 방향을 모색해보고자 한다.

잘 알다시피 고려시대에 과거제도가 도입된 이래 시험을 향한 경쟁은 늘 치열했다. 여기서는 일제강점기 입학 경쟁부터 간단히 살펴 시사점을 찾아본다. 놀랍게도 오늘날과 거의 비슷한 모습을 만나게 될 것이다. 그리고 해방 이후의 대입전쟁 모습, 교육전쟁론이 바라본 대입 문제의 원인과 개선책을 소개한다. 이어서 우리의 대입 문제를 이해하는 데 도움이 될 미국의 입학사정관제, 프랑스의 대입 제도 개혁 방향, 인도와 브라질의 사회적 약자 우대형 학생 선발 제도와 시사점을 찾아본다. 이러한 분석을 바탕으로 실력주의 사회가 지속되더라도 대입에 따른 다양한 문제를 조금이나마 완화할 수 있는 파격적인 제도(범위형 대입 제도)를 간략히 소개한다. 이 장은 대입 제도를 심도 있게 분석하거나 문제별로 원인을 분석하고 대안을 제시하는 것을 목적으로 하지 않는다. 대입 제도의 뿌리가 실력주의에 닿아 있고 제반 문제의 원인이 실력주의 사회와 연결되어 있다는 점을 밝히고, 이를 극복하기 위한 대안을 제시하는 데 집중할 것이다.

일제강점기의 입학 경쟁

카이스트 인문사회과학과 교수이자 근대문화 전문가인 전봉관은 일제강점기의 입시 경쟁에 대한 흥미로운 자료를 발굴하여 제시했다.[1] 근대교육이 시작된 1900년 전후부터 1910년대 초반까지만 해도 각급 학교는 수업료를 면제해주는 것은 물론이고 교과서와 학용품까지 무상으로 제공하면서 학생 유치에 열을 올렸다. 그러나 1910년대 중반을 넘기면서 각지의 학교에 입학 지원자가 쇄도해 지원자를 모두 수용하기 어려운 지경에 이르렀다. "사람 구실을 하려면 모름지기 학교를 다녀야 한다는 인식이 국민적 공감대"를 얻어, "아무리 가난한 사람이라도 밥을 굶을지언정 어떻게든 자식 교육은 시키려" 한 것이 당시 사회 모습이다. 총독부에서도 그 나름으로 학교 시설을 늘려 나갔지만, 급증하는 취학 희망자를 모두 수용하기에는 역부족이었다. 보통학교(오늘날 초등학교) 입시 경쟁률은 대체로 2 대 1 정도였는데, 심한 경우는 6 대 1을 넘기도 했다. 보통학교 입학난이 갈수록 심해지자 "서울 시내에서 보통학교 들어가기가 다른 나라 대학 들어가기보다 어렵다!"는 이야기까지 나돌았다고 한다.

보통학교 입학시험은 '멘탈 테스트'라는 명목으로 치러졌다. "개 다리가 몇 개냐?", "언니는 사과 세 개를 가지고 너는 사과 두 개를 가졌는데 둘이 합하면 몇 개가 되느냐?", "다른 사람이 네 발등을 밟아 피가 나면 어떻게 할 테냐?" 같은 문제가 출제되었다. 이러한 입학시험에 두

세 번 떨어져 열 살이 넘으면 '학령 초과'로 더 이상 학교에서 받아주지 않았다.

중등학교 입시는 더욱 치열했다. 1937년 전국 중학교 지원자는 2만 8000여 명이었는데, 합격자는 4500여 명에 불과했다. 전국 평균 경쟁률은 6 대 1을 넘었고, 서울 시내는 10 대 1을 웃돌았다. 우리나라의 1970년대 중학교 입시 지옥 상황과 비슷하고, 오늘의 대입 경쟁과 유사하다. 당시 중학교 입학난은 심각한 사회 문제가 되었다. "1934년, 대전에서는 입학시험에 낙제한 19세 소년이 할복자살했고, 1937년, 청진에서는 수험생이 작문시험 답안지에 연필 깎는 칼로 왼편 손등을 갈라 흐르는 피로 '낙제하는 경우에는 자살하겠다'는 혈서를 써 관계자를 긴장시켰습니다. 사정 결과 혈서를 쓴 학생의 불합격이 확정되자 교장이 학생 집을 수시로 찾아가 위로해야 했고, 경찰은 한동안 학생 주위를 경계하며 불상사를 막아야 했습니다."[2]

오늘날의 중고생 자살 사건과 비슷한 양상이 1930년대에도 전개되고 있었다. 그러자 조선총독부는 입시지옥을 완화하기 위한 획기적 조치라며 1934년 '입시준비교육철폐' 대책을 발표했다. "초등학교에서 입시 교육 철폐, 중등학교 입시 과목 축소, 입학시험에서 응용문제 출제 금지" 등이다. 이 대책은 1980년대 이후 우리 정부가 시도해온 대입 제도 개선책, 즉 입시 교육 철폐를 통한 학교교육 정상화, 대입 부담 축소를 위한 입시 과목 축소, 고교 교육과정을 준수하는 대입 시험 등의 정책과 아주 흡사하다.

모두가 선호하는 대학과 학과의 신입생 수가 정해진 상황에서는 어떠한 입시 제도를 내놓더라도 경쟁률이 완화되지 않는다. 1930년대에 중학교 입시 문제를 쉽게 출제하자 만점자가 너무 많아지는 부작용이 야기되었다. "일부 학교에서는 만점자가 입학 정원보다 많아 '만점 중 만점'을 가려내야 하는 소동까지 벌어졌다." 1930년대의 '쉬운 입시' 정책이 2020년을 바라보는 오늘날 부활하고 있다. 대입 시험 부담을 줄인다며 수능 문제를 쉽게 출제하거나 변별력을 낮추는 것이다. 2018년도 수능에서 절대평가로 치러진 영어 영역의 1등급 비율이 10.03퍼센트(5만 2983명)에 이르러, 모집인원이 총 1만 411명인 서울대, 연대, 고대뿐만 아니라 "상위 20개 대학 지원에서도 영어 점수는 무용지물이 될 것"이라고 한다.[3]

당시에 취할 수 있는 "근본적인 해결책의 하나는 학교 시설을 확충하여 더 많은 학생들에게 교육 기회를 제공하는 것이었는데, 총독부는 그럴 의지를 보이지 않았다." "당시 조선 사회가 지식 청년 실업난이라는 또 다른 심각한 사회 문제에 봉착해 있었기 때문에" 학생 수를 늘리기도 어려운 실정이었다. 서울대를 비롯한 명문대와 인기 학과를 향한 경쟁이 치열하다고 하여 이들 대학과 학과 정원을 대폭 늘리기 어려운 오늘날 상황과 흡사하다.

1930년대 조선도 세계 대공황의 여파로 극심한 경제난을 겪고 있었다. 도쿄에서 유학을 마치고 귀국한 '문학사文學士'가 쓴 다음 이력서는 당시 상황을 잘 대변해준다. "올 봄에 졸업을 하게 되었습니다. 집에서는 졸업을 하면 하늘의 별이라도 따가지고 오는가 하여 눈이 빠지게 기다립니다. 사회에서는 한 덩이 밥을 찾느라고 시커면 손을 높이들고 달려드는 군중이 있는 이때, 나 같은 놈조차 밥을 위하여 그 속에 한목 끼이게 된 것을 생각하면 눈물이 나옵니다. 그러나 그와 같이 날뛰지 아니하고는 입에 거미줄을 칠 지경이니 어떻게 합니까……."[4]

전봉관에 따르면, 1935년 실시된 보통문관시험(오늘날 7급 공무원 채용 시험)에는 58명 모집에 1816명이 응시했다. 최종 합격자 중 조선인은 34명이었다. 오늘날 대한민국 상황과 비슷하다. 참고로 2017년 일반행정직 7급 경쟁률은 92.4 대 1이었다. 9급 공무원 경쟁률은 2016년 53.8 대 1, 2017년 46.5 대 1이었다. 통계청에 따르면, 2017년 11월 현재 국내 15~29세 청년층 고용률은 41.9퍼센트이고 실업률은 9.2퍼센트다.[5] 교육부와 한국직업능력개발원이 발표한 '2017년 대학 진로교육 현황조사' 결과에 따르면, 우리나라 대학생들의 최대 고민은 '졸업 후 진로'(대학생 60.0퍼센트, 전문대생 59.7퍼센트) 즉 취업이었다.[6]

해방 이후의 대입전쟁[7]

지금 우리의 생존 여건을 서구 유럽이나 미국 등의 선진국과 비교해보면 높은 인구밀도, 적은 자연 자원, 사람들의 잘살고자 하는 높은 욕구 등이 두드러지게 나타난다. 선진국은 비록 갈등이 존재하나 의식주가 크게 위협받지 않는 평상시 상황이라면, 우리의 지난 40여 년은 선진국의 이론들이 말하는 평상 상태에서 갈등이 표출되는 정도의 상황이 아니었다. 의식주가 절대적으로 부족한, 그리고 마음이 늘 부족함을 느끼는 가운데 생존을 위해 싸워야 하는 전시의 상황이었다고 말하는 것이 더 적합하다. 심한 갈등 상황을 설명하는 이론이 우리의 이런 상황을 유사하게 설명해낼 수 있을지도 모르지만, 오히려 특수 상황을 바라보지 못하게 할 수도 있다. 우리 상황에서 일어나는 현상과 사람들의 행동 양태는 우리가 도입한 이론 형성의 주 배경이 되었던 시간성과 공간성 속의 현상, 그리고 사람들의 행동 양태와는 다를 가능성이 있고, 따라서 이를 이해하고자 하는 시각도 달라질 필요가 있다.[8] 이러한 기본 인식을 바탕으로 우리의 높은 교육열 현상을 다시 들여다보고자 한다.

우리의 고등교육 인구는 해방 이후 기하급수적으로 증가해, 이제는 대학 입학 정원이 고등학교 졸업생 수보다도 더 많아졌다. 그러나 아직도 우리 국민의 가장 큰 관심사 중 하나는 자녀 교육이다. 도시의 더 나은 교육 환경은 인구의 도시 집중을 부채질했고, 지옥 같다는 말을 연거푸 하면서도 끈질기게 도시에 눌러사는 인구가 많은 이유다. 아침 출근길에 도시에서 근처 지방으로 향하는 도로에 교통체증이 빚어지는 이유는 비록 직장이 지방이라 해도 직장 근처 쾌적한 곳에 주거를 정하기보다 자녀 교육을 위해 매연과 소음에 싸인 도시에 거주하는 인구가 많기 때문이다. 가장이 지방 군소 도시로 전근을 가더라도 공부하는 자녀를 위해 가족은 서울에 두고 홀로 가는 경우가 많다는 것도 잘 알려진 사실이다. 심지어 가족을 외국에 보내놓고 국내에서 혼자 사는 가장도 증가하고 있다. 1960년대 상당수 미국 유학생의 등록금이 열사의 땅 중동에서 일하는 아버지나 형에게서 직송되었다는 미국 교수의 회고, 남동생의 학비를 대려고 술시중을 들기도 했던 슬픈 누이의 사연도 여전히 생생하다. 최근에는 자녀 과외비를 위해 가정주부가 몸을 파는 경우도 있다는 보도가 종종 흘러나와, 사실 여부를 떠나 우리를 씁쓸하게 하고 있다.

자녀를 초등학교에 입학시킨 상당수 학부모의 첫 고민은 담임선생님과의 관계 정립이다. 과거 과밀 학급 상황에서 자기 자녀가 조금 더 관심을 받게 하려고, 그리고 보다 나은 성적 평가를 얻으려고 부모들은 계속 촌지를 보내면서도 다른 한편으로는 촌지를 받는 교사를 비난해왔다. 촌지 문제는 2000년대 후반부터 차츰 줄어들었고, 이른바 김영란법(부정청탁 및 금품등 수수의 금지에 관한 법률)이 발효되면서 밖으로 드러난 촌지는 거의 사라진 것으로 나타났다. 방과 후에는 학원과 각종 과외를 통해 다가올 결전의 날을 준비시킨다. 이러한 사교육비가 공교육비보다 많다는 것은 잘 알려져 있다.

아이들이 성장해 대학 입시를 치러야 할 때가 몇 년 앞으로 다가오면 온 가족이 서서히 긴장하기 시작한다. 상당수 학부모는 자녀 교육을 위해 입시가 끝날 때까지 집 안에 텔레비전을 없애기도 한다. 대학 입시를 치를 자녀가 있는 집안은 그 자녀를 위주로 모든 일이 계획되고 진행된다. 대학 입시 날은 말 그대로 결전의 날이다. 입시장 문에 엿을 붙여놓고 하염없이 절을 올리는 어머니들의 모습은 매스컴을 통해 세계 여러 나라에 알려졌다. 휴대전화와 인터넷 접수가 보편화되기 전까지 우리는 원서 접수 마감 날 동원되는 무전기 등의 첨단 장비, 그리고 접수 마감 시간 직후 닫힌 교문을 넘어 달려가는 학생과 학부모의 모습을 보며 전쟁터를 떠올렸다.

많은 학생들도 부모의 기대에 부응해 젊음을 잠재워가며 학업에 열중하고 있다. 대부분 학생들은 열심히 공부하는 것이 인생에 성공하는 지름길의 하나라고 믿는다. 공부에서 오는 큰 압박감을 못 이겨 자살한 학생들의 소식이 종종 보도되지만, 대개 이들은 경쟁의 패배자로 인식되고 우리의 뇌리에서 쉽게 잊힌다. 어려운 과정을 거쳐 좋은 대학에 입학한 학생과 그 부모는 그간 자신들의 노력이 충분히 보상을 받았다고 생각한다. 그리고 학생은 효자 효녀라는 주위의 찬사를 온몸에 받는다. 이는 비단 과거의 이야기가 아니며, 2018년 현재에도 진행형이다. 최근 한 지인에게서 전해들은 이야기인데, 직장에서 별 존재감이 없던 그가 2018년 입시에서 아들이 S대 경영학과에 합격했다는 소식을 전하자 기관장부터 자신을 대하는 태도가 바뀌었다고 한다.

자녀를 명문대에 보내기 위해 불법도 마다하지 않는 경우가 있다. 1992년, 겨울 후기 대학 입시 문제 도난으로 온 나라가 들끓었다. 이는 언론사에 한국전쟁 이후 가장 큰 사건 중 하나로 기록되었다. 그리고 1993년 개혁 세력의 중심인물과 수많은 사회 지도급 인사들이 대입 부정에 관련되어 현직에서 물러나야 했다. 대학 총장, 고등학교 교장, 교사, 학부모, 학생 등 모든 관련 집단이 이 부정에 관계된 것으로 드러났고 일부는 사법 처리를 받았다. 1994년에는 고교 내신 조작의 파문으로 다시 교육계가 흔들리고, 정부는 입시 제도의 보완책 마련을 발표하기에 이르렀다. 2016년 촛불혁명의 시발점 역시 정유라의 이화여대 입시 부조리였다는 점은 너무나 잘 알려진 사실이다.

어느 정부나 처음 들어서면 교육개혁의 첫 조치로 대학 입시 제도 개선을 시도했으나, 변경된 제도는 항상 새로운 문제를 불러일으켰다. 새로운 입시 제도가 의도하는 바가 무엇이든 학생과 학부모에게는 그저 좋은 대학에 입학하기 위해 거쳐야 할 하나의 관문으로밖에 인식되지 않는다. 입시 제도의 문제로 보이는 것의 상당수는 그 뿌리가 다른 데 있었기에 입시 제도 자체를 개선함으로써 해결하기가 어려웠던 것은 익히 잘 알고 있다.

이러한 현실을 적절히 나타낼 수 있는 표현은 무엇일까? 지위경쟁 이론에서 말하는 경쟁이라는 표현으로는 이 극한의 상황을 충분히 나타내기가 어렵다. 우리는 우리의 이러한 현상을 묘사할 때 '과도한' 또는 '극심한'이라는 수식어를 항상 붙인다. 이러한 상황을 가장 잘 표현하는 단어는 아마 '교육전쟁' 혹은 '교육전장'일 것이다. 이들 단어는 이미 우리에게 낯설지 않다. 여기서 교육은 졸업증을 주는 학교교육을 의미한다. 그리고 전쟁과 전장이란 표현은 오직 승자만이 살아남거나 유리한 고지를 점할 수 있으며, 유리한 고지를 점하려면 상대를 패배시켜야 하고, 항상 심한 긴장과 압박감이 감돌며, 집단(가족)의 삶이 병사(학생)의 승리에 크게 달려 있고, 그 집단은 병사의 승리를 위해 자신을 희생하는 상황을 내포한다.[9]

전쟁터는 다음과 같은 특징을 가지고 있다. 전쟁이 진행되는 시공의 교차점에서 살아가는 대부분의 청소년들은(물론 일부 특권층은 제외하고) 그 전쟁을 피할 길이 거의 없다.[10] 전쟁을 진행시키는 상황이 변하지 않는 한 전쟁은 계속된다. 그리고 전쟁은 패자의 존재를 당연한 것으로 받아들인다. 설령 그 전쟁으로 사망자가 생겨도 평시의 죽음과 같은 관심을 끌지도 못하고 동정을 받지도 못한다. 전쟁터에서는 전쟁이 진행되는 동안 군수 산업(입시 관련 산업)이 번영을 구가한다. 군수 산업체는 때로 전쟁이 지속되고 과열되도록 부추기기도 한다.

대입전쟁의 원인

교육전쟁론은 우리의 상황을 심한 갈등 정도가 아니라 교육전쟁 상황이라고 본다. 지금까지 우리는 우리의 교육이 문제투성이라고 여겨왔다. 여기서 사람들이 주로 생각하는 문제는 입시지옥, 과도한 교육열과 그에 따른 교육 부조리, 중등교육의 비정상화 등이다. 최근에는 입시 위주 교육에 의한 인간 교육 또는 전인교육의 미흡 등이 문제로 대두되고 있다. 그리고 이러한 문제들이 발생된 이유로 자본가 계층의 음모, 지배 계층의 학력사회 구축, 우리의 민족성 또는 교육 정책의 실패를 들었다. 그러나 교육전쟁론은 우리나라 교육이 안고 있다고 여겨지는 문제가 어느 집단의 악의나 민족성 또는 교육 정책의 실패에 기인한다기보다, 우리 사회의 전쟁 상황과 그 안에서 자율 의지를 가지고 생존과 발전을 위해 발버둥치는 개인들의 상호작용에서 비롯된 것으로, 이는 해결 가능한 '문제'가 아니라 상당한 기간 안고 살아가야 할 우리의 '아픔'으로 인식한다.

사회의 무한 경쟁 상황이 지금까지 교육전쟁이라는 모습으로 나타난 이유는 다음과 같다. 즉 아직도 사회 계층 이동이 다른 나라에 비해 상대적으로 유동적이고, 학교교육이 계층 결정의 가장 중요한 잣대가 되고 있으며, 교육 재화 획득 과정에 부모의 배경이 직접적으로 작용하는 것이 어느 정도 차단되어 있기 때문이다. 이러한 관점에서 보면 실력주의 사회에서 교육전쟁은 반드시 없어져야 할 부정적 현상이 아니며, 이 사회 변화의 원동력으로서 작용하고 있는 긍정적 측면도 있다. 실력주의 사회가 지속되고 학교교육이 실력의 잣대가 되는 상황에서, 대입 관심의 초점은 과열된 교육열이나 입시지옥 문제 해결에 맞춰져서는 안 된다. 그러한 노력을 개인의 발전과 사회의 발전에 도움이 되는 방향으로 이끌고, 그 안에서 고통을 받는 학생과 학부모의 고통을 줄여주는 데 맞춰져야 한다.

IMF 이후 사회 계층 간 장벽은 빠른 속도로 굳어가고, 계층 이동이 더 어려워지고 있다. 그 결과 미국처럼 교육전쟁에 참여하는 계층의 폭이 줄어들고 있다. 자녀 교육에 무관심한 부모와, 학교 공부에 무관심할 뿐만 아니라 학교를 이탈하는 청소년이 증가하는 추세다. 실력주의 사회에서 교육전쟁에 참여하는 계층이 줄어들면 외견상 교육전쟁이 약화된 것처럼 보이겠지만, 오히려 사회 발전에 문제가 될 수도 있다.

교육전쟁 상황에서 학생과 학부모는 특목고든 자립형 사립고든 제도 본래 목적에는 별 관심이 없으며, 교육전쟁에서 유리한 고지를 차지하는 데 얼마나 도움이 되는지를 판단하여 선택 여부를 결정한다. 한때 대학 입시에서 고등학교 내신 성적이 차지하는 비중이 높아지자 특목고 학생들이 집단으로 자퇴한 이유가 여기에 있다. 전쟁 상황에 적응하고 도전하는 자율 의지를 가진 개인을 상정하면 너무나 당연한 귀결이다.

교육전쟁론에 의거하면 문제의 뿌리는 사회의 전쟁 상황에 있으며, 문제는 그 안에서 살아가야 하는 사람들의 아픔이다. 그러므로 우리가 할 수 있는 일은 그러한 아픔을 줄여주거나, 그 아픔이 그들의 삶을 성장시키는 의미 있는 아픔이 되도록 해주는 것이다. 기존의 관점들이 지적하는 교육 문제 해결을 위해서는 사회의 전쟁 상황을 극복하기 위한 사회적 노력이 병행되어야 한다. 사회의 전쟁 상황 극복을 위해 교육이 할 수 있는 일이 있다면, 미래 사회의 발전에 기여할 역량을 갖춘 인재를 육성하는 것, 나아가 그 인재들이 신실력주의 사회에 적합한 공존공생의 가치관을 갖고 실천에 옮기는 민주시민이 되게 하는 것이다.

교육전쟁론이 제시한 대입 제도 개선책[11]

백약이 무효인 입시 제도와 관련하여 우리가 할 수 있는 일은 중복 장애물을 제거하고, 젊은이들의 노력이 미래의 삶에 보탬이 되는 유의미한 활동이 되도록 이를 보완하는 것이다. 즉 우리 상황에서 정책의 초점은 경쟁을 완화하거나 학생들을 입시지옥에서 해방시키는 것이 아니라, 초중등학교에서 배우는 내용이 21세기를 살아가는 데 도움이 되게 하고 입시 내용이 그러한 방향으로 구성되도록 하는 데 맞춰져야 한다. 이런 의미에서 현재의 수능시험은 과거의 예비고사보다 높게 평가된다. 그러나 최근 들어 다시 일고 있는 본고사(다양한 형태의 논술) 부활 시도는 결국 중복 장애물 부과가 되어 젊은이와 학부모의 고통만 가중시킬 것이다.

전쟁 상황에서 입시 정책이 지향해야 할 또 하나의 방향은 과도한 경쟁이 가져올 부작용, 즉 동질화와 신뢰의 파괴[12]를 최소화하는 것이다. 여기서 동질화란 과도한 경쟁 상황에서는 객관성과 신뢰성이 강조되다 보니 입학 기준이 획일화됨으로써 다양한 역량을 갖춘 인재를 선발·육성하는 대신 유사한 인재를 길러내게 됨을 의미한다. 이 경우 예측 불가능한 미래 상황에서 그 사회는 커다란 위험에 직면한다. 한편 신뢰의 파괴란 과도한 경쟁이 진행될 경우 수단과 방법을 가리지 않고 원하는 것을 얻으려고 노력하게 됨을 의미한다. 대학교수들의 자녀 논문 공저자 등재, 정유라 사태, 다양한 대입 부정 등이 여기에 해당한다.

과도한 경쟁의 부작용을 최소화하는 것은 교육전쟁 상황에서 살아가는 사람들의 삶이 궁극적으로 나은 방향으로 나아감으로써 그들의 노력이 의미 있게 하기 위해서 필요하다. 동질화를 막으면서도 신뢰가 파괴되지 않도록 하는 것, 그것이 교육전쟁 상황에서 정부가 할 일이다. 경쟁은 사람들이 동일한 규칙에 따라 동일한 목표를 추구할 때 성립한다. 따라서 경쟁에 참가하는 사람들을 서로 유사한 모습으로 바꿔 놓는 부작용을 낳는다. 이것은 4차 산업혁명의 물결이 거세게 몰아치는 상황에서 큰 문제가 된다. 이러한 동질화 문제를 해결하려면 사회가 동의하는 수준에서 실력의 유형과 그 측정 방법을 다양화하고 이를 사회에 미리 알려서 학생과 학부모가 준비할 기회를 충분히 주어야 한다.

교육전쟁 상황에서 객관적 점수 이외의 기준을 사용하려고 할 때는 그 상황에서 고통받는 사람들의 보편적 평등관과 사회정의관에 부합한 기준이지를 먼저 고려해야 한다. 사용하는 여타의 기준이 주로, 그리고 직접적으로 부모의 사회·경제적 배경의 영향을 받는 것이라면 재고되어야 한다. 왜냐하면 이는 결국 미래 주역들에게 자기 노력으로는 한계가 있다는 의식을 갖게 함으로써 자포자기 상태로 몰아가 사회 발전 자체를 위협할 것이기 때문이다.[13] 즉 가족 단위의 교육전쟁이 진행되는 상황에서 가정의 영향을 배제하기는 불가능하지만, 정부는 그 전쟁이 보다 공평하게 진행되도록 가정 배경에 따른 차이 보전에 주력해야 한다. 부모나 학생이 삶의 의미를 새롭게 규정하고 교육전쟁에 참여하는 것이 자신들이 추구하는 아름다운 삶에 도움이 되지 않는다는 소신에 따라 대안학교를 선택하거나 자신만의 길을 선택하는 것은 개인을 위해서뿐만 아니라 사회 공동체의 미래를 위해서도 바람직하다. 그러나 입시 전형 기준이 부모의 배경과 직접 관련되거나 개인 노력과의 연관성이 낮아서 미리 포기하는 사람이 늘어나게 하는 것은 공동체의 미래를 위해 전혀 바람직하지 않다.

마지막으로 입시 정책이 고려해야 할 점은 교육전쟁이 사회의 파멸이 아니라 사회 발전에 기여하도록 하는 것이다. 교육전쟁 상황에서 살아가는 학생들의 노력이 미래의 삶과 공동체의 발전에 의미 있는 것이 되도록 이끄는 또 하나의 방향은, 그 안에서 살아가는 사람들에게 과도한 경쟁은 결국 공멸로 이어진다는 것을 깨닫게 하고 공동체 의식을 갖도록 하는 것이다. 물론 이러한 인간 계몽은 지난한 작업이다. 그러나 이러한 교육을 통해 함께 사는 의미를 깨닫게 하고 이러한 깨달음과 실천을 입시 전형의 중요한 요소로 도입하면, 그 사회에서 살아남기 위하여 전쟁을 치르는 개인들의 노력이 공동체 미래를 위해 보다 의미를 지니게 될 것이다. 현재 입시 전형 자료로 사용되는 봉사 점수가 많은 문제점을 가진 것은 사실이다. 하지만 이러한 봉사 점수 제도가 새로운 세대에게 남을 돕고 함께하는 사회라는 의식을 고양시켜온 점을 고려하면, 실보다는 득이 훨씬 컸음을 알 수 있다. 교육전쟁론의 관점에서 보면 봉사 점수 제도를 더욱 의미 있게 개선함으로써 학생들의 공동체 의식 수준과 실천 정도를 현재보다 더 중요한 대입 전형 요소가 되도록 해야 한다. "전쟁은 인간의 마음속에 생기는 것이므로 평화의 방벽을 세워야 할 곳도 인간의 마음속이다"라고 하는 유네스코 헌장을 굳이 인용하지 않더라도, 공교육의 궁극적 목적이 함께하는 사회 구현이므로 향후 입시 전형 요소에서 이 항목의 비중은 반드시 강화되어야 한다.

교육전쟁이 진행되는 동안 학교는 입시 교육에서 자유로울 수가 없다. 우리의 학교나 학부모가 아이들을 입시 준비의 지옥으로 내모는 것은 교육의 바람직한 방향을 모르기 때문이 아니다. 여기에 우리 부모와 학교의 아픔이 있다. 이러한 상황에서는 학교가 입시 준비 기관이 되면 안 된다는 공허한 주장을 하기보다, 우리가 생각하는 이상적 교육과 현실의 학부모와 학생이 바라는 교육을 정확하게 밝혀 조화시키려는 노력이 필요하다. 학교와 교사는 학생들이 배워야 할 내용을 재미있게 배울 수 있도록 철저히 준비해야 한다. 입시 준비를 제대로 시키는 것이 학생들을 무작정 쥐어짜는 것을 의미하지는 않는다. 가르칠 내용을 철저하게 가르치는 동시에 재미있게 가르치는 역할을 해내지 못한다면, 학생과 학부모는 점차 학교를 기피하게 될 것이다. 다양한 수준의 아이들이 섞여 있고, 교육 환경이 열악하며, 교사의 부담이 과하다는 등의 여러 이유가 있을 수 있다. 그러나 교사들의 헌신적인 노력과 정열 그리고 실력에 회의감을 갖는 학부모와 학생이 증가하고 있다는 한국교총의 설문 조사 결과는 향후 학교와 교사가 나아가야 할 길이 무엇인가를 간접적으로 보여준다. 이 땅에서 힘들게 교육전쟁에 참여하고 있는 학생과 학부모의 고통을 학교와 교사가 몸과 마음으로 느끼며 조금이나마 줄여주기 위해 최선을 다할 때 교사들의 심리적 고통도 줄어들 것이다. 물론 학교와 교사를 지원하기 위한 정부의 노력도 병행되어야 한다. 이를 위해 각 학교의 학교운영위원회는 학생과 학부모의 학교교육 만족도를 다각도로 조사하고 만족도 제고를 위한 노력을 경주해야 할 것이다.

미국 대학의 학생 선발 투쟁사

3개 명문대의 학생 선발 기준[14]

우리나라 대학의 신입생 선발 제도를 개선해야 한다는 근거로, 그리고 입학사정관제 도입의 근거로 하버드와 예일, 프린스턴 등 미국의 명문대라고 일컬어지는 대학들의 학생 선발 정책을 들곤 한다. 그동안 이들 대학은 실력주의 원칙을 포함한 기본 원칙을 대외적으로 천명해왔다. 그러나 구체적인 학생 선발 정책(기준, 절차, 실제)과 결과, 그리고 이 정책이 사회 전반에 미친 영향에 대해서는 잘 알려지지 않아 막연하게 짐작하는 정도에 그쳤다. 그런데 2006년 대학 내부 문서를 바탕으로 한《누가 선발되는가?》가 출간되면서, 그동안 베일에 싸여 있던 상당한 내용이 널리 알려졌다(국내에는 2010년과 2011년에 '사례편'과 '역사편'으로 나뉘어 출간되었다). 이 책은 1900년부터 3개 대학이 학생 선발 기준으로 사용해온 '실력'에 관한 다양한 정의를 살펴보고, 실력 기준이 변화되어온 이유, 변화에 따라 이익 보는 집단과 손해 보는 집단, 국가 차원에 미친 영향 등을 700여 페이지에 걸쳐 설명하고 있다. 그 내용 중에서 실력 기준이 변화되어온 이유에 대해서만 간단히 살펴보겠다.

하버드와 예일 그리고 프린스턴도 다른 나라의 명문 대학처럼 학업 능력을 기준으로 학생을 선발해왔다. 그러나 1920년대 들어 이 원칙이 바뀌었다. 가장 큰 이유는 학업 능력 기준으로 학생을 선발한 결과 동유럽 출신의 유대인 학생이 급격히 증가했기 때문이다. 이는 '사회적으로 바람직하지 않은' 것으로 여겨졌다. 그래서 다른 나라의 명문 대학 선발 기준뿐만 아니라 자신들의 전통에도 부합하지 않는 새로운 학생 선발 제도를 만들게 되었다. 그 기준이 변화되기는 했지만 근간은 오늘날까지 이어져온 것이다.

학업 능력만으로 학생을 선발할 경우 신입생 구성에 대한 통제력을 잃게 된다는 것을 경험한 대학 경영진은 원하는 학생은 받고 원하지 않는 학생은 거부할 수 있는 새로운 학생 선발 제도를 고안했다. 새로운 제도의 근간은 재량권과 불투명성이었다. 재량권은 선발권자가 자기 마음대로 하기 위함이었고, 불투명성은 재량권을 어떻게 사용하든 외부에 공개하지 않기 위함이었다. 우리나라 대학이 가장 이상적으로 삼고 있는 모습인지도 모른다. 그리하여 3개 대학은 뛰어나지만 세련되지 않은 이민 자녀를 배제하고 능력은 뒤지더라도 (미래 지도자이며 기부자가 될 수 있는) 기부자의 자녀들을 받아들였다.

3개 대학의 학생 선발 역사는 근본적으로 '실력'의 의미에 대한 지속적 투쟁의 역사라고 정의할 수 있다. 물론 그 근저에는 일관적 흐름이 있는데, 실력의 의미가 사회 전반의 변화뿐만 아니라 집단 사이의 권력관계 변화에 따라서도 바뀐다는 것이다. '실력'의 의미는 유동적이며, 자신의 고유한 문화적 이념을 남에게 강요할 만한 힘을 가진 사람들의 가치와 이익을 반영하는 경향을 보인다는 것이《누가 선발되는가?》의 핵심 주장이다. 물론 실력의 정의가 너무나 중요하기 때문에 때로는 도전을 받기도 한다. 사회적·정치적 소용돌이가 일었던 1960년대가 그러한 시기다.

1900년대에 '실력'은 라틴어와 그리스어를 포함한 전통적 교육과정의 통달 정도인 학업 능력을 의미했다. 그러나 1920년대에 들어서 실력은 이민을 제한하려는 강력한 움직임 속에서 강인한 성격, 건전한 신체, 적절한 사회적 배경을 뜻하는 '전인적 남성'을 의미했다. 1950년대에는 냉전과 스푸트니크에 의해 촉발된 '재능 상실'에 관한 우려로 '전인'이 자리를 잃고, 점차 SAT에서 높은 점수를 받는 동시에 한두 가지 특별활동에서 뛰어난 지원자가 선호되었다. 그러다가 1960년대에는 정치적·사회적 소용돌이 속에서 '다양성'과 '포함'이 선발 정책의 핵심 자리를 차지하게 되었다. 그 결과 인종차별과 여성 배제가 완화되었다.《누가 선발되는가?》에 따르면, 신입생 선발 정책은 선발 기준과 실제적 결정이 자신들에게 유리하기를 바라는 경쟁적 집단 간의 협상 결과다.

미국 대학이 오늘날까지 사용하고 있는 수학능력시험SAT은 진주만 공격 일주일 후인 1941년 12월 14일, 하버드대학과 일부 명문 사립대학들이 1937년 이후 매년 6월에 실시되던 논술형 대학입학고사를 폐지하기로 합의하고 그 대신 도입한 것이다. 다시 말해 전쟁 중 임시로 시행되었던 제도가 오늘날까지 이어져온 것이다. 과거의 논술형 시험 대신 시행된 간결하며 보다 '객관적인' 수학능력시험은 전쟁 이후에 확산된 시험 기반 실력주의의 씨앗이 되었다.

오늘날 3개 대학에서 사용하고 있는 신입생 선발 기준은 1970년대 중반에 정착되었다. 큰 틀에서는 학업 능력과 함께 동문 자녀, 방과후 활동, 체육 특기 등의 세 가지가 중요한 변수로 작용한다. 많은 경우에 성적 이외의 요인이 합격 여부를 결정한다. 3개 대학이 성적 이외의 요소에 높은 관심을 보이는 것은 대학의 목표와 미국 사회에서의 성공 요소에 관한 이론에 근거하고 있다. 3개 대학은 모두 다음 세대의 엘리트(미국 주요 기관의 지도자)를 발굴하여 교육시키는 것을 목표로 하고 있는데, 입학사정관에 따르면 대부분의 아주 뛰어난 동문은 아주 우수한 학생이 아니었다. 실제로 1978년 하버드의 경우, 학업 성적 우수자로 뽑은 학생은 전체 1600명 중 10퍼센트도 안 되는 150명에 불과했다. 동문 자녀에 대한 특혜의 경우는 1981년부터 1988년까지 응시자 대비 합격률이 36퍼센트에 달해, 다른 일반 응시자의 합격률보다 두 배나 높았다. 2002년도 동문 자녀 입학생 비율은 하버드 39퍼센트,

프린스턴 35퍼센트, 예일 29퍼센트였다. 동문 자녀 특혜 입학자는 일반 학생들보다 인성, 방과후활동, 성적, 교사·상담자·동문의 질적 평가 결과에서도 낮은 점수를 받은 것으로 조사되었다. 하지만 체육 특기 평가에서는 상대적으로 약간 높은 점수를 받아, 이 영역의 특혜도 함께 받은 것으로 나타났다. SAT 점수는 일반 학생에 비해 평균 36점 정도 낮아 그렇게 큰 차이를 보이지 않았는데, 이미 사회·경제적 지위가 높은 가정의 자녀이기 때문에 당연한 것으로 보인다. 하지만 장학금을 신청하는 동문 자녀의 합격률은 극히 낮아서 동문 자녀라 하더라도 재정 여건에 따라 달리 대우받는 것을 알 수 있다. 부모가 대학이나 장학금위원회 등에서 활동하는 경우에는 특별 대우를 받는 것으로 나타났다.

여러 자료를 집약해보면 갈고리(동문 자녀, 체육 특기자)를 가진 학생이 그렇지 못한 학생들보다 훨씬 유리하다. 프린스턴대학은 이들 세 집단이 신입생의 40퍼센트 정도를 차지하는 것으로 알려져 있다. 이러한 상황에서 남은 60퍼센트의 자리를 차지하기 위해 치열한 경쟁이 벌어진다.

전통적 엘리트 자녀를 충원하고, 신흥 집단의 유능한 구성원을 포함시키며, 체제의 정당성을 유지하기 위하여 소외 계층 자녀를 포함시킨다는 세 가지 목표가 3개 대학의 학생 선발 기본 틀인 것은 사실이다. 그러나 최근 들어 불평등이 심화되지만 사회 폭동은 줄어드는 경향을 보이면서 소외 계층을 고려하라는 압력이 줄어들고 동시에 특권을 유지하려는 특권층의 노력은 강화되었다. 뉴욕, 보스턴, 워싱턴 같은 대

도시에서 자녀를 하버드로 가는 길에 올려놓기 위해 좋은 사립유아원에 입학시키려는 경쟁이 치열해지고 있다. 그다음 단계인 원하는 사립유치원에 보내기 위한 경쟁이 더욱 치열해지면서 유치원들이 시험과 면접을 보게 하고 추천서를 받는 상황이 전개되고 있다. 경쟁이 격렬해지자 네 살짜리 아이에게 면접과 적성 검사를 준비시키고 유치원 입학 과정을 책임져주는 전문 상담자가 활동하고 있고, 이들이 받는 금액은 500불에서 많게는 4000불에 달한다. 가장 좋은 유아원과 유치원을 향한 경쟁은 특권층이지만 불안한 부모들이 자녀가 명문대에 입학할 수 있는 가능성을 높이기 위해 시작하는 긴 여정의 출발에 불과하다.

체육·음악·미술 등의 기능을 개발하려고 높은 사교육비를 지불하고, 어린 나이부터 여름 캠프에 등록하는 것도 필수불가결한 일로 받아들여지고 있다. 중등학교 때에는 자기소개서를 채우기 위한 방과후 활동(지도성, 인성, 봉사활동)으로 바빠진다. 물론 수학능력시험 준비도 빠지지 않는다. 그리하여 최종적으로는 1인당 3만 불 정도 하는 대학 입학 전문 컨설턴트의 도움을 받아서 모든 자료를 모아 아름답게 만들고 포장한다.

하버드 입학처장인 윌리엄 피츠시몬스William Fitzsimmons와 직원들이 기고한 글을 보면, 너무 많은 학생들이 "정글 속 생존경쟁에서 화려하게 살아남아" 이들을 힘들게 하고 있다. 최근의 시스템에서는 특권층의 자녀도 서로 경쟁해야 하고, 그들의 대부분은 최고의 3개 명문대에 입학할 수 없는 처지에 놓여 있다. 특권층마저도 자신의 지위를 자녀에게 대물림해줄 수 있을지 확신하지 못하는 상황 자체가 대학 입학을 둘러싼 거대한 스트레스의 근원이 되고 있다. 명문 대학 학생 선발 체제가 기회보다는 불안을 확산시키는 데 더 기여했다는 말이 더는 과장이 아니다.

미국 입학사정관제의 한계와 가능성

미국이나 영국 등 다른 선진국의 대학 입학 선발 제도는 우리나라보다 훨씬 공정하고 바람직할 것이라고 단정하는 사람들이 많다. 미국 대학은 실제 어떤 기준과 절차에 의해 학생을 선발했는지 공개할 의무가 없다. 그러다 보니 외부 사회에서는 대학이 스스로 제시한 일반 원칙이나 대학의 자체 분석 결과에 의거하여 판단할 수밖에 없었다.[15]

하지만 미국 브라운대학 입학사정관이었던 윌리엄 캐스키William Casky가 《USA 투데이》에 밝힌 속사정을 보면, 이런 생각은 섣부른 단정일 가능성이 높음을 알 수 있다. 미국의 명문 대학 집단인 아이비리그 합격생 가운데 3분의 1가량은 학생의 능력보다 부모의 배경에 따라 합격이 좌우된다는 사실이 공공연하게 알려져 있다. 캐스키의 토로는 소문을 사실로 확인해줬다.[16] 그는 브라운대학 입학사정관으로 일할 때 단순히 대학에서 능력 발휘를 할 수 있는 지원자를 가려내는 것이 아니라 다른 여건을 항상 염두에 둬야만 해서 마음고생이 심했다고 고백했다. 학생 선발 자율권이 있는 미국 대학이라고 해도 기부입학제나 고교등급제 등을 공개적으로 시행하지 않는다. 캐스키는 대학이 솔직하게 그러한 부분을 밝히고, 합리적 수준에서 공개적으로 할 것을 주장하고 있다.

그렇다고 미국의 대학 입학 제도가 송두리째 문제 덩어리라고 할수는 없다. 신입생의 3분의 2가량은 각 대학의 다양한 입학 허가 기준에 따라 자율적으로 의미 있게 선발되고 있다고 보기 때문이다. 미국 명문 사립대학들도 우리 서울대처럼 지역 안배를 하고 있다. 가능한 한 다양한 지역의 학생들이 대학에 다닐 수 있도록 하기 위해 한 번도 입학한 적 없는 고등학교의 학생이 지원하면 약간 실력이 부족해도 합격시키는 경우도 있다. 그리고 어느 특정 분야에서 아주 두각을 나타낼 경우, 그 점 하나만으로 선발하기도 한다. 모든 다른 부분은 별 볼일 없는데 고등학생 수준에서는 보기 어려운 특정 분야 논문을 써냈거나 재능이 뛰어난 것으로 판단되면, 그 잠재 가능성에 따라 입학사정관들이 추천하고 대학 입시처에서 회의를 거쳐 받아들이기도 한다.

미국 대학들의 사회적 책무성 확보와 보다 공평한 사회를 만들기위한 노력도 시작되고 있다. 우리 사회가 수시 확대로 치닫는 사이에하버드대학은 2007년부터 수시모집을 중단하는 결단을 내렸다. 입학제도를 보다 단순하고 보다 공정하게 함으로써 사회의 불평등을 줄이겠다는 것이 핵심 이유였다. 미국의 수시입학제는 두 가지로 나뉜다. 합격하면 반드시 그 대학에만 등록해야 하는 '등록의무형 수시입학제early decision'와, 합격하더라도 정시모집에 지원이 가능한 '등록자유형 수시입학제early action'다. 등록의무형은 장학금 수혜 여부에 관계없이 등록을 해야 하기 때문에 빈곤 가정 출신의 학생들이 지원하기 어렵다. 그래서 예일대학과 스탠퍼드대학은 2004학년도 가을 신입생부터 등록의무형 수시입학제도를 등록자유형으로 전환했다. 하버드대학은 그동안 등록자유형을 유지했으나 그마저도 소수 인종이나 소외 지역, 그리고 가난한 지역 고등학생에게는 불리하게 작용한다고 판단하여 폐지한 것이다. 대학의 입시 제도가 복잡해지면, 고등학교의 대학 진학 상담 서비스의 접근성과 질이 대학 진학에 큰 영향을 미치게 된다. 미국에서도 캘리포니아 주의 경우 진학 상담 교사 1인당 학생 수가 1000명인 데 반해 일부 부유한 지역은 50명에 불과하다. 나아가 부유한 지역은 부모까지 그 역할을 하고 있어서 격차는 더욱 커진다는 것이 하버드대학 입시 관계자의 설명이다.[17]

프랑스의 대입 제도 개혁

프랑스의 바칼로레아baccalaureat는 프랑스대혁명 이후 나폴레옹 보나파르트가 황제로 재위하던 제1제정 때(1808년) 시작되어 200년 넘게 이어져온 대입 자격시험이다. 이 시험은 난해하고 철학적인 주관식 서술형 문제로 유명하며, 만점의 절반을 넘기면 통과하는 절대평가 방식을 취하고 있다. 자격을 갖춘 지원자가 정원을 넘길 경우 대학들이 무작위 추첨으로 신입생을 선발한다.

　2018년 초 프랑스 정부는 바칼로레아를 대대적으로 개편하겠다고 밝혔다. 그중 하나의 변화는 인문, 사회경제, 자연과학으로 나뉜 응시 부문의 구분이 없어지는 것이다. 그리고 한 학생이 보던 총 10~15개 과목을 절반가량으로 축소할 방침이다. 이러한 변화에 맞추어 고교 과

정도 계열 구분을 없애고 15~17개의 다양한 학제 간 전공을 개설해 선택하게 할 방침이라고 한다. 또한 바칼로레아를 통과하지 못한 수험생에게 다시 기회를 주는 차원에서 시행하던 재시험은 없애기로 했다. 최종 시험 점수만 기재하던 방식에서 고교 최종 2년간의 모든 시험 점수와 결과를 기재하는 방식으로 바꾸고, 6일 동안 한꺼번에 시험을 치르던 방식에서 벗어나 몇 달에 걸쳐 분산 실시하기로 했다.[18] 대학이 학생을 선발할 때 사용하던 무작위 추첨 방식을 폐지하는 대신, 우리의 학교생활기록부(학교 성적, 활동 기록, 학교의 학생에 대한 평가)를 참고해 대학이 자체적으로 입학 여부를 결정하도록 할 것이라고 한다. 우리식의 학생부전형 제도를 도입하겠다는 것으로 해석된다. 눈여겨볼 점은 지금까지는 경쟁이 치열한 학과의 경우 바칼로레아 시험에 통과한 학생들을 대상으로 무작위 추첨을 통해 선발하는 '범위형 대입제도'를 사용하고 있다는 것이다.

프랑스가 시도하는 대입 제도 개혁은 우리의 방향과 유사한 점과 상반된 점이 있다. 시험 과목을 줄이고 계열 구분을 없애려 하는 것은 우리와 유사하지만, 우리가 학생부종합전형의 폐해를 들어 축소하고자 하는 반면 프랑스는 우리 제도를 벤치마킹하려 한다. 우리나라가 학생선발권을 최대한 통제하려 하는 것과 달리 프랑스는 무작위 추첨 제도를 폐지하고 선발권을 대학에 주는 방향으로 가고 있다.

우리의 경험에 비추어볼 때, 프랑스의 대입 제도 개혁은 프랑스 중등교사노조의 우려대로 대입 경쟁 과열로 인한 교육 왜곡과 입시지옥 등 우리 교육이 가지고 있는 제반 문제를 그대로 가져오게 될 것이다.

그 결과 전인교육이 어려워지고, 저소득층 자녀는 더욱 불리한 상황에 놓이게 될 것으로 보인다.

학교교육이 입시 준비가 아닌 4차 산업혁명 시대에 적합한 고급 역량을 길러주는 동시에 체력과 인성을 함께 갖춰주는 교육이 되게 하려면, 필요한 지식과 태도 및 역량과 기준을 적시하고 그 기준에 부합할 경우 (지금까지 프랑스가 했던 방식대로) 무작위 추첨제를 활용하는 것이 현재로서는 차선책일 것 같다. 물론 운으로 합격한 이들이 운의 혜택을 혼자서 누리는 것이 아니라 사회와 공유하도록 하는 '신실력주의 사회' 시스템 구축이 병행되어야 할 것이다.

인도와 브라질의 사회적 약자 선발[19]

인도

인도의 카스트 제도는 고대 힌두 사회에서부터 시작되었는데, 브라만(성직자, 학자 등 교육과 신들에게 기도드리는 일), 크샤트리아(왕족, 귀족, 무사 등 국가 통치와 안보 유지), 바이샤(상인, 농민, 수공업자, 연예인 등 생산 활동), 수드라(잡역, 하인, 청소부 등 하급 육체노동) 등의 네 계급으로 이루어졌다. 이 네 계급에도 속하지 못하는 그 아래 계급이 파리아 Paraiyar(불가촉천민)다. 이들은 더럽고 힘든 갖바치, 시체 다루는 일, 똥 푸는 일 등 가장 천한 일을 하며 일반인과 격리되었다.

1990년대 초반 인도의 계급별 인구 구성비를 보면 약 17퍼센트는 힌두 상층 카스트, 46퍼센트는 중간과 하급 카스트, 15퍼센트는 지정 카스트, 그리고 6퍼센트는 원주민이고, 나머지 16퍼센트는 비힌두 그룹이다. 그런데 1990년대 중반 현재 90퍼센트 이상의 학생과 교수가 전체 인구의 17퍼센트에 해당하는 상층 카스트 출신이고, 지정 카스트 혹은 기타 하급 카스트 출신 의대 교수는 4퍼센트에 지나지 않는다.

카스트에 의한 차별은 1947년 영국에서 독립한 직후 인도헌법이 처음 제정된 때부터 불법으로 규정되었다. 당시 인도 사회에서 지정 카스트 혹은 기타 하급 카스트 출신을 대상으로 널리 자행되던 일들, 이를테면 사원 출입 거부, 별도 식기 사용, 집 임차 거부, 학교 입학 거부 행위 등을 범죄로 규정했다. 이와 함께 인도 정부는 공립대학교와 공무원 정원의 5분의 1을 이들에게 할당했다. 지정 카스트와 부족[20]에 속하는 사람은 약 9600만 명에 달한다. 이들은 스스로를 달리트Dalit(최하 계급에 속하는 사람)라고 칭하는데, 최근 정치적 영향력을 가진 집단으로 급부상하고 있다.[21]

이러한 사회적 특성을 감안하여 인도 정부는 고등교육 기회 균등 정책으로 저소득 하층민을 위한 대학 정원(교수 정원 포함) 할당제를 실시하고 있다. 2014년 현재 인도 정부는 모든 국공립대학교 정원의 27퍼센트를 사회의 다양한 소외 계층을 위해, 그리고 22.5퍼센트는 지정 카스트를 위해 배정하고 있다. 지정 카스트인을 위한 대학과 공무원 정원 할당제는 1947년 헌법에서 처음 도입되었다. 초기에는 약 4분의 1을 이들에게 할당했다. 첫 도입 당시에는 사회적 불평등을 해소하기 위해 10년 정도만 유지할 계획이었으나, 선거에서 불리해질 것을 우려하여 어느 정치인도 이 제도를 무너뜨리려고 하지 않았다. 오히려 지속적으로 확대되어왔다. 하지만 정원 할당제에 머무르지 않고 인도의 소수 종교와 인종을 보호하기 위해 그들을 위한 대학과 전문학교를 신설하도록 했다. 비록 정부가 모든 재정을 부담하는 대학이지만 헌법에 따라 이들을 위한 정원을 할당할 수 있게 했다. 최근에는 소수자를 위한 대학이라고 해도 정원의 50퍼센트까지만 소수자에게 할당할 수 있게 상한선을 정했다.

인도 의회는 2005년 12월 22일 사립대학이 일정 비율의 극빈 계층 학생들을 의무적으로 받아들이는 '극빈 계층 할당제'를 통과시킴으로써, 극빈층을 이루고 있는 지정 카스트와 지정 부족에 대한 입학 정원 할당제를 유지할 수 있게 했다. 2006년 4월 인도 대법원은 국공립대학교 정원의 27퍼센트를 기타 하층 계급에 할당하는 법을 유지시킨다는 판결을 내렸다. 인도의 목축 및 농업에 종사하는 하층민은 전체 인구의 52퍼센트, 불가촉천민은 전체 인구의 24.3퍼센트를 차지한다. 이 결정에 따라 부유한 하층 계급 자녀는 특별전형에서 제외되었다.[22]

2010년 9월에는 지정 계급과 부족을 위한 정원 할당제 정책이 기본 취지에 어긋나게 운영되고 있다는 고등법원의 판결이 있었다. 원래는 지정 계급끼리만 경쟁하게 되어 있는데 일부 대학들이 평균 커트라인보다 5~10퍼센트 낮은 수준에서 하층민 입학 커트라인을 정함으로써 결국은 지정 계층이 일반 범주의 응시생들과 경쟁토록 한 결과를 초래했기 때문이다. 대학들이 이러한 기준을 도입한 이유는 정원의 절반이 지정 계층에 할당되는 현실 속에서 수학능력을 갖추지 못한 학생들이 대학에 진학한 후에 제대로 졸업하지 못하는 경우가 발생했기 때문이다. 그러나 법원의 판결로 그러한 기준을 사용할 수 없게 되었다.[23] 2011년에는 또 다른 소수자인 무슬림을 위해 4퍼센트의 대학 정원과 공무원 정원 할당도 공표했다.[24]

인도에서는 카스트 계급 최하위층 학생들이 잦은 차별 앞에서 자살하는 경우가 빈번하다. 2008년 하이데라바드대학교 물리학 전공의 박사 과정 학생이 아무도 자신을 지도학생으로 받아주지 않자 자살했다. 2011년 2월에는 인도의 명문 루르키 공과대학의 한 학생이 차별의 압박을 이기지 못하고 건물 5층에서 투신자살을 했다. 이 학생은 불가촉천민 출신이었다. 인도는 낮은 카스트 계급 학생들을 위한 신입생 정원을 별도로 확보하여 대학들이 이들을 받아들이게 하고 있다. 그러다 보니 별도 정원으로 합격한 학생들을 대상으로 한 나머지 학생들의 학교 폭력이 심각하게 자행되고 있다.[25] 2012년 3월 인도의 아주 유명한 의과대학 학생이 차별을 비관하여 자살하기도 했다.[26]

대학 입시 경쟁이 치열해지면서 달리트에 대한 부정적 감정도 함께 커지고 있다. 많은 대학들은 지정 카스트로 입학한 사람을 공개하여 누가 달리트인지를 모든 학생, 행정가, 교수가 알 수 있도록 하고 있다. 달리트를 위한 기숙사를 별도로 운영하는 대학도 있다. 이들이 일반 학생 기숙사에 배정받을 경우 각종 폭력에 시달려 스스로 포기하게 된다고 한다.

실제로 자와할랄네루대학교에서는 필기시험에서 좋은 성적을 받은 달리트 학생들이 구술시험에서 최하점을 받은 사례가 다수 적발되었다. 이 대학에는 달리트학생연합이 구성되어 달리트 차별 문제를 이슈화하고 있다. 2007년 전인도의학연구소All India Institute of Medical Sciences, AIIMS의 경우, 별도 정원으로 입학한 지정 계급 학생들의 중도 탈락률은 60~70퍼센트에 이르는 반면 일반 학생은 10퍼센트 이하인 것으로 나타났다. 인도공과대학의 경우에도 달리트 학생 탈락률은 25퍼센트에 이른다. 카스트 차별 혹은 대학 별도 정원에 대한 전국 단위의 인식 조사가 한 번도 이루어지지 않을 만큼, 인도 사회는 이 주제를 터부시하고 있다.[27]

브라질

브라질은 1888년에 노예 제도를 완전히 폐지했고 미국과 달리 흑인 분리 정책을 쓰지도 않았을 뿐만 아니라 오랜 혼혈국가로서의 역사도 가지고 있다. 브라질 인구통계에 따르면, 자신을 백인이라고 생각하는 사람은 전체 인구의 49.7퍼센트에 달한다. 나머지는 흑인 6.9퍼센트, 흑백혼혈 42.6퍼센트, 그 외(원주민과 아시아인) 0.8퍼센트로 구성되어 있다. 보건, 사회, 교육 등 각종 지표에서 흑인들은 평균치에 훨씬 못 미치는 상황으로, 브라질 사회는 소수 인종을 위한 별도의 대학 신입생 정원 할당이 사회적 불평등을 완화할 수 있는 가장 빠른 지름길이라고 생각하고 있다. 실제로 공립대학 학생의 2~3퍼센트만 흑인이다.[28]

브라질은 2004년에 공립대학 정원의 20퍼센트를 흑인, 혼혈 학생 등 소수자로 채워야 한다는 규정을 통과시켰다. 브라질의 공립대학은 학비가 무료인 데다 대부분의 사립대학에 비해 교육의 질도 훨씬 뛰어나다. 이에 대해 보수 자유 진영에서 끝없이 문제를 제기했지만, 대법원은 2012년 4월 그 법을 유지해야 한다고 판시했다. 뒤이어 공립대학 정원의 50퍼센트를 저소득층 소수자 자녀로 채워야 한다는 소수자 보호법을 통과시켰는데, 세계 고등교육 역사에서 가장 강력한 규정이다. 이 법은 상원의원 81명 중 80명이 찬성하고 2012년 8월 29일 호세프 대통령이 서명함으로써 발효되었다. 2013년부터 시작하여 2015년까지 연방대학교의 모든 학위 과정에 사회적 약자를 위한 정원 할당률을 50퍼센트까지 올리기로 했다. 공립고등학교를 졸업하고 가계소득이 낮은 학생들을 대상으로 한다. 그리고 흑인뿐 아니라 다른 소수 민족도 이 혜택을 받을 수 있게 적용 대상이 확대되었다. 갑작스럽게 사회적 소수자의 비중이 높아지면 수학능력이 부족한 학생들의 진학에 따른 중도 탈락 등의 문제가 커질 것으로 예상된다. 대학들은 수학능력이 부족한 학생들에게 학력 보완 프로그램을 운영하는 등의 대비책을 마련해야 하는 상황이 되었다.[29]

이 법에 따르면 2016년까지 연방대학 정원의 절반을 공립고등학교 출신자로 채워야 하는데, 그중에서도 절반은 반드시 저소득층 자녀와 지역 주민의 비율에 맞추어 흑인, 혼혈, 원주민 자녀로 채워야 한다. 이 법이 적용되면 소수자 학생 비율이 크게 증가할 것으로 예상되고 있다. 가령 흑인 학생은 8700명에서 5만 6000명으로 거의 일곱 배로 급증하게 된다. 이 법은 신입생의 절반을 주로 가난한 학생들이 다니는 공립학교(대부분의 백인 부유층 자녀는 주로 사립학교에 재학) 졸업생으로

채우는 데 4년의 기한을 허용하고 있다.[30]

또한 사회적 약자를 위한 '모두를 위한 고등교육^{ProUni}' 장학금 제도가 있다. 사립대학이 정원의 10퍼센트를 저소득층 자녀에게 할당해 받아들이고 이들에게 등록금 면제 혹은 일부 감면 혜택을 주도록 하는 대신, 이에 상응하는 액수의 세금을 감해주는 제도다. 이 장학금을 받는 학생들 가운데 약 4분의 3은 주간에 일하고 야간에 대학을 다니고 있다. 이들은 반드시 75퍼센트 이상 출석하고 성적은 70퍼센트 이상을 유지해야 한다. 국가가 무료 고등교육 기회를 제공하는 대신 학생들도 반드시 상응하는 노력을 하도록 하는 것이다.

차별 완화를 위한 노력과 시사점

우리나라도 지역균형전형과 사배자전형을 늘려가고 있지만 대학에서의 차별은 여전하다. 서울대 학생들이 이 전형으로 들어온 학생들을 '지균충', '사배충'으로 부르며 왕따를 시킨다는 것이 뉴스가 되기도 했다.[31] 우리의 사배자전형에 해당하는 입학생 비율이 50퍼센트에 달하는 인도와 브라질에서는 이러한 왕따 현상이 더 심하고, 합격하더라도 중도 탈락 비율이 아주 높다. 그래서 인도와 브라질 정부는 나름의 보완책을 운영하고 있는데, 이는 우리나라의 지역균형전형과 사배자전형 학생 선발 및 합격 후 지원 체제를 마련하는 데 시사하는 바가 크다.

제도와 별도로 현실에서 차별이 지속되자, 1990년 인도 명문 공립대학교들은 지정 계급 입학 전형에서 탈락한 학생들을 위한 1년짜리 대학 입시 준비 과정을 운영했다. 이 프로그램을 운영한 이유는 지정 계급 입학 전형으로 합격한 학생들이 충분한 실력을 갖춘 경우가 많지 않아 입학 전에 준비시키기 위함이었다. 2010년에는 이 전형 합격생 200명 중 16명이 준비 과정 출신이었다. 연 교육비가 2200달러 정도 되는데, 희망 학생들에게는 무료로 제공하고 있다.[32] 2011년 7월 인도 대학 담당국에서는 카스트 차별 금지를 위한 강한 대책을 마련하도록 지시하기도 했다. 그러나 단순한 차별 금지가 아니라, 이들의 대학 생활 적응을 돕는 보다 적극적인 대책을 마련할 필요가 있다.

인도 정부는 2012년 6월 사상 최초로 처벌 대상이 되는 차별과 괴롭힘 사례를 명시하고, 차별의 경우 처벌하도록 하는 규정을 신설했다. 시험 평가 왜곡, 성적과 무관하게 낮은 카스트 학생들에게 낮은 학점 부과, 카스트 계급에 따른 대학 활동 참여 제한 등이 밝혀질 경우 대학기금위원회가 처벌할 수 있게 되었다. 그리고 차별금지법은 모든 대학이 차별 신고가 들어왔을 때 이를 처리할 차별시정담당관을 반드시 두도록 하고 있다.[33]

달리트 학생들의 중도 탈락률을 낮추려면 브라질 국립대학교들이 하듯이 학력 보완 프로그램을 운영하여 다른 학생들과 비슷한 수준이 되도록 도와야 하고, 대학 생활 적응을 돕기 위한 다양한 프로그램도 동시에 가동해야 할 것이다. 원주민에 대한 차별이 별로 보고되지 않는 중남미 국가와 달리 인도는 대학 내에서 그 구성원에 의한 직간접 차별까지 다양하게 행해지고 있으므로, 정부와 대학이 나서서 보다 적극적으로 돕지 않는 한 중도 탈락률을 낮추기 어려울 것이다. 그런데 달리트 학생들의 탈락률이 이렇게 높은 이유에 대해, 대학교수와 학생들은 대체적으로 실력이 안 되는 학생들이 입학하여 대학 강의를 따라가지 못하는 데다 열심히 공부하지 않기 때문이라고 생각한다. 즉 이들 개인의 탓으로 돌리고 있는 것이다. 이러한 기본 인식이 팽배한 상황에서는 달리트 학생을 위한 대학 내의 특별 프로그램이 운영되기 어려울 것으로 보인다.

브라질은 대학 차원에서 저소득층 자녀들의 대학 적응을 돕는 프로그램을 운영하고 있다. 상파울루 주가 경영하는 캄피나스대학은 2010년부터 ProUni 프로그램을 통해 공립학교 출신 우수 학생을 매년 120명씩 입학시키고, 대학 차원에서 이들을 위한 별도의 학력 보완 프로그램을 2년간 운영하고 있다. 이와 함께 사회복지사, 조교, 동료 학생, 건강관리 등의 종합적인 서비스를 함께 제공하고 있다. 우리나라도 명문대학에서 저소득층 자녀를 받아 운영하고자 할 때, 단순히 학력 보완 프로그램이나 지도교수의 개별 면담 정도가 아니라 보다 체계적인 지원을 할 필요가 있음을 보여준다.

범위형 대입 제도와 신실력주의 사회

우리가 학생들을 위해 해줄 수 있는 일은 대입 준비가 미래의 삶에 보탬이 되도록, 그리고 젊음의 시간이 낭비되지 않도록 대입 전형 제도와 사회 제도를 바꾸는 것이다. 아울러 대입 준비 기간이 너무 고통스럽지 않도록 교육 환경을 개선하고, 공부에서 재미를 느낄 수 있도록 도와주는 것도 필요하다. 국가와 대학은 학생을 선발할 때, 사회 지도자가 배출되는 대학의 경우 이들이 진정한 지도자로서의 자질을 갖추고 있는지를 필요 조건으로 포함시켜야 할 것이다. 이하에서는 대입 제도와 관련한 제반 문제를 완화할 수 있는 다소 파격적인 대안, 즉 범위형 대입 제도를 제시한다. 이 아이디어를 토대로 사회적 논의가 진행되기를 기대한다.

범위형 대입 제도

대입 제도에 대한 논란이 뜨겁다. 바른 해법 마련을 위한 첫 단계는 대입 제도 자체의 문제와, 실력주의 사회의 문제가 입시라는 벽에 부딪혀 생기는 그림자를 구분해내는 것이다.

가령 대입전쟁은 입시 제도의 문제가 아니라 사회 제도의 문제다. 실력에 따라 사회적 보상이 크게 달라지고 대학 졸업장과 자격증을 실력 판단의 잣대로 삼는 실력주의 사회에서는 대학을 평준화하지 않는 한 시험 준비 부담을 적정화하고 고등학교까지의 교육을 정상화하는 데 한계가 있음을 깨달아야 한다. 만일 대학을 평준화하면 다른 잣대를 향한 전쟁이 다시 전개될 것이다.

현행 수능의 가장 큰 문제점은 학생들의 젊음의 시간 낭비, 미래에 필요한 창의력과 공감하고 협동하는 능력을 포함한 인성 등의 고급 능력 개발 실패, 학습 흥미 감소, 동질화 등이다. 이는 쉬운 수능 지향, 입시 부담을 줄이기 위한 교육방송 교재 70퍼센트 반영, 본고사 폐지 등으로 실수를 하지 않기 위해 무의미한 반복 학습을 함으로써 초래된 결과다. 그러나 보아온 것처럼 쉬운 수능, 절대평가를 한다고 해서 절대 학습 부담이 줄어들지 않는다. 따라서 학생들이 미래를 살아가는 데 필요한 능력을 기르도록 제대로 된 실력을 평가하는 것이 바른 방향이다. 그중 하나가 '범위형 대입 제도'다.

범위형 대입 제도는 심리학자 배리 슈워츠가 제안한 것으로, 대학이 제시하는 수준의 수학능력 이상을 갖춘 지원자를 대상으로 추첨을 하는 제도다. 슈워츠에 따르면, 대학이 제시한 수학능력 범위 안에 들 정도의 학생들은 충분히 똑똑하기 때문에 졸업 후 삶에서 크게 뒤떨어지지 않는다. 단지 상대평가 기준에 휘둘렸을 뿐이라는 것이 그가 내린 결론이다.[34]

우리 상황에 맞는 범위형 대입 제도는 다음과 같다. 제1단계에서는 대학 모집단위별로 수능과 내신을 기준으로 자기 대학에 지원 가능한 수학능력 기준을 제시하고 그 기준에 부합하는 학생을 모두 합격시킨다. 제2단계는 간단한 면접 등을 통해 시험 성적으로 걸러내지 못한 인성이나 기타 부분에서의 수학능력 부적격자만 제외시킨다. 마지막 제3단계는 그 대학에서 수학할 최소한의 역량을 갖추어 제2단계까지 통과한 학생들을 대상으로 하여 추첨하여 뽑는 것이다.

모집인원 10~30퍼센트 정도는 추첨을 거치지 않고 합격시키는 것도 아주 우수한 학생들을 위한 하나의 보완책이 될 수 있다. 고교별로 실력 차이가 있는 것은 사실이지만, 좋은 고등학교 출신 학생들은 수능에서 상대적으로 유리했으리라는 점을 감안하면 내신을 함께 사용해도 공평성에서 크게 문제가 되지 않을 것이다.

그렇게 하면 학생들은 실수를 줄이기 위한 무의미한 반복 학습에 젊음의 시간을 탕진하지 않게 될 것이다. 유능한 학생들은 남는 시간을 자신이 원하는 분야를 깊이 공부하는 데 할애하도록 유도하기가 쉽다. 불합격자 역시 스스로 패배자라는 인식에서 어느 정도 자유로워질 것이다. 이러한 상황이 되면 고용주는 장기적으로 입사 지원자들의 출신 대학이나 자격증이 아니라 실력과 인성을 제대로 측정하기 위해 더 노력하게 될 것이다. 이 상황에서 우수한 인재 대상의 고급 연구 인력 배양은 대학원이 집중적으로 책임지게 될 것이다. 범위형 대입 제도는 그동안 일부에서 주장해오던 대학 평준화와 다르다. 대학이 생각하는 실력을 갖춘 학생을 선발할 수 있도록 하는 제도이기 때문이다.

문제점으로 제기될 수 있는 운의 영향력 과다에 대해서는, 모두가 선호하는 좋은 대학에서 공부한 학생은 공무원을 비롯해 안정적인 직장 채용 비율 상한선을 아주 낮게 책정하여 선발에서 불이익을 받게 하는 대신 창업이나 보다 경쟁적인 분야에서 능력을 발휘하도록 유도하는 방안이 있다. 대학과 전공별로 합리적인 학업성취도 수준과 관련해서는, 국가와 사회가 해당 전공을 하는 데 적합한 수학능력에 대해 합리적으로 관여하고 합의를 도출한다면 문제가 크게 완화될 수 있다. 대입 전형 제도 개혁이 해결될 수 없는 교육전쟁 문제를 완화하는 데 초점을 맞추느라 우리 아이들이 미래 사회가 요구하는 다양한 능력을 기르도록 유도하는 데 실패하지 않도록 교육계가 함께 머리를 맞대고 고민하기를 기대한다.

범위형 대입 제도의 성공 조건

앞 장에서 이야기했듯 지금 우리 사회에 팽배한 과도한 경쟁, 교육전쟁, 학벌, 사회 양극화 등은 실력주의가 제대로 구현되지 않은 결과가 아니라 오히려 과도한 실력주의의가 가져온 폐해다. 만일 개인의 실력을 공정하고 타당하게 측정할 수 있고, 그에 따라 대학, 직장, 재화(명예, 부, 권력) 수준이 결정된다고 할 때 그 사회가 어떤 모습을 하게 될지 상상해보면 마이클 영의 주장이 설득력을 갖는다. 그러한 실력주의 사회에 사는 개인들은 사회가 실력의 잣대 삼고 있는 그 무엇을 획득하려고 치열한 경쟁을 할 수밖에 없을 것이다. 더구나 승자가 거의 모든 것을 독식하고 패배한 사람은 생존권마저 위협을 받는다면, 그 경쟁은 전쟁처럼 치열해질 것이다.

객관적인 시험을 통해 공채하는 경우를 제외하고는 대부분의 직장이 졸업한 대학과 학과를 실력의 잣대로 삼다 보니, 해당 대학과 학과를 향한 경쟁이 극단으로 치닫게 되었다. 즉 학교가 경쟁을 조장한 것이 아니라, 학교가 실력주의 사회의 극심한 경쟁의 장으로 사용된 것이다. 만일 학교가 경쟁을 조장한다는 생각으로 경쟁 없는 교육을 시킨 후 극단의 경쟁이 펼쳐지고 있는 실력주의 사회로 아이들을 내보낸다면, 그 아이들은 숲 속에서 행복할 수 있지만 사회에서는 불행해지는 타잔과 비슷해질 것이다.

학벌이라는 것도 실력을 갖춘 학생들이 지속적으로 특정한 대학과 학과로 몰리게 된 결과 그들이 세력을 형성하여 만들어졌다. 학벌을 타파하면 실력주의 사회가 구현되는 것이 아니라, 반대로 실력주의 사회가 타파되어야 학벌이 사라지는 것이다. 실력주의 사회는 유지하면서 학벌만 타파하고자 하면 '블라인드 채용'에서 이야기한 것처럼 학력이 아닌 다른 제3의 잣대를 향한 전쟁이 다시 시작될 것이다. 그리고 그 잣대가 학교보다 더 공정하리라는 보장은 전혀 없다.

여러 차례 이야기한 것처럼, 실력주의를 포기하지 않는 한 실력주의 사회가 만드는 그림자를 없앨 수 없다. 그 대안이 신실력주의 사회를 구축하는 것이다. 신실력주의 사회는 실력과 대학 및 직업 배분 사이의 연결고리는 유지하되, 직업과 보상 사이의 연결고리는 줄이는 사회다. 누진소득세, 저소득층 조세 감면 제도, 상속세 강화, 기부 문화 강화 등으로 근로 의욕은 유지시키면서도 직업 간 사회적 재화 분배 차이를 줄이는 제도적·사회문화적 보완 장치가 마련된 '근로의욕고취형 복지사회'가 바로 신실력주의 사회다.

신실력주의 사회가 구현되어 누구나 어느 정도 인간다운 생활을 할 권리가 보장된다면 부모들은 자녀를 무작정 입시경쟁에 몰아넣지 않을 것이고, 학생들도 지금보다는 자유롭게 자신의 적성을 찾아 원하는 공부를 하게 될 것이다. 그리고 실력을 갖추기 위해 노력하는 주위 친구들을 시기하거나 경쟁 상대로 삼는 것이 아니라, 그들이 실력을 통해 더 많은 사회적 재화를 창출하도록 장려할 것이다.

신실력주의 사회를 구축하려면 사회 지도자를 배출하는 대학의 경우 지원자가 희생과 봉사 그리고 나눔의 정신을 가진 사회 지도자로서의 자질을 가지고 있는지, 고등학교 때까지 이를 실천해왔는지를 확인하는 선발 기준을 포함시키는 것도 필요하다. 과거와 달리 이제는 갈등과 충돌이 극으로 치달으면 한 사회나 국가만 파멸하는 것이 아니라 인류 전체가 파멸할지도 모른다. 더 늦기 전에 인류 사회는 신실력주의 사회를 구현하는 데 관심을 기울여야 할 것이다. 교육자들이 학교교육을 향한 경쟁의 원인을 제대로 파악하고, 그 문제를 완화하기 위해 학교가 할 수 있는 역할을 바로 깨달을 때 우리 사회는 우리가 꿈꾸는 행복한 사회를 향해 한발 더 나아가게 될 것이다.

과거가 들려주는 이야기

일제강점기 때부터 이어져온 입학 경쟁의 문제점은 누구나 안다. 그러나 아직까지 해결책은 내놓지 못하고 있다. 유럽이나 미국과 달리 우리나라에서 입학 경쟁이 유독 치열했던 이유는 먼저 사회 형성 과정 측면에서 살펴보아야 한다. 사회 계층 재형성 과정에서 우리가 생각해낼 수 있는 가장 바람직한 기준은 학교교육이다. 일제강점기에는 조선 왕조와 상층 계급의 몰락으로 사회 계급이 재형성되는 과정을 거치면서 계급 형성을 위한 새로운 기준으로 활용된 학교교육을 향한 경쟁이 치열해졌다. 그 이후로 해방과 6·25전쟁을 거치면서 그동안 어느 정도 형성되었던 사회 계층과 계급이 다시 몰락하고 재편되는 과정이 시작되었다. 사회 계층과 계급이 어느 정도 고착화되면 유럽이나 미국과 유사하게 교육전쟁 참여 계층이 줄어들 것이다.[35] 교육전쟁에 참여하는 계층의 비율이 높다는 것은 아직도 사회가 재편 과정을 거치고 있어서 해당 교육을 향한 전쟁에 참여하는 사람이 충분히 많다는 의미다.

교육전쟁이 지속되는 또 다른 이유는 실력에 따른 극단적 재화 배분 시스템이다. 실력의 잣대가 학교 졸업장이든, 자격증이든, 면접 실력이든, 아니면 예체능 재능이든 실력을 가진 것으로 판단된 개인이 재화의 대부분을 차지하는 극단적인 실력주의 사회의 구성원들은 실력을 쌓기 위해 무한경쟁에 뛰어들 수밖에 없다. 이를 완화하는 방법은 실력주의에 대한 잘못된 믿음을 버리고 신실력주의 사회를 구축하는 것이다.[36] 경제적 측면에서 신실력주의 사회는 '근로의욕고취형 복지사회'다. 실력에 따른 사회 보상의 차이는 구성원의 근로 의욕이 사회가 기대하는 수준으로 유지될 수 있게만 하면 된다. 이를 위해서 당장 필요한 것은 노동시장의 이원화(정규직과 비정규직 구분)와 양극화(대기업과 중소기업의 극심한 임금 격차) 완화를 위해 사회경제 시스템을 개조하는 것이다.

신실력주의 사회를 구축하기 위한 노력을 하면서 교육 시스템도 바꿔가야 한다. 그중 대입 체제와 내용을 바꾸는 것이 가장 중요하다. 신실력주의 사회가 구현된다면 실력을 갖춘 사람들이 생산하는 재화의 상당 부분을 사회가 공유할 것이기 때문에 사회 구성원의 실력 총량을 증가시키는 것이 중요하다. 이 경우 신입생 선발 시험의 객관성이나 공정성보다는 타당성을 중요한 준거로 삼을 수 있다. 이때 대학 선발 기준은 미래 사회가 필요로 하는 지식(기능, 태도 포함)과 역량이 되어야 할 것이다. 우리 사회는 지식과 역량을 제대로 측정할 수 있는 시험 체제를 개발하고 운영하는 데 많은 예산을 투자해야 한다. 고급 역량 측정을 위해 논술시험이나 장시간의 면접이 필요하다면 채점 예산과 면접 예산을 대폭 증액하고, 평가자 역량 제고에도 예산을 투자해야 한다. 대입 평가 기준에 맞추어 고등학교 이하 교육과정을 재편하고, 동시에 그러한 고급 역량을 길러줄 교사 자원을 양성하기 위한 연수에도 예산을 투자해야 한다.

타당성을 중시할 경우 계층 간 학력 격차는 더욱 커질 것이다. 학력과 실력 격차에 따른 소득 격차가 그리 크지 않은 신실력주의 사회가 구현되면 '공정성 민감도'는 떨어지겠지만, 그래도 저소득층 자녀를 위한 배려는 필요하다. 이때 가장 명확하고 공정한 방향은 인도가 하듯이 명문대와 인기 학과에 사회가 합의한 수준만큼 저소득층 자녀 할당제를 실시하는 것이다.[37] 그리고 합격한 저소득층 자녀를 위해서는 대학 생활 적응 지원 멘토를 배정하고, 아울러 기초 학력 보완 지원도 실시할 필요가 있다.

우선 발등의 불을 끄기 위해 수능 절대평가와 상대평가, 수능 횟수, 과목 축소, 교과서 내 출제 등의 입시 제도나 자유학년제, 고교학점제, 자사고 무력화 등의 교육개혁을 논의할 수는 있다. 그러나 유사한 시도가 일제강점기 때부터 지금까지 거의 성공한 적이 없다. 이제는 더 높은 안목과 긴 호흡으로 미래 사회에서 요구되는 역량에 대한 연구, 이를 제대로 측정할 수 있는 대입 시험과 전형 요소 등 대입제도 개혁, 미래 지식과 역량을 길러줄 교육과정 개발과 교사 역량 계발 등에 초점을 맞출 때다. 일본은 이미 2012년 '교육 및 대입 제도 대개혁'에 대한 논의를 시작했고, 2019년부터 단계적으로 시행에 들어가 2024년에 완성하는 것을 목표로 추진하고 있다.[38] 교육부에서는 현재의 이슈에 집중해 논쟁을 하더라도, 다른 한편으로는 하루빨리 국가교육위원회를 구성하여 4차 산업혁명 시대에 적합한 큰 틀의 개혁 논의를 시작해야 할 것이다.

9 아이들이 행복한 교육

　　우리가 꿈꾸는 완벽한 교육 제도는 세상 어디에도 존재하지 않는다. 공부의 압박으로부터 학생들이 자유롭고 행복한 나라, 모든 아이가 서로 도우며 친하게 지내는 학교 폭력 없는 나라, 함께하는 세상을 꿈꾸며 헌신하는 교사들로만 가득한 학교가 있는 나라는 현실에 존재하지 않는다. 그곳은 세상에 없는 곳, 즉 교육 유토피아다. 그런데 네덜란드는 언뜻 그러한 곳처럼 보인다. 네덜란드는 정말 그러한 곳일까? 유토피아 비슷한 상황을 만든 비결은 무엇일까? 우리가 배울 수 있는 것은 무엇일까?

　　2013년 유니세프의 발표에 따르면, 세계의 부유한 30개국 중에서 아이들이 가장 행복한 나라는 네덜란드다. 영국은 16위, 미국은 26위로 나타났다. 유니세프 행복지수는 '물질적 행복', '보건과 안전', '교육', '가족과 친구 관계', '행동과 생활양식', '주관적 행복' 등 여섯 가지 영역으로 구성된다. 우리나라는 비교 대상 연구에 포함되지 않아, 연세대 사회발전연구소가 동일한 지표로 OECD 26개국 데이터를 추출하여 비교 연구를 실시했다. 그 결과 2014년 기준 우리나라는 학생들의 주관적 행복을 제외한 나머지 영역에서 모두 중상위권을 유지했다. 유일하게 주관적 행복지수에서만 현저한 꼴찌(우리나라 74.0, 최상위국 117.68)를 기록했다.[1] 비교 대상에서 빠져 있는 일본도 자체 비교 연구를 실시했는데, 일본을 포함한 31개국 중에서 종합 6위로 나타났다.[2]

우리 학생들의 행복도를 높이기 위해 다양한 노력을 기울여왔지만 행복도가 높아지지 않고 있다. 우리나라 학생들과 부모들이 네덜란드 사람들처럼 행복해지려면 무엇을 어떻게 해야 할까? 학생들의 행복도가 가장 높은 네덜란드를 들여다보면 답을 얻을 수 있을지도 모르겠다. 이 글에서는《네덜란드 소확행 육아》라는 책을 통해 답을 찾아보고자 한다.[3]

우선 네덜란드의 상황을 간략히 살펴보자. 네덜란드의 면적은 남한의 40퍼센트, 인구는 3분의 1에 불과하지만 유로존(유로화 사용 19개국) 내 6위의 경제 대국이다. 척박한 천연자원, 협소한 국토, 적은 인구, 고령화와 저출산, 그리고 강대국들에 둘러싸인 지리적 위치, 무역 규모 1조 달러(약 1118조 원)가 넘는 무역 대국, 국내총생산에서 수출이 차지하는 높은 비율(50~60퍼센트) 등에서 우리나라와 비슷한 점이 많아 보인다.[4] 그러나 그들의 근세 역사와 현재의 국민 1인당 소득 수준을 보면, 우리나라와는 상당히 다른 상황에 놓여 있음을 알 수 있다. 국민 1인당 소득을 비교하면 우리나라는 2만 7633달러(28위)이고, 네덜란드는 4만 5210달러(13위)에 달한다.[5] 1일 근로시간을 추정해보면 우리나라는 8.7시간인 반면 네덜란드는 5.5시간에 불과하다.[6] 일은 우리나라 사람들이 1.6배로 더 많이 하지만, 국민 1인당 소득은 네덜란드가 우리의 1.6배나 된다.

네덜란드는 17세기에 무역을 통해 엄청난 경제적 부를 축적하고 식민지 쟁탈전을 벌여 많은 식민지를 거느리고 있었다. 그러다가 영국과 프랑스에 상권을 빼앗기면서 쇠퇴하기 시작했다. 그래도 2차 세계대전 이전까지는 네덜란드령 동인도를 비롯한 식민지를 거느리며 국부를 축적해왔다. 네덜란드는 아직도 식민지(네덜란드령 앤틸리스와 아루바)를 거느리고 있는 나라다.[7] 식민지였던 우리나라와는 정반대의 상황에 있었다.

학생 행복의 뿌리

아이들이 가장 행복한 나라인 네덜란드에서 자녀를 기르고 있는 두 여성이 쓴 《네덜란드 소확행 육아》가 출판되었다. 이 책 제목은 아만다 리플리의 《무엇이 이 나라 학생들을 똑똑하게 만드는가》라는 책 제목과 대비된다.[8] 《네덜란드 소확행 육아》의 저자 중 한 명인 리나 메이 아코스타는 샌프란시스코 해변 지역에 살던 아시아계 미국인으로, 네덜란드인과 결혼하여 네덜란드에 거주하고 있다. 다른 한 명인 미셸 허치슨은 영국 중부 지방 출신으로, 네덜란드 남편을 만나 암스테르담으로 이주해 살면서 자녀를 기르고 있다.

우리에게 알려진 대로 네덜란드 학생들은 숙제가 없고, 시험 준비를 위해 힘들게 공부하지도 않는다. 네 살에 초등학교에 입학하지만 여섯 살이 될 때까지는 체계적인 학습을 하지 않는다. 만일 학생이 어떤 과목에 관심을 가지면 스스로 탐구하도록 자료를 제공해준다. 그래서 학생들은 학교에 가기를 좋아하고 친구들과도 즐겁게 지낸다. 아이들은 방과 후에 친구 집에 놀러 가고, 비가 오는 날도 비를 맞으며 친구들과 함께 밖에서 즐겁게 논다. 50대 이후 세대가 어렸을 때 놀던 모습 그대로다. 조사 결과 11~15세 아이의 85퍼센트가 집에서 부모들과 함께 아침 식사를 하는데, 함께하는 아침 식사가 학생들의 행복도와 건강 증진에 직접적으로 기여하는 것으로 나타났다.

물론 그렇다고 하여 아이들이 제멋대로인 것은 아니다. 자녀 훈육의 초점은 사회적으로 바람직한 행동을 받아들여 몸에 익히는 데 맞춰져 있다. "자녀 교육이란 말로 가르친 것을 몸소 실천하는 것이다"라는 말에 네덜란드 부모의 역할이 잘 드러나 있다. 부모들은 하지 말아야 할 행동은 단호하게 저지하고, 바람직한 행동에 대해서는 명확한 방향을 제시해야 함을 잘 알고 있다. 가사와 관련하여 아이들에게도 동등한 역할이 주어진다. 어려서부터 자기에게 주어진 의무를 충실히 이행하며 자급자족하도록 자녀를 가르치고 있다. 네덜란드의 모든 부모가 이 책에서 이야기한 대로 하지는 않겠지만, 자녀 교육의 큰 흐름을 짐작할 수는 있다.

우리나라 일부 교육청들도 유럽의 행복도가 높은 나라[9] 학교처럼 숙제를 없애고, 학교 시험도 없애는 정책을 추진하고 있다. 가령 서울시는 초등학교 1~2학년들을 위해 '안성(안정과 성장) 맞춤' 교육과정을 내놓았다. 이에 따라 2017학년도부터는 수학 익힘책 풀고 채점해 오기, 독후감과 일기 쓰기 등 모든 숙제를 없애고, 숙제해 온 학생들에게만 스티커를 주는 것 같은 제도도 없애기로 했다. 그리고 받아쓰기, 알림장 쓰기 등 학생이 부담을 느끼는 부분도 과감히 없애고 중간 놀이 시간도 20~30분 확보하게 했다.[10] 네덜란드 학교의 모습과 흡사한 정책 흐름이다. 그러면 우리나라 학생들도 시험과 숙제에서 해방되고 행복도도 높아질까? 우리의 정책들이 기대하는 효과를 내려면 사회 여건이 유사해야 한다. 아코스타와 허치슨은 검소하고 욕심이 없으며 어울려 사는 삶, 낮은 소득 격차와 사회보장제도, 쾌적하고 안전한 생활환경 등이 네덜란드 학생과 학부모 행복의 뿌리라고 이야기했다. 2017년 현재 대한민국과 너무 다른 상황이다. 이러한 상황에서 학교생활 부담만 줄이면, 행복도가 조금 높아질지는 모르지만 또 다른 풍선효과가 우려된다.

낮은 기대와 검소한 삶

아코스타와 허치슨에 따르면, 우리 부모들과 달리 네덜란드 부모들은 자녀가 뛰어난 아이가 되는 것이 아니라 편하게 살기를 기대한다. 부모들도 편안한 삶을 추구하고 있다. 주당 29시간 일하고, 적어도 일주일에 하루는 자녀와 함께 시간을 보내며, 자신을 위한 시간도 마련한다. 치맛바람mompetition이나 자녀를 열심히 뒷바라지하지 못하는 데 대한 죄책감 같은 것도 없다. 네덜란드에서 자녀를 이렇게 기를 수 있는 이유는 미국이나 영국과 달리 사회문화적으로 공부 잘하는 사람이 대우받는 실력주의 사회에 대한 반대 정서가 깔려 있기 때문이다.

무한경쟁 승자독식의 실력주의가 극한으로 치닫고 있는 우리나라에서 학교가 시험을 없애고 숙제도 내주지 않으면, 불안감을 느낀 엄마들의 치맛바람이 더욱 거세질 것이다. 실력을 쌓도록 돕지 않으면 졸업한 후에 어찌될 것인가에 대해 부모들이 너무 잘 알고 있기 때문이다. 자유학기제를 도입하고 야간자율학습을 없앤 결과 사교육이 더 증가한 것처럼, 극한의 실력주의 사회에서는 학교가 공부를 적게 시킬수록 사교육은 더욱 성하게 된다. 다른 한편으로 교육에 무관심한 가정의 아이들은 기본 학력은커녕 기초 학력도 갖추지 못한 채 학교를 졸업하는 비율이 더 높아질 수 있다. 광주의 경우 기초학력미달자 비율이 전국에서 두 번째로 높은데, 대부분이 저소득층 자녀들이다. 이처럼 즐겁게 공부하는 학교를 만들겠다는 원래의 취지와 달리, 부모의 배경이 자녀의 실력 형성에 미치는 영향만 더욱 키워 부의 대물림 강화로 이어지는 악순환 고리가 강화될 것이다. 따라서 네덜란드처럼 학생들이 행복하게 하려면 부담 없는 학교생활을 만들어주기 이전에 실력주의의 그림자를 옅게 하기 위한 노력을 함께 해나가야 한다. 이러한 시도가 병행되지 않는 가운데 학교 공부 부담만 줄여주면 오히려 학생들의 사교육 고통을 키우는 결과로 이어질 것이다.

또한 네덜란드인은 검소하게 산다. 가족들은 간단하고 돈이 많이 안 드는 여가 활동을 골라서 친척이나 친구들과 함께 시간을 보낸다. 아이들에게는 주로 중고 장난감을 주고, 아이들 생일 파티도 가족과 함께 축하하는 데 의미를 둘 뿐 비싼 선물은 사주지 않는다. 네덜란드인은 돈이나 비싼 물건보다 시간을 선택한다. 부모들의 이러한 삶의 자세와 모습을 지켜보고 자라는 아이들 또한 그러한 삶의 모습을 자연스럽게 받아들여, 굳이 지위에 연연하지 않는 성인으로 성장해간다. 과소비 사회의 구성원은 소비에 필요한 돈을 벌기 위해 장시간 노동을 하게 되고, 그 결과 정신적·육체적 피로가 쌓여 더 불행해진다. 행복감이 물질적 풍요가 아니라 검소하고 소박한 삶에 뿌리를 두고 있을 때 그 푸르름을 오래 유지할 수 있다는 것을 네덜란드 사람들에게서 배울 수 있다. 하지만 간과해서는 안 되는 사실이 있다. 단순한 개인 의지만이 아니라 사회문화적 풍토와 경제적 기반이 함께 갖추어져 있어야 이러한 삶이 지속된다는 점이다. 학생을 포함한 우리 국민의 행복도를 높이려면, 개인들의 검소한 삶을 유도하는 동시에 다음과 같은 사회문화적·경제적 기반을 갖춰가야 한다.

낮은 빈부 격차와 사회보장제도

네덜란드 부모들은 돈보다 시간을 택하고 자녀들에게도 편하게 살기를 기대하는데, 우리 부모들은 왜 그러지 못할까? 아코스타와 허치슨이 네덜란드인 행복의 뿌리로 들고 있는 또 한 가지는 낮은 빈부 격차다. 그 바탕에는 잘 만들어진 사회보장제도가 자리 잡고 있다. 일반적으로 불평등도가 낮은 나라 국민들의 행복도가 더 높은데, 네덜란드도 여기에 속한다. 1990년 이후 편모가정의 아동 빈곤율이 높아지고는 있지만 조세를 통해 소득 불평등 문제를 완화하고 있다.[11]

대부분이 가난하게 살던 시절에는 배가 고플지언정 배가 아프지는 않았다. 그러나 주위 사람들이 모두 호화롭게 생활하는 것처럼 보일 때는 상대적 박탈감에 자주 빠진다. 그래서 빈부 격차가 큰 나라에서는 검소하게 살려고 작정했던 사람들마저 결국 소비의 덫에 걸리고 만다. 페이스북 같은 SNS에 올라온 글과 사진을 보면 자신을 제외한 대부분의 사람들이 호화롭게 사는 것처럼 느껴진다. 추석이나 설 연휴에 인천 국제공항을 통해 사상 최대의 인파가 해외로 나갔다는 뉴스를 접할 때 떠나지 못한 사람들은 상대적 박탈감으로 더욱 불행해진다. 박탈감을 느끼는 사람들은 행복해 보이는 비싼 아파트를 구입하고 호화로운 삶을 살기 위해 빚을 진다. 빚이란 따지고 보면 미래 시간을 저당 잡힌 대가다. 신분이 노예인 사람만이 아니라 미래 시간을 모두 팔아서 더 이상 자기 시간과 삶의 주인이 아닌 사람도 노예다.

자기도 모르게 미래 30년 이상의 시간을 팔아버린 사람이 행복해지기를 기대하기는 어려울 것이다. 네덜란드 사회가 우리에게 주는 메시지는, 사회 구성원의 행복도를 높이려면 사회의 빈부 격차를 줄이고 누구나 행복추구권을 보장받는 사회보장제도를 마련하는 데 사회 전체가 힘을 모아야 한다는 점이다. 우리나라는 OECD 국가 중 두 번째로 빈부 격차가 심하고 사회보장제도도 취약하다. 국가적으로 빈부 격차 완화 및 사회보장제도 확립을 위한 20년 목표의 중장기 계획을 수립하여 그 격차를 점차 줄여간다면 학생과 학부모뿐만 아니라 국민 전체의 행복도를 높일 수 있을 것이다.

쾌적하고 안전한 생활환경

아코스타와 허치슨이 언급하는 학생 행복의 또 다른 요소는 쾌적하고 안전한 생활환경이다. 개개인이 검소한 삶을 추구하고 있지만 사회가 전반적으로 이러한 생활환경을 갖추고 있기 때문에 국민 전체의 행복 감이 유지되는 것이다. 여기서 잊어서는 안 되는 것이 있다. 일을 많이 하지 않아도 검소한 삶을 유지하는 데 필요한 정도의 돈을 벌 수 있고, 일을 못 해도 인간다운 삶을 보장하는 사회보장제도가 갖춰져 있기에 사람들이 여유를 즐기며 행복하게 살고 있다는 사실이다.

우리나라 국민 1인당 소득으로는 네덜란드 같은 사회를 만들 수 없을까? 구매력 등을 비교해볼 때 사회 구성원들이 동의한다면, 그리고 검소한 삶을 각오한다면 충분히 가능할 것으로 예상된다. 그동안 과소 비에 노출된 사람들을 검소하게 살도록 하루아침에 변화시키기는 어려울 것이다. 하지만 빈부 격차 완화를 위한 중장기 발전 계획과 함께 저성장 시대에 걸맞은 검소한 삶을 유도하는 중장기 계획도 수립한다면 못 이룰 것도 없다. 네덜란드는 국민적 합의를 통해 사회보장제도를 지속적으로 개혁하고 이에 필요한 세제도 보완해가고 있다.[12]

행복의 뿌리를 튼튼하게 해주는 거름

앞에서 언급한 세 가지의 행복 뿌리가 행복이라는 꽃을 피우려면 거름이 필요하다. 그 거름은 무엇일까? 수입이 너무 적어 생계를 유지하기가 어렵거나 사회보장제도가 발달되어 있지 않다면, 아무리 검소하게 사는 네덜란드 사람들이라도 근로시간을 늘릴 수밖에 없을 것이다. 그러면 삶의 여유가 줄어들고 정신적·육체적 피로감이 커져 행복도는 저하될 것이다. 이는 몇몇 잘사는 나라를 제외한 대부분 나라 사람들의 모습이다. 우리나라도 여기에 속한다. 그렇다면 일부 나라들은 어떻게 해서 짧은 노동시간에도 불구하고 상당한 수준의 임금을 지급할 수 있는 경제 체제를 갖추고, 나아가 사회보장제도를 통해 노동을 할 수 없는 사람들의 삶의 질도 보장할 수 있을까? 이것이 바로 행복 뿌리를 키우는 마법의 거름일 것이다. 이에 대한 답을 찾는 것은 내 역량 밖이지만, 한두 가지 해석을 시도해보겠다.

높은 노동생산성

네덜란드인은 돈보다 시간을 택하기 때문에 근로시간이 우리보다 훨씬 적은데, 국민 1인당 소득은 우리의 1.6배나 된다. OECD가 2014년 발표한 자료에 따르면, 우리나라의 근로시간은 연 2163시간(OECD 평균의 1.3배)으로 OECD 34개 회원국 중 2위를 차지했다. 근로시간이 가장 적은 네덜란드(1380시간)에 비해 우리나라 근로자는 1.6배 일을 더 한다. 1일 근로시간을 추정해보면, 우리나라는 8.7시간인 반면 네덜란드는 5.5시간에 불과하다.[13] 일은 우리나라 사람들이 1.6배로 더 많이 하고, 국민 1인당 소득은 네덜란드가 우리의 1.6배나 되는 것은 여러 가지 방식으로 설명할 수 있다. 생산가능인구나 취업자 비율이 낮으면, 취업자가 돈을 많이 벌어도 국민 1인당 소득은 낮아진다. 그리고 중요한 것은 노동생산성의 차이다. 2013년 취업자당 노동생산성을 비교해보면 네덜란드는 7만 4341달러로 세계 10위, 우리나라는 6만 2093달러로 세계 22위다.[14]

우리의 노동생산성이 상대적으로 낮은 이유를 이해하려면, 먼저 노동생산성이 무엇인지를 알아야 한다. 노동생산성이란 쉽게 말해 노동자들이 1년 동안 번 돈(부가가치)을 총 근로자 수(또는 근로시간)로 나눈 것[노동생산성=부가가치/노동시간(또는 취업자 수)]이다.[15] 노동생산성이 높아지려면 분자인 부가가치, 즉 임금(소득)이 오르거나 아니면 분모인 근로시간이 줄어야 한다. 임금은 무작정 올릴 수 있는 것이 아니라 그만큼 생산성이 향상되어야 가능하다. 이 논리에 따를 때 우리의 노동생산성이 낮은 이유는 생산성이 낮은 산업에 종사하는 사람이 많거나, 아니면 노동력의 질이 낮기 때문이다. 그러므로 노동생산성을 높이려면 고부가가치 첨단 산업을 발전시키고, 교육을 통해 노동력의 질을 높여야 한다.

노동생산성을 결정하는 또 다른 요인: 국력

노동 인력의 질과 국가 간 임금 수준이 꼭 비례하는 것은 아니다. 왜냐하면 노동생산성은 '개인 노동생산성'에 '국력(국가 노동생산성)'이 더해진 것[노동생산성=개인 노동생산성+국가 노동생산성]이기 때문이다.[16]

국가 노동생산성이란 개인의 임금 수준에 영향을 미치는 특정 국가의 다양한 여건을 포함한 국력을 의미한다. 가령 취업자당 노동생산성이 세계에서 가장 높은 미국의 노동생산성은 우리의 1.6배나 된다.[17]

이는 미국 노동자의 질이 우리의 1.6배나 높아서 그런 것이 아니라, 국가 노동생산성이 더해진 결과다. 미국의 우체국이나 대형 마켓 계산대 앞에 줄을 서서 그들이 일하는 방식을 보면, 어떻게 저렇게 일을 하면서도 월급을 받나 할 정도로 속도가 느리고 일에 대한 집중도도 낮다. 자동차 정비공, 집 수리공, 도로 공사 노무자 등 각종 근로자들의 역량과 노동의 질 또한 절대 높지 않다. 전문 직종인 의사, 은행원, 관공서 직원, 대학 직원 등이 일하는 모습을 보아도 우리나라에 비해 속도가 아주 느리고 일하는 시간도 짧다. 그런데도 그들 모두 다른 나라 동일 직종 종사자에 비해 훨씬 더 높은 임금을 받는다. 노동생산성이 높아서 임금이 높은 것이 아니라 임금이 높아서 노동생산성이 높게 나온 것일 뿐이다. 일례로 노동생산성이 아주 낮은 중국 막노동자가 미국에서 동일한 노동을 하면 높은 임금을 받게 되므로, 그 순간 그 노동자의 노동생산성은 몇 배로 높아진다. 북한 노동자가 개성 공단에서 일하는 순간 갑자기 노동생산성이 크게 높아지는 것도 좋은 예가 될 수 있다. 미국의 단순 노무자가 중국이나 우리나라에서 노동을 하고자 한다면, 노동의 질이나 집중도가 너무 낮아 해당 직종에서 받아주지 않을 가능성이 높다. 요컨대 어떤 나라의 노동생산성은 노동자 개인의 역량만을 의미하는 것이 아니라 국가의 역량이 더해진 것이다.

'국가 노동생산성'의 차이를 설명하는 방식으로 스필오버 효과 spillover effect가 있다. 이는 부가가치가 높고 임금이 높은 산업에 종사하는 사람들이 많아서 그 외 직종에 종사하는 사람들의 소득까지 덩달아 오르는 현상을 의미한다. 교역을 하거나 과학기술 및 첨단 고부가가치

산업을 발전시켜 쌓은 국가의 경제적 기반이 그 토대가 된다. 그러나 더 중요한 요인도 있다. 역사상 세계 최강의 나라는 대부분 전쟁을 통해 다른 나라가 이룬 것을 빼앗아 자기 것으로 만들었다. 근세에는 식민지 수탈을 통해, 현대에는 자국에 유리한 교역 조건이나 직간접적 규제를 통해 강대국들은 자신들의 이익을 키워왔다.

미국은 1971년 달러를 금으로 바꿔주는 금태환을 중지한다고 선언했다. 달러화 가치를 유지하기 위해 1973년 사우디아라비아 파이살 국왕에게 석유 대금은 미국 달러만 받고, 잉여 수익을 미국 국채나 정부 수표에 투자하게 했다. 1975년에는 석유수출국기구OPEC가 석유를 미국 달러만 받고 팔기로 합의했다. 이 '석유달러' 제도로 미국은 엄청난 이익을 보았다.[18] 미 국민의 노동생산성이 세계 1위가 되는 데 석유달러가 기여했음을 부인하기는 어려울 것이다.

우리나라와 직결된 예로는 무기 수입을 들 수 있다. 우리나라는 2014년 한 해에만 9조 1300억 원어치의 무기를 구입한 세계 제일의 무기 수입 국가다. 그 무기의 90퍼센트는 미국에서 구입했다.[19] 미국은 우리나라를 비롯한 세계 다른 나라들의 무기 개발을 제약하면서 대신 자기들 것을 비싸게 사도록 한다. 무기 수입은 한 예에 불과하다. 미국을 비롯한 일부 강대국 국민의 노동생산성이 높은 것처럼 보이는 이유 중 하나는 이처럼 다른 나라를 착취한 결과다. 강대국 국민은 상대적으로 적은 시간 동안 쉬어가며 일해도 높은 임금을 받을 수 있다. 반대로 그렇지 않은 나라 국민은 국가의 생산 기반도 취약할뿐더러 자신들의 노동 일부를 강대국에 빼앗기기 때문에 더 열심히 더 긴 시간 동안 일해도 더 낮은 임금을 받는다. 우리는 착취하는 국가가 아니라 착취를 당하던 국가였다. 국가가 쌓아놓은 것도 없다 보니 국가경제가 늘 위태로운 상태다. 물론 국가경제 발전을 통해 우리나라 근로자들의 임금 수준이 다른 개도국들에 비해 상당히 높은 수준이 된 점도 간과해서는 안 된다.

이상에서 살핀 것처럼, 국가의 경제적·정치적 토대는 근로자의 노동생산성에 큰 영향을 미친다. 강하고 잘사는 나라의 국민이어서 개인의 역량보다 더 높은 노동생산성이 보장되고, 사회보장제도가 발달되었으며, 빈부 격차도 크지 않을 때에는 근로시간을 줄이면서 검소하게 살고 삶의 여유를 추구하는 것이 용이하다. 물론 미국처럼 노동생산성이 세계 1위라고 해도 빈부 격차 또한 세계 1위인 경우에는 행복도가 높기 어렵다(30개국 중 26위). 하지만 이러한 여건이 갖춰지지 않은 나라 국민이 근로시간을 줄이고 가족과 함께 여유를 맛보며 살아가고자 한다면 둘 중 하나가 될 가능성이 높다. 결국 이러한 삶을 포기하고 근로시간을 늘리거나, 아니면 수도승들처럼 더욱 불편하고 힘든 열악한 삶 속에서 행복을 찾기 위해 지속적으로 마음공부를 하는 것이다.

학생과 학부모 모두가 행복해지는 비결

네덜란드 사례를 통해 우리 아이들을 세상에서 가장 행복하게 키우는 비결을 찾아보았다. 생각만큼 명쾌한 답을 얻기는 어려웠지만 몇 가지 시사점을 찾을 수 있었다. 첫째는 아이들이 행복한 나라의 학교 모습을 흉내 낸다고 하여 우리가 원하는 결과를 얻어내기는 어렵다는 것이다. 학생들에게 과도한 학습 부담을 줄 필요가 없는 사회문화적 환경이 조성되어 있고, 국가의 경제적 여건이 뒷받침해주기 때문에 학생과 학부모가 행복하게 살아가고 있는 것임을 깨달아야 한다. 따라서 아이들을 행복하게 하려면 실력주의 그림자 옅게 하기, 빈부 격차 줄이기, 사회복지제도 갖추기, 이를 뒷받침할 수 있는 경제적 토대 만들기, 그리고 이 모든 것의 바탕이 되는 국력 키우기를 시도해야 한다. 아울러 고민해야 할 것은 공정한 기회 제공이다. 앳킨슨은 기회의 불평등이 해소된다면 결과의 불평등은 당연하다는 의식이 잘못된 것임을 강조한다. "오늘의 결과의 불평등은 내일의 기회의 불평등을 초래한다. 교육격차를 줄이려고 교육정책에 의존하는 건 온전한 해결책이 아니다. 결국 부모, 즉 개인 간 재산 차이를 줄이려는 노력이 중요하다"라는 그의 주장도 함께 고려해야 한다.[20]

이러한 부분이 충족되지 않으면 행복한 사회를 만들 수 없을까? 개인적 차원에서 할 수 있는 일이 있다. 특히 우리나라는 경제적 부가 어느 정도 축적되었으므로 개인과 문화적 차원에서 검소한 삶 추구, 물질적 풍요보다는 행복한 삶을 우선시하는 문화 풍토 조성, 가족 및 친구들과 더 친밀한 관계 맺기 등의 시도가 필요하다. 네덜란드 사람들은 우리보다 국민 1인당 소득은 더 높으면서도 검소하게 살고 있다. 우리 아이들과 부모인 우리가 함께 행복해지려면 네덜란드인처럼 검소한 삶, 불편한 삶에 익숙해져야 한다. 이렇게 살아가도록 하기 위해서는 몸과 마음이 소비의 덫에 걸리지 않도록 어려서부터 교육해야 한다.

우리의 DNA는 혼자 지내도 충분히 행복감을 느낄 수 있는 단계까지 진화하지 않았다. 개인차가 있기는 하지만 아직은 가족, 친인척, 이웃, 친구, 그리고 직장 동료와의 관계 속에서 행복을 느끼게 되어 있다. 그런데 텔레비전, 컴퓨터, 스마트폰, 게임기를 비롯한 각종 전자 기기와 SNS의 발달로 혼자서도 행복할 수 있다고 착각하게 된다. 인간관계를 소홀히 하다 보니 소통 역량, 갈등 관리 역량, 타인에 대한 인내력 등이 줄어든다. 그 결과 사람들을 멀리하면 춥고 외로워지고, 가까이 다가가면 서로에게 찔려 상처를 입고 달아나는 고슴도치 딜레마에 빠진다. 기계와만 지내더라도 더 이상 외롭지 않고 행복한 시대가 오기 전까지는 우리 아이들이 고슴도치가 되지 않도록 교육해야 한다. 친구와 더불어 즐겁게 살아갈 수 있도록 자기들끼리 어울려 놀 기회를 제공하고, 이에 필요한 능력을 길러주는 것이 아이들을 행복하게 만드는 비결이다.

네덜란드에서 또 하나 배울 점은 우리 아이들을 실내에 가두는 대신 따사로운 햇볕과 초록의 자연에 익숙해지게 해야 한다는 것이다. 도시라는 인공의 숲 속에서, 그리고 실내에서 영원히 행복하게 살 수 있다면 괜찮겠지만 아직까지 인간은 햇볕을 쬐고 자연의 공기를 숨 쉬어야 한다. 자연에 노출되기를 꺼리는 경향으로 면역력이 저하되어 각종 알레르기나 피부 질환 등에 시달리면서 고통스럽게 살아가는 사람들이 늘어나고 있다. 네덜란드 사람들이 우리에게 들려주는 이야기들에 귀 기울일 때 우리 아이들의 행복도도 증가하게 될 것이다.

사회 및 개인 차원과 별도로 행복한 아이들로 키우기 위해 학교가 할 수 있는 일이 있다. 살아가는 데 필요한 지식, 기능, 태도 등을 즐겁게 배우도록 선생님과 학교의 교육력을 향상시키는 것이다. 학교를 즐거운 놀이터가 아니라 즐거운 배움터로 만들고자 할 때 유념해야 할 점이 있다. 소외 가정 아이들의 기초 학력이 저하될 수 있다는 점이다. 학교가 학생들의 학습 부담을 줄여주고자 할 때에는 소외 가정 아이들에 대한 각별한 관심과 지원 프로그램을 꼭 마련해야 한다.

더불어 사는 '능력' 길러주기[21]

한국청소년정책연구원의 〈2010 한국 청소년 핵심역량 진단조사〉 보고서에 따르면, 우리나라 청소년들의 시민의식 관련 '지식'은 38개국 중 3위인 데 반해 다른 사람을 인정하고 관계를 맺는 사회적 상호작용 '능력', 즉 더불어 살기 능력은 35위로 나타났다.[22] 더불어 살기와 관련된 지식은 풍부한데 실행 능력은 최하위라는 것이다. 머리로는 알지만 몸으로 실행하지 못하는 이유는 여러 가지가 있다. 그 핵심 이유 중 하나는 더불어 살기 능력이 체험을 통해 몸으로 익히고 그 역량을 길러가면서 자연스럽게 몸에 배야 하는 것이지 관련 지식을 배운다고 해서 발휘되는 것은 아니라는 데 있다.

인생에서 더불어 사는 능력이 아주 중요하다는 것은 누구나 잘 알고 있다. 그래서 학교나 학부모 모두 아이들에게 이러한 능력을 길러주기 위해 다양한 프로그램을 만들어 운영하기도 하는데, 과거 아이들에 비해 어울리는 능력이 떨어지는 것을 보면 뭔가 놓치고 있다는 느낌이 든다. 그렇다면 아이들의 사회적 상호작용 능력을 길러주기 위해 무엇을 해야 할까? 혹시 길러준다고 하면서 그 성장을 도리어 방해하는 것은 아닐까?

인간은 대부분 5세 이전의 일을 기억하지 못하는 유년기 기억상실 증을 가지고 있다. 그런데 오늘날 학교와 부모가 자녀를 교육하는 모습을 보면 성인들이 청소년기 기억상실증이 있는 것이 아닌가 싶다.

우리에게 남아 있는 최초의 어린 시절 기억을 떠올려보자. 40대가 넘은 교사라면 어린 시절 뉘엿뉘엿 해가 저물 때까지 친구들과 놀다가 어머니가 부르는 소리에 아쉬움을 뒤로한 채 집으로 가던 아련한 추억, 친구를 집으로 부르거나 같은 동네 친구네 집에 가서 날밤을 새우던 때의 행복한 추억을 어렵지 않게 떠올릴 수 있을 것이다. 우리는 부모가 따로 만들어준 조잡한 프로그램이 아니라, 수만 년에 걸친 시행착오를 통해 뇌에 새겨진 자연스러운 길을 따라 친구들과 어울리며 건강하게 자라날 수 있었다.

미하이 칙센트미하이의 《몰입》에 따르면, 아이들 성장에 가장 중요한 것은 가정환경이지만 더 중요한 사실이 하나 있다. 아이들은 친구와 함께 있을 때 가정환경과 무관하게 똑같이 긍정적인 정서를 경험하며 지적·정서적으로 성장한다는 것이다. 그런데 우리는 자신들의 과거기억마저 상실한 청소년기 기억상실증 환자라도 된 듯 아이들을 다른아이들에게서 격리시키고 있다. 자기들끼리 놓아두어도 잘 자랄 수 있는 아이들을 어른들이 만든 프로그램에 집어넣어 억지로 키워가다 보니 생각지 않은 부작용들이 생겨나는 것은 아닌가 하는 생각도 든다.

물론 아이들을 방치하자는 말은 아니다. 외국에서는 아이들이 친구와 함께 어울릴 수 있도록 친구 집에 자러가기sleep over를 종종 허락한다. 아이의 친한 친구가 바로 옆집에 살면서 늘 오간다면 쉽게 기회를 만들 수 있다. 그렇지 않을 경우에는 아이가 좋아하는 친구 부모와 함께 식사를 하는 등 어느 정도 신뢰를 쌓은 후 서로 집을 돌아가며 아이들끼리 하룻밤을 함께하도록 하는 방법도 있다. 부모에 따라 특별 프로그램을 만들어주기도 하지만, 아이들은 좋아하는 친구와 함께할 수 있는 시간만 허락되어도 마냥 행복해한다.

요즈음 감정노동emotional labor이라는 말이 사회적 관심을 받고 있다. 감정노동이란 일을 할 때에 자신의 감정과는 무관하게 조직에서 바람직하다고 여기는 감정을 보여야 하는 노동을 의미한다. 감정노동으로 생긴 문제가 적절히 다뤄지지 않으면 심한 스트레스를 받게 되며, 심한 경우 정신 질환이나 자살까지 갈 수도 있다고 한다.

교사들이 갈수록 힘들다고 느끼는 이유 가운데 하나는 자기감정을 여과 없이 심하게 표출하는 학생과 학부모가 점점 더 늘어가며 이때마다 교사는 자기감정을 숨긴 채 감정노동을 해야 한다는 데 있다. 2010년 일본 사회에서는 신규 교사들의 이직률 급증이 화두가 되었는데, 갈수록 거칠어지는 학부모 및 학생과의 관계에서 오는 과도한 스트레스와 우울증도 한 원인이었다. 일본 사회는 이미 교사가 감정근로자로 전락해가고 있음을 알 수 있다.

감정노동을 강요받은 사람은 다른 사람에게 자기의 스트레스를 표출함으로써 사회적인 스트레스가 급증하는 악순환이 이어진다. 이 악순환의 고리를 끊고 서로를 배려하며 더불어 사는 사회를 만들려면 자라나는 청소년들이 그러한 능력을 기를 수 있도록 기회를 제공해야 한다. 청소년기 기억상실증에 걸린 성인들이 만든 설익은 프로그램으로 더불어 살아가는 능력을 길러주려고 하는 대신, 이미 수만 년에 걸친 시행착오로 유전자에 각인되어 있는 함께하는 능력이 자연스럽게 발현되도록 하자.

어린 시절 친구 집에서 날밤을 새던 날의 행복한 추억을 이젠 우리 아이들에게 돌려주자는 캠페인이라도 벌여보았으면 싶다.

1장 실력주의 사회는 공정한가?

1) 원제는 *The Meritocracy Myth*(실력주의 신화)인데, 우리나라에서 《능력주의는 허구다》라는 제목으로 출간되었다.

2) 오찬호, 《우리는 차별에 찬성합니다: 괴물이 된 이십대의 자화상》, 개마고원, 2013.

3) 마이클 영의 주장에 대해서는 이하에서 상세히 다룬다. Young, M., *The Rise of the Meritocracy*, Transaction Publishers, 1994.

4) 강준만, 〈갑질 민국, 갑질 사회: 이른바 '갑질 공화국'의 '이카로스 역설'〉, 《경향잡지》 43, 2015.

5) 오찬호, 앞의 책.

6) 김수현, 〈배우·탤런트 10명중 9명, 한 달에 60만원도 못 번다〉, 《연합뉴스》, 2017. 1. 16.

7) 부르디외는 문화자본을 다시 체화된 상태의 문화자본(품위, 교양 등), 객관적 상태의 문화자본(그림, 책, 물건 등의 문화적 재화 형태의 자본), 그리고 제도화된 상태의 문화자본(학위, 자격증)의 세 가지로 나눈다. Bourdieu, P., "The forms of capital", in Richardson, J.(ed.), *Handbook of theory and research for sociology of education*, Greenwood Press, 1986.

8) 유석춘·장미혜, 〈사회자본과 한국사회〉, 《사회발전연구》 8, 2002.

9) 김봉구, 《SKY 합격시킨 은행 채용비리에 분노》, 《한국경제》, 2018. 2. 5.

10) 양광모, 《위대한 만남》, 북큐브, 2016.

11) 1998년 3월 3일부터 1999년 5월 24일까지 교육부 장관으로 재임했다.

12) Karabel, J., *The chosen: The hidden history of admission and exclusion at Harvard, Yale, and Princeton*, Houghton Mifflin Company, 2006.

13) 교육부, 〈대학입시제도 국가교육회의 이송안 발표문〉, 교육부, 2018. 4. 11; 박남기, 〈대입정책, 국가교육회의에 바란다〉, 《한국일보》, 2018. 4. 19.

14) 카이스트 정재승 교수(2011년 3월 7일 CBS 라디오 '시사자키 정관용입니다').

15) 권수진, 〈'첫 반기' 포스텍의 용기 "정시30% 못한다"〉, 《베리타스 알파》, 2018. 8. 21.

16) 사배자전형은 다문화, 새터민, 한부모, 저소득층, 도서벽지 등 사회적 배려가 필요한 집단 특성별로 '별도의 줄 세우기'를 하는 것으로 집단 특성에 따라 그 안에서도 다양한 전형이 존재할 수 있다.

17) Aesop, Jr., "An Educational Allegory," *Journal of Education* No. 14, October,

1899. https://babel.hathitrust.org/cgi/pt?id=mdp.39015069897885;view=1up;s
eq=655.

18) 최승복,《교육을 교육답게 우리 교육 다시 세우기》, 맘에드림, 2018.

19) 박일우, 〈대학에서 융·복합 교육의 실상과 그 해법〉,《교양교육연구》10(1), 2016;
민경찬, 〈창조경제와 학문의 융·복합-정부와 대학, 상호 혁신기회로 삼아야〉,《대
학교육》181, 2013; 서덕희·이희용, 〈사회과학과 예술 융·복합 교육의 필요성과 가
능성〉, 한국문화융합학회, 2015. 대학융합교육의 새로운 흐름: 진단과 전망(9~21
쪽), 한국문화융합학회 추계학술대회 자료집.

20) 2006년 초에 교육부가 발표한 대입 제도를 보면 2008학년도 대입부터는 내신, 수
능, 논술을 모두 반영하는 것으로 되어 있다. 2006년 3월 18일 청와대 인터넷 사
이트 열린마당(회원게시판)에 '죽음의 트라이앵글(삼각형): 누가 우리를 미치게 만
드는가'라는 제목의 동영상이 실린 사이트 주소와 '제발 더 이상의 희생을 막아주
십시오'라는 글이 올라왔다(강홍준·이원근, 〈내신·논술·수능 '죽음의 트라이앵글'
교육 비판한 동영상 파문〉,《중앙일보》, 2006. 3. 29). 그 이후 내신, 수능, 논술 세
가지를 다 잘 하려면 3년의 고교 시절이 마치 죽음과도 같은 것이 된다는 의미로
'죽음의 트라이앵글'이라는 말이 널리 회자되었다(〈죽음의 트라이앵글, 벗어날 수는
없는가〉,《한겨레》, 2006. 4. 6).

21) 권수진, 앞의 글.

2장 '노오력' 무한가능론 해체

1) 이하는 박남기의 〈실력주의 사회에 대한 신화 해체〉(2016)를 토대로 한 내용이다.

2) Young, M., The Rise of the Meritocracy, Transaction Publishers, 1994.

3) Young, M., "Down with meritocracy: The man who coined the word four decades
ago wishes Tony Blair would stop using it", The Guardian, June 29, 2001.

4) 박남기, 〈개천에서 용이 안 나오는 이유〉,《한국대학신문》, 2004. 8. 30.

5) 고영성·신영준,《완벽한 공부법》, 로크미디어, 2017.

6) Zelazo & Cunningham, 2007. (월터 미셸, 안진환 역,《마시멜로 테스트》, 한국경제
신문, 2015에서 재인용.)

7) 박은하, 〈헬조선에 태어나 노오오오오오력이 필요해〉,《경향신문》, 2015. 9. 4.

8) 고영성·신영준,《완벽한 공부법》, 로크미디어, 2017.

9) 앞의 책.

10) 〈마태복음〉 13장 4~8절.

11) 고영성·신영준, 앞의 책.

12) 이돈희,《교육과 정치》, 에듀팩토리, 2016.

13) 난독증(難讀症, dyslexia)은 듣고 말하는 데에는 어려움이 없지만 문자를 판독하는 데 이상을 보이는 증세를 말한다. 역사 속에서는 레오나르도 다 빈치, 에디슨 등도 난독증 환자였던 것으로 추정된다. 난독증은 하나의 철자가 여러 가지로 발음되는 영어나 프랑스어권에서 많이 나타나며, 상대적으로 우리나라에서는 드문 질환이다. 영어권에서는 인구의 12~14퍼센트가 난독증 환자로 알려져 있다(http://news.joins.com/article/4253871 참조). 한글은 글자와 발음이 하나로 통일되어 있어서 글자대로 읽으면 단어의 발음이 되기 때문에 글자를 읽은 후 따로 판독할 필요가 별로 없다. 즉 '식당'은 소리 나는 그대로 '식당'이기 때문에 읽은 후 해독하지 않아도 뜻이 들어온다. 그러나 영어는 가령 식당(restaurant)과 셰익스피어(Shakespeare)를 알파벳 기본 발음대로 읽으면 '레스타우란트', '샤케스페아레'가 된다. 그래서 난독증 환자는 그 단어를 읽고 '레스토랑'과 '셰익스피어'로 해독해내기가 힘들다.

14) Beck, Melinda, "The sleepless elite: Why some people can run on little sleep and get so much done", *The Wall Street Journal*, April 5, 2011.

15) 연합뉴스, 〈英·美 대학생 마약보다 각성제 부작용 커〉,《연합뉴스》, 2010. 4. 6.

16) 말콤 글래드웰, 노정태 역,《아웃라이어》, 김영사, 2009.

17) 안데르스 에릭슨·로버트 풀, 강혜정 역,《1만 시간의 재발견: 노력은 왜 우리를 배신하는가》, 비즈니스북스, 2016.

18) 학생들을 신입생도에서 군인으로 변모시키는 훈련으로, 7주간 매일 새벽 5시에 시작해 밤 10시에 끝나도록 설계되었다.

19) 앤절라 더크워스, 김미정 역,《그릿(GRIT)》, 비즈니스북스, 2016.

20) 앞의 책.

21) 이지훈, 〈난독증(難讀症) CEO들에게서 얻는 교훈〉,《조선일보》, 2014. 12. 24.

22) 김창규, 〈작년 매출 361억 달러 시스코 존 체임버스 회장〉,《중앙일보》, 2010. 6. 19.

23) 김수현, 〈배우·탤런트 10명중 9명, 한달에 60만원도 못번다〉,《연합뉴스》, 2017. 1. 16.

24) Roeling, M., Willemsen, G. & Boomsma, D., "Heritability of working in a creative profession", *Behavior Genetics*, 2016.

25) 문세영, 〈창의성은 타고날까, 후천적일까?〉,《코메디닷컴 뉴스》, 2017. 2. 11.

26) Denby, D., "The limits of 'GRIT'", *The New Yorker*, 2016. 6. 21.

27) 신재우, 〈"아프고 불안해요"… 클래식 전공자들, 신체·정신 고통 호소〉,《연합뉴스》, 2017. 1. 16.

28) 이광빈, 〈'5억초과 소득세율 40퍼센트로 인상' 소득세법안, 본회의 통과〉, 《연합뉴스》, 2016. 12. 2.

29) Linda Sieg & Ami Miyazaki, "Japan's middle-aged 'parasite singles' face uncertain future", *The Japan Times*, 2017. 4. 20

30) 월터 미셸, 앞의 책.

31) 오찬호, 앞의 책.

32) 스티븐 J. 맥나미·로버트 K. 밀러 주니어, 김현정 역, 《능력주의는 허구다》, 사이, 2015.

33) 유종일, 〈어느 CEO의 야릇한 이혼소송과 '행운의 보수'〉, 《허프포스트코리아》, 2016. 9. 7.

34) 우리나라 사람들은 태어나는 해와 달뿐만 아니라 일과 시까지도 중요하다고 생각해왔다. 그러한 믿음을 바탕으로 토정비결과 시사주를 보며 한 해의 운세와 미래 성공 가능성을 점치기도 한다. 생년월일시가 같은 사람들을 추적하여 현재의 삶이 어떠한가를 비교했더니 노숙자부터 기업체 사장까지 다양한 모습이었다며, 태어난 시점에 따라 미래가 결정된다는 믿음은 근거가 없음을 보여준 텔레비전 프로그램이 있었다.

35) 이는 미국의 사례이므로 3월에 새 학년이 시작되는 우리의 경우 3~5월생의 성적과 12~2월생의 성적을 비교해 의미 있는 차이가 있는지 알아볼 필요가 있다.

36) 말콤 글래드웰, 앞의 책.

37) 오욱환, 〈교육공정성: 성공도 체념도 불가능한 딜레마〉, 《지식의 지평》 11, 2011.

38) 스티븐 레빗·스티븐 더브너, 안진환 역, 《괴짜 경제학》, 웅진지식하우스, 2005.

39) 말콤 글래드웰, 앞의 책.

40) 문화유전자(meme)에 대해서는 수전 블랙모어, 김명남 역, 《문화를 창조하는 새로운 복제자 밈》, 바다출판사, 2010 참조.

41) 스티븐 J. 맥나미·로버트 K. 밀러 주니어, 앞의 책.

42) Young, M., 앞의 책.

43) 스티븐 J. 맥나미·로버트 K. 밀러 주니어, 앞의 책.

44) 앞의 책.

45) 학종은 월 가구 소득이 500만 원 이상(상위 30% 정도)인 학생 비율이 48.5%로 절반에 달했다. 이는 내신 성적만 반영하는 학생부 교과전형(33.2%)보다 1.5배 높은 수치다. 특히 월 가구 소득이 1000만 원 이상인 학생 비율은 학종(9.4%)이 학생부교과전형(5.1%)의 2배 가까이 됐다. 학생부에서 내신 성적만을 반영하던 과거와 달리, 동아리·봉사·진로 활동 등 다양한 비교과 스펙까지 반영하는 쪽으로 학생부 개념이 확대되면서 '학교생활'에도 부모 배경이 강하게 영향을 미치고 있는 현실

을 보여준 셈이다(진명선, 〈학종 합격자 절반이 월 소득 상위 30% 집 자녀〉,《한겨레》, 2016. 6. 16).

46) 류현성, 〈세계 부유층 85명, 세계인구 절반 재산과 동일〉,《연합뉴스》, 2014. 1. 22.
47) 이강국, 〈세계화 소득분배 그리고 경제성장〉,《프레시안》, 2004. 9. 13.
48) 이두걸, 〈점점 벌어지는 대한민국 빈부 격차〉,《서울신문》, 2013. 2. 23.
49) 이정전, 〈빈부 격차 심해지는 한국, 1% 위한 나라 되나〉,《프레시안》, 2013. 6. 19.
50) 박대한, 〈한국 상위 10% 소득집중도 미국 다음… 증가폭은 최고〉,《연합뉴스》, 2016. 9. 4.
51) 김동호, 〈작년 20억원 넘는 '금수저' 상속 1천785건…12.1%↑〉,《연합뉴스》, 2016. 7. 31.
52) 김낙년, 〈한국에서의 부와 상속, 1970-2013〉, 낙성대경제연구소, 2015. 7.
53) 토마 피케티, 장경덕 외 역,《21세기 자본》, 글항아리, 2014.
54) 허핑턴포스트코리아, 〈경제 성장해봐야 재벌 총수 가족만 더 부자 된다〉, 2016. 2. 15.
55) 카이스트 미래전략대학원,《대한민국 국가미래전략 2016》, 이콘, 2015.
56) 스티븐 J. 맥나미·로버트 K. 밀러 주니어, 앞의 책.
57) 필립 코틀러, 박준형 역,《다른 자본주의: 우리 삶이 직면한 위기를 해결하는 14가지 길》, 더난출판사, 2015.
58)《한서》에 이르기를, 황금이 상자에 가득 차 있음이 자식에게 경서 하나를 가르치는 것만 같지 못하고, 자식에게 천금을 물려줌이 기술 한 가지를 가르치는 것만 못하다(漢書云黃金滿 不如敎子一經 賜子千金 不如敎子一藝).
59) 앤서니 B. 앳킨슨, 장경덕 역,《불평등을 넘어》, 글항아리, 2016.

3장 학벌 타파는 왜 실패했나?

1) 교육부, 〈행복교육, 창의인재 양성: 2013년 국정과제 실천 계획〉(2013 대통령 업무보고), 교육부, 2013. 3.
2) 이정표, 〈학력의 사회적 기능 탐색〉, 한국직업능력개발원, 2003.
3) Collins, R., The credential society, Academic Press, 1979.
4) 이정표, 앞의 글.
5) 앞의 글.
6) 박남기의 《교육전쟁론》(2003)과 박남기의 〈'업적주의 타도: 제3의 길은?〉(2003)을 보완한 내용이다.

7) 채용 시험 대신 채용 면접을 하면서 개인의 배경(출신 학교)을 참고 자료로 활용하는 경우에는 이렇게 주장할 수 있다.

8) 〈고위공무원단 및 행정고시 합격자 출신 대학별 현황〉, 대학교육연구소, 2012. 10. 31.

9) 4년제 대학 총장 중에서 학부 기준 서울대 출신이 차지하는 비율은 2009년 1월 현재 32퍼센트(총 189개 대학 중에서 61명)다(신하영·이정혁, 〈대학총장, 모교출신 13%·서울대출신 32%〉, 《한국대학신문》, 2009. 1. 12). 2013년 12월 조사에 따르면 그 비율이 24.3퍼센트로 줄었으나, 여전히 아주 높다.

10) 옥철, 〈500대 기업 CEO 절반 'SKY' 출신… 최대학맥 '고대 경영'〉, 《연합뉴스》, 2015. 7. 15.

11) 부모의 간접적 영향, 즉 부모 후원의 결과로 향상된 실력 포함.

12) 이정규, 《한국사회의 학력학벌주의: 근원과 발달》, 집문당, 2003.

13) 유창선, 〈한국 국회의원의 사회적 특성에 관한 연구〉, 연세대학교 대학원 석사학위 논문, 1993.

14) 이재익·이한빛, 〈교수 출신 총선 당선자, 300명 중 53명〉, 《한국대학신문》, 2016. 4. 15.

15) 이정규는 학벌(만능)주의란 "학연에 바탕을 두고 파벌을 이루어 정치적 파당이나 붕당, 사회경제적 독과점, 문화적 편견과 갈등 및 소외를 야기하는 관행이나 경향"이라고 정의한다. 즉 어느 특정 대학 출신이 특정 직업에서 다수를 차지함으로써 나타나는 부작용을 학벌주의라고 본 것이다.

16) 과거에 크게 위세를 떨쳤던 고등학교 파벌학벌이 고등학교 평준화 이후 자연스럽게 사라진 것은 이를 잘 보여준다.

17) 교육부, 〈행복교육, 창의인재 양성: 2013년 국정과제 실천 계획〉(2013 대통령 업무보고), 교육부, 2013. 3.

18) 김미향, 〈못말리는 '자본사회'…'학벌'마저 손들었다〉, 《한겨레》, 2016. 4. 28.

19) 사교육걱정없는세상, 〈출신학교 차별 금지법 제정 국민운동 출범식 스케치 보도자료〉, 2016. 4. 28.

20) 과거 제5공화국의 과외 금지 조치가 위헌 판결을 받았다.

21) 이 단체도 학교 급에 따른 졸업장과 실력 간 상관은 높은 것으로 가정하고 있는 것 같다.

22) 김주섭, 〈국가직무능력표준 활용 활성화 방안〉, 한국노동연구원, 2013.

23) 특정 산업이나 기업, 그리고 직무에 적합한 NCS 구축은 어느 정도 가능할 수 있다. 하지만 많은 고급 직종에서는 특정한 기능이나 역량보다는 창의력, 소통 능력, 문제 해결력 등 일반 고급 역량을 더 많이 필요로 한다. 이러한 역량은 객관적 측

정이 어려우므로 NCS 구축은 태생적 한계를 가지고 있다.

24) 2015학년도 정원은 '2015학년도 전국 4년제 대학입학 시행계획', 1984년도 정원은 《법률저널》760호 참고.

25) 허남린, 〈대학 입학정원의 역설〉, 《교수신문》 1, 2016. 3. 14.

26) '범위형대입제도'에 대해서는 이 책 제8장 참고.

27) 고등학교 학벌이 위세를 떨친 적도 있으나 고교 평준화에 의해 점차 사라지고 있다. 그러나 최근에는 특목고 학생들이 과거 명문고 자리를 대체하면서 다시 고등학교 학벌이 살아날 가능성이 높아지고 있다. 경상도 출신으로 초등학교를 졸업한 후 검정고시로 고등학교까지 마치고 중앙부처 9급에 합격하여 승진을 위해 갖은 노력을 다했던 사람이 들려준 이야기가 귀에 생생하다. 자기가 경상도 출신이라서 지연으로 조금이라도 혜택을 보지 않았느냐는 말을 듣지만 전혀 사실이 아니라면서, 자기가 해왔던 노력과 좌절에 대해 이야기해주었다. 학력이 없기 때문에 부서장과의 모든 술자리는 반드시 끝까지 지키고 만취한 부서장을 업어서 그 집 안방에까지 눕혀주는 식으로 온몸을 바쳐 충성을 했지만, 승진 때가 되면 결국 고등학교 혹은 대학교 후배를 챙기지 자기를 챙기는 상관은 만나지 못했다고 했다. 승진에서 학벌의 위력을 보여주는 일화다.

28) 관계부처합동, 〈평등한 기회, 공정한 과정을 위한 블라인드 채용 추진방안〉, 관계부처합동, 2017. 7. 5.

29) 앞의 글.

30) 남정민·이인혁, 〈'인서울' 대학생도, 지방대 학생도… 지역인재·블라인드 채용 "아이고~ 의미없다"〉, 《한국경제신문》, 2018. 1. 24.

31) 관계부처합동, 앞의 글.

32) 앞의 글.

33) 이기훈·김영준, 〈'블라인드'의 역설… 지방대생 채용 줄었다〉, 《조선일보》, 2018. 8. 22.

34) 김지섭, 〈은행 신입 공채에 필기시험 도입〉, 《조선일보》, 2018. 6. 6.

35) 윤지연, 〈면접, 왜 연기력 평가가 되었나?〉, SERI CEO 강연, 人事, 조직심리를 읽다, 2016.

36) 앞의 강연.

37) 박남기, 〈교사 양성 정책의 현장 적합성 진단과 혁신 방향〉, 《교원 양성 및 채용 정책의 현장 적합성 진단과 혁신 방향》, 제104차 KEDI 교육정책포럼 자료집, 한국교원교육학회·한국교육개발원, 2017.

38) 한상윤, 〈신규교사 채용 정책의 현장 적합성 진단과 혁신 방향〉, 《교원 양성 및 채용 정책의 현장 적합성 진단과 혁신 방향》, 제104차 KEDI 교육정책포럼 자료집,

한국교원교육학회·한국교육개발원, 2017.

39) 박남기, 앞의 글.

40) 양영유, 〈블라인드 면접과 '표정 성형'〉, 《중앙일보》, 2017. 7. 31.

41) 관계부처합동, 앞의 글.

4장 신실력주의 사회란 무엇인가?

1) 우리나라에서는 "자유주의적 정치 체제 속에서 사회주의적 가치관을 가진 국민들이 특히 분배적 평등과 '존재론적 자유'를 충족시키면서 살아갈 수 있는가"(이돈희, 앞의 책)라는 질문으로 환원된다.

2) 양재진·정형선·김혜원·이종태, 《사회정책의 제3의 길》, 백산서당, 2008; Morel, N., Palier, B., & Palme, J., *Towards a social investment welfare state?: ideas, policies and challenges*, Policy Press, 2012; 안병영·하연섭, 《5·31 교육개혁 그리고 20년》, 다산출판사, 2015.

3) 필립 코틀러, 박준형 역, 《다른 자본주의: 우리 삶이 직면한 위기를 해결하는 14가지 길》, 더난출판사, 2015.

4) 박남기, 〈교육개혁 새패러다임(8): 학습효율성 제고를 위한 근본 방안〉, 《교육을 바꾸는 사람들》, 2016. 7. 6. 참고.

5) 이돈희, 앞의 책.

6) 헌법 제10조: 모든 국민은 인간으로서의 존엄과 가치를 가지며, 행복을 추구할 권리를 가진다. 국가는 개인이 가지는 불가침의 기본적 인권을 확인하고 이를 보장할 의무를 진다.

7) 김철수, 《헌법학신론》, 박영사, 2002.

8) 장영수, 《기본권론》, 홍문사, 2003.

9) 필립 코틀러, 앞의 책.

10) 앞의 책.

11) 집산주의(集産主義, collectivism)는 주요 생산수단을 공유화하여 정부의 관리 아래 통제하는 것을 이상으로 보는 정치 이론이다. 토지·공장·철도·광산 등 자본의 국유화를 주장하지만, 개인의 소비 자유를 인정하는 점에서 공산주의와 차이를 보인다.

12) 필립 코틀러, 앞의 책.

13) 6장 '무엇을 가르칠 것인가' 참고.

14) 애덤 스미스, 박세일·민경국 공역, 《도덕감정론》, 비봉출판사, 2009.

15) Smith, 1969. (애덤 스미스, 앞의 책에서 재인용)

16) 입장을 바꾸어 느끼고 생각해볼 수 있는 인간의 역지사지 능력, 그 능력을 통하여 인간과 인간 사이에 상호 감정 일치(공감)를 구하는 노력, 상호 공감을 이루었을 때의 즐거움, 또한 상호 공감을 얻기 위해 각자가 자신의 이기심·자애심의 추구를 공정한 제3자의 공감을 얻어낼 수 있는 범위 내에서 조절·자제하려는 인간의 자연발생적 감정(노력).

17) 애덤 스미스, 앞의 책.

18) 앞의 책.

19) 가령 겉으로는 시민의 자발적 모임으로서 보다 공정하고 아름다운 세상을 만들기 위해 결성된 시민단체라고 표방하면서, 기업체나 특정 이익단체 또는 정부의 지원을 받으며 그들을 대변하는 시민단체들을 말한다.

20) 시민 교육 방향 및 활성화에 대해서는 6장 '교육개혁의 새로운 패러다임'에서 상세히 논한다.

21) 국가가 정한 소득 이하의 근로 저소득층에게 부족한 부분만큼의 보조금을 직접 지급하는 것.

22) 필립 코틀러, 앞의 책.

23) 소득이 생활임금 수준이 되지 않을 때 오히려 환급해주는 (보조금) 제도.

24) 정부 관여 없이 기업(산업)에서 단체교섭을 통해 최저임금 결정.

25) 불충분한 사회보장연금을 보충하기 위해 노동자들이 독립적인 은퇴계좌 운용. 노동자들이 일정 정도 자본가가 되게 하는 효과가 있다.

26) 필립 코틀러, 앞의 책.

27) 앞의 책.

28) 정태수, 〈날개 꺾인 앵그리버드, 로비오 엔터테인먼트〉, SERI CEO 강연, 2017. 2. 17.

29) 필립 코틀러, 앞의 책.

30) 사회투자적 정책 접근은 생산성 향상과 인적자원에 대한 적극적 투자를 강조하며, 결과의 평등 대신 (생애) 기회의 평등과 지식 기반 사회의 새로운 위험(경력 단절, 저숙련 등)을 극복할 수 있는 능력, 즉 '지속적 고용 능력'의 제고에 큰 비중을 두는 접근이다. 양재진 외, 《사회정책의 제3의 길》, 백산서당, 2008; 안병영·하연섭, 《5·31 교육개혁 그리고 20년》, 다산출판사, 2015 참조.

31) 양재진 외, 앞의 책.

32) Levy, 1999. (양재진 외, 앞의 책에서 재인용)

33) 양재진 외, 앞의 책.

34) 앞의 책.

35) 신입사원이 대학에서 습득한 지식과 기술이 기업에서 필요한 수준의 26퍼센트에 불과하며, 대졸 신입사원의 교육을 위해 평균 20.3개월의 기간과 6218만 원의 비용이 소요된다는 전경련이나 경총 등의 분석을 그 예로 든다. 앞의 책 참조.

36) Crouch et al., 2001. (안병영·하연섭, 앞의 책에서 재인용)

37) 양재진 외, 앞의 책.

38) White, 2004. (양재진 외, 앞의 책에서 재인용)

39) 문제는 유능한 사람들은 대체적으로 자기 자신보다 더 열등한 자녀를 갖는다는 점이다. 이는 평균점을 향한 지속적인 회귀 현상 때문이다. 지능이 낮은 사람들도 보편적으로 자신보다 약간 더 뛰어난 자녀를 갖게 된다. 만일 그렇지 않다면 지배적 엘리트 계층이 한 번 확립되면 바로 유전될 것이다. 이러한 자연적 성향이 사회적 유동성을 가능하게 하는 것이다(Young, 1994).

5장 교육개혁을 위한 올바른 질문

1) 박남기, 《교육전쟁론》, 장미출판사, 2003.

2) 김신일, 〈5·31 교육개혁의 교육사적 의미와 성과〉, 《5·31 교육개혁과 단위학교 자율경영: 성과와 쟁점》, 한국교육행정학회 제173차 춘계학술대회, 2015; 김재웅, 〈김영삼 정부의 교육정책 결정 구조〉, 《한국 교육정책 결정 구조의 정치학》, 한국교육정치학회 38차 춘계학술대회 논문집, 2015.

3) 박세일, 〈21세기 선진통일을 위한 교육개혁: 철학과 전략〉, 교육개혁포럼 한반도선진화재단 세미나 자료집, 2015.

4) 교육개혁위원회, 〈세계화·정보화 시대를 주도하는 신교육체제 수립을 위한 교육개혁 방안〉(제2차 대통령 보고서), 대통령자문 교육개혁위원회, 1995. 5. 31.

5) 당일 토론자로 나선 윤지희는 "교육으로 인한 학생들의 학습 고통은 더욱 극심해졌고, 사교육비는 1995년 1조 1866억 원에서 2014년 18조 2297억 원으로 20년 사이에 15배 이상 뛰었다. 1인당 국민소득이 95년 1만 1430달러에서 2014년 3만 달러가 안 되는 상황과 비교하면 사교육비 부담의 증가는 엄청난 현실이다"라고 주장한다. 윤지희, 〈교육의 궁극적 목적: 고귀한 인간과 사회〉, 교육개혁포럼 한반도선진화재단 세미나 자료집, 2015.

6) 개혁의 새 방향을 제시하기 위해서는 당시 개혁의 목적으로 삼은 것 중에서 달성된 것과 그렇지 못한 것을 밝히고, 원래 의도나 예상과 달리 결과가 잘못 나온 것에 대해 각각의 원인을 밝히는 작업이 선행되어야 한다. 개혁 철학으로 발생한 문제의 경우에는 원인 분석을 바탕으로 극복하기 위한 새로운 철학이 제시되어야 할 것이다.

7) 5·31 개혁에 참여했던 김신일의 2015년 5월 9일 교육행정학회 세미나 기조강연에 따르면, 주도권을 가지고 있던 박세일과 일련의 경제학자들은 '소비자'라는 용어를 강력하게 고수하고자 했으나 교육계 소속 위원들의 강한 반발 때문에 '수요자'라는 용어로 대체했다고 한다(김신일, 〈5·31 교육개혁의 교육사적 의미와 성과〉).

8) 물론 좋은 교육을 받으면 창업하여 일자리를 창출할 수 있을 것이라고 이야기할 수는 있다. 그 경우 학교교육의 책임은 시대가 요구하는 보다 창의적인 인재를 배출하는 것이고, 일자리 창출과 관련된 지원 시스템을 갖추는 것은 국가와 경제계가 해야 할 역할이지 학교의 역할이 아니다. 교육개혁 방향을 설정할 때 민주 시민 육성이라는 공교육의 일차적 목적과 시장의 요구를 어떻게 조화시킬 것인가에 대한 진지한 고민은 교육계의 몫이다.

9) 소량 다품종의 시대, 다양성과 창의성이 요구되는 시대에 가장 잘 대응하는 교육은 기본을 충실하게 해주는 교육이다. 소량 다품종은 마지막 제조 공정의 문제다. 같은 자동차라도 소비자의 요구에 따라 모양, 색상, 크기뿐만 아니라 옵션을 다양하게 해주어야 한다. 그러려면 기본 재료가 좋아야 한다. 경제학자들이 즐겨 사용하는 제품 생산의 비유를 그대로 차용할 경우, 학교는 제품 생산 및 조립 공정이 아니라 원재료 생산 공정이다. 첫 단계에서는 원재료인 순수한 철을 잘 만들어내면 된다. 그다음 단계에서 시장의 요구에 맞추어 필요한 요소를 추가하여 다양한 철을 만들고, 필요에 맞추어 크기와 두께 및 모양 등을 조절하는 등 소량 다품종의 시대에 부응하는 것이다. 기초교육 단계에서 미래 시대가 필요로 하는 기본 자질과 역량, 인성 등을 제대로 길러 미래 사회의 인재가 되도록 교육시키면, 그다음 단계인 직업교육 단계에서 소량 다품종 요구에 맞게 변화시켜야 한다. 기초교육의 기본 역할과 직업교육의 역할을 혼동하면 원재료에 불순물이 끼어 제품 생산 공정에서 원하는 제품을 만들어낼 수 없을 것이다.

10) 이명박 정부에서 교육개혁의 모든 것을 좌지우지한 이주호 전 교육부 장관은 한겨레와의 대담에서 "교과부 장관 시절 하향식(톱다운) 교육 정책 추진에 대해서는 많이 반성하고 있다"며 "아이들의 행복을 중심에 놓고 수업 방식과 교육과정, 대입 제도를 바꾸는 사회적 합의가 필요한 때"라고 밝혔다.

11) 페르난도 트리아스 데 베스, 권상미 역, 《시간을 파는 남자》, 21세기북스, 2006.

12) Brooks, 2012. (김민혁, 〈크라이우투 교수의 '중용의 다양한 얼굴들'(2017)을 읽고〉, 《교수신문》, 2017. 1. 16에서 재인용)

13) 이하의 내용은 박남기의 〈제4차 산업혁명기 교육개혁의 새 패러다임 탐색〉(2017)을 토대로 한다.

14) 주로 참고한 자료는 다음과 같다. 앨빈 토플러, 《제3의 물결》, 《위기를 넘어서: 21세기 한국비전》, 《부의 미래》; 이코노미스트 편집부, 《메가체인지 2050》; 하그리브

스 셜리,《학교교육 제4의 길》; 브린욜프슨,《기계와의 경쟁》; 박재윤 외, 〈미래 교육비전 연구〉; 김희규 외 7인, 〈한국교육의 진단과 미래교육 트렌드〉; 박남기, 〈초등교육 미래 비전에 비추어본 초등교원 양성 교육 개편 방향〉; 원동연,《대한민국 국가미래교육전략》; 한국교육개발원 미래교육기획위원회,《한국교육 미래 비전》.

15) 클라우스 슈밥, 송경진 역,《클라우스 슈밥의 제4차 산업혁명》, 새로운현재, 2016.

16) 이 부분은 박남기(2011)를 토대로 수정했다.

17) 이대희, 〈4차 산업혁명시대 일자리 사라질 확률, 한국 OECD내 최하위 수준〉,《연합뉴스》, 2017. 3. 9.

18) 이코노미스트 편집부, 김소연·김인항 역,《메가체인지 2050》, 한스미디어, 2012.

19) 이철현, 〈38년 후 한국, 경제 대국 오른다〉,《시사저널》, 2012. 11. 8.

20) 조호진, 〈2050년이면 한국이 1인당 GDP가 1억이 넘어…세계 4번째 富國에〉,《조선일보》, 2012. 8. 18.

21)《제4의 길》저자는 "제4의 길의 출발점으로 핀란드, 싱가포르, 그리고 한국과 같이 교육 및 경제적 성과는 물론이고 사회 유대에 있어서도 우수한 지표를 보인 사례들을 꼽아 볼 수 있다"라고 이야기한다. 하지만 역자는 "저자가 한국의 교육적 성과가 우수하다 평가한 것은 PISA 성적에만 근거한 것으로 보인다"라고 주를 달았다. 이러한 역자 주는 저자들의 시각이나 분석이 전체적으로 오류일 수 있다고 이야기하는 것으로 오해될 수도 있다. 그러함에도 불구하고 이러한 역자 주를 붙인 이유는 역자가 볼 때 우리나라는 저자가 이야기한 제4의 길과 너무 동떨어져 있다고 생각하기 때문일 것이다. 미국 대통령 오바마가 한국의 교육을 성공적 사례로 언급할 때마다 우리 사회 대부분은, 앞의 사례와 비슷하게, 그가 잘못 보았다고 단정 지었다.

22) "동양인들은 자기 안에 긍정적인 속성이 없을 뿐만 아니라 나쁜 특성이 많이 있다고 보고하는 경향도 보인다. 그들이 그저 더 겸손하기 때문이 아니라, 실제로도 자신을 덜 긍정적으로 평가한다는 사실이 연구 결과를 통해 밝혀졌다." 리처드 니스벳,《생각의 지도》, 2004쪽.

23) 앤디 하그리브스·데니스 셜리, 이찬승·김은영 역,《학교교육 제4의 길》, 21세기교육연구소, 2015.

24) 송기창, 〈학교재정에 대한 5·31 교육개혁의 성과와 과제〉,《5·31 교육개혁과 단위학교 자율 경영》, 한국교육행정학회 춘계학술대회 자료집, 2015.

25) 이코노미스트 편집부, 앞의 책.

26) 박남기, 〈실력주의 사회에 대한 신화 해체〉,《교육학연구》54(3), 2016.

27) 이코노미스트 편집부, 앞의 책.

28) 이철현, 앞의 글.

29) 앞의 글.

30) 이코노미스트 편집부, 앞의 책.

31) 에릭 브린욜프슨·앤드루 매카피, 정지훈·류현정 역,《기계와의 경쟁》, 틔움출판, 2013.

32) 시간을 절약해주고 생활을 편리하게 해주는 것이 많아질수록 더 바빠지는 이유 중 하나는 필요 이상으로 편리하게 하는 값비싼 물품을 구입하기 위해 더 많은 시간 동안 일을 해야 하기 때문이다. 이동 시간을 절약해주는 자동차, 그러나 앞으로 무인자동차가 나오면 그것을 구입하기 위해 더 많은 시간을 일해야 한다.

33) 롤프 하우블, 이미옥 역,《시기심》, 에코리브르, 2002.

34) 소설《시간을 파는 남자》의 주인공 TC는 잠 못 이루던 어느 날 저녁 자기 인생의 대차대조표를 만들어 자산과 부채를 따져보았다. 그랬더니 은행 융자로 산 집을 포함해 지고 있는 빚을 갚으려면 35년을 노력해야 한다는 사실을 알게 된다. 즉 자신이 가지고 있는 35년분의 '시간'을 이미 모두 팔아버렸다는 사실을 깨닫는다. 이 소설은 "'시간'이라는 중요한 요소를 소재로 삼아 '내 시간의 주인은 바로 나'라는 메시지를 전달하고 있을 뿐 아니라, 현대인을 노예화하는 체제를 날카로운 시선으로 비판하고 있다."(페르난도 트리아스 데 베스, 권상미 역,《시간을 파는 남자》, 21세기북스, 2006.) 이러한 체제 속에서 현대인들은 결국 시간을 저당 잡힌 노예가 되어 하루하루 시간에 쫓기며 살아가고 있는 것이다.

35) 하이퍼미디어(하이퍼텍스트 구조와 멀티미디어 표현을 갖고 있는 정보 이용 환경을 말한다. 하이퍼미디어 시스템에서 멀티미디어 사용 시 특징은 직접적으로 노드를 링크시킴으로써 키워드를 부여할 필요를 없애고, 링크가 되어 있는 경우 직감적으로 데이터를 검색해갈 수 있다는 점이) 사용이 사고방식, 특히 장기 기억에 미칠 영향에 대한 우려가 커지고 있다(이코노미스트 편집부, 앞의 책).

36) 박남기의 〈노인 기준 바꾸자〉(2015)를 수정한 내용이다.

37) SERI CEO 콘텐츠팀, 〈당신의 전성기〉, SERI CEO 특별기획 삼매경, 2014. 11. 27.

38) 박남기의 〈교육개혁 새패러다임(8): 학습효율성 제고를 위한 근본 방안〉(2016)을 토대로 한 내용이다.

39) 신진우·황형준, 〈한국중고생 책상 앞에는 오래 앉아 있지만〉,《동아일보》, 2008. 10. 31.

40) 주당 수학 학습 시간(분)=학교 내 수학 학습 시간+학교 밖 수학 학습 시간+과외 시간+학원 수강 시간.

41) 유한구·김영식, 〈PISA 및 PIAAC을 이용한 교육성과 비교와 정책과제〉(이슈페이퍼 2015-4), 한국직업능력개발원, 2015.

42) 스위스는 대학 입학 자격 시험에 합격하면 모든 대학 모든 학과(의대 제외)에 마음

대로 들어갈 수 있다. 대학 정원도, 학과 정원도 없다(〈스위스의 교육제도〉 참고). 취리히 교육대학 부총장에 따르면, 적응하지 못하는 학생들과의 집중 면담 등을 통해 탈락시키거나 다른 전공으로 바꾸도록 유도한다고 한다. 탈락생은 보통 신입생의 절반 정도에 이른다고 한다. 스위스는 복선형 학제를 통해 중학교에 입학할 때 직업학교에 진학할지 일반학교에 진학할지를 결정한다. 복지 제도가 잘 정착되어 있고 직업 간 소득 차이도 크지 않아 이에 대한 반발은 적다. 최근 들어 다국적 기업이 스위스에 진출하면서 대학 졸업자들의 급여를 크게 올리는 바람에 사회 문제가 되고 있다고 한다.

43) 정도상, 〈'핀란드' 겉은 비슷하지만 속은 다르다: 우리와 비교해본 대학입시〉,《한국교육신문》8, 2013. 1. 6.

44) 정규직 대졸 초임 급여가 대기업 정규직이 100이라면 중소기업 62.1, 영세기업 53.7로 차이가 아주 크다.《한국대학신문》, 2016. 2. 15.

45) 박남기,《교육전쟁론》.

6장 교육개혁의 새로운 패러다임

1) 앤디 하그리브스·데니스 셜리, 앞의 책.

2) 교수학습 국제조사기구가 OECD 34개국 중학교 교사 10만 5000여 명의 직업 만족도를 조사한 결과 "교사 된 것 후회한다"는 비율은 한국이 20.1퍼센트로 OECD 평균 9.5퍼센트를 웃돌며 가장 높았다. 송호근, 〈시민교육, 더 이상 늦출 수 없다〉, '무한경쟁에서 개성존중의 시대로', 동아일보 심포지엄 자료집, 2015. 2. 10.

3) 물론 현실에서는 오바마 대통령 이전까지 제2의 길을 벗어나지 못했다.

4) 앤디 하그리브스·데니스 셜리, 앞의 책.

5) 여기서 지평선이 의미하는 바는 "과거의 길에서 벗어나 새로운 길을 향해 걸어 나갈 수 있도록 이정표 역할을 해주는 것 (…) 거시적인 시야를 가지고 판단할 수 있도록 도와주고, 전방의 경로를 개척해 나갈 수 있도록 동기를 부여하는" 요소를 의미한다. 이는 그들이 제시한 제4의 길이 지향해 나아가야 할 방향이다.

6) 앤디 하그리브스·데니스 셜리, 앞의 책.

7) 박남기·임수진, 〈5·31 대학교육 혁신의 영향과 과제: 대학설립 준칙주의와 정원 자율화 정책을 중심으로〉,《교육현장의 관점에서 바라본 5·31 교육혁신의 성과와 과제》, 한국교원단체총연합회 5·31 교육혁신 20주년 연속 세미나(1), 2015.

8) 박남기, 〈교육개혁 새패러다임(8): 학습효율성 제고를 위한 근본 방안〉,《교육을 바꾸는 사람들》, 2016. 7. 6.

9) 유발 하라리, 조현욱 역, 《사피엔스》, 김영사, 2015.

10) 김진숙, 〈제4차 산업혁명과 교육의 역할〉, 《월간교육》 5, 2016; 이혜정, 〈미래사회를 위한 교육제도 혁신〉, 《4차 산업혁명 시대, 한국교육 쟁점과 해법》, 경기도교육연구원 개원 3주년 기념 심포지엄 자료집, 2016; 장슬기, 〈한국의 교육현장 속에서 미래학교를 찾다: 제4차 산업혁명 시대, 미래 한국 학교교육의 전망과 해법〉, 《4차 산업혁명 시대, 한국교육 쟁점과 해법》, 경기도교육연구원 개원 3주년 기념 심포지엄 자료집, 2016; 조상식·김기수, 〈미래 한국교육의 철학적 기초: 진단, 과제 그리고 방향〉, 《4차 산업혁명 시대, 한국교육 쟁점과 해법》, 경기도교육연구원 개원 3주년 기념 심포지엄 자료집, 2016.

11) 우분투는 사람들 간의 관계와 헌신에 중점을 둔 윤리 사상이다. 남아프리카 반투어에서 유래된 말로, 아프리카의 전통 사상이며 평화운동의 사상적 뿌리다. 넬슨 만델라는 우분투에 대해 "사람들이 자신을 위해 일하지 말라는 것이 아닙니다. 중요한 점은, 그렇게 하는 것이 여러분 주변의 공동체가 더 나아지게 하는 일이냐는 것입니다"라고 말했다. 우리 홍익인간의 이념과 맥을 같이하고 있음을 알 수 있다. 우분투는 2015 미주 대륙 국제비교교육학회(Comparative and International Education Society, CIES)의 핵심 주제였다.

12) 나는 《교육전쟁론》에서 학부모뿐 아니라 국가, 사회, 기업, 학교, 교사 등도 독자적 교육열의 주체임을 밝혔다.

13) "배우고 때로 익히면 또한 즐거운 일이 아니겠는가(學而時習之 不亦說乎)." 여기서 '열(說)' 자는 '기쁠 열(悅)'의 본자다.

14) "천하의 영재를 얻어 가르치는 것이 세 번째 즐거움이다(得天下英才 而敎育之 三樂也)." 《맹자》 〈진심(盡心) 편〉 참고로 기록에 남아 있는 동양 치맛바람 1호는 맹자의 어머니라고 한다. 이는 맹모삼천지교의 고사와, 공부하러 다니던 맹자가 잠시 게으름을 피우자 짜던 베를 잘라 훈계한 데서 비롯되었다는 '결단(決斷)'이라는 말의 유래를 통해 잘 알 수 있다. 이러한 어머니의 영향인지 맹자는 군자삼락의 하나로 교육의 기쁨(敎育悅)을 들고 있다.

15) 박남기, 〈유·초등교육의 발전 과제: 교육전쟁을 넘어 교육평화로〉, 한국교육학회, 2008. (춘계학술대회 '이명박 정부의 교육정책 과제와 방향', 한국교육학회)

16) 박남기의 〈대입 문제 완화를 위한 제안: 범위형 대입제도〉 《서울신문》, 2015. 5. 1) 참고.

17) 조상식·김기수, 〈미래 한국교육의 철학적 기초: 진단, 과제 그리고 방향〉, 《4차 산업혁명 시대, 한국교육 쟁점과 해법》, 경기도교육연구원 개원 3주년 기념 심포지엄 자료집, 2016.

18) 시신경과 연결된 두뇌 피질은 경계를 구분하고 시차(parallax)를 인지함으로써 공

간에 있는 물체의 위치를 파악하는 등 복잡한 수학 문제를 푸는 것보다 훨씬 더 어려운 일들을 매일같이 잘해내고 있다(브린욜프슨·매카피, 앞의 책).

19) 브린욜프슨·매카피, 앞의 책.

20) 공동체주의는 사회에 순응할 것을 강하게 요구하는 경향이 있어서 자칫 개인의 자유를 억압하는 문제를 가져올 수 있다. 그래서 제안된 것이 '수정 공동체주의'다. 수정 공동체주의는 '독재적 권력구조와 계층화, 소수집단에 대한 차별 등의 결함을 가진 전통적인 공동체주의'가 아니라 '참여, 대화, 공동의 가치'에 기반하고 있다. 방임적 개인주의나 독재적인 집산주의 사회가 아니라 개인의 자유와 권리, 사회적 질서와 책임이 균형 잡힌 사회다. 집산주의 사회는 개인이 아니라 사회적 성취에서 자존감을 얻는 사회로 개인의 권리가 일부 침해되더라도 사회적 조화를 중시한다. 개인은 공동체 속에서 타인에게 훌륭한 모습을 보여야 한다. 유교 사회, 이슬람, 중동 국가들이 일부 여기에 포함된다(필립 코틀러, 앞의 책).

21) 엘빈 토플러, 원창엽 역, 《제3의 물결》, 홍신문화사, 1994.

22) "국민 개념은 '능동성'보다 '수동성'에 더 가깝고, '자발성'보다 '동원성'과 더 친숙하다. (…) 시민적 자질과 시민적 윤리가 작동해야 할 곳에 국민적 관습과 국민적 의식이 여전히 강력한 영향력을 발휘하고 있는 모습이 우리가 처한 한국 사회의 현실이다." 시민은 다음의 몇 가지 요건을 충족해야 한다. "첫째, 신분질서에서 벗어나 계약질서로 맺어진 독자적 개인들, 둘째, 전통적 이해관계(혈연, 지연, 학연)에서 벗어난 개인들, 셋째, 공익의 중요성에 눈뜬 개인들이 그것이다. 이 세 가지는 소위 시민사회(civil society)의 전제조건이다." "'국민'은 국가를 정점으로 하는 수직적 관계, '시민'은 직업과 계층이 다른 동시대인들과의 공동체적 우애를 중시하는 수평적 관계의 자질을 함축한다면, 한국은 국민이 승하고 시민이 취약한 불균형적 상태에 놓여 있다. 국민과 시민의 결합, 수직적 관계와 수평적 관계가 제대로 발달된 사회가 건강하고 단단하다."(송호근, 〈시민교육, 더 이상 늦출 수 없다〉, 동아일보사, 2015. 2. 10. 무한경쟁에서 개성존중의 시대로, 동아일보 제4 심포지엄 자료집.)

23) 우리의 미래인 학생들은 평화와 공존, 협동과 창의성을 익히며 행복하고 건강하게 자라야 한다. 각자의 자존감을 바탕으로 급우들을 존중하고 협동하면서 배우고 익히는 삶을 체득해 나갈 때, 우리 사회는 건강하게 발전할 것이기 때문이다(한만중, 〈5·31 교육개혁 평가와 진보적 교육개혁의 전망〉, 《5·31 교육개혁 신자유주의를 넘어 미래로》, 제4차 교육포럼 자료집, 2015).

24) 송호근은 성민이라고 번역한다. 그러나 우리나라는 독일과 달리 성 안에 사는 것이 아니라 대부분 자연 마을에 살았으니, 성민은 서양식 번역이라 할 수 있다.

25) 송호근, 〈우리는 아직도 '국민'시대를 산다〉, 《중앙일보》, 2014. 12. 3.

26) 시대의 흐름 속에서 호칭과 지칭으로 사용되던 용어가 지칭으로만 살아남는 경우

가 있는데, 그것이 바로 '스승'이다. 1970년대까지만 해도 자기 스승을 소개할 때 "이분이 제 스승님이십니다"라고 했다. 그리고 서한을 보낼 때도 서두에 '스승님께' 라고 쓰고, 부를 때 '스승님'이라고 불러도 어색하지 않았다. 그러나 이제는 더 이상 스승을 호칭으로 사용하지 않는다. 그 자리를 외래어 멘토(mentor)가 차지했다. 시간이 흐르면 시민이 호칭으로서의 지위를 획득할 수도 있을 것이다.

27) 마틴 셀리그만, 김인자·우문식 역,《긍정심리학》, 물푸레, 2014.

28) 앞의 책.

29) 래리 큐반·데이비드 타이악, 권창욱·박대권 역,《학교 없는 교육개혁》, 박영스토리, 2017.

30) 탈중앙집권화가 실현된다고 해서 민주주의가 보장되는 것은 아니다. 지방에서도 악질적인 전체 정치가 가능하다. 지방 정치는 국정보다 훨씬 부패한 경우가 많다. 그래도 결정권을 부담시켜야 하는 이유는 어떠한 정치구조도 (…) 일정량의 정보만을 다룰 수 있고, 특정한 질과 양 모두에 한정된 결정밖에 할 수가 없기 때문이다 (엘빈 토플러, 앞의 책).

31) 하그리브스와 셜리는 제3의 길에서 커다란 장애 중 하나가 국가(중앙집권)라고 지적했는데, 제4의 길을 가능하게 하는 희망의 근거 또한 국가라고 하고 있다. 그에 따르면, 제4의 길이 성공하려면 국가가 탁월한 교육적 성취를 유도해내는 역량을 갖춰야 한다. 결국은 그가 바라는 방식으로 국가가 변하고 행동해주어야 제4의 길이 성공할 수 있는데, 이는 자칫 하나의 바람이나 이상에 불과할 수 있다. 필요한 것은 어떻게 해야 국가가 폭력적으로 행동(제3의 길)하는 것이 아니라, '약자와의 협력, 절제된 힘, 긴장 해소' 방식(제4의 길)으로 행동하게 할 것인가이다. 이에 대해서는 직접적으로 방안을 제시하지 않고, 다만 그렇게 행동하고 있는 몇 가지 사례를 들고 있다. 대표적인 예는 핀란드다. 결국은 국가가 변해야 하는데, 국가를 변화시키기 위해 우리가 해야 할 일은 무엇일까? 현재로서 거의 사회적 합의에 도달하고 있는 대안은 초정권적 국가교육위원회다.

32) 김용일, 〈김대중 정부의 교육정책 결정 구조〉,《한국 교육정책 결정 구조의 정치학》, 한국교육정치학회 38차 춘계학술대회 논문집, 2015.

33) 박남기, 〈협치의 관점에서 본 대학지배구조〉,《한국교육행정학회추계학술대회자료집》, 2016b.

34) 밥 루츠, 홍대운 역,《빈 카운터스》, 비즈니스북스, 2012.

35) Toffler, E.·정보통신정책연구원, 〈위기를 넘어서: 21세기 한국의 비전〉, 정보통신정책연구원, 2001.

36) 박남기·김근영,《학부모와 함께 하는 학급경영》, 태일사, 2007.

37) 박남기·구영철·최은희, 〈21세기 학급경영 이론과 실제〉, 광주교대 출판부, 1998.

38) 김진숙, 〈제4차 산업혁명과 교육의 역할〉, 《월간교육》 5, 2016.

39) 미국은 이러한 지역 학생의 성적이 워낙 낮기 때문에 일부 효과가 있는 것으로 나타나지만, 일정 수준 이상으로 오르기는 어려울 것이다. 사회의 빈부 격차가 극심하고 하위계층은 교육력이 파괴된 상황에서, 미국의 제4의 길 노력 또한 한계에 부딪힐 것으로 예상된다. 사회 구조에 대한 개선 노력이나 합의 없이 지역사회 조직화 운동에 큰 기대를 거는 것은 제3의 길에서 범한 오류를 반복하는 것이다.

40) Toffler, E.·정보통신정책연구원, 앞의 글.

41) 박남기, 〈유·초등교육의 발전 과제: 교육전쟁을 넘어 교육평화로〉, 한국교육학회, 2008. (춘계학술대회 '이명박 정부의 교육정책 과제와 방향', 한국교육학회)

42) 엘빈 토플러, 앞의 책.

43) 한만중, 〈5·31 교육개혁 평가와 진보적 교육개혁의 전망〉, 《5·31 교육개혁 신자유주의를 넘어 미래로》, 제4차 교육포럼 자료집, 2015.

44) 박세일, 〈21세기 선진통일을 위한 교육개혁: 철학과 전략〉, 교육개혁포럼 한반도선진화재단 세미나 자료집, 2015.

45) 이하의 내용은 박남기의 《교육전쟁론》(2003)을 토대로 작성했다.

46) 에릭 브린욜프슨·앤드루 매카피, 앞의 책.

47) 자크 아탈리, 이세욱 역, 《합리적인 미치광이》, 중앙M&B, 2001.

48) 이하 내용은 박남기의 〈미래사회를 대비한 교원양성체제 개혁 방향〉(2017)을 토대로 작성했다.

49) 위키백과 참조. https://goo.gl/rMdZan

50) 박남기, 〈정책 결정과 도깨비도로 함정〉, 《서울신문》, 2012. 8. 13.

51) 최무영·박형규, 〈복잡계의 개관〉, 《물리학과 첨단기술》 16(10), 2007. 10.

52) 가령 복잡계인 유리(glass)가 안정 상태가 되려면 우주 나이 이상의 시간이 걸린다고 한다.

53) 최무영·박형규, 앞의 글.

54) 김세균 외 12인, 《다윈과 함께: 인간과 사회에 관한 통합학문적 접근》, 사이언스북스, 2015.

55) 앞의 책.

56) 바이러스와 달리 복잡계 생명체의 진화는 긴 시간 단위 속에서 이루어지는 생명 현상이지만, 최근 과학 연구는 부모가 습득한 기능이 자녀에게 유전될 수 있음을 보여줌으로써 짧은 시간 단위 속에서도 진화가 가능함을 일깨워주고 있다. 인간으로 구성된 조직도 외부 환경 변화에 적응하며 빠른 속도로 진화해간다.

57) 복잡계가 주는 시사점은 이외에도 많다. 향후 발전시켜가도록 하겠다.

58) 이 내용은 박남기의 〈유·초등교육의 발전 과제: 교육전쟁을 넘어 교육평화로〉

(2008)를 토대로 작성했다.

59) 댄 히스·칩 히스, 안진환 역,《스위치》, 웅진하우스, 2010.

60) 박남기,《박남기 교수의 미국초등학교 깊이 읽기》, 장미출판사, 2002.

61) 나는《교육전쟁론》(2003)에서 우리 교육 여건 및 제도와 관련하여 자랑할 수 있는 것은 우수한 교사, 교사순환근무제, 지역 간 낮은 교육 격차, 부모의 배경이 직접적으로 영향을 미치는 것을 철저히 차단하는 각급 학교의 입학 제도, 자녀 교육에 대한 부모의 열의, 그리고 공부하고자 하는 열의를 가진 학생이 많은 점 등을 들었다.

62) 앤디 하그리브스·데니스 셜리, 앞의 책

63) 마이클 풀란, 이찬승·은수진 역,《학교개혁은 왜 실패하는가》, 21세기교육연구소, 2017.

64) 박병진,〈혁신교육의 스탬프〉,《광주이알뉴스》, 2017. 6. 16.

65) Ries, E., *The lean startup: How today's entrepreneurs use continuous innovation to create radically successful business*, Crown Publishing, 2012.

66) 이희우,〈린스타트업 이해와 Case Study〉, 2015.

67) Ries, 2012. (마이클 풀란,《학교개혁은 왜 실패하는가》에서 재인용)

68) 김종수,〈집단사고〉,《중앙일보》, 2007. 1. 15.

7장 창의 인재 육성

1) 위키백과 참조.

2) Christodoulou, Daisy., *Seven myths about education*, Routledge, 2014.

3) 이해진,〈인간의 도움이 필요 없는 '알파고 제로'의 의미〉,《티타임즈》, 2017. 10. 24.

4) 컴퓨터 알고리즘이란, 컴퓨터를 이용하여 문제를 풀기 위한 방법을 과정이나 절차를 이용해 만들어놓은 것을 의미한다. 문제 해결 프로그램이라고 생각하면 된다.

5) 교육개혁위원회,〈세계화·정보화 시대를 주도하는 신교육체제 수립을 위한 교육개혁 방안〉(제2차 대통령 보고서), 대통령자문 교육개혁위원회, 1995. 5. 31.

6) 김경자,〈4차 산업혁명과 2015 개정 교육과정〉, 2017.

7) 김경자, 앞의 글.

8) 이하는 박남기의《최고의 교수법》(2017)에서 발췌한 내용이다.

9) 이러한 혼동은 연구자들도 겪고 있다. "문제중심학습이 강의 유형의 전통적인 주입식 교육방법보다 학습자의 비판적 사고성향, 문제해결능력, 학업성취도, 자율학습능력을 향상시키는데 효과가 있어 간호교육방법의 중요한 수단으로 보고되고 있다"라는 김상돌의 주장이 한 예이다(김상돌,〈혼합학습 프로그램이 간호대학생의 윤리적

가치관에 미치는 효과〉,《간호행정학회》20(5), 2014).

10) 이 경우 주입식 교수법과 대칭을 이루는 교수법은 학생들의 속에 있는 것을 끄집어 내준다는 의미를 가진 '산파술'이라고 할 수 있다. 산파술에서 아이를 낳는 것은 산 모이고 산파는 단지 옆에서 도움을 주는 사람일 뿐이다.

11) 'cramming'은 '억지로 욱여넣다', '강제로 살찌우다' 등의 의미다. 타당한 번역은 아 닌 것 같지만, 학원을 영어로 'cram school'이라고 한다. 단기간에 많은 지식을 욱여 넣어주는 곳이라는 의미일 것이다.

12) 안데르스 에릭슨·로버트 풀, 앞의 책.

13) Kuhn, Thomas S., *The structure of scientific revolutions* (2nd edition), The University of Chicago Press, 1970.

14) 찰스 파델, 마야 비알릭 외 1명, 이미소 역,《4차원 교육》, 새로온봄, 2016.

15) 헨리 뢰디거·마크 맥대니얼 외 1명, 김아영 역,《어떻게 공부할 것인가》, 미래엔, 2015.

16) 앞의 책.

17) 이하는 박남기의《최고의 교수법》(2017)에서 발췌한 내용이다.

18) 대니얼 T. 윌링햄, 문희경 역,《왜 학생들은 학교를 좋아하지 않을까?》, 부키, 2011.

19) Dumont, H., Istance, D., and Benavides, F.(eds.), "The nature of learning: Using research to inspire practice", OECD Centre for Educational Research and Innovation, 2010.

20) 이찬승, 〈학교교육 혁신(8): 2035년 학교교육은 어떤 모습일까?〉,《교육을 바꾸는 사람들》, 공교육 희망, 2016. 2. 17.

21) 발견학습은 학생들 스스로 주제를 탐색하고, 문제를 토론하며, 실험을 설계하면서 교사의 설명이 아니라 학생들이 주도적으로 질문하도록 유도하는 수업 방식을 의 미한다. 여기서 교사는 수업 지도자가 아니라 수업의 자원 역할을 한다.

22) 대니얼 T. 윌링햄, 앞의 책.

23) 김정규, 〈새로운 학력, 액티브 러닝의 함정〉,《교수신문》, 2018. 3. 5.

24) 사이토 다카시, 김나랑 역,《사이토 다카시의 진정한 학력》, 지식의날개, 2018.

25) 옛날 돈은 많으나 어리석은 사람이 있었는데, 다른 부잣집의 3층 누각을 보고 부 러워 그 누각을 지은 목수를 불러 지어달라고 했다. 목수가 땅을 고르고 벽돌을 쌓기 시작하자 부자가 말했다. "나는 아래 두 층은 필요 없다. 맨 위층을 먼저 지어 라." 사람들이 모두 비웃으면서 말했다. "어떻게 맨 아래층을 짓지 않고 위층을 짓겠 는가."(현각 역,《백유경》, 민족사, 2004.)

26) 사이토 다카시, 앞의 책.

27) 이하는 박남기의《최고의 교수법》(2017)에서 발췌한 내용이다.

28) 장 디디에 뱅상, 이세진 역,《뇌 한복판으로 떠나는 여행》, 해나무, 2010.

29) 헨리 뢰디거·마크 맥대니얼 외 1명, 앞의 책.

30) 진희정,《하루키 스타일》, 중앙북스, 2013.

31) 알프레드 아들러, 김세영 역,《알프레드 아들러, 교육을 말하다》, 부글북스, 2015.

32) 티모시 윌슨, 진성록 역,《나는 내가 낯설다》, 부글북스, 2008.

33) 대니얼 카너먼, 이진원 역,《생각에 관한 생각》, 김영사, 2012.

34) 이하는 박남기의〈창의융합형 인재 양성 성공 조건〉(2018)을 바탕으로 작성한 내용이다.

35) 헨리 뢰디거·마크 맥대니얼 외 1명, 앞의 책.

36) 찰스 파델, 마야 비알릭 외 1명, 앞의 책.

37) 김경자, 앞의 글.

8장 대입 정책이 가야 할 길

1) 전봉관,〈백 년의 악몽, 입시〉, SERI CEO 강연, 新경성실록, 2017. 6. 21.

2) 앞의 글.

3) 김효혜,〈변별력 잃은 영어…1등급 10%〉,《매일경제》, 2017. 12. 11.

4) 전봉관, 앞의 글.

5) 통계청,〈2017년 11월 고용동향〉(보도자료), 통계청 사회통계국 고용통계과, 2017. 12. 13.

6) 고민 순위 2위는 학업(대학생 25.2퍼센트, 전문대생 26.1퍼센트), 3위는 경제적 어려움(대학생 9.5퍼센트, 전문대생 10.4퍼센트)으로 나타났다. 고유선,〈대학생 10명 중 6명 "학업 아니라 취업이 지상과제"〉,《연합뉴스》, 2017. 12. 13.

7) 이하는 박남기의《교육전쟁론》(2003) 내용을 일부만 수정한 것이다. 15년 전에 출판된 내용이지만 오늘의 문제를 진단하고 처방하는 데 보탬이 되리라 생각한다.

8) 동일한 인간도 다른 상황에서는 다른 행동을 하게 마련이다. 서식 밀도가 극히 높고 먹이가 부족한 실험실에서 서식 밀도가 극히 낮고 먹이가 풍부한 실험실로 옮겨진 쥐의 행동 변화, 사계절 지역에서 열대 지역으로 옮겨진 벌의 채밀 양태 변화는 여건이 나아졌을 때 동물과 곤충의 행동 양식이 어떻게 변화하는가를 보여준다.

9) 이상의 상황에서 우리나라 교육전쟁의 기본 단위는 가족임을 알 수 있다.

10) 최근에 일고 있는 교육이민은 이러한 전쟁을 피하려는 것으로 이해될 수 있다. 그러나 조기유학은 전쟁 상황을 피하려는 것이 아니라, 외부에서 힘을 키워 전쟁에서 승리하려는 시도로 보아야 할 것이다.

11) 이하는 박남기의《교육전쟁론》(2003) 내용을 토대로 한 내용이다.

12) Combs, A., *Myths in education*, Allyn and Bacon, 1979.

13) 이러한 관점에서 보면 해외 거주 2년 이상 학생들에 대한 대학 특별전형 제도를 포함하여 부모의 배경이 주요 요인으로 작용하는 각종 전형 요소는 문제가 있다. 하지만 소년소녀 가장이나 국가유공자 자녀 혹은 농어촌 자녀 특례입학은 사회 공평성의 관점에서 보아 문제가 없는 제도다.

14) 이하는 제롬 카라벨,《누가 선발되는가?》의 관점을 토대로 한 내용이다.

15) UCB 입학사정관은 약 110명으로 2008년 가을학기 전형에서 12월부터 3월까지 4만 8000여 장의 지원서를 처음부터 끝까지 정독해 채점하고, 평가점수가 평가자 간 1점 이상 차이 나면 12명의 선임 사정관에게 제출해 판단하도록 했다. 그러나 2008년 가을학기에서 1점 이상 차이 나는 경우는 5퍼센트 미만일 정도로 신뢰할 만하고 공정성이 있다. 김정희, 〈미국 입학사정관제도의 운영 실제〉,《교육정책포럼》182, 2008.

16) "고 3 수험생들이 지원한 대학의 결정을 기다리는 봄이 오면 나는 늘 대학 입학 선발 과정을 본뜬 보드게임을 만들고 싶은 생각이 들곤 합니다. 학교 성적, 자기소개서, 수능(SAT) 성적, 특별활동, 봉사활동 실적 등 명확한 대학 입학 절차와 기준에 따라 진퇴가 결정되는 말이 있고, 그 말에는 근심 어린 얼굴을 새겨 넣습니다. 하지만 내가 생각한 게임은 앞서의 비교적 객관적인 기준 말고 밖에 잘 알려지지 않은 다른 기준에 따라서도 말의 진퇴가 결정됩니다. 학생은 다른 지원자들처럼 학교 성적이 상위 10퍼센트에 들죠? 그럼 그 자리에 정지. 호텔 주방 봉사활동 경험이 있군요. 그건 너무 흔한 이야기입니다. 두 칸 뒤로 후퇴. 거미줄의 유전자 구조를 연구했어요? 앞으로 네 칸 전진. 뛰어난 미식축구 선수인데 학교 성적은 별로군요. 괜찮아요. 열 칸 앞으로. 자기소개서는 그저 그렇군요. 어, 그런데 아버지가 우리 학교 이사라고요? 그럼 학생이 승자입니다." William Casky, *USA TODAY*, 2007. 3. 14.

17) 미국 스탠퍼드대 체스터 핀 교수는 미국의 대학 입학 선발 제도를 고등학교에서 대학으로 건너가는 '다리 쌓기'에 비유한다. 대부분의 미국인은 고등학교를 마치고 대학으로 가는 길은 강 반대편 둑에서 공사를 해오는 사람을 무시한 채 이쪽에서 일방적으로 쌓아가는 다리를 건너는 것처럼 불확실하고 짜증스런 일로 여긴다는 것이다. 어찌됐든 강을 건널 안정적인 지름길은 없기 때문에 사람들은 가지각색의 방법으로 그 강을 건너려 하고, 일부는 중도에 포기하기도 한다. 어떤 사람은 오늘날의 혼란스럽기까지 한 미국 대학 신입생 선발 과정을 엄청난 공적·사적 비용의 낭비일 뿐만 아니라 시간과 인력 낭비라고 비판하기도 한다. 이러한 상황에서는 학생들의 실력 향상과 스펙 쌓기에서 한발 더 나아가 입시 전략까지 세워야 승리할 수 있다. *Chronicle of Higher Education*, 2006. 3. 10.

18) 김용래, 〈프랑스, 대입시험 바칼로레아 확 뜯어고친다〉, 《연합뉴스》, 2018. 2. 6.

19) 이하는 박남기의 〈인도와 브라질의 고등교육 기회균등정책 분석〉(2015)을 토대로 한 내용이다.

20) 인도에서 교육 및 고용 부문 특별 지원 대상으로 지정된 계급. 불가촉천민으로 불리며 인구의 24.3퍼센트를 차지한다.

21) Sharma, S., "In India, caste discrimination still plagues university campuses", The Chronicle of Higher Education, December 11, 2011.

22) Neelakantan, S., "India's supreme court upholds additional quotas for admissions to national universities", The Chronicle of Higher Education, April 11, 2008.

23) 힌두스탄 타임즈, 〈인도: 대학입학 할당제 정책 수정 불가피〉, 한국교육개발원 국외 교육동향, 2010. 9. 28.

24) "India Considers Quotas for Muslims at Public Universities", The Chronicle of Higher Education, September 21, 2011.

25) Sharma, S., 앞의 글.

26) "India proposes steps to curb caste discrimination at universities", The Chronicle of Higher Education, March 15, 2012.

27) Sharma, S., 앞의 글.

28) Downie, A., & Lolyd, M., "At Brazil's universities, affirmative action faces crucial tests", The Chronicle of Higher Education, August 1, 2010.

29) Sardano, E. J., "Higher education and higher education policy in Brazil – a review", Frankfurt School Newsletter, November 2012.

30) "The mortarboard boom; Higher education in Brazil," The Economist 15 Sept. 2012.

31) 조성은·박요진, 〈'지균충'… 낯부끄러운 서울대 왕따〉, 《국민일보》, 2013. 10. 15.

32) Osan, G., "In India, the neediest students get a second chance", The Chronicle of Higher Education, September 19, 2010.

33) "In a first, India makes caste discrimination punishable at universities", The Chronicle of Higher Education, June 4, 2012.

34) 말콤 글래드웰, 노정태 역, 《아웃라이어》, 김영사, 2009.

35) 박남기, 《교육전쟁론》.

36) 박남기, 〈실력주의 사회에 대한 신화 해체〉.

37) 앞의 글.

38) 이찬승, 〈일본의 "교육 및 대입 제도 대개혁"이 한국 입시개혁에 주는 시사점〉, 《교육을 바꾸는 사람들》 106호, 2017. 11. 15; 이찬승, 〈세기의 대 구상 일본의 "교육

및 대입 제도 대개혁" 탐방기〉,《교육을 바꾸는 사람들》108호, 2017. 12. 7.

9장 아이들이 행복한 교육

1) 학교급별로는 우리나라 초등학생의 87.2퍼센트, 중학생의 78.8퍼센트, 고등학생의 73.1퍼센트가 '행복하다'고 응답함으로써 연령과 교급이 높아질수록 주관적 행복 수준이 낮아짐을 알 수 있다. 성별에 따라서는 남학생의 78.8퍼센트, 여학생의 78.6퍼센트가 '행복하다'고 응답해 성별 차이는 거의 없는 것으로 나타났다. 성적 수준별 '행복하다'의 응답률에서는 상위 집단 85.8퍼센트, 중간 집단 81.5퍼센트, 하위 집단 71.4퍼센트로 나타남으로써 성적과 주관적 행복감이 일정 정도 비례하는 결과를 보여준다. 염유식 외 3인, 〈2014년도 한국 어린이·청소년 행복지수 국제비교연구 조사 결과 보고서〉, 한국방정환재단, 2014.

2) 교도통신사, 〈日, 유니세프 '어린이 행복지수' 6위〉, 2013. 12. 25.

3) 이 책에 대한 리뷰 '네덜란드 아이들이 세상에서 가장 행복하다. 그 비밀은?'을 토대로 분석했다. 국내에서《네덜란드 소확행 육아》(리나 메이 아코스타·미셸 허치슨, 김진주 역, 예담프렌드, 2018)로 출간되었다.

4) 김정윤, 〈자원빈국 네덜란드, 경제대국 성장동력은 외국어〉,《조선일보》, 2015. 8. 18.

5) "International Monetary Fund", World Economic Outlook Database, IMF, 2016. 10.

6) 박상돈, 〈한국인 근로시간 연간 2천163시간…OECD 2위〉,《연합뉴스》, 2014. 8. 25.

7) 네덜란드는 다른 유럽 국가들처럼 벌어들인 돈의 대부분을 왕과 귀족의 호화스런 왕궁을 짓는 데 쓰는 대신, 중소상인들을 위한 주택을 짓는 데 썼다고 한다.

8) 리플리의 책은 우리나라, 핀란드, 그리고 폴란드 3개 국가 학생들이 공부를 잘하는 이유를 미국 아이들이 공부를 못하는 이유와 비교하면서 분석하고 있다. 아만다 리플리, 이희정 역,《무엇이 이 나라 학생들을 똑똑하게 만드는가》, 부키, 2014.

9) 주관적 행복도가 높은 나라는 스페인 117.7, 네덜란드 114.7, 그리스 111.7, 이탈리아 107.4, 스위스 106.1, 오스트리아, 105.6 등이다. 우리나라는 74.0으로 두드러진 꼴찌다. 염유식 외 3인, 앞의 글.

10) 김미향, 〈수학익힘책 풀기·받아쓰기…서울 초등 1~2학년 교실서 '퇴출'〉,《한겨레》, 2016. 8. 30.

11) 정홍원, 〈주요국의 사회보장제도 '네덜란드'〉, 한국보건사회연구원, 2012.

12) 앞의 글.

13) 박상돈, 앞의 글.

14) 차상미, 〈2015 노동생산성 국제비교〉, 《한국생산성본부 연구보고서》, 2015.

15) 부가가치는 명목부가가치와 실질부가가치가 있는데, 실질부가가치를 사용한다. 명목부가가치는 해당 국가의 통화로 표시된 액수이고, 실질부가가치는 구매력평가지수를 적용하여 주로 미국 달러화로 환산한 액수이다(차상미, 〈2015 노동생산성 국제비교〉). 구매력평가지수(Purchasing Power Parity, PPP)란 특정 재화와 서비스에 대해 기준 국가 화폐 1단위로 살 수 있는 것과 같은 양을 살 수 있는 비교 국가의 화폐 단위를 의미한다.

16) '국가 노동생산성'은 필자가 만든 용어다.

17) 차상미, 앞의 글.

18) Katusa, M., *The colder war: How the global energy trade slipped from America's grasp*, John Wiley & Sons, 2014.

19) 유용원, 〈작년 9兆⋯ '무기 수입' 세계 1위 코리아〉, 《조선일보》, 2015. 12. 28.

20) 앤서니 B. 앳킨슨, 《불평등을 넘어》.

21) 이하는 박남기의 《최고의 교수법》(2017)에서 발췌한 내용이다.

22) 김기헌, 〈2010 한국 청소년 핵심역량 진단조사〉, 한국청소년정책연구원, 2011.

참고문헌

단행본

고영성·신영준,《완벽한 공부법》, 로크미디어, 2017.

김세균 외 12인,《다윈과 함께》, 사이언스북스, 2015.

김철수,《헌법학신론》, 박영사, 2002.

김형석,《백년을 살아보니》, 덴스토리, 2016.

대니얼 T. 윌링햄, 문희경 역,《왜 학생들은 학교를 좋아하지 않을까?》, 부키, 2011.

대니얼 카너먼, 이진원 역,《생각에 관한 생각》, 김영사, 2012.

댄 히스·칩 히스, 안진환 역,《스위치》, 웅진하우스, 2010.

래리 큐반·데이비드 타이악, 권창욱·박대권 역,《학교 없는 교육개혁》, 박영스토리,
    2017.

레이 크록, 이영래 역,《로켓 CEO》, 오씨이오(OCEO), 2016.

롤프 하우블, 이미옥 역,《시기심》, 에코리브르, 2002.

리나 메이 아코스타·미셸 허치슨, 김진주 역,《네덜란드 소확행 육아》, 예담프렌드,
    2018.

리처드 니스벳, 최인철 역,《생각의 지도》, 김영사, 2004.

마이클 풀란, 이찬승·은수진 역,《학교개혁은 왜 실패하는가》, 21세기교육연구소, 2017.

마틴 셀리그만, 김인자·우문식 역,《긍정심리학》, 물푸레, 2014.

말콤 글래드웰, 노정태 역,《아웃라이어》, 김영사, 2009.

미하이 칙센트미하이, 최인수 옮김,《몰입 flow》, 한울림, 2004.

박남기,《교육전쟁론》, 장미출판사, 2003.

박남기,《박남기 교수의 미국초등학교 깊이 읽기》, 장미출판사, 2002.

박남기,《최고의 교수법》, 쌤앤파커스, 2017.

박남기·김근영,《학부모와 함께 하는 학급경영》, 태일사, 2007.

밥 루츠, 홍대운 역,《빈 카운터스》, 비즈니스북스, 2012.

사이토 다카시, 김나랑 역,《사이토 다카시의 진정한 학력》, 지식의날개, 2018.

수전 블랙모어, 김명남 역,《문화를 창조하는 새로운 복제자 밈》, 바다출판사, 2010.

스티븐 J. 맥나미·로버트 K. 밀러 주니어, 김현정 역,《능력주의는 허구다》, 사이, 2015.

스티븐 레빗·스티븐 더브너, 안진환 역,《괴짜 경제학》, 웅진지식하우스, 2005.

아만다 리플리, 이희정 역,《무엇이 이 나라 학생들을 똑똑하게 만드는가》, 부키, 2014.

안데르스 에릭슨·로버트 풀, 강혜정 역,《1만 시간의 재발견》, 비즈니스북스, 2016.

안병영·하연섭,《5·31 교육개혁 그리고 20년》, 다산출판사, 2015.

알프레드 아들러, 김세영 역,《알프레드 아들러, 교육을 말하다》, 부글북스, 2015.

애덤 스미스, 박세일·민경국 역,《도덕감정론》, 비봉출판사, 2009.

앤디 하그리브스·데니스 셜리, 이찬승·김은영 역,《학교교육 제4의 길》, 21세기교육연구소, 2015.

앤서니 B. 앳킨슨, 장경덕 역,《불평등을 넘어》, 글항아리, 2016.

앤절라 더크워스, 김미정 역,《그릿(GRIT)》, 비즈니스북스, 2016.

앨빈 토플러, 김중웅 역,《부의 미래》, 청림출판, 2006.

양광모,《위대한 만남》, 북큐브, 2016.

양재진 외,《사회정책의 제3의 길》, 백산서당, 2008.

에릭 브린욜프슨·앤드루 매카피, 정지훈·류현정 역,《기계와의 경쟁》, 틔움출판, 2013.

엘빈 토플러, 원창엽 역,《제3의 물결》, 홍신문화사, 1994.

여유진·정해식 외 5인,《사회통합 실태진단 및 대응방안 II-사회통합과 사회이동》, 한국보건사회 연구원, 2015.

오찬호,《우리는 차별에 찬성합니다》, 개마고원, 2013.

원동연,《대한민국 국가미래교육전략》, 김영사, 2017.

월터 미셸, 안진환 역,《마시멜로 테스트》, 한국경제신문사, 2015.

유발 하라리, 조현욱 역,《사피엔스》, 김영사, 2015.

이돈희,《교육과 정치》, 에듀팩토리, 2016.

이정규,《한국사회의 학력학벌주의》, 집문당, 2003.

이종필,《상대성이론 강의》, 동아시아, 1998.

이코노미스트 편집부, 김소연·김인항 역,《메가체인지 2050》, 한스미디어, 2012.

임마누엘 페스트라이쉬,《한국인만 모르는 다른 대한민국》, 21세기북스, 2013.

자크 아탈리, 이세욱 역,《합리적인 미치광이》, 중앙M&B, 2001.

장 디디에 뱅상, 이세진 역,《뇌 한복판으로 떠나는 여행》, 해나무, 2010.

장영수,《기본권론》, 박영사, 2003.

제롬 카라벨, 이종삼 역,《누가 선발되는가?》, 한울, 2011.

조너선 하이트, 권오열 역,《행복의 가설》, 물푸레, 2010.

진희정,《하루키 스타일》, 중앙북스, 2013.

찰스 파델·마야 비알릭 외 1명, 이미소 역,《4차원 교육》, 새로온봄, 2016.

최승복,《교육을 교육답게 우리 교육 다시 세우기》, 맘에드림, 2018.

카이스트 미래전략대학원,《대한민국 국가미래전략 2016》, 이콘, 2015.

클라우스 슈밥, 송경진 역,《클라우스 슈밥의 제4차 산업혁명》, 새로운현재, 2016.

탈 벤-샤하르, 노혜숙 역,《하버드대 행복학 강의 해피어》, 위즈덤하우스, 2007.

토마 피케티, 장경덕 외 역,《21세기 자본》, 글항아리, 2014.

티모시 윌슨, 진성록 역,《나는 내가 낯설다》, 부글북스, 2008.

페르난도 트리아스 데 베스, 권상미 역,《시간을 파는 남자》, 21세기북스, 2006.

필립 코틀러, 박준형 역,《다른 자본주의》, 더난출판사, 2015.

한국교육개발원 미래교육기획위원회 편,《한국교육 미래 비전》, 학지사, 2011.

헨리 뢰디거·마크 맥대니얼 외 1명, 김아영 역,《어떻게 공부할 것인가》, 미래엔, 2015.

현각 역,《백유경》, 민족사, 2004.

Christodoulou, Daisy., *Seven myths about education*, Routledge, 2014.

Collins, R., *The credential society*, Academic Press, 1979.

Combs, A., *Myths in education*, Allyn and Bacon, 1979.

Hargreaves, A., & Shirley, D. L., *The global fourth way: The quest for educational excellence*, Corwin Press, 2012.

Katusa, M., *The colder war: How the global energy trade slipped from America's grasp*, John Wiley & Sons, Inc., 2014.

Kuhn, Thomas S., *The structure of scientific revolutions*(2nd edition), The University of Chicago Press, 1970.

Morel, N., Palier, B., & Palme, J., *Towards a social investment welfare state?: ideas, policies and challenges*, Policy Press, 2012.

Morf, C. & Mischel, W., "The self as a psycho-social dynamic proecssing system: Toward a converging science of selfhood", in M. Eary and J. Tangney eds, *Handbook of self and Identity*(2nd ed.), Guilford Press, 2012.

Noddings, N., *The challenge to care in schools: An alternative approach to education*, Teachers Collges Press, 1992.

Rawls, J., *Theory of justice*, Clarendon Press, 1972.

Ries, E., *The lean startup: How today's entrepreneurs use continuous innovation to create radically successful business*, Crown Publishing, 2012.

Rina Mae Acosta & Michele Hutchison, *The Happiest Kids in the World*, Doubleday, 2017.

Ripley, Amanda., *The smartest kids in the world*, Somon & Schuster, 2013

Young, M., *The Rise of the Meritocracy*, Transaction Publishers, 1994.

Zelazo, P. D., & Cunningham, W., "Executive function: Mechanisms underlying emotion regulation," In Gross, J.(ed.), *Handbook of Emotion Regulation*, Guilford Press, 2007.

기사

강홍준·이원진, 〈내신·논술·수능 '죽음의 트라이앵글' 교육 비판한 동영상 파문〉, 《중앙일보》, 2006. 3. 29.

고유선, 〈대학생 10명 중 6명 "학업 아니라 취업이 지상과제"〉, 《연합뉴스》, 2017. 12. 13.

권수진, 〈'첫 반기' 포스텍의 용기 "정시30% 못한다"〉, 《베리타스 알파》, 2018. 8. 21.

김미향, 〈못말리는 '자본사회'…'학벌'마저 손들었다〉, 《한겨레》, 2016. 4. 28.

김미향, 〈수학익힘책 풀기·받아쓰기…서울 초등 1~2학년 교실서 '퇴출'〉, 《한겨레》, 2016. 8. 30.

김민혁, 〈크라이우투 교수의 '중용의 다양한 얼굴들'(2017)을 읽고〉, 《교수신문》, 2017. 1. 16.

김봉구, 〈SKY 합격시킨 은행 채용비리에 분노〉, 《한국경제》, 2018. 2. 5.

김수현, 〈배우·탤런트 10명중 9명, 한달에 60만원도 못번다〉, 《연합뉴스》, 2017. 1. 16.

김용래, 〈프랑스, 대입시험 바칼로레아 확 뜯어고친다〉, 《연합뉴스》, 2018. 2. 6.

김정윤, 〈자원빈국 네덜란드, 경제대국 성장동력은 외국어〉, 《조선일보》, 2015. 8. 18.

김종수, 〈집단사고〉, 《중앙일보》, 2007. 1. 15.

김지섭, 〈은행 신입 공채에 필기시험 도입〉, 《조선일보》, 2018. 6. 6.

김창규, 〈작년 매출 361억 달러 시스코 존 체임버스 회장〉, 《중앙일보》, 2010. 6. 19.

김현정, 〈'학생부종합전형' 비율 늘었지만…서울대 합격생 일반고↓ 특목고↑〉, 《뉴스1》, 2017. 1. 23.

김효혜, 〈변별력 잃은 영어…1등급 10%〉, 《매일경제》, 2017. 12. 11.

남정민·이인혁, 〈'인서울' 대학생도, 지방대 학생도… 지역인재·블라인드 채용 "아이고~ 의미없다"〉, 《한국경제신문》, 2018. 1. 24.

노자운, 〈'세계적 미래학자' 레이 커즈와일 "2030년대, 뇌에 나노봇 넣어 컴퓨터에 연결하는 시대 온다"〉, 《조선일보》, 2016. 7. 24.

류현성, 〈세계 부유층 85명, 세계인구 절반 재산과 동일〉, 《연합뉴스》, 2014. 1. 22.

문세영, 〈창의성은 타고날까, 후천적일까?〉, 《코메디닷컴 뉴스》, 2017. 2. 11.

박남기, 〈개천에서 용이 안 나오는 이유〉, 《한국대학신문》, 2004. 8. 30.

박남기, 〈대입 문제 완화를 위한 제안: 범위형 대입제도〉, 《서울신문》, 2015. 5. 1.

박남기, 〈대입정책, 국가교육회의에 바란다〉, 《한국일보》, 2018. 4. 19.

박대한, 〈한국 상위 10% 소득집중도 미국 다음…증가폭은 최고〉, 《연합뉴스》, 2016. 9. 4.

박병진, 〈혁신교육의 스탬프〉, 《광주이알뉴스》, 2017. 6. 16.

박상돈, 〈한국인 근로시간 연간 2천163시간…OECD 2위〉, 《연합뉴스》, 2014. 8. 25.

박은하, 〈헬조선에 태어나 노오오오오력이 필요해〉, 《경향신문》, 2015. 9. 4.

방대원, 〈LOL만 잘해도 대학갈 수 있다?〉, 《내일신문》, 2014. 3.

배연호, 〈천하의 이창호 오목에서 무너지다〉, 《연합뉴스》, 2009. 9. 1.

송호근, 〈우리는 아직도 '국민'시대를 산다〉, 《중앙일보》, 2014. 12. 3.

신재우, 〈"아프고 불안해요"… 클래식 전공자들, 신체·정신 고통 호소〉, 《연합뉴스》,
2017. 1. 16.

신진우·황형준, 〈한국중고생 책상 앞에는 오래 앉아 있지만〉, 《동아일보》, 2008. 10. 31.

신하영·이정혁, 〈대학총장, 모교출신 13%·서울대출신 32%〉, 《한국대학신문》, 2009. 1.

신하영, 〈대학의 별 총장… 서울대 출신 24.3% 최다〉, 《이데일리》, 2013. 12. 20.

양영유, 〈블라인드 면접과 '표정 성형'〉, 《중앙일보》, 2017. 7. 31.

연합뉴스, 〈英·美 대학생 마약보다 각성제 부작용 커〉, 《연합뉴스》, 2010. 4. 6.

옥철, 〈500대 기업 CEO 절반 'SKY' 출신… 최대학맥 '고대 경영'〉, 《연합뉴스》, 2015. 7.
15.

유용원, 〈작년 9兆… '무기 수입' 세계 1위 코리아〉, 《조선일보》, 2015. 12. 28.

유종일, 〈어느 CEO의 야릇한 이혼소송과 '행운의 보수'〉, 《허핑턴포스트코리아》, 2016.
9. 7.

이강국, 〈세계화 소득분배 그리고 경제성장〉, 《프레시안》, 2004. 9. 13.

이광빈, 〈'5억초과 소득세율 40퍼센트로 인상' 소득세법안, 본회의 통과〉, 《연합뉴스》,
2016. 12. 2.

이기훈·김영준, 〈'블라인드'의 역설… 지방대생 채용 줄었다〉, 《조선일보》, 2018. 8. 22.

이대희, 〈4차 산업혁명시대 일자리 사라질 확률, 한국 OECD내 최하위 수준〉, 《연합뉴
스》, 2017. 3. 9.

이두걸, 〈점점 벌어지는 대한민국 빈부 격차〉, 《서울신문》, 2013. 2. 23.

이재익·이한빛, 〈교수 출신 총선 당선자, 300명 중 53명〉, 《한국대학신문》, 2016. 4. 15.

이정전, 〈빈부 격차 심해지는 한국, 1% 위한 나라 되나〉, 《프레시안》, 2013. 6. 19.

이지선, 〈'개천에서 용 나던' 고시여 안녕!〉, 《경향신문》, 2014. 2. 2.

이지훈, 〈난독증(難讀症) CEO들에게서 얻는 교훈〉, 《조선일보》, 2014. 12.

이철현, 〈38년 후 한국, 경제 대국 오른다〉, 《시사저널》, 2012. 11. 8.

이해진, 〈인간의 도움이 필요 없는 '알파고 제로'의 의미〉, 《티타임즈》, 2017. 10. 24.

정도상, 〈'핀란드' 겉은 비슷하지만 속은 다르다: 우리와 비교해본 대학입시〉, 《한국교육
신문》 8, 2013. 1. 6.

조성은·박요진, 〈'지균충'… 낯부끄러운 서울대 왕따〉, 《국민일보》, 2013. 10.

조호진, 〈2050년이면 한국이 1인당 GDP가 1억이 넘어…세계 4번째 富國에〉, 《조선일
보》, 2012. 8. 18.

진명선, 〈학종 합격자 절반이 월 소득 상위 30% 집 자녀〉, 《한겨레》, 2016. 6. 16.

희망제작소·허핑턴포스트코리아 공동기획, 〈경제 성장해봐야 재벌 총수 가족만 더 부자 된다〉, 《허핑턴포스트코리아》, 2016. 2. 15.

〈죽음의 트라이앵글, 벗어날 수는 없는가〉, 《한겨레》, 2006. 4. 6.

Acosta, R. & Hutchison, M., "Children in the Netherlands are the happiest on earth, so what's their secret?", *The Daily Telegraph*, 2017.

Beck, Melinda, "The sleepless elite: Why some people can run on little sleep and get so much done", *The Wall Street Journal*, April 5, 2011.

Brooks, D., "What moderation means", *The New York Times*, 2012. 10. 25.

Casky, William, "College admission: The board game", *USA TODAY*, March 14, 2007.

Denby, D., "The limits of "GRIT", *The New Yorker*, 2016. 6. 21.

Finn, Chester, "Obstacles on the route from high school to college", *Chronicle of Higher Education*, March 10, 2006.

"The mortarboard boom; Higher education in Brazil," *The Economist* 15 Sept. 2012.

Linda Sieg & Ami Miyazaki, "Japan's middle-aged 'parasite singles' face uncertain future", *The Japan Times*, 2017. 4. 20.

Young, M. "Down with meritocracy: The man who coined the word four decades ago wishes Tony Blair would stop using it", *The Guardian*, June 29, 2001.

논술, 학술지, 기고문

강준만, 〈이른바 '갑질 공화국'의 '이카로스 역설'〉, 《경향잡지》 43, 2015, 38-44쪽.

김기헌, 〈2010 한국 청소년 핵심역량 진단조사〉, 한국청소년정책연구원, 2011.

김낙년, 〈한국에서의 부와 상속, 1970-2013〉, 낙성대경제연구소, 2015. 7.

김명헌·이현정, 〈조직공정성: 평가기준과 지각된 공정성, 직무만족, 조직몰입, 직무몰입, 봉급만족과의 관계〉, 《한국심리학회지》 6(2), 1992, 11-28쪽.

김무봉, 김경범, 김권섭, 김원명, 박성용, 〈입학사정관제 중장기 발전방안 연구〉, 한국대학교육협의회, R2011-19-366, 2011.

김상돌, 〈혼합학습 프로그램이 간호대학생의 윤리적 가치관에 미치는 효과〉, 《간호행정학회》 20(5), 2014.

김승태, 〈입학사정관제도와 사교육의 연관성에 관한 소고〉, 《한국거버넌스학회보》 17(1), 2010, 237-264쪽.

김신영·오성근 외 14인, 〈입학사정관제 성과 분석 연구〉, 한국대학교육협의회, RR

2011-18-365, 2011.

김정규, 〈새로운 학력, 액티브 러닝의 함정〉, 《교수신문》, 2018. 3. 5.

김정희, 〈미국 입학사정관제도의 운영 실제〉, 《교육정책포럼》 182, 2008.

김주섭, 〈국가직무능력표준 활용 활성화 방안〉, 한국노동연구원, 2013.

김진숙, 〈제4차 산업혁명과 교육의 역할〉, 《월간교육》 5, 2016, 104-113쪽.

김희규 외 7인, 〈한국교육의 진단과 미래교육 트렌드〉, 한국교원단체총연합회, 2009.

민경찬, 〈대학과 창조경제: 창조경제와 학문의 융·복합〉, 《대학교육》 181, 2013, 30-36쪽.

박남기(2015). 인도와 브라질의 고등교육 기회균등정책 분석. 비교교육연구, 26(3), 341-370쪽.

박남기, 〈'업적주의 타도': 제3의 길은?〉, 한국교육행정학회 소식지, 105, 1-7, 10. 31.

박남기, 〈교육개혁 새패러다임(8): 학습효율성 제고를 위한 근본 방안〉, 《교육을 바꾸는 사람들》, 2016. 7. 6.

박남기, 〈교육개혁을 위해 던져야 할 바른 질문〉, 《교육을 바꾸는 사람들》, 2015. 7. 21.

박남기, 〈노인 기준 바꾸자〉, 《사랑방신문》, 2015. 8. 21.

박남기, 〈실력주의 사회에 대한 신화 해체〉, 《교육학연구》 54(3), 2016.

박남기, 〈인도와 브라질의 고등교육 기회균등정책 분석〉, 《비교교육연구》 26(3), 2015.

박남기, 〈입학사정관제 도입 성공을 위한 전제 조건〉, 《새교육》 655, 2009. 5, 15-22쪽.

박남기, 〈제4차 산업혁명기 교육개혁의 새 패러다임 탐색〉, 《교육학연구》 55(1), 2017, 213-242쪽.

박남기, 〈창의력은 엉덩이에서〉, 《사랑방신문》, 2013. 12. 11.

박남기, 〈창의융합형 인재 양성 성공 조건〉, 《행복한 교육》 427, 교육부, 2018. 2, 46-47쪽.

박남기, 〈초등교육 미래 비전에 비추어본 초등교원 양성 교육 개편 방향〉, 《초등교육연구》 24(3), 2011. 8, 325-348쪽.

박남기, 〈협치의 관점에서 본 대학지배구조〉, 《한국교육행정학회추계학술대회자료집》, 2016b, 19-51쪽.

박남기·구영철·최은희, 〈21세기 학급경영 이론과 실제〉, 광주교대 출판부, 1998.

박남기·김주후·박선형·이호섭, 〈대학입학사정관제의 공정성 확보 방안 연구〉, 한국대학교육협의회, RR-2008-4-286, 2008.

박남기·임수진, 〈스마트 학급경영의 개념과 방향 탐색〉, 《한국교원교육연구》 32(1), 2015a, 371-394쪽.

박남기·황윤한·김승호·나임, 〈실력전남을 위한 전남교육발전 중기비전 개발 연구〉, 전라남도교육청, 2005.

박일우, 〈대학에서 융·복합 교육의 실상과 그 해법〉, 《교양교육연구》 10(1), 2016, 349-

378쪽.

서덕희·이희용, 〈사회과학과 예술 융·복합 교육의 필요성과 가능성〉, 한국문화융합학회, 2015. 대학융합교육의 새로운 흐름: 진단과 전망(9-21쪽), 한국문화융합학회 추계 학술대회 자료집.

안병영, 〈한국 교육정책의 수월성과 형평성의 조화를 위하여〉, 《사회과학논집》 41(2), 2010, 1-13쪽.

양정호 외 8인, 〈창의 인재 선발을 위한 대입선진화 및 입학사정관제 내실화 방안 연구〉, 《정책연구 2010》, 과학창의재단, 2010.

염유식 외 3인, 〈2014년도 한국 어린이·청소년 행복지수 국제비교연구 조사결과 보고서〉, 한국방정환재단, 2014.

오욱환, 〈교육공정성: 성공도 체념도 불가능한 딜레마〉, 《지식의 지평》 11, 2011.

유석춘·장미혜, 〈사회자본과 한국사회〉, 《사회발전연구》 8, 2002, 87-125쪽.

유창선, 〈한국 국회의원의 사회적 특성에 관한 연구〉, 연세대학교 대학원 석사학위 논문, 1993.

이윤미, 〈입학사정관제도 확대를 우려하며〉, 《중등우리교육》 234, 2009, 72-79쪽.

이정표, 〈학력의 사회적 기능 탐색〉, 한국직업능력개발원, 2003.

이찬승, 〈세기의 대 구상 일본의 "교육 및 대입제도 대개혁" 탐방기〉, 《교육을 바꾸는 사람들》 108호, 2017. 12. 7.

이찬승, 〈일본의 "교육 및 대입제도 대개혁"이 한국 입시개혁에 주는 시사점〉, 《교육을 바꾸는 사람들》 106호, 2017. 11. 15.

이찬승, 〈학교교육 혁신(8): 2035년 학교교육은 어떤 모습일까?〉, 《교육을 바꾸는 사람들》, 공교육 희망, 2016. 2. 17.

정광희·김미란·박병영, 〈일본사례를 통해 본 입학사정관제 운영방향과 과제〉(OR 2009-3-4), 한국교육개발원, 2009.

정제영, 〈지능정보사회에 대비한 미래 교육정책 방향과 과제〉, 《한국교육학회 교육정책 포럼 자료집》(10-33쪽), 한국교육학회, 2016.

정홍원, 〈주요국의 사회보장제도 '네덜란드'〉, 한국보건사회연구원, 2012.

차상미, 〈2015 노동생산성 국제비교〉, 《한국생산성본부 연구보고서》, 2015.

최무영·박형규, 〈복잡계의 개관〉, 《물리학과 첨단기술》 16(10), 2007. 10.

허남린, 〈대학 입학정원의 역설〉, 《교수신문》 1, 2016. 3. 14.

힌두스탄 타임즈, 〈인도: 대학입학 할당제 정책 수정 불가피〉, 한국교육개발원 국외교육 동향, 2010. 9. 28.

〈고위공무원단 및 행정고시 합격자 출신 대학별 현황〉, 대학교육연구소, 2012. 10. 31.

Toffler, E.·정보통신정책연구원, 〈위기를 넘어서: 21세기 한국의 비전〉, 정보통신정책연구원, 2001.

Aesop, Jr., An Educational Allegory, *Journal of Education*, 50(14), 235. Quote Investigator, October, 1899.

Center on the Developing Child at Harvard University, Building the brain's "Air Traffic Control" system: How early experiences shape the development of executive function. *Working Paper* No. 11, 2011.

Downie, A., & Lolyd, M., "At Brazil's universities, affirmative action faces crucial tests", *The Chronicle of Higher Education*, August 1, 2010.

Dumont, H., Istance, D., and Benavides, F.(eds.), "The nature of learning: Using research to inspire practice", OECD Centre for Educational Research and Innovation, 2010.

"In a first, India makes caste discrimination punishable at universities", *The Chronicle of Higher Education*, June 4, 2012.

"India Considers Quotas for Muslims at Public Universities", *The Chronicle of Higher Education*, September 21, 2011.

"India proposes steps to curb caste discrimination at universities", *The Chronicle of Higher Education*, March 15, 2012.

Neelakantan, S., "India's supreme court upholds additional quotas for admissions to national universities", *The Chronicle of Higher Education*, April 11, 2008.

Osan, G., "In India, the neediest students get a second chance", *The Chronicle of Higher Education*, September 19, 2010.

Park, N., "Ways of seeing the phenomenon of higher education expansion through the private sector: The case of South Korea", Unpublished doctoral dissertation, University of Pittsburgh, 1993.

Pierre Bourdieu, "The forms of capital", John Richardson, *Handbook of theory and research for sociology of education*, Greenwood Press, 1986.

Roeling, M., Willemsen, G. & Boomsma, D., "Heritability of working in a creative profession", Behavior Genetics, 2016.

Rogers, I. H., "Brazil's Affirmative-Action Quotas: Progress?", *The Chronicle of Higher Education*, November 5, 2012.

Sardano, E. J., "Higher education and higher education policy in Brazil", *Frankfurt School Newsletter*, November 2012.

Sharma, S., "In India, caste discrimination still plagues university campuses", *The Chronicle of Higher Education*, December 11, 2011.

학술대회, 세미나 발표 자료

김신일, 〈5·31 교육개혁의 교육사적 의미와 성과〉, 《5·31 교육개혁과 단위학교 자율 경영: 성과와 쟁점》, 한국교육행정학회 제173차 춘계학술대회, 2015.

김용일, 〈김대중 정부의 교육정책 결정 구조〉, 《한국 교육정책 결정 구조의 정치학》, 한국교육정치학회 38차 춘계학술대회 논문집, 2015.

김재웅, 〈김영삼 정부의 교육정책 결정 구조〉, 《한국 교육정책 결정 구조의 정치학》, 한국교육정치학회 38차 춘계학술대회 논문집, 2015.

김천기, 〈평준화 제도의 왜곡과 자립형 사립고의 전근대성〉, 《교육비평》 8호, 2002.

박남기, 〈교사 양성 정책의 현장 적합성 진단과 혁신 방향〉, 《교원 양성 및 채용 정책의 현장 적합성 진단과 혁신 방향》, 제104차 KEDI 교육정책포럼 자료집, 한국교원교육학회·한국교육개발원, 2017.

박남기, 〈교육개혁을 위한 새로운 패러다임, 새로운 교육개혁 패러다임과 방향탐색〉, 5·31 교육개혁 20주년 연속 세미나(3) 자료집, 2015.

박남기, 〈'교육전쟁론' 재탐색〉, 《한국교육학회소식》, 2004.

박남기, 〈대학교육의 현실과 교육학의 과제: 실력주의 사회에 대한 신화 해체〉, 《한국교육의 현실과 한국교육학의 과제》, 한국교육학회 연차학술대회 자료집, 2016.

박남기, 〈미래사회를 대비한 교원양성체제 개혁 방향〉, 한국교육학회 교육정책포럼 자료집, 2017.

박남기, 〈'밝은 점' 찾기 전략〉, 《교육전남》, 전라남도교육청, 2010.

박남기, 〈입학사정관제의 쟁점과 과제: 공정성 차원에서〉, 한국교육행정학회 제39차 연차학술대회(제163차 학술대회), 2011.

박남기, 〈제4차 산업혁명기의 한국교육 시스템의 전환〉, 한국교육과정학회 국가교육과정 질 관리를 위한 민관 협력 거버넌스 전문가 3차 포럼, 2017.

박남기, 〈학교혁신의 방향과 과제: 교육개혁을 위한 새 패러다임 탐색〉, 5·31 교육개혁 20주년 연속 세미나(2) 자료집, 2015.

박남기·임수진, 〈5·31 대학교육 혁신의 영향과 과제: 대학설립 준칙주의와 정원 자율화 정책을 중심으로〉, 《교육현장의 관점에서 바라본 5·31 교육혁신의 성과와 과제》, 한국교원단체총연합회 5·31 교육혁신 20주년 연속 세미나(1), 2015.

박세일, 〈21세기 선진통일을 위한 교육개혁: 철학과 전략〉, 교육개혁포럼 한반도선진화재단 세미나 자료집, 2015.

박재윤·이정미·노석준·박남기·박찬주·신현석·염지숙·이연승·이진희·채재은, 《미래교육비전 연구》, 한국교육개발원, 2010.

송기창, 〈학교재정에 대한 5·31 교육개혁의 성과와 과제〉, 《5·31 교육개혁과 단위학교 자율 경영》, 한국교육행정학회 춘계학술대회 자료집, 2015.

윤지희, 〈교육의 궁극적 목적: 고귀한 인간과 사회〉, 교육개혁포럼 한반도선진화재단 세미나 자료집, 2015.

이종재, 〈'미래 인재육성 대토론회'에 대한 토론〉, 교육개혁포럼 한반도선진화재단 세미나 자료집, 2015.

이주호·홍성창, 〈인재대국으로 가는 긍정적 변화〉, 《인재대국: 이명박 정부의 교육과학기술정책》, 한국경제신문, 2011.

이찬승, 〈'5·31 교육개혁 신자유주의를 넘어 미래로' 토론문〉, 《5·31 교육개혁 신자유주의를 넘어 미래로》, 제4차 교육포럼 자료집, 2015.

이혜정, 〈미래사회를 위한 교육제도 혁신〉, 《4차 산업혁명 시대, 한국교육 쟁점과 해법》, 경기도교육연구원 개원 3주년 기념 심포지엄 자료집, 2016.

장슬기, 〈한국의 교육현장 속에서 미래학교를 찾다: 제4차 산업혁명 시대, 미래 한국 학교교육의 전망과 해법〉, 《4차 산업혁명 시대, 한국교육 쟁점과 해법》, 경기도교육연구원 개원 3주년 기념 심포지엄 자료집, 2016.

조상식·김기수, 〈미래 한국교육의 철학적 기초: 진단, 과제 그리고 방향〉, 《4차 산업혁명 시대, 한국교육 쟁점과 해법》, 경기도교육연구원 개원 3주년 기념 심포지엄 자료집, 2016.

최성근, 〈우리나라 중산층 삶의 질 변화〉, 현대경제연구원, 2013.

한만중, 〈5·31 교육개혁 평가와 진보적 교육개혁의 전망〉, 《5·31 교육개혁 신자유주의를 넘어 미래로》, 제4차 교육포럼 자료집, 2015.

한상윤, 〈신규교사 채용 정책의 현장 적합성 진단과 혁신 방향〉, 《교원 양성 및 채용 정책의 현장 적합성 진단과 혁신 방향》, 제104차 KEDI 교육정책포럼 자료집, 한국교원교육학회·한국교육개발원, 2017.

홍후조, 〈입학사정관제도의 현황과 시범운영 성과분석〉, 《입학사정관제도의 활성화를 위한 법적·제도적 방안 탐색》, 학술세미나 자료집, 2008.

기타

관계부처합동, 〈평등한 기회, 공정한 과정을 위한 블라인드 채용 추진방안〉, 관계부처합동, 2017. 7. 5.

교도통신사, 〈日, 유니세프 '어린이 행복지수' 6위〉, 2013. 12. 25.

교육개혁위원회, 〈세계화·정보화 시대를 주도하는 신교육체제 수립을 위한 교육개혁 방안)(제2차 대통령 보고서), 대통령자문 교육개혁위원회, 1995. 5. 31.

교육부, 〈2030 인재강국 실현을 위한 대한민국 미래교육 청사진〉, 교육부 보도자료, 2016. 12.

교육부, 〈대학입시제도 국가교육회의 이송안 발표문〉, 교육부, 2018. 4. 11.

교육부, 〈행복교육, 창의인재 양성: 2013년 국정과제 실천 계획〉(2013 대통령 업무보고), 교육부, 2013. 3.

김경자, 〈4차 산업혁명과 2015 개정 교육과정〉, 2017. (김경자 교수 제공 자료)

박남기, 〈유·초등교육의 발전 과제: 교육전쟁을 넘어 교육평화로〉, 한국교육학회, 2008. 춘계학술대회 '이명박 정부의 교육정책 과제와 방향', 47-76쪽.

박남기, 〈입학사정관제의 쟁점과 과제: 공정성 차원에서〉, 한국교육행정학회 제39차 연차학술대회(제163차 학술대회), 교육의 정의와 한국의 교육정책(81-118쪽), 2011. 12. 10.

사교육걱정없는세상, 〈출신학교 차별 금지법 제정 국민운동 출범식 스케치 보도자료〉, 2016. 4. 28.

송호근, 〈시민교육, 더 이상 늦출 수 없다〉, '무한경쟁에서 개성존중의 시대로', 동아일보 심포지엄 자료집, 103-148쪽, 2015. 2. 10.

스위스의 교육제도. http://ynucc.yu.ac.kr/~edupht/book/gyoyuk/global/14.html

유한구·김영식, 〈PISA 및 PIAAC을 이용한 교육성과 비교와 정책과제〉(이슈페이퍼 2015~2014), 한국직업능력개발원, 2015.

윤지연, 〈면접, 왜 연기력 평가가 되었나?〉, SERI CEO 강연, 人事, 조직심리를 읽다, 2016.

이병주, 〈모방은 나의 힘! 피카소〉 SERI CEO 강연, 리더십 경영, 창조가들. 2015.

이병주, 〈세상에 없는 새로운 것을 만들고 싶다면〉 SERI CEO 강연, 리더십 경영, 창조가들. 2014.

이희우, 〈린스타트업 이해와 Case Study〉, 2015. https://www.slideshare.net/MatthewLee/case-study-51449865

전봉관, 〈백 년의 악몽, 입시〉, SERI CEO 강연, 新경성실록, 2017. 6. 21.

전봉관, 〈영원한 숙제, 청년실업〉, SERI CEO 강연, 新경성실록, 2017. 12. 12.

정태수, 〈날개 꺾인 앵그리버드, 로비오 엔터테인먼트〉, SERI CEO 강연, 2017. 2. 17.

통계청, 〈2017년 11월 고용동향〉(보도자료), 통계청 사회통계국 고용통계과, 2017. 12. 13.

통계청, 〈장래인구추계: 2015-2065〉, 통계청 보도자료, 2016. 12. 7.

학벌없는 사회, 안티학벌선언.

한국대학학교육협의회 입학상담센터, 〈2011학년 대입전형 분석 및 입학사정관제 이해〉,

한국대학교육협의회, 2010. 8.

SERI CEO 콘텐츠팀, 〈당신의 전성기〉, SERI CEO 특별기획 삼매경. 2014. 11. 27.

"International Monetary Fund", World Economic Outlook Database, IMF, 2016. 10.

실력의 배신

2018년 12월 19일 초판 1쇄 | 2023년 6월 22일 5쇄 발행

지은이 박남기
펴낸이 박시형, 최세현

마케팅 양근모, 권금숙, 양봉호, 이주형 **온라인마케팅** 신하은, 현나래
디지털콘텐츠 김명래, 최은정, 김혜정, 서유정 **해외기획** 우정민, 배혜림
경영지원 홍성택, 김현우, 강신우 **제작** 이진영
펴낸곳 쌤앤파커스 **출판신고** 2006년 9월 25일 제406-2006-000210호
주소 서울시 마포구 월드컵북로 396 누리꿈스퀘어 비즈니스타워 18층
전화 02-6712-9800 **팩스** 02-6712-9810 **이메일** info@smpk.kr

ⓒ 박남기 (저작권자와 맺은 특약에 따라 검인을 생략합니다)
ISBN 978-89-6570-725-7 (03330)

쌤앤파커스(Sam&Parkers)는 독자 여러분의 책에 관한 아이디어와 원고 투고를 설레는 마음으로 기다리고 있습니다. 책으로 엮기를 원하는 아이디어가 있으신 분은 이메일 book@smpk.kr로 간단한 개요와 취지, 연락처 등을 보내주세요. 머뭇거리지 말고 문을 두드리세요. 길이 열립니다.